宝典级房地产·建筑精益成本管理丛书

房地产·建筑 作业责任成本管理 与作业责任会计
——助力阿米巴经营模式落地

侯龙文 邓明政 ⊙ 编著

中国建材工业出版社

图书在版编目（CIP）数据

房地产·建筑 作业责任成本管理与作业责任会计 / 侯龙文，邓明政编著 . —北京：中国建材工业出版社，2018.1
ISBN 978-7-5160-2098-2

Ⅰ.①房… Ⅱ.①侯… ②邓… Ⅲ.①房地产企业—会计 Ⅳ.① F293.33

中国版本图书馆 CIP 数据核字（2017）第 285153 号

房地产·建筑 作业责任成本管理与作业责任会计
侯龙文 邓明政 编著

出版发行：中国建材工业出版社
地　　址：北京市海淀区三里河路 1 号
邮　　编：100044
经　　销：全国各地新华书店
印　　刷：北京鑫海金澳胶印有限公司
开　　本：787 mm × 1092 mm　1/16
印　　张：23
字　　数：377 千字
版　　次：2018 年 1 月第 1 版
印　　次：2018 年 1 月第 1 次
定　　价：72.00 元

网上书店：www.jccbs.com　　　微信公众号：zgjcgycbs
本书如出现印装质量问题，由我社市场营销部负责调换。联系电话：（010）88386906

前　言

引于：

为什么员工花钱不心疼？

为什么成本指标执行差？

为什么目标成本落地难？

根本原因是——员工没有责任感：

- 花自己的钱给自己办事的，最节省！
- 花自己的钱给别人办事的，最有效率！
- 花别人的钱给别人办事的，最不负责任！
- 花别人的钱给自己办事的，最奢侈！

目前，越来越多的中国制造业企业正在学习并着手构建阿米巴经营模式，或正在导入"事业部制""SBU""内部市场化""自主经营体""责任成本管理与责任会计"等类似的管理模式。但是，真正运作成功的并不多：即使"摸着石头过河"，最终走到"彼岸"的，不是"湿了鞋"，就是花了特别昂贵的学费。而专门针对房地产、建筑工程企业的阿米巴经营模式的研究和实践运用，则更是凤毛麟角。

为使阿米巴经营模式在房地产、建筑企业推广运用、落地实施，作者综合运用阿米巴经营模式落地的本土化精益管理会计工具——作业责任成本管理＋作业责任会计＋作业价值流会计等系统管理会计工具、方法，把目标成本/绩效管控的金钥匙交给员工，让"人人肩上有指标，绩效目标大家挑"，"人人都是经营者，岗位都是利润源"，使阿米巴经营模式在企业落地生根、开花结果。

本书通过对责任会计、作业责任会计、责任成本、作业责任成本的解读，阐述责任中心、作业责任中心在房地产、建筑企业不同层级（集团、公司、项目部、岗位单元、施工班组、员工个人，下同）的阿米巴成本/绩效单元的划分与设置，不同层级阿米巴责任成本/绩效单元(中心)的作业成本/绩效贡献的责任预算、作业责任成本、作业责任绩效如何管理；特别是基于作业成本法（ABC）和挣值法（又称挣得值法，赢得值法）的作业动态责任成本管理；基于挣值法的建筑施工项目作业责任成本/绩效目标管理；阿米巴作业责任成本/绩效单元（中心）绩效考评及激励机制，分享大量的作业责任成本/绩效管理案例、实例，对房地产、建筑企业实施作业责任成本/绩效管理及阿米巴经营模式落地有良好的借鉴指导作用。

本书还提供了房地产、建筑项目的责任成本管理系统工具——操作手册，体系指引，实施细则，管理办法，考核办法，这对房地产、建筑企业推行作业责任成本管理、作业责任会计，落地实施阿米巴经营模式具有参考应用作用。

本书通过作者在企业成功推行内部市场化、阿米巴经营、作业成本/绩效责任中心（单元）体制、作业责任成本/绩效管控、核算、考核、激励机制的实战经验、成功实例的导入分享，结合对精益管理会计、精益价值流会计、作业责任会计等系统会计工具方法深入浅出、通俗易懂、应用操作的解读，引导房地产、建筑企业学习、掌握、运用阿米巴经营落地的本土化精益管理会计体系的构建与实施手法，掌握阿米巴经营落地的作业责任会计系统方法的应用要领和主要技巧。简单实用，操作性强。

本书还可作为制造业企业划分设置作业责任成本/绩效/利润责任中心（单元），构建量化绩效指标体系、管理考核激励机制以及阿米巴经营模式落地的参考书。

编者　侯龙文

2018 年 1 月

目 录

第一篇 阿米巴经营单元（责任中心）划分与作业责任成本管理

第一章 阿米巴作业责任会计及其作用 …………………………………3

一、什么是责任会计 ……………………………………………… 3
二、什么是作业责任会计 ………………………………………… 4
三、作业责任会计的内容 ………………………………………… 4
四、作业责任会计的作用 ………………………………………… 6
五、作业责任会计的优势 ………………………………………… 7

第二章 阿米巴责任成本单元（中心）的划分与管理 ……………… 11

一、责任单元（中心）释义 ……………………………………… 11
二、阿米巴成本责任单元（中心）的划分 ……………………… 11
三、项目开发决策与策划类阿米巴作业责任中心 ……………… 16
四、项目开发管理类阿米巴作业成本责任中心 ………………… 18
五、建造施工作业成本管理责任中心 …………………………… 23
六、项目竣工结算作业成本责任中心 …………………………… 25
七、项目营销类收入－成本作业责任中心 ……………………… 27
八、物业阿米巴服务单元作业成本责任中心 …………………… 27
九、职能部门阿米巴管理责任中心的作业成本管控内容 ……… 28
十、项目工程作业成本管控责任分工 …………………………… 29
十一、阿米巴作业责任成本中心管理权责体系 ………………… 30

第三章　阿米巴项目单元作业责任预算管理
——阿米巴项目成本管控的第一道工序 ······ 33
一、阿米巴经营单元作业责任预算的优点 ······ 33
二、阿米巴经营单元作业责任预算编制的步骤 ······ 35
三、阿米巴作业责任预算执行过程控制 ······ 43

第四章　阿米巴经营单元（中心）作业责任成本 ······ 46
一、责任成本 ······ 46
二、责任成本管理体系的建立 ······ 50
三、构建阿米巴施工项目责任成本管理控制体系 ······ 54
四、如何划分确定项目部责任成本责任单元（中心）及其责任 ······ 56

案例：某阿米巴项目部机械化公司土石方施工
　　　作业责任成本预算编制实例 ······ 65

第五章　基于作业成本法和挣值法的作业动态责任成本管理 ······ 67
一、作业成本法、挣值法和作业动态责任成本管理
　　需求背景与创新点 ······ 67
二、作业成本法与挣值法 ······ 69
三、建筑施工项目作业成本控制中的挣值法原理介绍 ······ 77
四、基于作业成本法和挣值法的建筑施工企业动态作业
　　责任成本考核系统构建 ······ 95
五、如何构建作业动态责任成本系统管理体系 ······ 101
六、作业动态责任成本考核系统的成本预算、核算和管控体系 ······ 106
七、作业动态责任成本的考核评价与激励约束措施 ······ 119

案例：A建筑施工项目基于作业成本法和
　　　挣值法的作业动态责任成本管理 ······ 123

第二篇　阿米巴项目部项目单元作业责任成本管理

第六章　阿米巴项目部作业责任成本预算管理……139
- 一、阿米巴项目部施工作业责任成本预算与编制……139
- 二、项目部施工作业责任预算编制程序和方法……141
- 三、阿米巴项目部施工作业责任成本预算的分解……151
- 四、阿米巴项目部作业责任预算成本的确定……158

第七章　阿米巴项目部作业成本责任管理……160
- 一、阿米巴作业责任单元（中心）成本管理模型……160
- 二、阿米巴工程项目作业成本责任管理流程……160
- 三、阿米巴项目部作业责任成本控制的措施……160
- 四、建立项目部责任成本日常控制制度……168
- 五、阿米巴项目单元作业责任成本核算……174
- 六、阿米巴项目单元费用与收入的核算……179

案例：A高速公路阿米巴项目责任成本管理……182

第八章　基于挣值法的建筑施工项目作业责任成本目标管理
——以Y商住楼建筑施工项目为例……207
- 一、工程施工项目概况……207
- 二、Y建筑项目目标成本……208
- 三、Y建筑项目作业责任成本目标管理体系……211
- 四、基于挣值法的项目作业成本控制过程……218
- 五、Y项目施工作业责任成本管控执行效果……227

第九章　阿米巴作业责任成本单元（中心）绩效考评与奖惩……234
- 一、项目部作业责任成本考核工作流程……234

二、基于作业管理的成本责任中心的绩效考评 …………………… 234

三、基于作业管理的利润责任中心的绩效考评 …………………… 236

四、基于作业管理的投资收益中心的绩效考评 …………………… 238

五、基于作业管理的阿米巴绩效责任奖惩 ………………………… 240

案例：山西三建阿米巴项目团队责任成本全奖全赔终结兑现机制 … 241

第三篇　工程项目作业责任成本管理经验分享

第十章　管理经验分享 …………………………………………………… 251

第一节　中国铁建"123456"责任成本管理模式 …………………… 251

一、中国铁建对作业责任成本管理内涵的诠释 …………………… 251

二、中国铁建的"123456"责任成本管理模式 …………………… 252

第二节　裕达建工"五四三二一"责任成本管理体系 ……………… 255

一、建立五大机制 …………………………………………………… 255

二、建立四支队伍 …………………………………………………… 257

三、做好三项重点工作 ……………………………………………… 257

四、把握两大体系 …………………………………………………… 259

五、实施一个绩效考评办法 ………………………………………… 259

第三节　成本分级责任管控——异地项目管控新模式 ……………… 259

一、责任成本分级管控的核心模式 ………………………………… 260

二、责任成本分级管控的组织体系 ………………………………… 263

三、责任成本分级管控的流程体系 ………………………………… 263

第四篇　工程项目责任成本管理工具

第十一章　工程项目责任成本管理操作手册 …………………………… 268

第一节 责任成本管理体制及流程 ······ 268

一、关于责任成本管理 ······ 268
二、责任成本管理的主要特点 ······ 268
三、责任成本管理的管理体制 ······ 269
四、责任成本管理运行流程 ······ 269

第二节 建筑工程成本评估 ······ 270

一、建筑工程直接成本测算评估 ······ 270
二、间接费的测算 ······ 271

第三节 项目部责任预算的分解 ······ 272

一、责任中心与责任中心层次的确定 ······ 272
二、项目部责任预算的编制 ······ 274

第四节 责任成本管理过程控制 ······ 282

一、施工组织设计方案预控 ······ 282
二、工程数量的控制管理 ······ 282
三、物资材料的控制管理 ······ 283
四、机械设备的控制管理 ······ 285
五、外部劳务管理 ······ 286
六、验工计价管理 ······ 287
七、间接费控制管理 ······ 288
八、项目动态调控基金的控制管理 ······ 288
九、工程项目资金的管理控制 ······ 290

第五节 责任成本会计核算办法 ······ 291

一、责任成本会计核算的职责 ······ 291
二、责任成本核算的范围和办法 ······ 291
三、责任成本台账 ······ 292
四、责任成本核算的账务处理 ······ 292

第六节 定期进行成本分析并进行经济利益的兑现 ······ 294

一、成本分析 ······ 294

二、经济利益兑现 ………………………………………………………… 295

　第七节　责任成本报表制度 ……………………………………………… 296

　　一、集团公司报表 ………………………………………………………… 296

　　二、项目部上报子（分）公司的报表 …………………………………… 297

　　三、项目部内部责任成本管理基本账表 ………………………………… 297

　　四、各子（分）公司项目工程成本测算表格 …………………………… 298

第十二章　万科地产责任成本管理体系指引 ……………………………… 299

　　一、目的 …………………………………………………………………… 299

　　二、范围 …………………………………………………………………… 299

　　三、职责 …………………………………………………………………… 299

　　四、方法与过程控制 ……………………………………………………… 299

　　五、支持文件 ……………………………………………………………… 302

第十三章　建筑工程责任成本管理实施细则 ……………………………… 305

　第一节　总则 ……………………………………………………………… 305

　第二节　机构及职责 ……………………………………………………… 306

　第三节　工作流程 ………………………………………………………… 308

　第四节　责任成本预算的编制与分解 …………………………………… 310

　第五节　关键环节的管理 ………………………………………………… 312

　第六节　责任成本会计核算 ……………………………………………… 316

　第七节　责任成本分析 …………………………………………………… 318

　第八节　项目竣工清算与决算 …………………………………………… 320

　第九节　责任成本考核兑现 ……………………………………………… 320

　第十节　基础工作与台账管理 …………………………………………… 321

　第十一节　责任成本管理工作督察与奖惩 ……………………………… 322

　第十二节　附则 …………………………………………………………… 323

第十四章　工程项目目标责任成本管理办法 ……………………………… 324

　第一节　总则 ……………………………………………………………… 324

第二节　术语和定义 ………………………………………… 324

第三节　管理模式与流程 …………………………………… 326

第四节　管理权责划分 ……………………………………… 326

第五节　标前成本测算 ……………………………………… 330

第六节　项目管理风险抵押制度 …………………………… 330

第七节　项目目标责任成本与项目经营策划 ……………… 332

第八节　项目过程成本动态管控 …………………………… 340

第九节　项目成本核算 ……………………………………… 341

第十节　项目成本分析和考核兑现 ………………………… 344

第十一节　项目成本管理综合检查奖罚 …………………… 347

第十二节　附则 ……………………………………………… 348

第十五章　工程作业责任成本考核办法 ………………… 349

第一节　总则 ………………………………………………… 349

第二节　考核机构和职责 …………………………………… 349

第三节　考核内容、方法和时间 …………………………… 350

第四节　考核结果与奖惩 …………………………………… 351

第五节　考核资料上报与存档 ……………………………… 353

第六节　附则 ………………………………………………… 353

第一篇

阿米巴经营单元（责任中心）划分与作业责任成本管理

第一章　阿米巴作业责任会计及其作用

一、什么是责任会计

责任会计是在企业实行分权管理体制下，以企业内部责任单位（单元）为主体，以提高企业经济效益、保证企业成本计划（目标成本）落地执行为目的，以各责任单位的经济责任为对象，利用价值形式并采用专门的会计方法对各责任单位的行为及结果进行预算、控制、核算、考核与评价的一种会计管理制度。

责任会计突破了财务会计中只重视物的变化和资金的运动，以"事"和"物"为对象的会计观念，强调了人和人的行为在企业经济活动中的核心地位，使财务会计的反映职能发展为控制职能。责任会计不单纯是一种简单地进行日常会计事务处理的方法，而是以行为科学为基础，以一定的原则为指导的企业内部控制活动。

作业成本会计（ABC）作为一种新的成本核算、控制方法受到了理论界与企业界广泛关注。本章将作业成本会计方法与责任成本会计方法相结合，作为一种作业－目标成本控制的方法进行分析讨论，有以下方面的创新：

一是传统的成本控制方法存在许多缺陷，作业成本核算方法不仅是一种先进的成本核算方法，更是一种成本控制的方法。它与传统的成本控制方法结合，可以作为一种完整的成本控制体系。作业成本核算方法与责任会计结合可以建立新的责任会计体系——基于作业管理的责任会计体系。

二是基于作业管理的责任会计不仅是一种成本控制体系，它建立的主要目的是完成企业战略。同时，基于作业管理的责任会计预算、控制与业绩评价体系的应用需要一定的条件。一般讲，基于作业管理的责任会计适用于制造环境先进、应用先进管理思想、组织结构扁平、产品间可比性差的企业。

三是基于作业管理的责任中心与传统的责任中心在划分目的、适用形式、划分基础、考核对象和可控性方面存在着差异。基于作业管理的责任中心分为：基于作业管理的成本中心、基于作业管理的利润中心和基于作业管理的投资中心。根据作业和考核的重点不同，基于作业管理的成本中心进一步划分为：研究与开发作业成本中心、设计作业成本中心、采购作业成本中心、生产部门相关作业成本中心、管理作业成本中心。基于作业管理的利润中心划分为：面向企业内部部门的利润中心、面向企业外部客户的利润中心。基于作业管理的投资中心的考核重点是完成战略情况。

四是基于作业管理的责任中心的业绩考核是基于作业管理的责任预算的逆过程，其基本思想是：每个责任中心完成了本中心应考核的战略指标，整个企业就能够完成战略。基于作业管理的成本中心的业绩考核是通过差异分析找出差异产生的原因并提供改进作业途径。基于作业管理的利润中心是通过对客户获利能力的分析，找出不同客户获利差异的产生原因，从而使客户方面的战略指标能够圆满完成。基于作业管理投资中心的业绩评价是根据各战略指标完成的程度与战略指标权重的乘积来评价投资中心战略的完成情况。

二、什么是作业责任会计

作业责任会计（Activity-Based Responsibility Accounting，ABRA）是在传统责任会计基础上发展起来的，它以作业活动为基础，通过对企业内部各责任中心的再认识和再划分，利用作业管理基本理论和方法，依据作业价值链对责任中心进行管理和考评。

责任管理是企业加强生产经营管理的重要一环，基于作业的责任会计根据作业动因，从经济责任归属的角度对企业生产经营活动进行管理。

基于作业的责任会计的内涵主要包括以下几点：

（1）基于作业的责任会计的性质是应用于企业内部控制的一种精益管理会计，其本质仍属于责任会计范畴。

（2）基于作业的责任会计主要依据作业价值链对企业各责任中心的经济责任进行分析考核。

（3）基于作业的责任会计的职能是通过价值形成对企业生产经营活动过程中的耗费、占用和成果进行核算、控制与监督。

三、作业责任会计的内容

作业责任会计的主要内容包括以下五个方面：

1. 划分作业责任中心

企业实行责任会计，需要在内部划分若干责任中心（Responsibility Center），亦称责任单位或责任主体、责任单元。责任中心是指有专人负责，承担责任并具有相应权利的企业内部单位，并根据其责任范围，将责任中心进一步划分为成本责任中心、费用责任中心、收入–费用责任中心、利润责任中心和投资责任中心。成本责任中心是指对成本负责的责任中心。同理，利润责任中心对利润负责，投资责任中心对投资效益负责。一个责任中心既可以是成本责任中心，也可以是利润责任中心，既可以是利润责任中心也可以是投资责任中心。

2. 编制作业责任预算

作业责任预算是指根据全面预算所确立的目标和任务进行层层分解，为各个责任中心编制责任预算，明确每个责任中心在实现企业总体目标过程中所应完成的具体工作任务。责任预算有的只包括资金预算，有的还要包括收入预算、成本预算和利润预算。

3. 进行作业责任控制

在责任预算执行过程中，对责任中心的生产经营活动应进行及时控制。责任控制一方面是自上而下的控制，即上级责任中心对下级责任中心进行全面控制；另一方面，就是各责任中心对各自的生产运营活动按照责任预算进行自我约束和控制，使之按照既定目标进行。

4. 开展作业业绩评价

通过对各责任中心可控指标的实际值和预算值的比较来考核业绩，计算并区分出有利差异和不利差异，作为奖惩的依据。在生产经营中根据责任预算控制成本费用开支，考核责任指标。通过考核责任中心的责任指标完成情况，对责任中心的工作业绩做出准确的评价。一般根据责任核算资料，对照责任预算采取差异分析的方法，检查各项目标任务的完成情况，发现生产和经营管理中的薄弱环节，从而明确各责任中心应当承担的经济责任。

5. 落实作业责任奖惩

把实际完成责任指标与责任预算进行对比分析，编制业绩报告，考核责任业绩。在各责任中心业绩考核的基础上，对责任中心的利益分配，采取与责任业绩挂钩的办法，以便计发工资奖金；对完不成责任指标和预算的单位，实行经济惩罚，从而更好地调动责任单位和员工生产经营中降耗降本提效的积极性。

四、作业责任会计的作用

1. 有利于完善企业经营机制

改革和完善企业经营机制是增强企业活力的一个重要内容。改革和完善企业经营机制必须解决两方面的问题：一是要按"两权分离"的原则，理顺企业与国家的关系，调动企业的积极性；二是要强化企业内部经营机制，调动企业员工积极性。这两个积极性的发挥与会计工作密切相关，前者要加强财务会计工作，后者要实施责任会计。责任会计通过划分责任中心、核算责任过程并将责任业绩与经济利益挂钩，从而把责、权、利、效有机地结合起来，把企业向国家、社会承担的经济责任和企业经营总目标，层层分解落实到部门、项目部、施工班组和个人，使每个单位和个人都明确本单位自身的生产经营目标、利益关系和经济责任。这样，企业内部就能形成自我激励、自我约束、自我发展的机制，把广大员工的积极性和创造性充分调动起来。实践已经证明，责任会计是一种改革和完善企业经营机制的有效管理方法。

2. 有利于强化企业内部管理

房地产建造的社会化程度不断提高，大大增强了管理的复杂性。房地产企业运营管理必须适应这种变化，在加强外向管理的同时，必须强化内部管理，强调内部的分层次责任管理。要改变过去那种集权管理形式下的"大锅饭"现象，使企业内部各部门、各项目单位直至个人能够对企业负责，充分发挥各自的主观能动性，为提高企业总体目标而共同努力。实现这种转变，必须以会计管理上的相应转变为基础。面对这种转变的标志，就是责任会计的实施。通过责任会计建立各级、各类责任中心并对各级责任中心的资金、成本费用、利润进行核算、控制、分析、考核，彻底改变长期以来企业会计管理上的责任不清、与企业其他管理脱节的状况，使会计管理渗透到企业内部的经营管理中去，从而强化内部管理。

3. 有利于加强企业基础工作

实行责任会计，要求各责任中心对其责任范围内的资产数量、质量和使用情况做到心中有数，为此要求有良好的基础管理工作。例如，为了核定和考核有关责任指标，需要搞定各种定额，包括劳动定额、物资消耗定额、费用定额的制订和调整工作；为明确各责任中心的责任，各责任中心之间发生的原材料、半成品转移和劳务供应，必须制订合理的内部结算价格；为了记录、计算和考核经济责任履行情况，必须做好计量、检测和原始记录工作。总之这些管理基础工作既是实施责任会计的前提条件，责任会计的实施也有利于加强这些基础工作。

五、作业责任会计的优势

作业责任会计的优势主要体现在以下六个方面：

1. 强调过程的重要性

传统责任会计的一个明显劣势就是只重视结果的好坏，而忽视生产运营过程的优劣。在内部价格的制定方面则强调产品是否按时、按量完成，至于对产品生产过程中是否存在重复作业、无效作业，是否对质量、业主满意度有不利影响等则忽视甚至置若罔闻。

事实上，房地产建筑企业在产品价值链中形成的重复作业、低效作业甚至无效作业正是责任考核最应关注的问题。作业价值链最后所形成的产品，无论是否合格都已经成为结果，这一结果是无法改变的，而过程中发现的作业效率、业主满意度、产品质量等要素的变化，应能够及时发现、及时寻找原因、及时提出补救措施予以更正和改善。

2. 更易于划分落实职责

作业责任会计下的责任中心划分冲破了职能部门的桎梏。作业责任会计制度下，控制点已由组织单位转为作业和团队。通过建立穿越组织部门与职能界限的、以作业为基础的责任中心，部门之间的合作关系得以明确，避免了造成不同责任中心的利益冲突或为了自身利益而损害整体利益的情况，从而使企业中部门的关系由传统责任会计形成的竞争关系而改为基于作业基础的责任会计下的合作关系。因为在动态多变的环境中，公司的基本原则就是持续改善。持续改善要求不断变化、不断学习。之所以选择作业，是因为作业是变化的单位。过程使组织中由一个共同目标相联的一系列作业，通过投入可形成一个对业主有价值的产出。

责任中心是企业整体的有机组成部分,责任中心的责任预算也是企业管理的有机组成部分。实行基于作业的责任会计,就要充分调动各作业责任中心的积极性,保证各种新的责任预算顺利完成。以同质作业合并形成的作业中心为基础确认的责任中心,使更多费用纳入责任管理范围,规范了责、权、利之间的关系。

3. 更易于建立业绩考核标准

目标是作为业绩考核基准而设立的。基于作业的责任会计对业绩考核目标的设立与传统责任会计方法有明显不同。传统责任会计所制定的目标在相当的时期内稳定不变,反映的都是现时可达到的目标。

两者的区别主要体现在:

(1)在基于作业的责任会计制度下,目标是作业导向的,与作业效率和作业产出相关。企业一切努力都是为了达到该理想水平的;

(2)目标本质上是动态的,需要不断地改变以反映不断出现的新情况、新目标。基于作业的责任会计正是利用动态的作业价值链分析促使目标的改善,并有助于保持已经取得的进步。在追求持续改善的环境下,目标不应是固定不变的。一旦这种预期水平实现了,业绩考核目标也要相应提高。

4. 更易于考核业绩

以作业中心为责任中心使责任成本核算和作业成本核算的口径保持一致,有利于责任成本的考核落到实处。传统框架下,通过比较实际与预计结果即可衡量业绩。原则上,个人只对他所控制的那些项目负责,强调重点则是"成本业绩"。然而在现代框架下,时间、进度(工期)、质量都是业绩的重要指标。为此,企业必须设法以少的投入取得大的产出,提高生产率。企业所提倡的"持续改善",使作为管理控制工具的目标成本计算和预算编制的地位也发生了变化。传统的业绩指标可能成为持续改善的障碍。它们既难以支持持续改善目标的实现,也难以支持其相关工具,如准时生产制(JIT)、全面质量管理(TQM)等的实施和利用。

5. 更强调外部倾向性

与传统责任会计相反,基于作业的责任会计制度反对保持现状和组织结构的稳定。在动态多变的市场经营环境下,房地产企业为满足客户需要,面临着时间、质量和进度等多方面竞争,必须时刻关注外部变化。

传统责任会计的预算和差异分析都具有内部倾向性,考核时通常以内部的预期为基础,差异即内部预期与实际结果的比较。事实上,如果市场销售增长了30%,而主要竞争对手的销售却增加了40%,那么,15%的收入增长和5%的超预算并不是什么好消息。因此,在进行业绩考核时,外部情况也需要关注。基于作业的责任会计的外部倾向性使企业能够实现满足顾客要求,按时交房且无质量问题(完美交付),甚至提前交付(交房),可实现现金流快速流转等。

6. 保证成本核算的准确性

传统责任会计在核算时需要对责任预算进行调整。而基于作业的责任会计是在基于作业的成本核算体系上发展起来的,它的核算范围与作业的核算范围相同,同时又都采用"成本动因"这一分配基础,所以基于作业的责任会计完全可以将责任成本与产品成本统一。传统责任会计与成本核算关系见图1.1,作业责任会计与成本核算关系可由图1.2来表示。

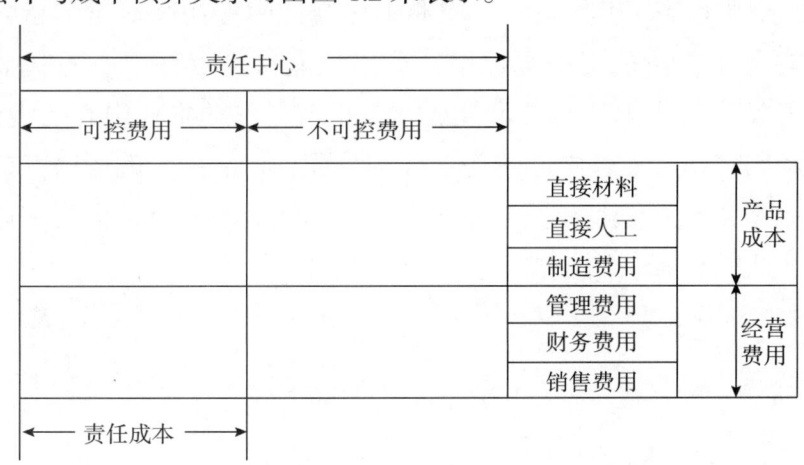

图1.1 传统责任会计与成本核算关系图

图1.1中,纵向看,左半部分反映了作业责任中心中的责任成本构成。作业责任中心发生的费用分为可控费用和不可控费用,其中可控费用属于责任成本,作业责任中心须对这部分成本负责,不可控费用则属于在作业责任中心发生却不用作业责任中心负责的成本。横向看,企业期间发生的费用分为直接材料、直接人工、制造费用、管理费用,财务费用和销售费用。其中,直接材料、直接人工和制造费用构成传统成本核算中的产品成本。从图1.1的总体看,产品成本与责任成本有交叉,两者却不能相容,成本核算与成本控制不能有效地结合。

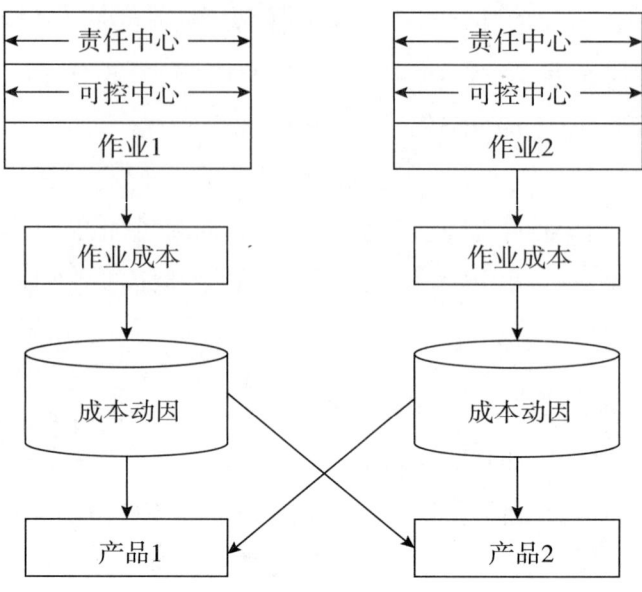

图 1.2　作业责任会计与成本核算关系图

图1.2反映了在理想状态下,作业责任会计中责任成本与产品成本核算的关系。在基于作业的责任会计中,若以作业作为责任中心的基础,则作业责任中心发生的成本就是其可控成本,也就是作业责任中心的责任成本。通过成本动因将作业责任中心的作业成本分配到产品中,就可以直接得到产品成本而无需调整。作业责任会计与产品的作业成本核算结合为一体,可真正做到作业成本核算与作业成本管控紧密结合。

第二章　阿米巴责任成本单元（中心）的划分与管理

一、责任单元（中心）释义

责任单元，又称责任单位、责任主体、责任中心。管理会计中一般称之为"责任中心"。

关于成本责任"单元"与成本"责任中心"的概念，阿米巴经营模式中称"经营单元"，在责任会计中称"责任中心"或细化为"作业责任中心"。为概念表述的本土化，作者在书中称之为"作业责任单元"或"作业责任中心"。

作业责任单元是企业内部能够在一定的程度上使"责权利效"结合起来的组织单元。其中，"责"是核心，是各责任中心对公司所承担的一种"义务"；"权"是公司赋予各责任中心的业务管控的权力，是其尽"责"的必要条件；"效"是各责任中心履行"责"的结果（绩效），是联结"责"和"利"的桥梁；"利"是各责任中心履行"责"的内在动力。

作业成本责任单元是指按照房地产、建筑、工程企业开发建设工程中使用或承担的成本责任进行的细分。结合房地产企业成本的划分，确认每一个阶段、每一个环节、每一个项目对应的每一个部门、每一位员工所承担的成本管控责任，这有助于房地产、建筑、工程企业成本责任的落实及管控。

二、阿米巴成本责任单元（中心）的划分

如何划分建立阿米巴作业责任单元（中心）是基于精益管理会计中责任会计研究的首要问题。基于作业责任会计制度下，内部转移/交易价格核算方法-核定体系的设计、预算差异的计量与分析，以及作业责任中心业绩考核等都是建立在作业责任中心基础上的。因此，划分阿米巴经营作业责任单元（中心）是基于作业的责任会计研究的一项不可或缺的基础性工作。

如何建立阿米巴经营作业责任单元，建立多少作业责任单元，取决于企业内部控制和阿米巴单元绩效考核的要求。组成流程的作业是联系投入与产

出的桥梁，资源通过作业产出价值。因此，以相互联系同质的作业组成的作业责任中心为基础设置阿米巴作业责任中心，便于阿米巴经营责任单元的划分和绩效的考核，如图2.1所示。

传统责任会计将责任中心按照控制范围的不同，一般划分为投资责任中心、利润责任中心和成本责任中心。

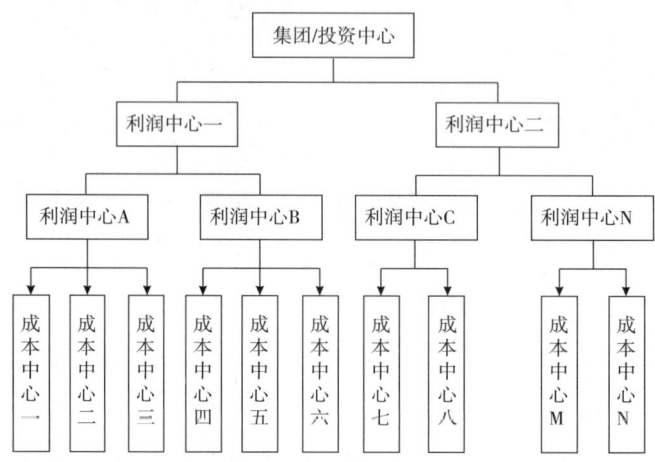

图2.1　阿米巴经营单元（中心）体系简图

"成本责任中心"是指只发生成本而不取得收入的责任中心。这些中心只对可控成本作出承诺，对他们只考核其成本费用，而不进行利润考核。

"利润责任中心"是指既要发生成本，又能取得收入，根据收入与成本可以计算出利润的阿米巴利润责任中心。对其既考核成本，又进行利润考核。

"投资责任中心"是以获得最大投资收益率为阿米巴经营目标的组织单元。对投资收益中心的考核，主要是通过投资收益率、经济附加值等绩效指标进行。

与传统责任会计理论相比，基于作业的责任会计对责任中心的研究重点在于"作业成本责任中心"。一方面，作业管理与生产环节联系最为紧密。作业责任会计的核心就是对产品成本核算的改进，作业管理对生产作业流程的影响也是最大的。另一方面，对"作业成本责任中心"的管理向来是责任会计控制的重点和难点。

另外，基于责任会计对"投资收益责任中心"和"利润责任中心"的控制与传统责任会计相比无明显差异。著名会计学家Petelr F.Drucker通过对作业成本会计的深入研究后提出"一个组织只有一些成本中心，真正的、唯一的利润中心是组织的客户"。作业价值链上的每一作业环节都是为了最终产品,所创造的价值机制能否实现,最终取决于产品的消费者——客户。因此,本书在对责任中心进行分析时,主要从"作业成本责任中心"角度展开研究。

1. 阿米巴责任成本单元(中心)划分原则

房地产企业阿米巴责任成本单元细分主要依据如下原则:

首先根据房地产开发流程将所有成本发生单元对应的责任单元汇总;

其次根据房地产企业对项目开发过程中各阶段成本变化及成本控制重点单元,进一步将责任成本单元进行分析,如图2.2所示。

2. 阿米巴责任单元的基本形式与设置

(1)阿米巴责任成本管理组织架构,如图2.3所示。

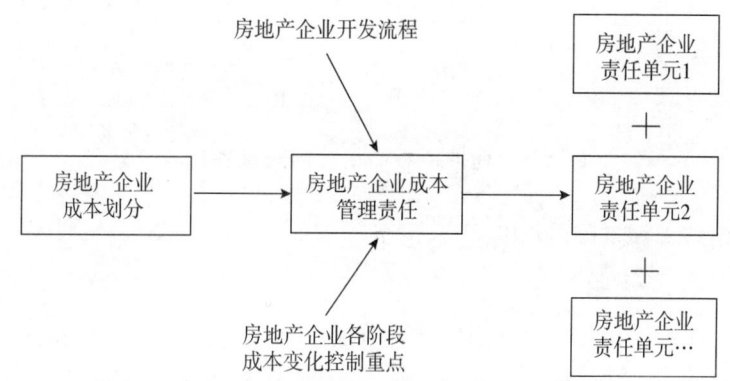

图2.2 阿米巴责任成本单元(中心)划分思路

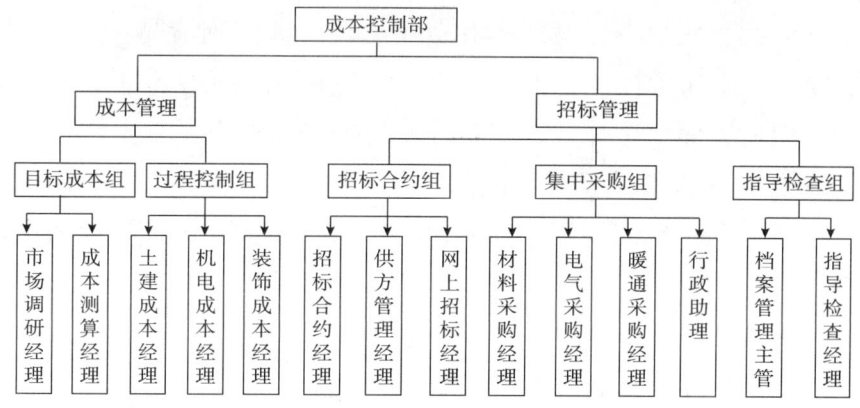

图2.3 阿米巴责任成本管控组织架构

(2)阿米巴责任成本单元的基本划分

按照房地产建筑企业成本开发项目分为策划与决策类责任单元、项目管理类责任单元、资金结算责任单元、项目成本管理责任单元等。如图2.4所示。

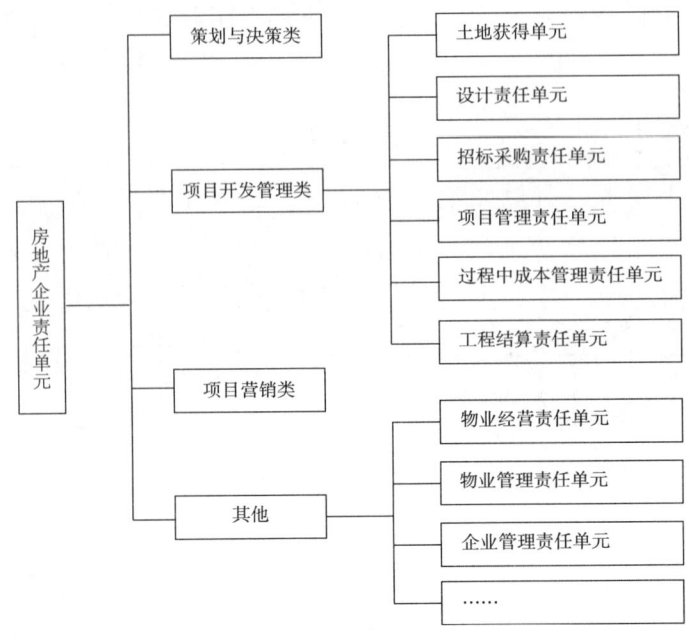

图2.4 房地产企业责任成本单元划分

（3）作业成本责任单元的基本形式

①作业成本责任单元。

作业成本责任单元是对成本或费用负责的责任单元，其特点是只对生产或经营过程中投入的成本和费用负责，也就是只对消耗负责，而不承担收入实现责任，其任务是在企业指定的产品或服务的质量和数量目标下，努力地降低成本，因此一般只考核其成本和费用的发生和控制情况。

为了方便管理和考核，一个大的成本责任单元，往往再划分成很多个作业成本责任单元，而这些作业成本责任单元又把所管辖的作业单位，再细分成更小的作业成本责任单元（小团队、个人）。由于各种成本责任单元工作和费用的性质不同，它们的管理办法也有很大的不同。因此作业成本责任单元通常又被分为四种类型：

◆负责研发设计的作业成本责任单元
◆负责运营管理的作业成本责任单元
◆负责生产施工的作业成本责任单元
◆负责行政服务的作业成本责任单元

②阿米巴经营利润单元（中心）。

阿米巴经营利润单元（中心），是指既要发生成本，又能取得收入，还能根据收入与成本核算利润的一种责任中心。

这里所说的成本和收入，对阿米巴经营利润中心来说都必须是可控的。以可控的收入减去可控成本后的可控净收入就是利润中心的可控利润，亦即责任目标利润。一般来说，企业内部的各个单位都有自己的可控成本，因而建立阿米巴经营利润中心的关键在于是否存在可控收入。

从责任会计的角度讲，可控收入主要有两种含义，与之相对应，利润中心有两种类型：

A. 对外销售产品而取得的实际收入。如果阿米巴责任单元有产品销售权，就能够对外销售产品，取得实际收入。由于获取实际收入就可以计算出真正实现的利润，因而这类阿米巴经营利润中心被称为自然利润中心或准利润中心。

B. 按照包含利润的内部结算价格转出成本责任中心的完工产品而取得的"内部销售收入"。如果责任中心的产品不能直接对外销售，而只是提供给公司内部的其他单位，那么所取得的收入就不是对外销售的直接收入，只是企业"内部转移或内部交易的收入"。这种内部交易的收入与该中心完工产品成本的差额，就是所谓的"内部利润"。由于这种内部利润并非现实的利润，因而创造内部利润的这类阿米巴利润单位（中心）被称为虚拟/模拟利润中心。

③阿米巴经营投资收益责任中心。

阿米巴经营投资收益责任中心所考核的重点是投资效益或投资利润，是对投资收益（短期收益或长期收益）负责的责任中心，其特点是既要对投资收益或投资利润负责，又要对投资利润与投资之间的比例关系负责。体系划分如图2.5所示。

阿米巴经营投资责任中心与利润责任中心相比，利润责任中心拥有短期的经营决策权，而投资责任中心除此之外还拥有长期投资决策权，因而其权力更大，但同时其经营责任也更大。

按照阿米巴经营责任中心的基本形式，房地产、建筑、工程企业可根据各部门业务的特点、性质设置阿米巴经营体系的投资责任中心、利润责任中心、模拟利润责任中心、收入－费用责任中心、作业成本责任中心、资金－成本责任中心、费用责任中心等作业责任单元。责任中心细分如图2.6所示。

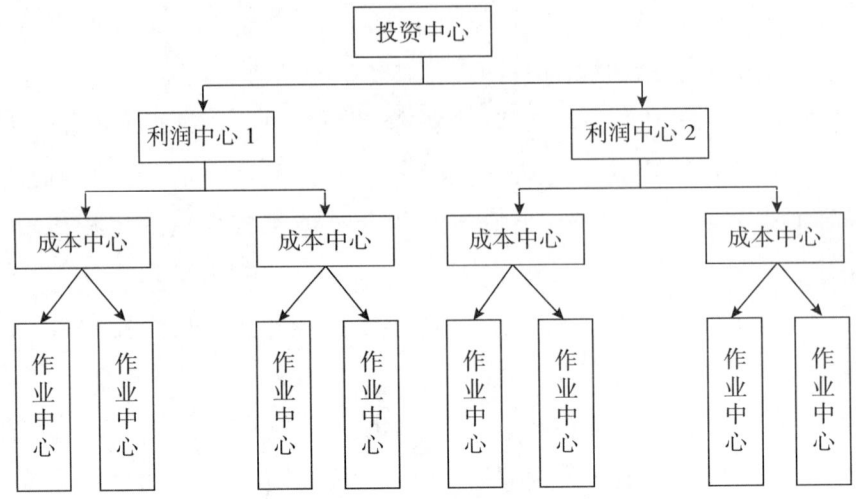

图 2.5　阿米巴经营责任中心层级体系划分

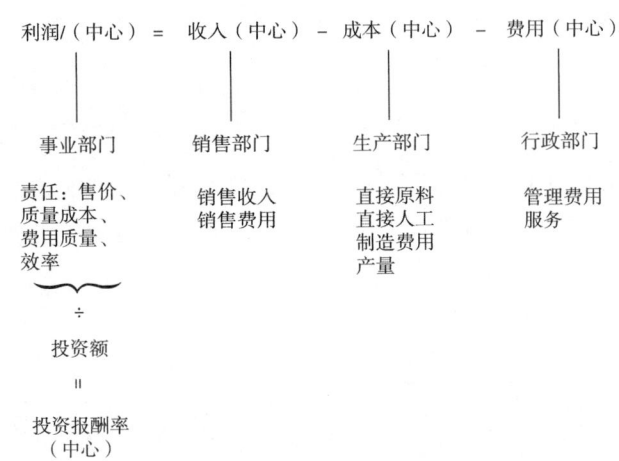

图 2.6　阿米巴经营作业责任中心细分

三、项目开发决策与策划类阿米巴作业责任中心

1. 项目投资决策与策划类阿米巴作业责任中心工作内容

项目投资决策阶段是房地产开发项目启动的第一阶段。这一类责任主体主要包含策划责任中心和可行性研究作业责任中心。在项目开发建设全过程中,项目策划与决策是最重要的阶段。通过项目筛选、投资机会评估分析来确定项目的可行性及项目定位问题等。项目策划与决策类责任单元主要指项目前期管理及决策责任中心。具体责任内容有市场预测、确定定价

目标、确定土地的获得价格和方式及可行性研究等。房地产项目投资决策阶段主要是基于对未来的政治、经济、市场发展趋势等的研究分析基础之上，通过使用各种研究手段对项目可行性分析和项目营利性进行分析，从而进行市场定位。这一决策与定位直接指导项目后期的设计及营销，成为他们工作开展的重要依据。所以，如果房地产企业在策划与决策阶段未能做好统筹，项目开发的指导思想出现偏差失误，都会对项目后期建设和运营的成败产生直接影响，而且这种影响和后果一般情况下是后期无法弥补的，所以房地产企业在项目开发前期的策划与决策工作承担着举足轻重的作用。

这一作业责任主体的职责即确定投资行为，通过对拟投资项目进行可行性分析和方案比选等工作，最后确定拟建项目是否有必要，同时确定经济上满足要求的投资方案。这一过程的执行情况是投资行为正确与否的基础和初始阶段。在策划阶段要积极搜集市场资料，进行市场调研，对房地产开发项目进行定位，做好可行性研究，在此基础上编制成本估算，预测销售情况，进而做出开发经济评价；合理布置项目进度，综合考虑市场需求及发展前景，进而确定项目的开发建设规模及建设标准等，从经济效益最大化的角度确定出最佳规划方案。

2. 项目投资决策及策划类阿米巴作业责任中心与作业成本控制的关系

房地产开发企业在策划和决策类责任中心中，项目定位是否合理、投资估算是否科学准确、设计规划方案是否最经济等因素决定了开发项目的大致方向以及大概投资总额情况。其控制程度的准确性直接影响到整个项目后期的经济效益。所以为了对项目开发成本做好事前控制,把投资风险降到最低，投资决策及策划这一责任中心应予以高度重视。

在这一作业责任成本中心中，应尽可能地将之后可能发生的各种成本-效益进行综合考虑，从而对开发项目成本-效益目标起到整体控制的作用。

首先要对收集到的资料和客户需求进行分析，对项目进行宏观定位，对项目的整体实施进行总体规划，对开发项目的投资、质量、进度进行目标设置，在此基础上，综合考虑客户和市场需求，及企业整体营运利益要求进行项目定位。开发项目的成本控制贯穿于项目建设的整个过程中，而这一责任主体的工作对成本后期控制在一定程度上起着先决作用，尤其是开发项目区位地段的选择、开发规模和标准的选择、建筑标准的确定及工艺和设备的选用等，对房地产开发项目的成本控制影响可高达 80% 左右。因此，对这一作业责任中心工作的内容应予以重视。一方面，要依据房地产企业的公司层面发展战略和项目定位的情况，组织相关专业领域专家或者专业咨询公司，结合技术、政治、经济等方面，全面且系统地对项目进行可行性、必要性进行研究和论证，对拟开发项目的从开发形式、市场预测、技术及经济角度等综合评价，进而做出开发决策，以期达到对开发项目成本控制的目标。编制的项目估算应该结合项目本身成本测算及对其他不可预见等因素对成本造成的影响综合来确定，使得估算金额可以对项目开发过程中成本控制起到指导作用。

四、项目开发管理类阿米巴作业成本责任中心

房地产企业项目开发管理类作业成本责任中心就是指在项目开发过程中，企业各部门、组织对从土地获得到销售前阶段所有成本控制承担责任。

1. 土地获得成本作业责任中心

土地是项目开发的必要生产条件之一。土地成本在房地产成本组成中占有不小的比例，土地的获得方式和付款方式是考虑土地获得的重要方面，土地成本支出会对房地产企业的现金流产生影响，影响房地产企业的资金占用情况，从而对房地产企业成本支出产生重要影响。

按照国家规定可知，房地产企业经营性项目开发获得的土地全部实行招标、拍卖和挂牌制度。"招拍挂"方式将土地和资本相结合，会提高土地出让效率，但它并没有改变土地市场的供求，所以不会对土地价格产生影响。

土地成本控制的重要环节之一就是在竞标之前要对土地价格做出初步预测。常用的方式有市场类比法、余值估算法等。市场类比法主要是以市场上类似地块的价格进行土地成本预测。余值估算法是指在对未来市场中项目销售总额基础上减去预期的利润额、税金、相关利息及建设期间发生的成本支出等，得出土地成本额度。在目前房地产行业中，第一种处理方式更为常见。

房地产企业的土地竞拍过程就是一个博弈的过程。在报价竞争时，不但

要考虑自身经济实力还要考虑竞争对手的综合实力。常用的竞价技巧有：招标方式出让土地，若采用评分法，则应该认真分析评分细则，结合自身情况，扬长避短，争取获得更高评分；竞价时考虑地块发展前景和潜在竞争对手实力，来确定是压低报价还是提高报价；房地产企业间可以进行横向联合竞争或者房地产企业内部产业链间纵向形成集团来进行竞价，来提高竞价成功率。

2.设计阿米巴单元作业成本责任中心

（1）设计阿米巴作业成本责任中心的工作内容

设计成本责任单元是指在拿地之后，根据土地情况和项目初期定位，在设计阶段进行项目规划及建筑设计、施工图设计等工作。设计阶段的执行情况首先影响着工期和投资情况，同时设计方案的优劣也会影响项目的销售和租赁，对项目后期的经济价值起着重要的影响力。

设计阶段的主要工作是进行项目规划设计，根据获得的土地状况及相关的政策制度要求，确定项目总体规划、平面布局、层数、层高、建筑结构等；根据项目初期的定位要求确定项目的建筑风格；科学合理的布局可以充分发挥土地利用率；通过和销售部门的交流合作，以市场需求为导向，综合考虑消费者喜好，确定最终设计方案。项目设计内容是随着项目阶段不断变化，深入细化的，从初期定位设计到后期的深化设计，通过不断深化，综合考虑对后期成本的影响，做出符合项目定位思想的设计成果。及时尽早对设计方案进行优化，设计变更发生的越早，对成本产生的影响也越低，如图2.7所示。

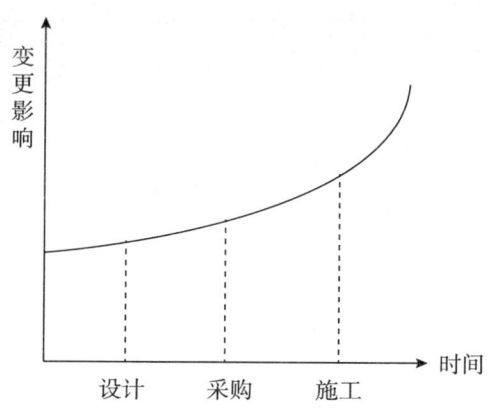

图2.7　设计变更发生时间与影响

设计费用的支出在项目总成本构成中虽然仅占很小一部分，但合理经济的设计方案对项目总体造价的影响可以高达70%～95%。所以设计成本责任中心需要加强成本优化意识。方案设计和规划设计及外观设计在成本控制上，要在相关的法律或规章制度允许范围之内，提高土地利用率，并考虑市场需求，确保后期租赁销售情况。对于结构设计，应该进行目标限额设计，如每平方米钢筋、混凝土含量等指标，同时在设计合同中约定对成本控制的奖惩原则，最大限度地做好设计成本责任单元对成本的控制。

对设计单位的选择方面可以采用设计招标的方式，大力引入竞争机制。通过设计招标，可以很大程度防范设计成本责任单元操作的不规范性，保证有实力且资质符合项目设计要求的设计单位入围，通过公平公正合理的评标制度，使得他们在良好的制度环境下进行竞争，同时也保证房地产开发企业在设计单位选择时有足够的选择范围，设计单位只有运用科学的设计理念、先进的设计技术使设计方案更具有经济合理性来赢得市场，从而使房地产企业可以进一步保证设计方案的质量和效益。选择出中标设计单位后，可以组织各部门专业人员，对中标设计方案进行讨论，从各自部门及专业的角度提出方案优化的合理建议，以进一步提升设计方案的经济性和合理性。

（2）设计管理作业责任中心成本管理的内容

设计管理部门（中心）依据其部门职责，对开发项目规划设计及其设计方案成本优化负责，其责任成本内容及考核指标如图2.8所示。

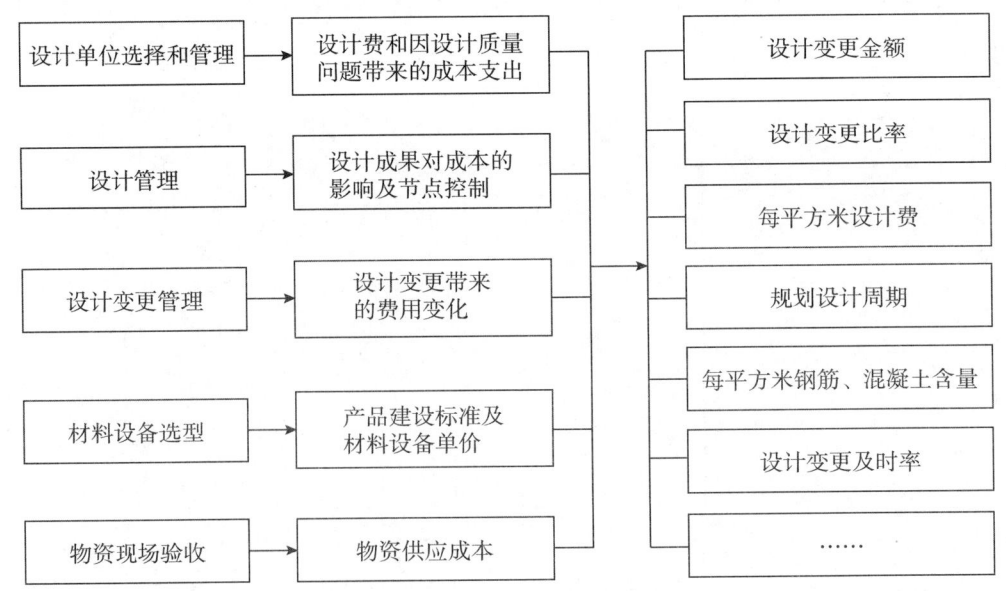

图2.8 设计管理责任中心作业成本管理内容

（3）项目设计成本作业责任中心成本控制的重点

项目设计阶段是项目成本控制的重要阶段之一。在设计阶段，要加强设计管理，提高设计质量、设计成本和产品的适应性。设计阶段是项目成本控制的源头阶段之一，其对总造价的影响最为关键。设计阶段控制要点及控制方法可见表2.1。

表2.1 设计阶段控制要点及方法

控制要点	控制方法
设计单位选择	通过招投标竞争机制的引入，筛选出综合实力符合项目设计要求的设计单位。做到方案质量符合要求且满足经济合理性
设计任务书	对设计任务描述明确
设计方案选择	加强对设计方案的会审，加强对设计方案的合理性、可行性、经济性的审核，避免装饰性设计，对于一些施工难度大，施工安全隐患多的设计应该严格控制，同时对设计单位的成本意识应该进行强化，对其设计成果要提高成熟度，从而有效控制工程造价
初步设计	贯彻限额设计思想，结合成本，定出合理指标
施工图方案选择	施工图方案直接影响项目目标成本，应结合成本部、营销部及工程部等部门意见，同时符合国家相关规定，做到经济性和技术相平衡
设计变更	是控制项目成本变动的关键，需建立严格的审核程序，在作出变更之前应结合技术和成本进行判断

3. 招标采购项目成本责任中心

（1）招标采购成本责任中心的基本工作

招标采购成本责任中心的主要职能是根据房地产企业的合约分判原则，确定的甲供、甲指乙供或乙供的合同类别，以低成本获得符合开发项目需求和品质要求的设计单位、施工单位、造价咨询单位及销售代理单位，以合理的低价购买到项目开发过程中所需的材料和设备。

招标采购成本责任中心在依照招标采购计划工作时，首先要结合工程实际情况选择合理的招标形式。目前房地产市场常用的是邀请招标较多，计价方式一般采用清单计价和费率招标。招标采购成本责任中心同时要根据工程项目的具体要求确定评标原则，为了便于成本管控，目前房地产企业多采用合理最低价中标，在发挥竞争的基础上同时保证可行性。

合同条件的拟定也是重要任务之一，其中承发包模式和计价方式的确定尤为重要。若采用分阶段分专业平行分包，相对来说成本较低，但业主的协调工作量较大；或者也可以采用EPC模式，即设计—采购—施工总承包，这会给房地产开发企业带来很大方便，但对承包商的资信要求很高，还有其他的承包方式如项目管理总承包、非代理的CM承包方式等，所以房地产企业应该结合项目及自身实际情况，选择合理的承包方式。对于计价方式，目前一般常用的是清单计价方式。

最后，招采成本责任中心还需要进行投标单位管理。房地产企业为立足于长远发展，亦应建立供应方数据库等合作单位备选库。其主要来源有两种，一是合作过的单位，因为在招标采购过程中会对投标单位进行资质和信用预审，而且通过双方合作情况再次评级，符合要求的可以纳入供方数据库；第二类就是虽未合作但考察过的，可以通过投标单位之前的工作成果和质量及与其他单位合作履行情况等综合判断。

（2）招标采购成本责任中心成本管理内容

招标采购成本责任中心成本管控内容如图2.9所示：

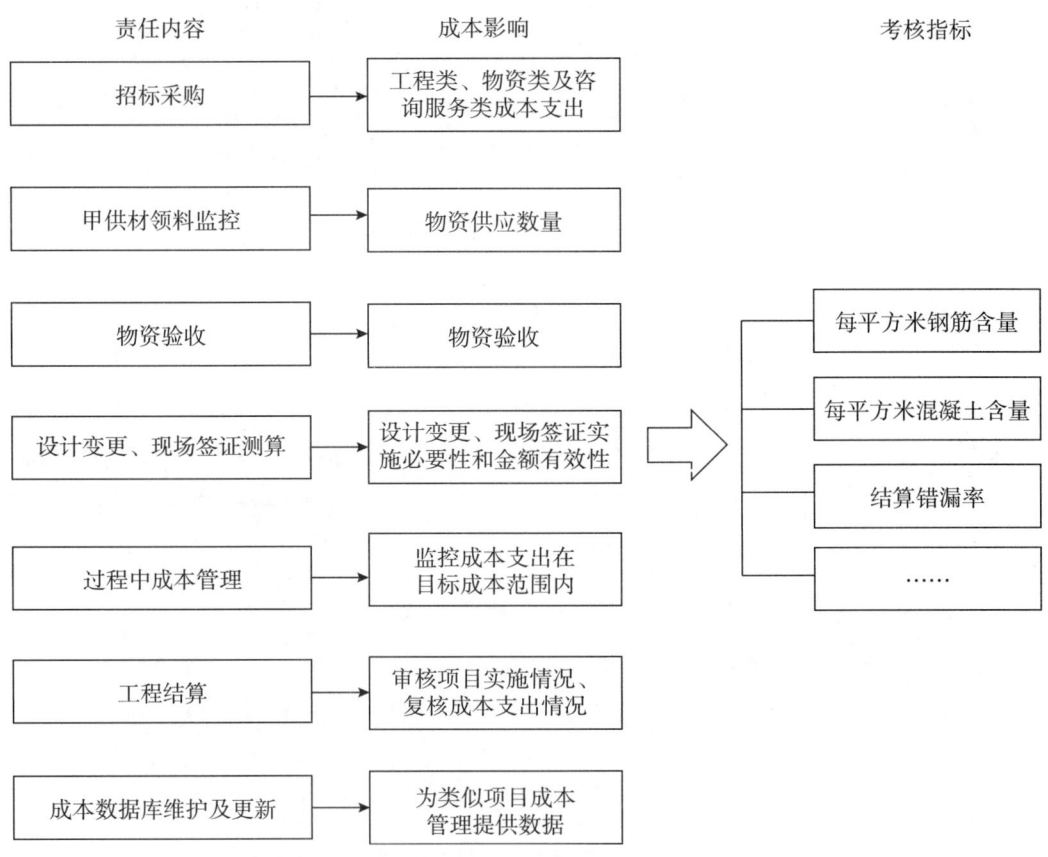

图2.9 招标采购成本责任中心成本管控内容

（3）招标采购成本责任中心成本管控重点

招标采购的内容主要是工程类、物资类及服务类。其中工程类和服务类招标要综合考察投标单位资质和之前类似项目履约情况及投标价格等因素，综合确定中标单位。对于物资采购方面，要大力进行大宗物资招标制度，并在过程中逐步实现标准化，可以考虑大规模集中采购从而降低采购成本。同时加强合同管理，对合同条款尽可能细化和考虑全面。将采购过程透明化，使物资供应商参与进来，这不但可以保证公正合理，同时也可以保证合理的采购成本。

对于甲供材料的管理，一方面要对甲供材料的实际用量进行实时有效追踪控制，另一方面要合理确定由房地产开发企业确认的由乙方自购的材料。例如对于重要的建筑或装饰材料，要在合同中约定材料甲供或者是甲指乙供等。对于材料用量的管理，要结合公司具体情况及当地建筑工程规范及标准，确定出合理的材料损耗率。对于甲指乙供的材料，房地产开发企业要密切关注这些材料的市场行情，获得第一手价格，进而与施工方确定出公平合理的合同价格，从而对工程造价进行有效的控制。

五、建造施工作业成本管理责任中心

（1）项目施工过程中作业成本管理责任中心工作内容

这一作业成本管理责任中心主要是指在项目实施过程中，对项目目标成本执行并进行实时监督和控制的工程管理部门。

工程管理部门主要是对土建和机电类工程进行现场管理，多专业多单位间进行协调。其成本管理责任内容及考核指标如图2.10所示。

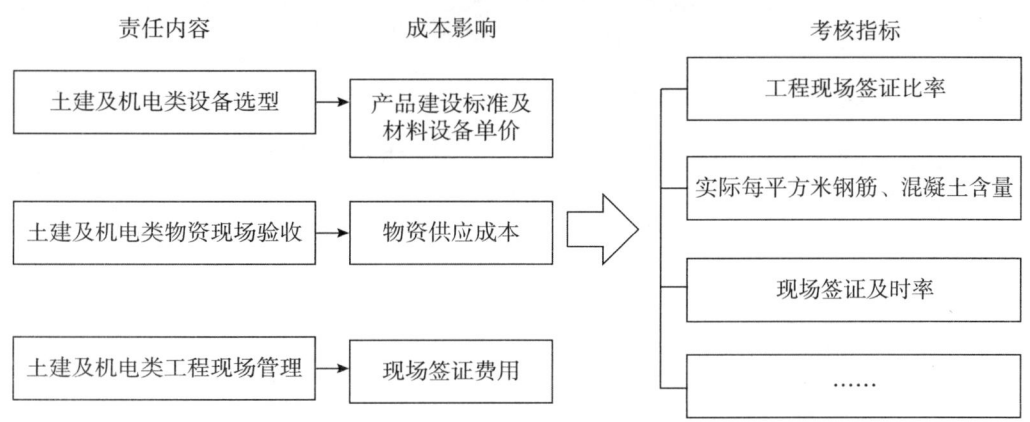

图2.10　阿米巴工程管理部门作业成本责任管理内容

（2）施工过程作业成本管理责任中心工作分析

施工过程的作业成本管理责任指在项目施工过程中通过对管理以达到对成本、进度及质量控制的目的。合同是项目现场管理的重要依据。项目成本管理责任中心依照合同约定对施工现场进行管理，施工过程是对设计成果的实现，所以项目管理工作的另一个重要依据是设计施工图纸。首先根据工程建设步骤将所有工作内容进行计划排定，同时也要将资金的支付节点及进度和质量的控制纳入在内，通过控制职能对项目施工过程进行阶段性节点监督和控制；同时由于施工现场不免存在不同专业和不同施工单位之间的配合工作，相关的界面管理工作也要做好协调和配合。优化施工组织方案，根据项目现场情况，合理布置施工现场。强化现场成本管控人员对施工组织及施工工艺的管理，现场的布置应该坚持紧密原则。同时在项目管理过程中，注重控制人工费用和材料、设备费用的支出。

严格控制设计变更和现场签证是项目成本管理责任中心重要工作之一。首先要尽量避免因为业主原因发生这些变更和签证，这就要求项目现场管理人员要对合同条款和项目实地情况很清晰，并且注意和成本管理人员有效沟通；其次设计变更和现场签证的原始资料应该注意留存，并及时做好结算工作。

（3）施工过程中作业成本管理责任中心成本控制的重点

至于项目施工过程中对成本的控制有施工期对图纸会审、控制现场设计变更及现场签证的控制、竣工结算的控制，主要控制内容如表2.2所示。

表2.2 施工过程中作业成本控制重点

控制要点	控 制 方 法
图纸会审	施工前组织专家进行图纸会审，尽量发现和弥补图纸中缺陷
设计变更	着重关注容易产生设计变更的施工环节；尽量避免重大设计变更
现场签证	注重签证制度的完备性；保证签证内容和实际情况相符，精确签证范围，保证签证的合理性
竣工结算	加强竣工结算的审计工作和项目后评估工作

其中现场签证价款控制可以按照如下流程控制。如图2.11所示。

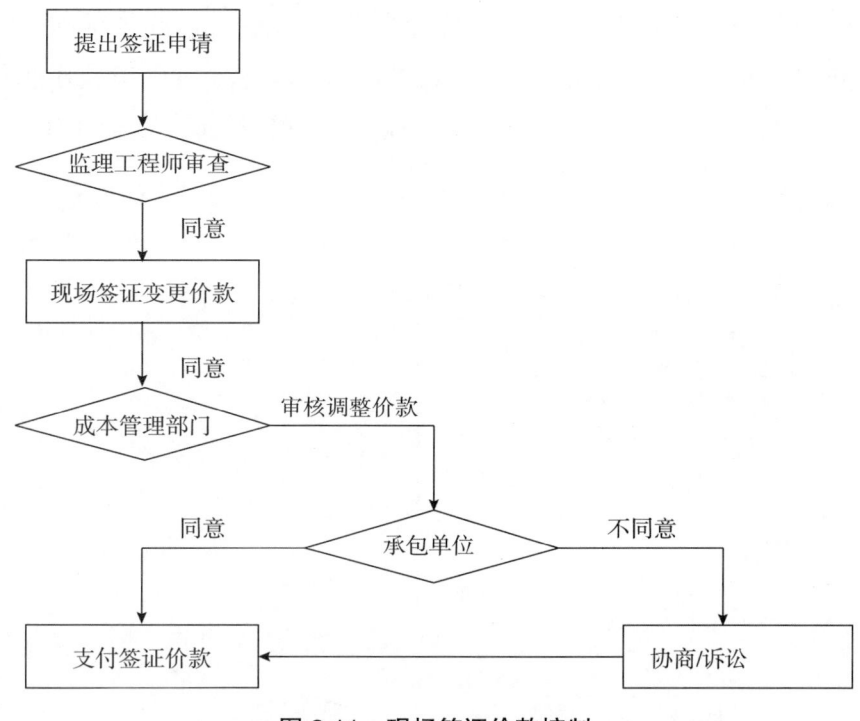

图 2.11 现场签证价款控制

六、项目竣工结算作业成本责任中心

1. 竣工结算－决算资金－成本作业成本责任中心工作内容

竣工结算—决算资金—成本责任中心是在项目完工并竣工验收之后，进行项目总资金－成本计量。结算之后就项目初期的规划和招标采购工作，对项目结算情况和预算执行情况进行对比；同时结合过程中各合作单位合同签订及履行情况对项目进行考核与总结。结算依据是双方签订的合同条款、施工过程中的设计变更和现场签证资料、施工过程中发生的工程联系单等文件，同时和物业公司做好交接工作，做好质保期内的项目保护工作。在验收期间做好第一手原始资料的搜集和保存工作。对比竣工资料和设计资料、施工图纸，根据现实需要，可以到项目现场进行实地验收。结算责任中心工作执行的好坏对项目资金－成本控制有着重要影响。

2. 竣工结算－决算资金责任中心成本控制重点

竣工结算价款可以从结算资料完备性及工程验收内容和过程中合同价款变更等角度控制，对于项目实施过程中发生的设计变更和现场签证按照最终审定的结算资料等原始资料，结合合同条款约定对合同金额进行相应的增减。并由专业造价专业人员进行再次核定，通过对结算单位申报的工程款的组成进行分析，对其工程量进行核验，对价格组成依据进行再次检查，核查是否符合流程和合同约定。竣工结算流程一般如图 2.12 所示。

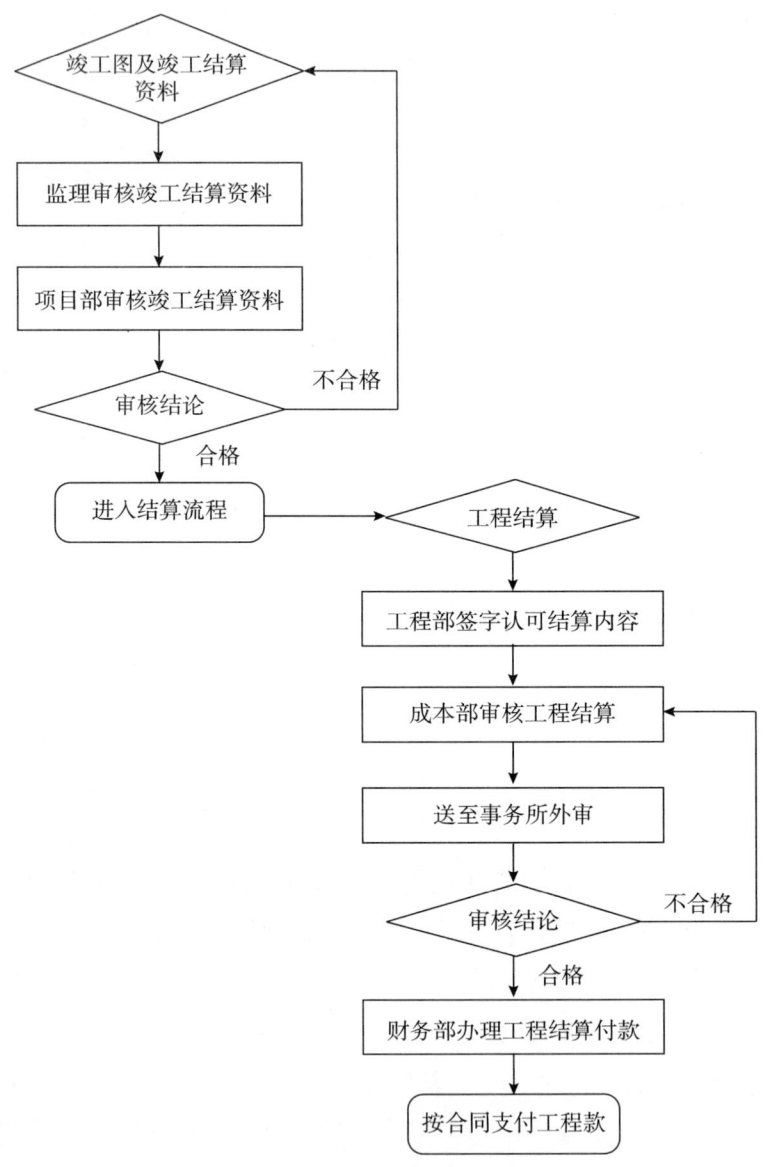

图 2.12　工程竣工结算流程

完善审价机制也至关重要，例如对于咨询公司的选择，可以同时选两家或以上数量单位对同一个项目进行审价，通过对比分析不同咨询公司的审价结果和审价组成，可以对项目成本有整体印象，并且可以找出通病，从而更加全面地避免疏漏。

最后分析合同的最终结算价格和合同约定价格，对比项目总金额和分部分项工程金额，分析超支和节约情况，找出金额支出超支的原因，总结出节约成本的经验。在之后的合同条款拟定及方案设计等方面可以累积经验，进一步充实企业自身核心竞争力。

七、项目营销类收入 – 成本作业责任中心

房地产企业面临着日益激烈的竞争，要想提高利润率，提高企业自身在房地产市场的竞争力、占有率、销售收入是至关重要的原动力。对于房地产开发企业来说，营销作业成本责任中心不但肩负着努力提高销售量、销售收入，提高品牌影响力等重任，同时还要在房地产开发全过程中与不同的作业责任中心及职能部门进行合作与决策支持，而且要优化控制、降低营销成本费用，兼顾营销风险控制等。

营销成本费用的主要组成由宣传推广、销售代理、物业启动费等组成。其中宣传推广费是受市场竞争影响较大的主要变量之一，具有一定的不确定性，同时弹性较大，使得控制也较为困难。在市场调研之后，针对项目具体情况，编制宣传推广的费用预算和进度计划，也对销售成本及费用管控方式进行相应调整。

售楼处及样板间的装修和布置也是销售费用的主要构成之一。售楼处的风格、装修档次会对造价产生不小的影响；同时样板间的布置及数量的确定也会对消费的刺激存在不同程度的作用，这些决策的做出要基于市场分析和对消费心理的研究，进行科学的论证，力争价值最大化。

销售阿米巴成员（巴员）的薪酬支出及营销策划费用等的支出也是销售费用的主要构成之一。所以销售阿米巴成员（巴员）的薪资及提成比例的制定要综合考虑同级别房地产市场的价格和对销售成果产生的刺激作用。至于营销策划费用主要是对销售外包或者营销策划专业咨询的费用支出，也是要根据不同的区域分别对待，对销售阿米巴单元的划分设置也要坚持高效精干的原则。

八、物业阿米巴服务单元作业成本责任中心

物业服务是基于房地产开发的基础之上的，物业服务者受物业所有者之托，对其所持有的物业及其周围环境进行保养、修缮及经营等，以达到保值

增值的目的。

首先要建立全过程物业服务与项目开发经营相结合的观点。由于物业服务过程中，可以与住户进行直接接触，所以业主的需求、销售定位及对物业服务品质的要求等可以通过物业服务早期的介入，与项目前期定位相结合。同时，在设计阶段，结合后期物业服务过程中遇到的因设计原因导致的物业服务问题，对整体布局及结构功能、配套及周边环境等设计进行更新和优化。同时，通过物业服务工作可以对物业进行保值增值服务，这也是物业服务的重要作用之一。所以物业服务的因素也占到物业价值的 20%～30%。所以对于业主来说，物业服务水平也是其考虑的重要因素之一。其次是针对后期的物业服务过程中，要进行建设与管理相结合。在合理的收费水平之下进行配套的有竞争力的物业服务。最后，物业服务隶属于服务范畴，所以物业服务过程中要体现出"以人为本"的服务理念。

九、职能部门阿米巴管理责任中心的作业成本管控内容

其他部门包含人力资源与行政部、财务部、开发部及营销管理部门和商业管理部门等。其作业成本管理的责任如图 2.13 所示。

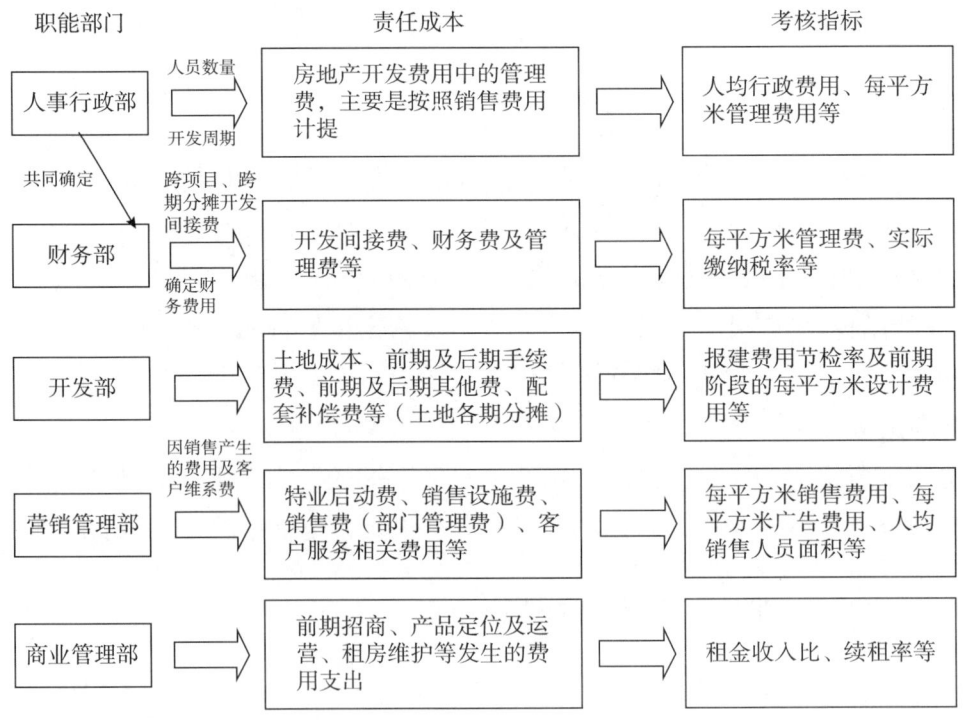

图 2.13　职能部门阿米巴作业成本责任中心作业成本管控内容

十、项目工程作业成本管控责任分工

项目工程成本控制工作涉及项目管理的各岗位、各层次,具体作业责任分工参见表 2.3。

表 2.3 项目工程成本控制责任制

人员	内　　容
项目经理	• 全面负责项目成本控制工作,是项目成本控制的责任中心。 • 负责项目成本的预测、目标成本、成本控制实施、成本核算、成本分析考核等工作。 • 根据合同内容、预算定额和有关规定,充分利用有利因素,编好施工图预算
合同预算员	• 深入研究合同规定的"开口"项目,在有关管理人员的配合下,努力增加工程收入。 • 收集工程变更资料,及时办理收入账,保证工程收入,及时收回垫付的资金。 • 参加对外经济合同的谈判与决策,以施工图预算和收入账为依据,审核经济合同的数量、单价和金额,切实做到"以收定支"。 • 根据施工现场的实际情况,合理规划施工现场平面布置,为文明施工减少浪费创造条件
工程技术人员	• 严格执行工程技术规范和预防为主的方针,确保工程质量,减少零星修补,消灭质量事故,不断降低质量成本。 • 根据工程特点和设计要求,运用自身的技术优势,采取实用、有效的技术组织措施和合理化建议。 • 严格执行安全操作规定,减少一般安全事故,消灭重大人身伤亡事故和设备事故,确保安全生产
材料员	• 材料采购和构件加工,要选择质高、价低、运距短的供应(加工)单位。对到场的材料、构件要正确计量、认真验收,如遇质量差、量不足的情况,要进行索赔。切实做到:一要降低采购(加工)成本,二要减少采购(加工)过程中的管理损耗。 • 根据施工计划进度,及时组织材料、构件的供应,保证项目施工的顺利进行,防止因停工待料造成的损失。在构件加工的过程中,要按照施工的顺序组织配料供应,以免因规格不齐造成施工间歇,浪费时间、人力。 • 在施工过程中,严格执行限额领料制度,控制材料消耗;同时,还要做好余料回收和利用,为考核材料实际消耗水平提供正确的依据。 • 钢管脚手架和钢模板等周转材料,进出现场都要认真清点,正确核实并减少赔偿数量;使用后,要及时回收、整理、堆放,并及时退场,既可节省租赁费,又有利于场地整洁,还可加速周转,提高利用效率。 • 根据施工生产的需要,合理安排材料储备,减少资金的占用,提高资金的利用效率
机械管理员	• 根据工程特点和施工方案,合理选择机械的型号规格,充分发挥机械的效能,节约机械费用。 • 根据施工需求,合理安排机械施工,提高机械利用率,减少机械费成本。 • 严格执行机械维修保养制度,加强平时的机械维修保养,保证机械完好
行政管理人员	• 根据施工生产的需要和项目经理的意图,合理安排项目管理人员和后勤服务人员,节约工资性支出。 • 具体执行费用开支标准和有关财务制度,控制非生产性开支。 • 管好行政办公用的财产物资,防止损失和流失。 • 安排好后勤服务,在勤俭节约的前提下满足职工群众的生活需要,安心为前方生产出力

人员	内容
财务成本员	• 按照成本开支范围、费用开支标准和有关财务制度，严格审核各项成本费用，控制成本支出。 • 建立月度财务收支计划制度，根据施工需要，平衡调度资金，通过控制资金使用，达到控制成本的目的。 • 建立辅助记录，及时向项目经理和有关项目管理人员反馈信息，以便对资源消耗进行有效控制。 • 开展成本分析，特别是分部分项工程成本分析、月度综合分析和针对特定事项的专题分析，要做到及时向项目经理和有关项目管理人员反映情况，找出问题并提出解决问题的建议，以便采取针对性的措施纠正成本偏差。 • 在项目经理的领导下，协助项目经理检查、考核各部门、各单位乃至班组责任成本的执行情况，落实责、权、利相结合的有关规定。

十一、阿米巴作业责任成本中心管理权责体系

目标成本责任落地，需明晰各责任中心、项目部、施工班组在成本管理工作中的职责与权限，即清晰的工作界面，才能保证目标成本有效落地执行。明晰后的成本管理权责界面如表2.4所示。

表2.4 阿米巴各级作业责任中心成本管理权责

①表示提案，②③④⑤⑥⑦⑧⑨表示审核顺序，数字加粗并下划线表示审批，◎表示审议，◆表示备案，*表示有备注说明，详见备注栏。

序号	管理审批事项 关键决策点	项目公司						总部职能部门			股东方代表	分管副总	总经理	董事会	备注
		成本部	设计部	工程部	营销部	财务部	工程副总	总经理	成本中心	设计研发中心	营销管理中心	运营管理中心	财务中心					
1.0	目标成本测算																	
1.1	方案阶段成本估算	①							①							②	—
1.2	扩初阶段成本概算	①					②	③	④							⑤	—
1.3	施工图阶段成本预算	①					②	③	④							⑤	—
2.0	项目目标成本调整																	
2.1	目标成本调整（不可预见费）	②						②								—	—
2.2	目标成本调整（预备费用）	②						②	③							—	—

续表

序号	关键决策点	项目公司							总部职能部门					股东方代表	分管副总	总经理	董事会	备注
		成本部	设计部	工程部	营销部	财务部	工程副总	总经理	成本中心	设计研发中心	营销管理中心	运营管理中心	财务中心					
2.3	目标成本调整（突破目标成本）	②						②	③							④	⑤	
3.0	设计变更																	
3.1	设计变更≥50万	②		①		③	④	⑤							—	⑥	—	
3.2	设计变更5~50万	②		①		③	④	⑤							—	—		
3.3	设计变更<5万	②		①				③										
4.0	现场签证																	
4.1	现场签证≥50万	②		①		③	④	⑤							—	⑥	—	
4.2	现场签证5~50万	②		①		③	④	⑤							—	—		
4.3	现场签证<5万	②		①				③										
5.0	成本结算																	
5.1	工程款支付	②		①		③	④	⑤										
5.2	工程结算（合同结算总额<200万）	②		①		③	④	⑤							—	⑥*		总包，大包精装修，景观工程需总经理审核
5.3	工程结算（合同结算总额≥200万）	②		①		③	④											
6.0	招标、采购																	
6.1	集团（含战略）采购						②	①				③			④	⑤	⑥	—
6.2	项目采购<T	①		◆			②	③								—		
6.3	项目采购≥T或特定工程	①		◆			②	③	⑤				④	⑥	⑦	⑧		异地项目T=500万，本地项目T=200万，特定工程总包、门窗、幕墙、涂料、景观、电梯工程

续表

管理审批事项		项目公司							总部职能部门					股东方代表	分管副总	总经理	董事会	备注
序号	关键决策点	成本部	设计部	工程部	营销部	财务部	工程副总	总经理	成本中心	设计研发中心	营销中心	运营管理中心	财务中心					
6.4	合约规划	①		◆			②	③	⑤			④			⑥	⑦		
7.0	供应商管理																	
7.1	新供应商入库	①					③	④	⑤			—	—			—		
7.2	供应商绩效评审	①					③	④	⑤			—						
7.3	供应商绩效评审报告/季度	①					③	④	⑤									
8.0	工程合同																	
8.1	合同签订<100万	①		②		③	④	⑤										
8.2	合同签订≥100万	①		②		③	④	⑤	⑦			⑥				⑦	⑧	
8.3	合同变更<T	①		②		③	④	⑤								—		
8.4	合同变更≥T或特定工程	①		②		③	④	⑤	⑦			⑥				⑦	⑧	异地项目 T=500万，本地项目 T=200万，特定工程总包、门窗、幕墙、涂料、景观、电梯工程

第三章　阿米巴项目单元作业责任预算管理

——阿米巴项目成本管控的第一道工序

基于作业管理的责任预算是企业战略具体实施的第一步，也是非常重要的一步。基于作业的责任预算的制定是以作业为核心的，并与作业的产出效率、效益相关。根据作业成本库各成本项目与成本动因量变动的依存关系，按不同的成本动因数量编制作业责任预算，作为对阿米巴经营单元绩效考核的标准。但这种成本控制标准不是一成不变的，因为作业可以转化为低效作业，而且作业的产出水平也会发生变化，因而作业成本、绩效标准是动态的，通过不断变化以反映新的条件和新的目标，支持持续改善作业。

一、阿米巴经营单元作业责任预算的优点

基于作业的阿米巴经营责任预算是基于作业的责任会计的重要部分，它的产生是为了满足日益精益建造管理的需求，弥补传统财务预算的缺陷，具有许多方面的优势。其主要包括以下五个方面：

1. 作业责任预算的准确性和详细性

基于作业的责任会计的最大特点就是核算准确，这也是基于作业的责任预算的特点。基于作业的责任预算可以根据销售量、销售收入，以作业成本动因为基础，准确地预测出作业量。同时，由于作业根据需求不同而划分到不同的详细程度，所以不同的作业责任中心以及作业责任中心中的不同层次，可以根据需求对不同层次的作业量做出预算，这相对于传统财务预算来讲精细化程度大大增加了。

2. 作业责任预算提供了一个消耗资源的作业轮廓

由于引进了作业的概念，作业责任预算有了充分的理论根据来确定组织中的每一部分（包括职能部门）在某一产量时消耗的资源数量和费用。企业可以根据实际资源使用量和资源预算的长期比较，核算分析考核出资源利用

效率和创造的效益,并且可以根据分析对资源进行优化调整,以提高资源利用率和资源使用效益。

3. 弹性预算与作业责任预算的更好结合

基于作业的责任预算的主要步骤如图3.1所示。

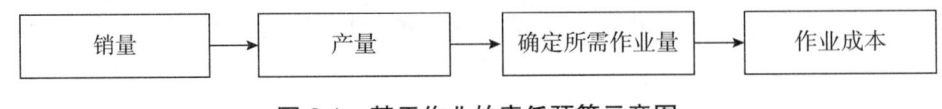

图 3.1　基于作业的责任预算示意图

从图3.1可以看出,基于作业的责任预算过程实质上就是预算的过程。企业组织的所有行为都看作是为提供产品(或服务)而进行。企业组织内部发生的所有费用都应作为产品(或服务)的成本,这样确定的作业包括了企业内所有阿米巴部门或穿越阿米巴部门界限的行为,计算出的作业成本即为企业的全部成本,也就是企业的全部作业成本预算。明确作业成本后,根据作业不同将作业成本归属作业所属责任单元(中心),不再是一种财务预算的硬性分解。

4. 基于作业的责任预算提供的信息更为全面

传统财务预算只考虑了与作业无关的资源消耗,而基于作业的责任预算考虑了图3.2中的所有关系。

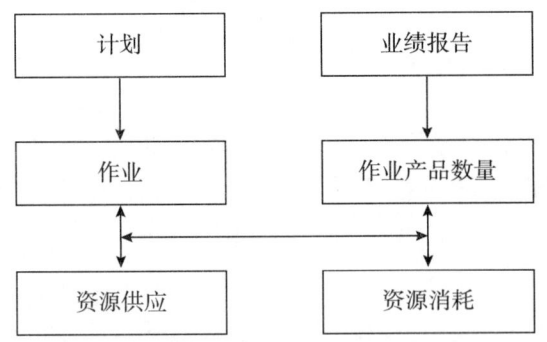

图 3.2　计划与业绩报告的内容关系图

基于作业的成本核算体系引入了作业成本动因的概念,使原来单一的成本分配成为多基础的成本分配,明确了间接费用产生的主要原因。由于上述特点,成本费用从事前控制一开始就提供了充分的信息,使作业责任中心明确引起成本的原因及降低成本的途径。

基于作业的责任预算的另一个显著特点，就是提供了计量资源使用效率、效益的相关信息。基于作业的责任预算同时提供了阿米巴经营单元的工作负荷和资源需求，即通过作业预算可以确定提供的资源、已使用的资源和未使用的资源。因此可以反映资源是如何被使用的，以及用于哪里，从而计量出资源的使用效率、效益。

5. 基于作业的责任预算过程同时是阿米巴经营分解的过程

基于作业的责任预算是阿米巴经营实施的第一步，也是非常重要的一步。阿米巴经营投资收益责任中心根据公司总体战略确定具体的战略内容、提出完成战略所需的考核标准，并对这些标准进行责任预算。然后将战略内容分解，确定战略的哪些内容由投资责任中心整体实施，哪些战略内容由利润责任中心完成，并对利润责任中心的考核指标进行预算。最后。将战略分解到作业成本责任中心，确定作业成本责任中心的成本考核指标，同时对作业成本责任中心进行责任预算。

二、阿米巴经营单元作业责任预算编制的步骤

基于作业管理的阿米巴经营单元的作业责任预算的步骤如下：

估计下一期（节点）的工程量。与传统的财务预算一样，基于作业管理的责任预算的起点也是估计工程量，并根据工程量来确定成本、资金量。基于作业管理的责任预算对工程量、成本、资金的预算信息要求的更详细。

预算需求的作业成本。确定工程作业量后，就要根据作业量来确定生产出相应产品所需的施工作业量。在预测完成后应将作业按施工单元（施工班组、施工队）归集。在确定作业及作业成本后，就可根据这些数据来估计所需资源的类型和数量，决定实际供应资源。基于作业管理的责任预算将估计的资源需求量转化为提供的总资源成本。

下面以怡景花园项目为例，说明基于作业管理的责任预算的步骤：

（1）估计下期的产销量。与传统的预算一样，基于作业的责任预算的起点也是估计销量，并根据销量来确定产量。由于先进制造环境下追求库存最小，即库存目标为"零库存"，所以基于作业的责任预算对产销量的预算信息要求得更详细。该预算的内容包括销售的产品，也包括购买产品的顾客组合。

（2）预算需求的作业成本。确定产量后，就要根据产量确定生产相应产出所需的作业量。作业量与产量的关系为：

$$X=\sum f(y_j) \tag{3.1}$$

其中，X 为作业量，y_j 为第 j 种产品的产量，$j=1,2,\cdots,m$，企业生产 m 种产品，即某一作业的作业量为企业生产的各种产品作业的作业量之和。并且，每一产品所需的作业量是产品产量的函数。

要想预测作业成本，首先就要确定成本动因率。在基于作业的责任预算中所应用的成本动因率为标准成本动因率。标准成本动因率是线性回归的方法来确定的，其方法是对历史数据进行加工整理，应用线性回归公式找出成本动因与作业成本的关系，标准成本动因率的计算公式为：

$$\omega = \frac{\sum xy - \sum x \sum y}{n\sum x^2 - (\sum x)^2} \tag{3.2}$$

其中，ω 为标准成本动因率，x 为成本动因量，y 为作业成本。（以下同）以检验作业为例说明每个成本动因率的确定，如图3.3所示。

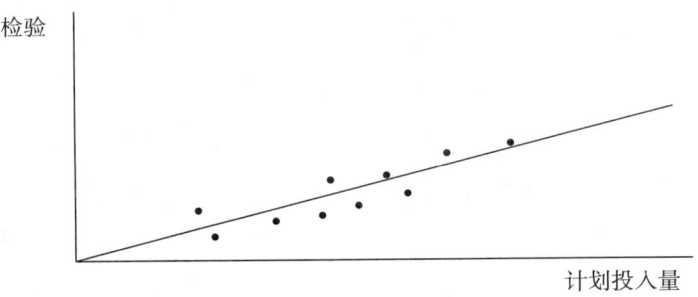

图3.3 检验作业成本动因率分析图

在确定标准成本动因率后，对于短期的作业责任预算，还要确定区分固定作业成本与变动作业成本。对于固定作业成本在第六步中决定其生产能力，对于变动的作业成本可根据公式3.3得出：

$$VC(\omega y) = \omega x = \omega \sum f(y_j), \ x \geq 0, \ j=1\cdots n \tag{3.3}$$

其中，$VC(\omega y)$ 为变动成本，变动成本等于标准成本动因率与预算作业量之积，有 n 种产品。由于作业量是产量的函数，所以变动作业成本又可以用产品产量与标准成本动因率来表示。

基于作业的责任预算对企业中所有的作业都进行了预测，并且在预测中包括了更详细的信息。例如，对于采购作业，采购经理必须对订单量进行预测，比如每月 14500 张订单，全年 174000 张订单，这就是下年可接到的订单量。在对上述的检验作业成本动因率进行分析后，就对其作业成本进行预算。

为了计算方便，这里对各项数据作了取整处理，对作业的预算可通过表 3.1 完成。

表 3.1 阿米巴经营单元作业成本预算表

	成本动因	标准成本动因率	预计动因量	作业预算成本（元）
检验	计划投入量	8	980	7840
准备	生产批	26000	9	234000
团队 1	令号数	19500	11	214500
团队 2	令号数	19500	8	156000
团队 3	令号数	19500	9	175500
团队 4	令号数	19500	13	253500
管理	产量	1600	23	36800
技术支持	处理问题次数	2300	28	64400
计划	指令单数	500	50	25000
作业成本合计				1167540
上期作业成本				1183560
作业成本降低				16020

（3）将作业按部门归集。由于基于作业的责任预算是预测企业内所有作业，所以在预测完成后应将作业按部门归集。每一部门的作业成本为：

$$C(y) = C_1 + C_2 + \cdots + C_n \qquad (3.4)$$

$C(y)$ 表示部门作业成本，C_i，$i=1, \cdots, m$，表示部门所含的作业成本。在理想状念下，即企业以作业为基础划分组织结构的情况中此步骤不存在。

（4）计算资源需求量。在确定作业及作业成本后，就可根据这些数据来估计所需资源的类型和数量，其数学公式为：

$$R_i = g_i(x) \qquad (3.5)$$

其中：R_i 为作业量，x 为作业中心所需的某种资源量，资源量与作业量之间构成某种函数关系。

例如在采购作业中每人每月可以处理2000张订单。那么要完成预测的14500张就每月需要7.25个人处理订单。另外，一个管理员可以管理10个人的工作，则需要0.725个管理员。并且每人需2.5m²场地，一台价值5000元的计算机，每月500元的网络费、软件支持费等。

（5）决定实际供应资源。基于作业的责任预算将估计的资源需求量转化为提供的总资源。例如，如果订单处理人员只做这单一的作业。那么只需8个员工和一个管理人员，负责订单处理的经理就可以预测出他和8个员工加上辅助的资源。以团队1中的机械焊作业为例，资源的需求作业预算如表3.2所示：

表3.2 资源预算表

资源	资源动因	资源动因率	机械焊					
			准备		机械焊		搬运	
			预算动因量	预算资源成本	预算动因量	预算资源成本	预算动因量	预算资源成本
人	单位工作量	9元/h	1450h	—	360h	—	2300h	—
场地	面积	1200元/m²	80m²	—	50m²	—	30m²	—
电焊机	加工量工时	370元/h	—	—	140h	—	—	—
焊枪	作业量工时	5元/h	1450h	—	—	—	—	—
起重机	工时	50元/h	—	—	—	—	700h	—
用电	工作量	2元/h	—	—	140h	—	700h	—
CO_2	工作量	4元/h	1450h	—	—	—	—	—
资源成本合计			330520元					

根据表3.2可以得出每种作业中心的资源成本，进一步可以表示为：

$$RC=\sum RC_i \quad i=1,2,\cdots,k \quad (3.6)$$

RC表示每一种作业中心的资源成本，RC_i表示作业中心所需的每一种资源的成本，共有k种资源。由于各种资源成本都与作业量相关，所以可以将RC表示为作业量的函数：

$$RC=\sum_{i=1}^{k}u_i g_i(x) \quad (3.7)$$

因为作业量与产量存在某种函数关系，所以作业中心的资源可以最终用产量来表示：

$$RC=\sum_{i=1}^{k}\sum_{j=1}^{k}u_i g_i(f(y_i)) \qquad (3.8)$$

根据表 3.2 中提供的相关数据来决定提供的资源量。假定每人每天平均工作 8h，每月工作 22d，计算机械焊作业中心中的各个作业所需人数为：

准备工作：1450÷（8×22）=8.2（人）

机械焊工作：360÷（8×22）=2.1（人）

搬运工作：2300÷（8×22）=13.1（人）

则为各作业最后提供的人数为：准备作业 9 人，机械焊 3 人。搬运 14 人。需要场地面积为 160m^2。电焊机 1 台，每月折旧 60000 元，焊枪每人一支，共需 9 支，每月共折旧 10000 元。起重机月工作 700 工时，需要 700/（8×22）=3.97 台，则需要提供 4 台起重机，每月共折旧 40000 元。另外，每月需要提供相应的电和二氧化碳。

根据提供的资源量与作业预算的资源量，计算作业预算成本。

提供资源成本 =（9+3+14）×8×22×9+160×1200+60000+10000
　　　　　　+40000+840×2+1450×4=350664（元）

预算资源成本 =330520（元）

预算未用资源成本 =350664–330520=20144（元）

资源利用率 = 预算资源成本 / 提供资源成本 =330520 / 350664=94%

（6）决定提供的生产能力。一旦估计出资源的供应，就可以计算每一作业提供的能力。这里包含两部分：一部分是短期责任预算中固定的作业生产能力；另一部分是由于资源提供过程中多出的生产能力。短期责任预算中的固定作业能力可以越过 3~4 步，直接根据历史数据来估计或用回归分析来确定。对于作业能力的确定，可直接利用单位资源作业能力计算出作业量。例如，采购部门提供的作业能力的确定，可直接利用单位资源作业能力计算出作业量。如采购部门提供的作业能力为月处理 16000 订单（8×2000）。第五步是非常困难的工作，因为这里包含了许多不确定的因素，如个人工作能力、订单样式、季节性需求等。这需要组织做大量细致的工作，这项工作的好坏直接影响到事后作业分析是否能够取得预期效果。

基于作业的责任预算中有三点需要进一步说明：

第一，预算过程以作业量为核心。基于作业的责任预算以产量预测开始，并且每一步预算公式都可以表示为与产量相关的函数。但是贯穿于责任预算始终的不是产量，而是作业量。基于作业的责任预算中最重要的两步预算——作业成本预算和资源预算都通过作业量来完成。尤其是资源预算，它并不是简单的基于作业成本核算的逆过程。因为基于作业的成本核算中，资源通过资源动因分配到作业中心的过程主要根据人完成各作业所需时间比例，资源动因并不直接表现为作业量的多少，而在资源预算中资源动因并不直接出现，它是以作业量的形式出现的。

第二，预算时间的连续性。房地产建造环境具有动态的特点，而基于作业的责任预算是静态的，很难适应房地产建造环境的需要。所以需要责任预算不断地适应外部环境变化，最重要的是保持责任预算的连续性，改变年末预算，一年不变的预算情况，实行滚动预算，从而适应房地产建造环境的特点，满足企业持续改进的需求。由于各企业情况不一样，市场需求的变化程度不一样，所以很难给出统一的预算时间段，本书提供一种滚动的作业预算的一般模式。

滚动的作业责任预算是指在传统的一年为预算时间的基础上调整预算周期。具体地既是将基于作业的责任预算时间段规定为以季为单位进行预算，同时为了保持前瞻性，一次预算4个时间段，即一年。在每季结束前根据外部环境与内部环境变化，调整上期后3个季度的预算，同时对第四季度进行预算，重新编制新一年的预算，这样逐期向后滚动，连续不断地以预算的形式规划未来的生产经营活动。滚动预算过程如图3.4所示。

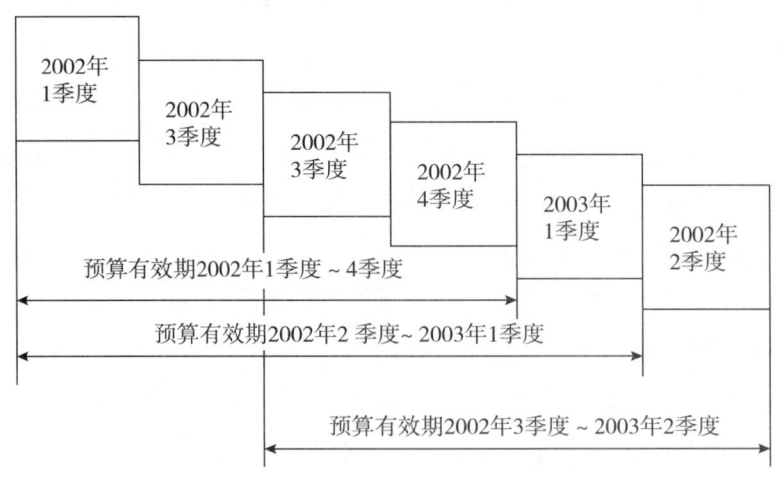

图3.4 基于作业的滚动预算

从图 3.4 中可以看出，怡景花园项目第一次做出 2000 年 1～4 季度的预算，在第 1 季度中，根据环境变化调整 2～4 季度预算，并做出 2001 年底 1 季度的预算，预算有效期为 2000 年 4 月 1 日；在第 2 季度，对 2000 年 3～4 季度及 2001 年 1 季度预算进行调整，并对 2001 年第 2 季度进行预算。这样，就使责任预算具有连续性并能迅速适应外部变化。

第三，基于作业的责任预算虽然可以预算出一定销售量下所需的资源量，但是企业的资源一旦确定之后就很难改进。尤其是机械设备、临建设施。同时，在现代建造环境下，先进的管理思想要求企业要充分利用资源，避免资源浪费。所以，有必要进一步探讨企业资源配置问题，即控制闲置生产能力。企业资源一旦确定就会在实际生产中出现两方面问题：一是"瓶颈"问题；二是出现闲置生产能力问题。"瓶颈"问题一般比较好解决，通过购置新设备、增加施工人员来扩大"瓶颈"部分的生产能力。"瓶颈"问题一旦解决，随之而来就会出现闲置生产能力问题。对于企业来说，"瓶颈"问题是暂时的，而闲置生产能力问题是随时存在的。所以企业应该在预算资源时就要考虑闲置生产能力问题并加以控制。

闲置生产能力问题在传统会计中由于没有与此相关的数据，所以根本不能对其进行控制。而基于作业的责任会计从预算开始就可以对闲置生产能力进行预算并在预算执行的整个过程中对闲置生产能力进行计量，从而适应先进建造管理思想对资源利用的要求，尽量减少闲置生产能力。

减少闲置生产能力的方法可以通过接受订单，从增加销售量减少闲置生产能力；通过流水生产，消除生产能力消耗的产量损失和更好的安排产品和服务的流动，在经营上可以消除闲置生产能力；从责任预算角度来控制闲置生产能力，就是要使作业量、资源动因预测得更加细致、准确，对每种资源进行不同的组合，使资源得到充分利用。

以上是对基于作业的责任预算的具体分析，基于作业的责任中心的成本预算不仅给出了各作业的作业成本预算额，更重要的是，它提供了作业层次责任中心成本预算额和部门层次责任中心成本预算额，即同时提供了"子中心"与"总中心"的责任成本预算信息。因此可进行责任中心成本预算表设计，如表 3.3 所示。

表 3.3 作业成本责任中心预算表

部门层次责任中心	作业层次责任中心	成本动因（单位）	预计成本动因量	预计单位成本	责任中心预算成本
研发部门	研发作业	研发设计（h）			
	设计作业	设计设计（h）			
	——	——			
	小计				
生产部门	材料消耗	耗用量（kg等）			
	人工类作业	人工工时（h）			
	机器类作业	机器小时（h）			
	生产准备作业	准备次数（次）			
	机械作业	机器小时（h）			
	——	——			
	小计				
供应部门	采购作业	采购次数（次）			
	采购订单处理作业	处理次数（次）			
	运输作业	运输作业（次，或吨公里）			
	——	——			
	小计				
仓储部门	零件库存管理	材料数目、种类			
	验货作业	验货次数（次）			
	收货作业	收货次数（次）			
	——	——			
	小计				
质检部门	品质检验作业	检验次数（次）			
	产品测试作业	测试次数（次）或时间（h）			
	——	——			
	小计				
销售部门	广告宣传作业	广告次数（次）			
	销售合同作业	销售合同（份）			
	——	——			
	小计				
财务部门	会计作业	工作业务量			
	——	——			
	小计				
职能部门	工厂一般费用	工作业务量（h）			
	人事行政作业	工作业务量			
	——	——			
	小计				

三、阿米巴作业责任预算执行过程控制

基于作业的责任预算是控制成本的有力工具。在预算期开始时，提供控制成本所需要的目标或限额；在预算期结束后，可用于评价和考核责任中心的实际作业成本。责任中心在其责任预算编制完成后，必须对责任预算的执行过程进行控制，以便于开展责任核算和责任考核，确保预算目标的顺利达成。责任预算编制实际上是一个方法问题，而对责任预算执行过程的控制和执行结果的分析评价则是责任预算机制的关键所在。基于作业的责任预算控制要求把成本的控制深入到影响成本形成的每一作业上。

建立基于作业的责任预算会计体系，应加强责任预算执行过程的控制。一方面应实行自上而下的控制，即上级责任中心对所属的下级责任中心进行全面控制；另一方面，就是由各责任中心对各自的生产经营活动按照责任预算进行自我约束和调节，使之按照既定的目标执行。由于不同责任中心的生产经营活动有所不同，因而各责任中心还应根据各自生产经营活动的特点，采用不同的控制方法。

基于作业的责任中心对生产经营过程的自我控制，可以说是基于作业的责任会计的一项重要职能。基于作业的预算控制，无论从控制标准、控制手段、还是控制有效性方面，都优于传统的预算控制。但是从控制步骤上看，基于作业的责任预算控制与传统的预算控制没有太大的差别，亦可分为事前、事中、事后三个方面，两者的差别主要体现在成本控制各节点的内容上。如图 3.5 所示。

1. 阿米巴作业责任预算的事前控制——作业责任目标的制定

在现代建造环境下，生产运营控制更加侧重于事前而不是事后的控制。基于作业的责任预算目标的制定是建立在对企业、项目整个建造环境过程进行全面分析基础上的。在基于作业的责任预算事前控制中，主要是制定基于作业的责任目标，将项目工期、质量、成本、安全等生产运营目标量化为各种可以考察、衡量的分节点目标。

基于作业的责任会计认为，按照以作业对责任中心进行考核，能够较为准确地确认责任的承担。但是如果完全按照以作业对责任中心进行考核，也存在诸多缺陷。首先是责任中心过多，导致管理繁杂；其次，职能交叉较多，使评价指标难以确定。为解决上述矛盾，对基于作业的责任中心的考核，仍

可以按照组织结构进行。因为以作业为责任中心的责任汇总，就形成了以部门为自然中心的责任，与企业原有的组织结构划分保持一致。这样以作业为基础的责任中心的划分，既突出了作业管理的特点，又能与企业组织结构和考核体系相衔接，有利于基于作业的责任会计的顺利实施。

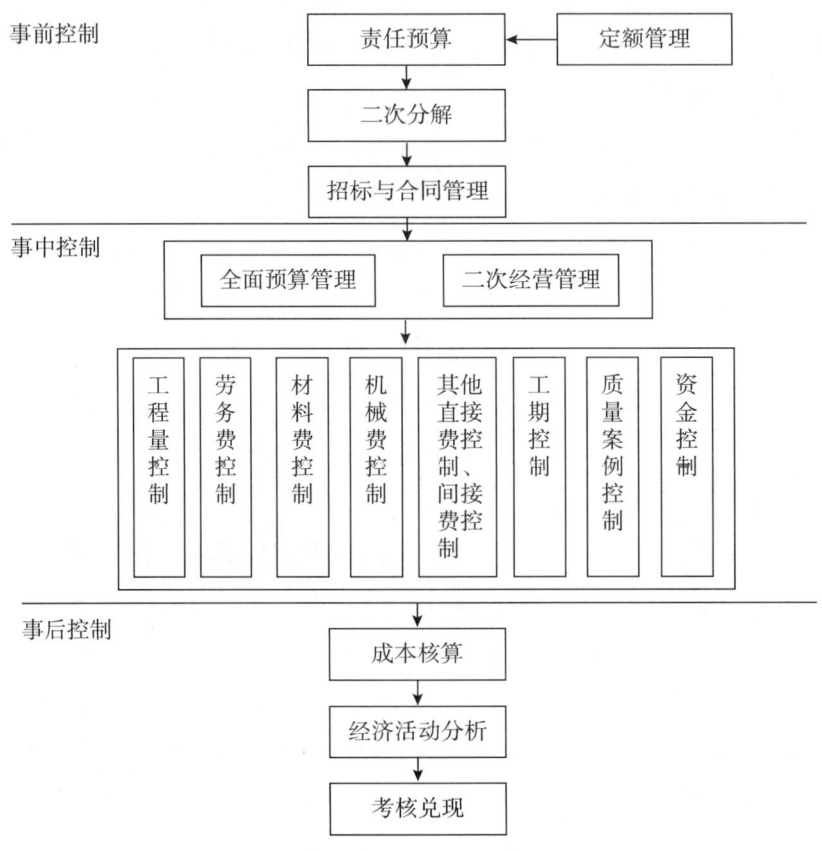

图 3.5　作业责任成本全过程管理

2. 阿米巴作业责任预算的事中控制——作业价值链的过程监督

基于作业的责任预算事中控制，就是要严格地按作业成本预算和消耗标准，对各项作业活动及其资源的耗费进行动态监督。事中控制的优点在于，可以有效监督各项目标的执行情况，及时揭示预算执行差异，进行信息的动态反馈，以便于排除不利影响，保证基于作业的责任目标的实现。

通过跟踪作业价值链，把可能发生的浪费、损失消灭在萌芽状态。对作业成本计算所提供的各种信息进行分析研究，随时进行信息反馈，以便有关方面采取措施，消除作业活动中的不利因素，纠正费用的不利偏差。基于作业的责任预算事中控制中,可以通过作业分析实现作业价值提升、消除作业浪费、降低作业成本。消除浪费、降低成本是持续改善的目标,使企业能够以尽可能低的成本费用为业主提供最高价值的房地产产品。

3. 阿米巴作业责任预算的事后分析——作业成本差异分析

在基于作业的责任预算控制中,控制中心转变为作业中心,差异计算与分析也是以作业为起点。一般来说,成本的事中控制可能缺乏综合性和全面性,尤其是对一些影响因素较多的事项很难一下子揭示其深层次原因,这些都有赖于事后的全面差异分析来完成。可以说,基于作业的责任预算的事后分析是事中控制的继续,同时也是新标准、新措施制定的基础。

基于作业的责任预算的事后分析所面临的情况是,预算已经执行完成,结果已经产生,无论如何都已无法改变。因此,事后分析的重要工作就是将实际执行情况与基于作业的责任目标进行对比,全面分析预算执行差异并考核经济责任,吸取教训或总结经验,为成本中心责任的考核和新目标、新标准、新措施的制定提供依据。作业中心责任预算执行报告对预算的事后分析非常有效。企业可以在每个计划期(节点)结束后,定期编制责任业绩考核报告,对各成本责任中心的预算执行情况、成本管控情况进行全面分析、评价,并按管理成果的好坏进行奖惩与激励。

第四章　阿米巴经营单元（中心）作业责任成本

一、责任成本

1. 责任成本的概念

责任成本是以具体的责任单位（部门、单位和个人）为对象，以其承担的责任为范围所归的成本，也就是特定责任中心的全部可控成本。企业的责任成本管理是完成任务所消耗的最低支出的总额，前提是要保证产品质量、效率，按可控性原则，将其划分为若干项，进而确定发生成本费用的单位或个人，匹配各单位或个人的成本节超金额与其收益的成本管理方法。企业管理的一个重要组成部分是责任成本管理，它是一种重要手段，可以使企业降低成本、增加收益、提升企业市场竞争力。

2. 责任成本管理理念

责任成本管理就是将直接发生成本费用的各生产单位和业务部门，划分成若干个责任中心，然后根据各中心的责任范围，依据统一的编制办法编制各中心的责任预算，并采取合同的形式逐级进行承包的管理方法。

浅层次看，项目责任成本管理是把项目各种成本费用要素，依据各项规定和格式反复优化确定下来，并测算项目最低的最切实可行的责任成本总目标，再将总目标进行层层分解、责任的划分和奖惩的约定，最终实现项目的实际总成本控制在责任成本总目标的范围之内，并通过锁定责任来实现责任利润以及确保责任利润足额上交企业，企业再根据项目承包责任书的约定比例返还项目完成责任利润的奖励，项目将企业奖励及超额利润按贡献分配给各责任人。围绕这样一个工作思路来开展责任成本管理。

3. 责任成本的特点

（1）责任成本的一个基本特征是：企业发生的各项成本按其发生原因，均可以追溯到相关责任部门；而企业发生的耗费，总是受特定权力的制约，与特定的原因相联系。

（2）责权利分明，关联特定的责任中心，核算、控制和考核依据责任中心进行，充分体现按劳分配的原则。

（3）特定的责任中心基于相关的职责范围是可控成本，有权限调整成本的计算和发生额大小，各责任中心确定责任范围以该中心可控成本为责任成本。

4. 责任成本管理与传统成本管理的区别

（1）传统的成本管理是计划经济下的成本管理模式，属于静态管理，工程完成后算账。而责任成本管理与控制是市场经济下形成的管理模式，是对工程项目整个施工过程，实施施工成本管理和控制，属于动态管理，也是现代化管理成本的模式。

（2）传统的成本管理具有单一的属性，而工程项目责任成本管理具有综合管理的属性。

（3）传统的成本管理是业务部门算账，而责任成本管理和控制是工程项目全体人员参加算账、参加管理。

（4）责任成本管理和控制，责任明确，充分体现了经济责任制在基层施工单位的落实，真正起到了控制生产第一线的资源消耗量。

5. 责任成本的优势

责任成本管理是对传统成本管理的又一突破，是随社会发展不断变化的产物，这种新型管理方法能够逐步被企业接受，存在其自身的优势：

第一，有利于企业进行成本控制。责任成本管理方法是一个完整的过程，贯穿了企业的生产、销售，成本管理结果并非在经营活动完成后才能看到。事前控制体现在员工工作的目标和奖惩范围已预先制定了各项成本指标，生产过程中比较成本的实际消耗与标准消耗，分析脱离成本标准的差异及时、准确，迅速采取措施加以改进，同步加强事中控制。事后控制主要体现在每月末先计算实际产量与各项目的成本标准之积，比较标准成本与实际成本，发现差异、分析原因、划分责任、修正、制定更有效的措施，避免再次发生不合理的支出、损失，为新一轮的成本管理工作做好准备。

第二，有利于企业绩效考评。责任成本管理是将成本指标与员工的奖励挂钩，通过划分责任成本，不但使成本管理中有员工的参与，而且绩效考核的标准之一设定为该方法，便于企业开展绩效考核工作。可进一步为员工划分成本指标，则个人与成本管理的执行情况可直接联系起来，通过这种方法，既可以加强企业控制成本，又可以促进员工工作积极性的提高。

第三，有利于促进全体职工转变思想观念。鉴于企业成本涉及范围广泛，联系了各个部门、各种经济活动，单凭财会部门的成本控制是不够的。若想实现责任成本管理，就要在实处落实成本目标，让企业全体工作人员都有成本责任的理念，这样既可以使企业职工的成本意识增强，又为日后奠定了成本控制的基础。

6.责任成本管理在工程项目管理中的重要性

（1）责任成本管理推行的理念对工程项目管理起优化作用

责任成本管理重视对人的激励和引导，重在管"人"。它的主要做法是通过层层签订责任成本合同，对责权利严格划分，促使职工发挥主观能动性，积极探索新方法、新工艺，增效减耗，把项目的每一项支出与职工经济利益联系起来，增加个人收益的同时也提高了企业的经济效益，如"中铁建"实行的以项目为中心的责任成本管理，将项目划分成四个责任中心，关联直接发生的成本和管理费用，通过成本费用的预测、决策、控制、核算、分析、考核、兑现等环节来充分调动员工积极性，不断探索降低成本方法，提高盈利水平，实现项目成本全过程的有效控制。

责任成本管理具有科学性和可预测性的特点。使建筑工程项目成本有一个科学的预测，在施工项目进行过程中，成本管理就有了目标。项目责任成本管理主要进行三个层次的科学测算。

首先，采用"倒推法"确定工程中标后的目标成本，让决策者知道实行责任成本管理后的目标利润，该如何推进责任成本控制。

其次，采用"顺推法"确定责任成本，即根据工程施工需要用到的各种要素，参照现行实际价格确定施工项目的目标成本，并将目标成本层层分解到各部门、各班组、各人头，让他们知晓该如何控制成本在目标成本内。并以此作为对各责任单位进行业绩考核的衡量标准。在实际工作中如果条件有所变化，则相应的责任预算和责任成本也应进行合理的调整，以保证其有效性。

最后，将实际成本与责任成本进行比较，对"节超"严格实行奖罚，这样不断提高成本管理水平，才能扬长避短。

责任成本管理通过细化量化责任指标，保证了项目管理的合理性和科学性。责任成本管理提高了职工的积极性，真正激发了职工的主人翁意识，打破了沉寂多年的平均主义分配制度，促进了施工手段和施工工艺的改进，对推动项目实施有效管理具有积极意义。如"中铁建"的做法是公司责任成本管理领导小组每季度对各项目部进行一次督查考核。内容涉及：各项目部是否编制责任预算并报公司审批，与所属各职能部门和相关责任人是否签订责任成本承包合同；各项目部是否建立责任成本核算机构，制定本单位责任成本核算实施细则和配套制度；是否建立起与责任成本管理配套的质量、安全、文明施工等管理措施；项目部是否对工程数量、设备物资、固定资产、劳务、管理费用等实施有效控制；变更索赔工作，项目部是否明确相关部门专门负责相关业务的变更索赔事宜，是否制定变更索赔奖惩办法；各项目部是否及时批复责任单位的责任预算计价表，是否按规定进行责任会计核算。按月对责任成本核算情况进行分析，对所属责任单位的责任成果进行评价，中期考核部分兑现；是否出现重大的突破成本预算的问题，如果有，要明确原因和责任。另外，在工程竣工验收后，公司责任成本管理领导小组对项目责任成本管理进行综合评价，全面分析责任成本管理合同执行情况，并形成报告，由公司主管领导审批后，按合同规定的原则进行利益分配或处罚。在此基础上，项目部内部按照自己制定的各项原则，分别进行奖惩。在这样的管理模式下，项目管理水平和效益上了一个新台阶。

（2）责任成本管理有利于建筑施工项目提高项目管理水平

目前，我国建筑市场竞争日益激烈，建筑施工企业为了争夺市场份额和生存空间，工程造价一降再降，建筑施工企业只有提高项目管理水平，有效降低生产成本，提高经济效益，才能增强企业竞争力，才能获得一席之地。而项目成本是决定中标价格的主要因素，建筑施工企业从一定程度上说，是项目管理水平决定了企业的竞争力，"成在项目，败也在项目"成了业界的共识。如何提高项目成本管理水平，从而提高企业的竞争力成了中国建筑施工企业最为关心的问题。已有的建筑施工项目的实践证明，成功地开展责任成本管理，构建奖罚分明的绩效机制，努力实现责、权、利的统一来激励广大员工的积极性，充分发挥其聪明才智及工作潜能，是最大限度降低项目成本行之有效的管理手段。因此，在公司范围内围绕项目来实行责任成本管理，努力降低生产成本，以提高企业的市场竞争力，促进企业效益最大化，对企业的生存、发展、壮大具有十分重要的意义。

7. 工程施工项目管理中实施责任成本管理的原则

（1）责任成本管理与项目管理相统一的原则

责任成本管理是项目管理的有效手段之一。项目管理以责任成本管理为主线，才能符合"全员参与、职责分明、分级管理、指标量化、利于考核、奖惩适度"的项目成本管理的最高要求，利于项目管理目标的实现。责任成本管理只有符合项目管理的实际才能得到顺利实施。两者是相辅相成的统一关系。因此项目的责任成本必须以项目管理的整体思路建立相应的管理体系。

（2）责任成本管理水平略高于企业项目管理水平的原则

提高企业的项目管理水平是推行责任成本管理的根本目的。根据项目的具体特点编制责任预算，按照略高于企业项目管理水平的原则，才能提高责任成本推行的效果。低于企业管理水平或者高于企业管理水平，都无法发挥责任者的主观能动性，均达不到提高责任成本管理水平，也就达不到提高项目管理水平的目的。

（3）责任成本管理贯穿于整个项目管理的原则

责任成本管理必须纵向涵盖项目从规划到竣工的整个过程，横向贯穿于整个项目管理的各个环节，才能体现责任成本管理在项目管理中的重要作用。

二、责任成本管理体系的建立

1. 责任成本管理的总体思路

责任成本管理的总体思路可归纳为指导原则、运行机制、管理体制和操作模式四部分。

2. 责任成本管理体系框架

责任成本管理工作强调整体性与全局性，是一项上下协同、部门联动、全员参与、全过程、全方位管理的工作。我们可按照"责权利"相结合的责任分解原则,建立以组织体系、目标体系、制度体系、流程体系、监控体系、考评体系等六大体系为主要内容的责任成本管理体系。责任成本管理总体思路及框架如图4.1、图4.2所示。

3. 责任成本管理体系建立的步骤

可从企业和施工项目工程两个层面说明责任成本管理体系建立的步骤,如图4.3所示:

4. 工程施工项目责任成本管理流程

在工程项目施工管理中,推行责任成本管理是一个复杂的系统工程。其管理有以下五步基本流程,如图4.4所示。

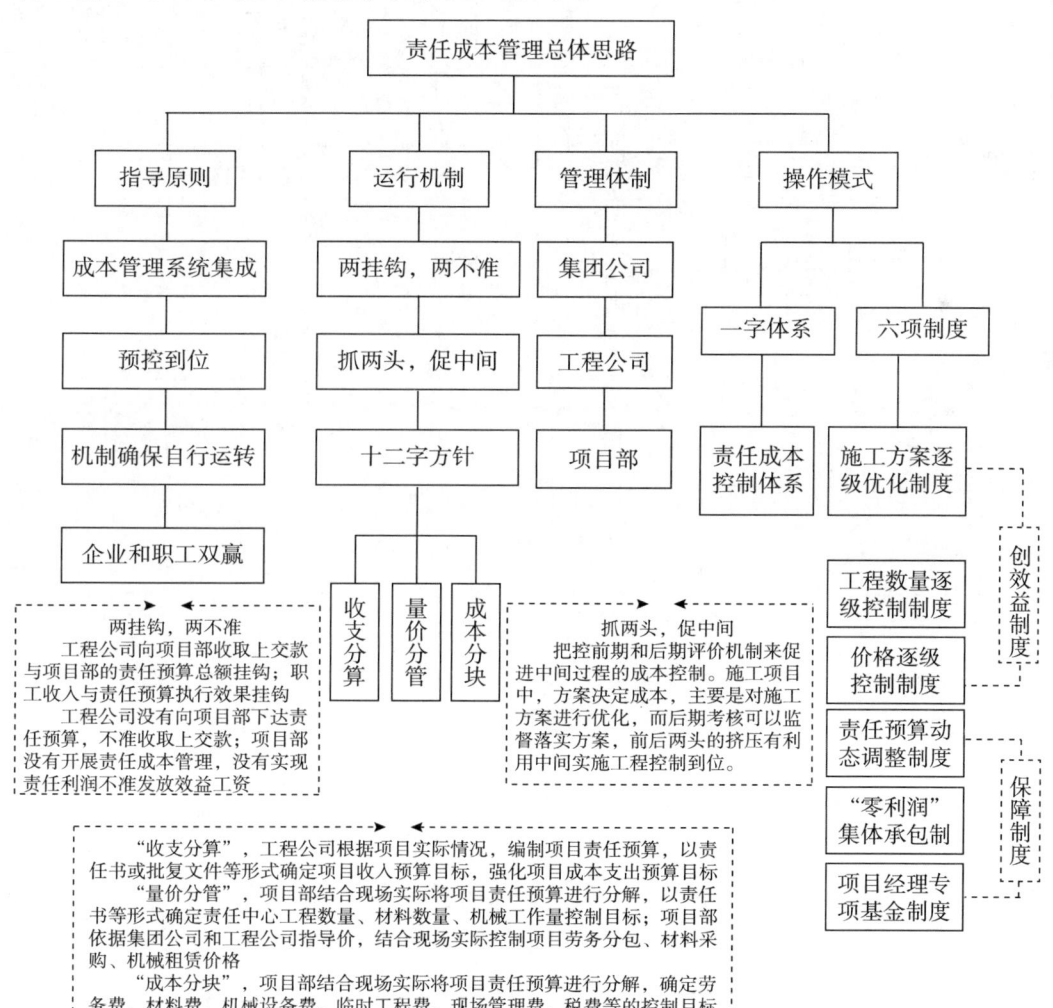

图4.1 责任成本管理总体思路

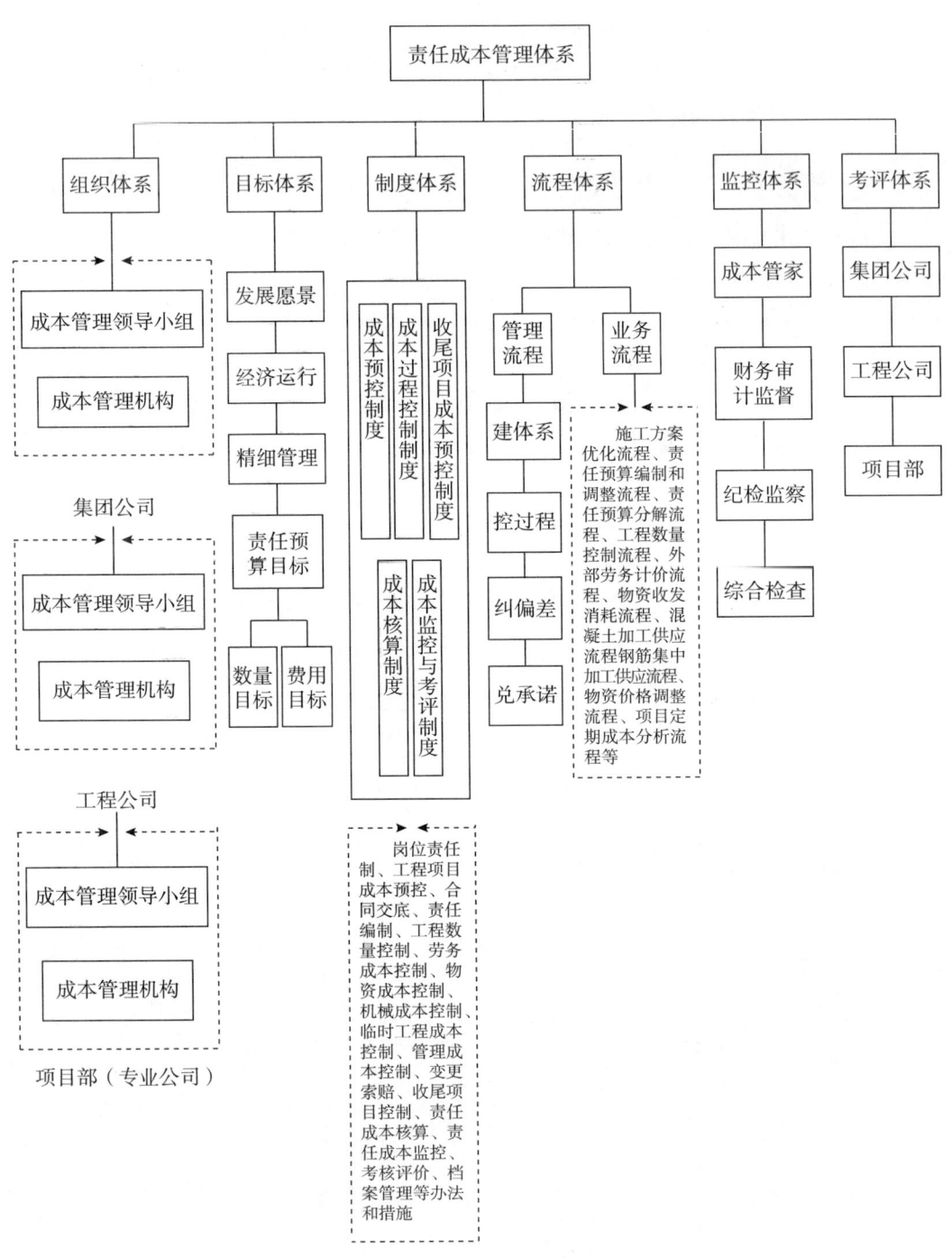

图 4.2 责任成本管理体系

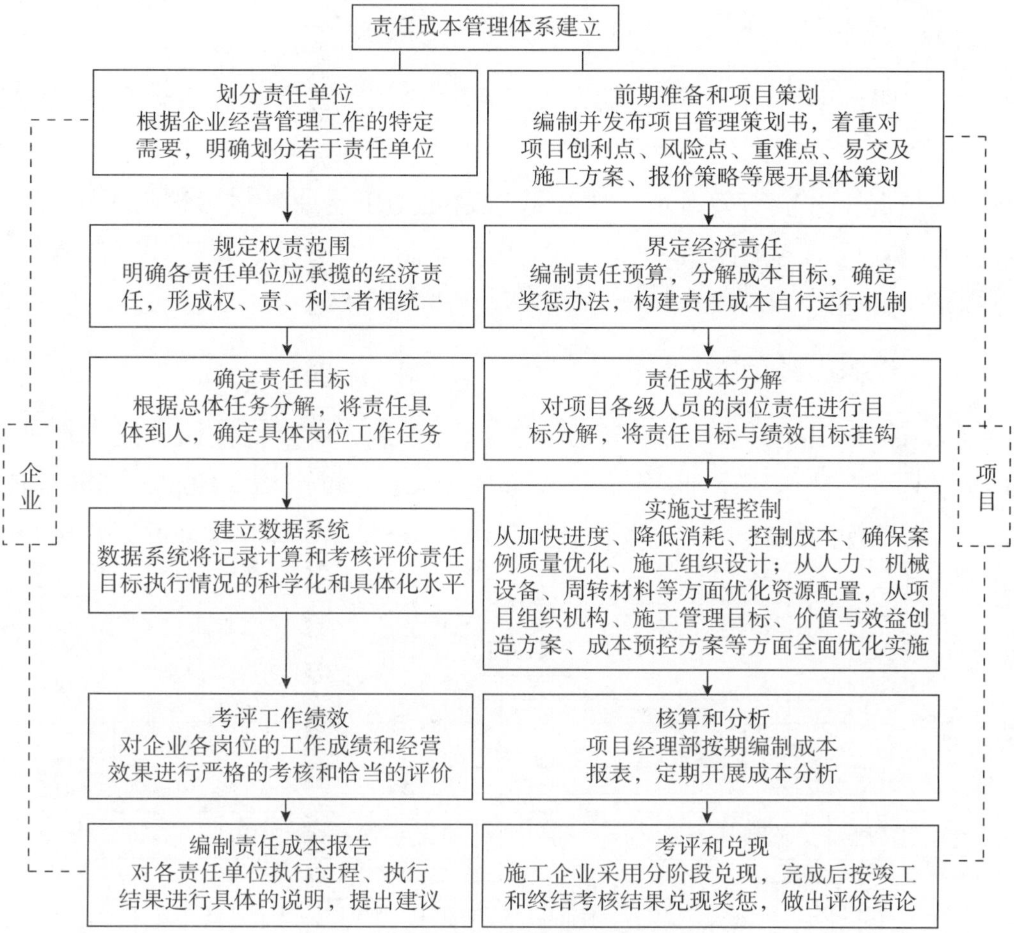

责任成本管理体系建立
划分责任单位
根据企业经营管理工作的特定需要，明确划分若干责任单位
前期准备和项目策划
编制并发布项目管理策划书，着重对项目创利点、风险点、重难点、易交及施工方案、报价策略等展开具体策划
规定权责范围
明确各责任单位应承揽的经济责任，形成权、责、利三者相统一
界定经济责任
编制责任预算，分解成本目标，确定奖惩办法，构建责任成本自行运行机制
确定责任目标
根据总体任务分解，将责任具体到人，确定具体岗位工作任务
责任成本分解
对项目各级人员的岗位责任进行目标分解，将责任目标与绩效目标挂钩
企业
项目
建立数据系统
数据系统将记录计算和考核评价责任目标执行情况的科学化和具体化水平
实施过程控制
从加快进度、降低消耗、控制成本、确保案例质量优化、施工组织设计；从人力、机械设备、周转材料等方面优化资源配置，从项目组织机构、施工管理目标、价值与效益创造方案、成本预控方案等方面全面优化实施
考评工作绩效
对企业各岗位的工作成绩和经营效果进行严格的考核和恰当的评价
核算和分析
项目经理部按期编制成本报表，定期开展成本分析
编制责任成本报告
对各责任单位执行过程、执行结果进行具体的说明，提出建议
考评和兑现
施工企业采用分阶段兑现，完成后按竣工和终结考核结果兑现奖惩，做出评价结论

图 4.3　责任成本管理体系建立的步骤

确定企业的目标成本
目标成本是推行责任成本管理的前提条件，是自上而下的控制目标。以市场预测确定的目标计划为依据，结合上期成本水平、市场变化情况和计划期的变化因素，通过预计销售收入减去目标利润得出
划分责任中心
明确权责范围
根据企业组织结构和经营方式等划分的能够严格控制成本的部门即责任成本中心，企业应明确规定其应承揽的经济责任和所必须拥有的经济权利
分解责任成本
编制责任预算
为达到目标利润和目标成本，企业在建立各级责任中心的基础上，将责任成本目标层层分解，为每一责任中心分配相应的责任成本指标，做好责任预算工作，并以责定权，实行分级、分权管理。这是企业推行责任成本管理的关键
核算责任成本
编制责任成本报告
将各责任中心的可控成本进行归集和分配，填制成本计算单并编制责任成本报告，作为业绩评价、考核的依据。同时，借助责任成本核算和编制责任成本报告的核算与反馈系统可以控制成本支出，有利于中心环节成本控制工作，保证有效地降低成本
考核责任成本
奖惩分明
对比分析各责任中心的实际执行情况与责任预算的差异并查明原因，对其工作成绩和经营效果进行科学合理的考核评价，根据企业的奖惩制度进行兑现，这是企业进行责任成本管理的最后环节，也是保证有关制度得到充分贯彻实施的保障

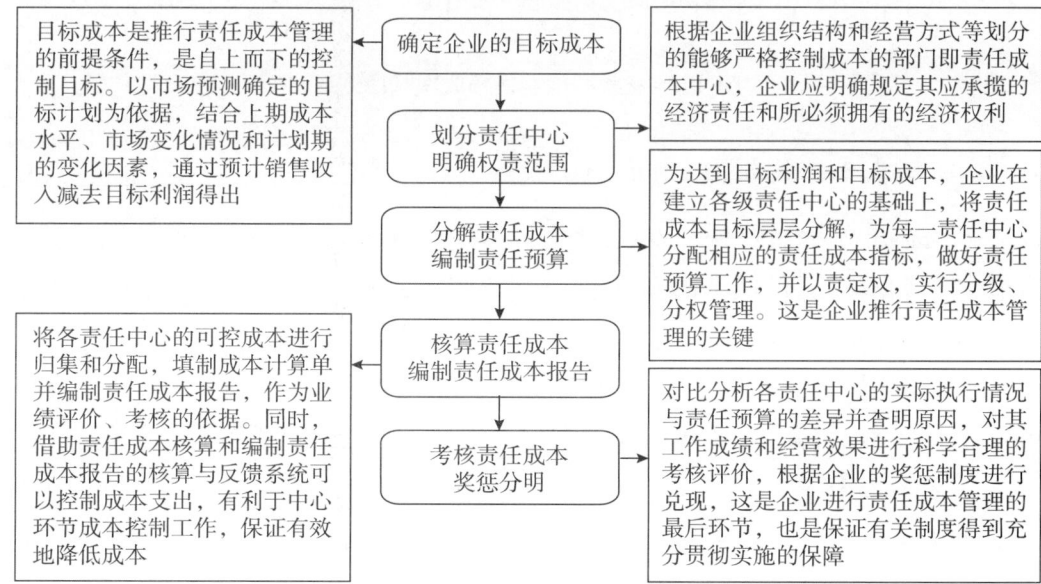

图 4.4　责任成本管理基本流程

三、构建阿米巴施工项目责任成本管理控制体系

按照项目规划及组织形式设置与之相应的责任成本管理体系:责任成本管理作为项目管理的一种手段,只有在其管理体系与项目规划及组织形式相适应的情况下才能有效开展。根据我国建筑施工企业项目管理的组织形式,常用的责任成本管理体系一般分为直线职能制管理体系、矩阵式责任成本管理体系。

1. 直线职能制责任成本管理体系

以工程施工项目直线职能制组织形式为基础,将项目按照责任成本管理的要求划分为决策、管理、作业三级责任中心,并按照相应的职责开展责任。

成本管理的一种责任成本管理体系(图 4.5)。适用于项目单一、集中的中小型建设项目。

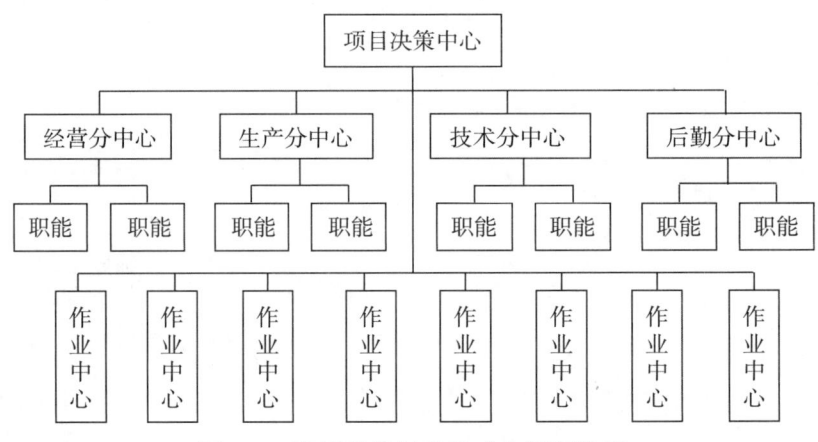

图 4.5 直线职能制责任成本管理体系

2. 矩阵式责任成本管理体系

工程施工项目的责任成本管理纵向实行直线职能式管理,横向实行直线式管理,形成对责任成本的双向管理,如图 4.6 所示。

矩阵式责任成本管理体系是按照矩阵制组织机构设置责任中心,从图 4.6 中可见,其特点是对作业层的责任成本实行行政和职能机构的双向管理控制。适用于战线长、工程项目多、需要实行单元或分工区管理的建筑施工项目。对决策层要求控制影响整个项目的主要成本,管理层控制各单元(工区)职能范围内的成本,单元或工区控制本单元范围内的成本。要求责任成本管理的三个控制层分工必须明确,有交叉但不干扰。

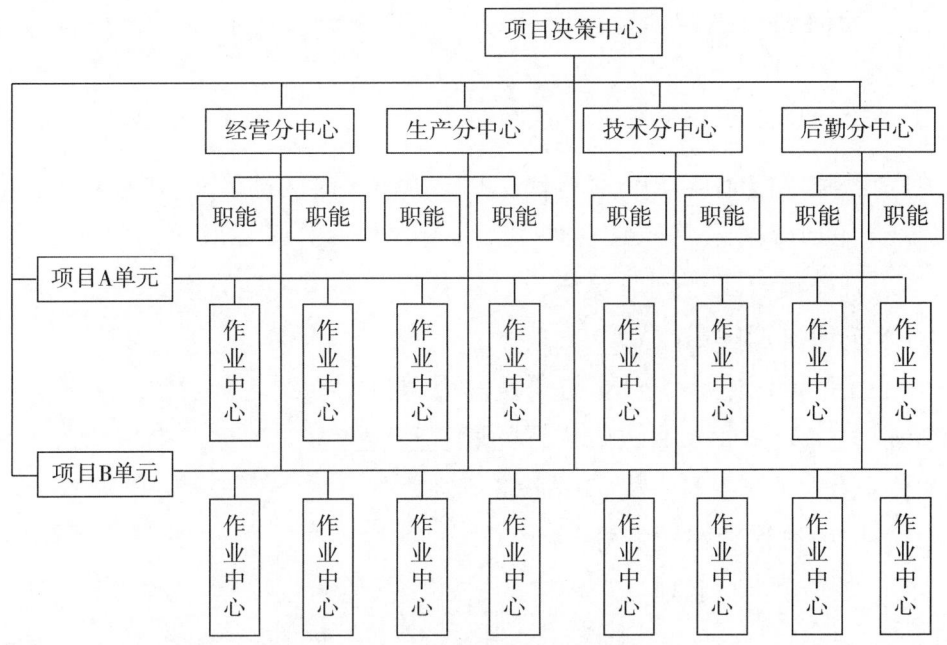

图 4.6 矩阵式责任成本管理体系

3. 项目部责任成本管控体系

项目部责任成本管控体系图，如图 4.7 所示。

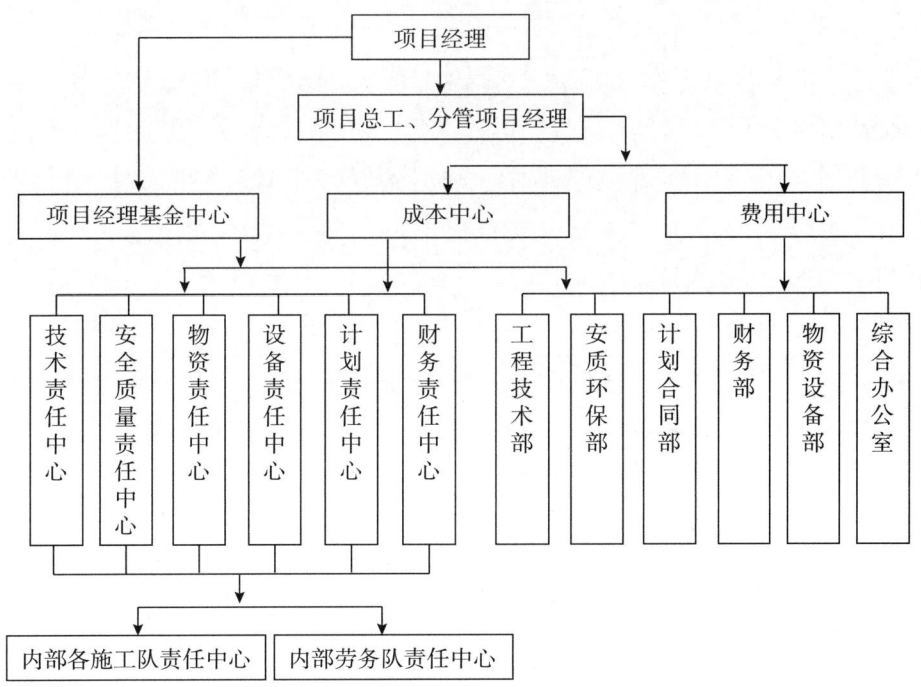

图 4.7 项目部责任成本管控体系图

四、如何划分确定项目部责任成本责任单元（中心）及其责任

1. 按管理职能划分设置阿米巴项目责任单元（中心），并明确其责任

阿米巴施工作业责任单元（中心）的划分依据是各单元（中心）的责任，即根据责任划分阿米巴经营管理单元（中心）。责任要量化，单元（中心）之间的责任不能交叉，同时要便于考核兑现。其主要划分模式有：

（1）按项目管理职能划分。

为了保持责任中心的建立与项目的组织机构一致，一般情况下，应按照每个职能科室或作业专业队伍具体的职责和业务分工，横向上划分若干个责任中心。这种划分主要解决了一个责任到边的问题。

（2）按项目管理层次划分。

如果说按管理职能划分是横向的，那么按管理层次划分是在横向划分的基础上，按工区、工点、工序、分部分项工程或工班、班组，对责任中心进行纵向的划分。各个责任中心都要按照中心内部的业务分工和具体承担的责任对上一层次中心的责任，向下一层次的中心分解，使每个责任层次都能找到具体的责任人，这种划分的方法主要解决了一个纵向到底的问题。保证无责任中心编外人员，即项目的所有人员都应划归在相应的成本、费用、收入中心内。

为了便于对作业责任成本进行控制，作者为某项目部建立起成本责任中心体系，由阿米巴项目部组成管理层，施工队为执行层。根据公司赋予的经营管理责任，成立由项目经理挂帅、项目副经理主管、各职能部门负责人参加的作业责任领导小组。在划分责任中心时，遵循明确责任范围、避免交叉的原则；分层设置的原则；单独计量和核算的原则以及责、权、利相结合的原则。纵向明确各施工队的责任，建立施工队级作业责任成本中心和单机、单车作业责任成本中心。横向明确各职能部门的责任，建立各种层次分明的作业管理责任中心。而对于整个公司来说，公司是管理层、项目部为执行层、施工队为作业层。其责任成本责任中心组织架构如图4.8所示。

这里只是以阿米巴项目部为最高管理层，来研究工程施工项目内部的成本责任，不包括公司本部的成本责任。

（3）明确纵向成本责任

①项目部的成本责任

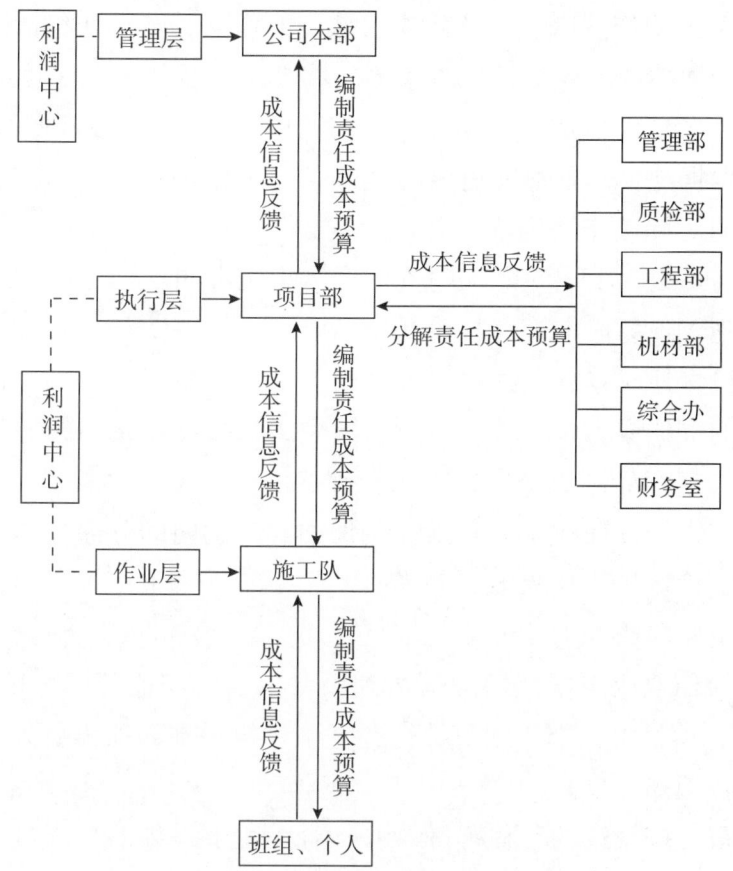

图 4.8 工程施工作业成本责任中心组织架构图

阿米巴项目部的成本责任包括以下内容：

第一，分解项目责任成本预算。将公司编制的责任成本预算分单项工程逐笔分解，结合施工现场的实际情况，采用新工艺、新材料、新施工方法等措施，努力寻找降低成本的途径，做出单项工程的责任成本预算。根据施工队承担的工程施工量对作业层进行分解。

第二，编制施工进度计划、合理组织实施。项目部根据公司对总工期（如18个月）的要求及管理要求，合理安排整个施工项目的总体施工进度计划和年、月施工进度计划，并按计划合理组织实施。

第三，与施工队签订责任成本承包合同。

第四，进行日常的成本管理和控制。

第五，按责任成本管理办法奖惩兑现。

②施工队的成本责任

施工队（如施工一队、施工二队、施工三队、施工四队、施工五队、路基施工队、劳务协作一队、劳务协作二队）的作业成本责任包括以下内容：

第一，分解单项工程责任成本预算。将单项工程按施工工序编出工序责任成本预算，分析降低成本的途径，并将工序责任预算分解到班组、个人。

第二，根据项目部下达的进度计划，结合本施工队的实际施工能力，合理安排年、月、旬施工进度计划并组织实施。

第三，与班组、个人签订工序责任成本承包合同。

第四，施工现场成本管理与控制。

第五，按责任成本管理办法奖惩兑现。

施工队的责任成本包括人工费、材料费，机械使用费中的人工费、燃料费、动力费，队级管理人员所发生的管理费。

班组、个人的责任成本，包括其责任中心范围内的分部分项工程责任预算中的班组、个人的人工费及材料费。

（4）确定横向成本责任

即把项目作业成本责任横向落实到项目部的各职能部门：项目管理部、项目质检部、项目工程部、项目综合办、项目机材部和项目财务室。

①项目管理部

第一，每月按规定的工程范围，并结合工程部提供的工程量，及时办理对内、对外结算。并为项目经理提供当月所需工、料、机的费用情况。

第二，深入研究合同规定的"开口"项目，在有关项目管理人员（如项目工程师、材料员等）配合下，努力增加工程收入。

第三，收集工程变更资料（包括工程变更通知单、技术核定单和按实结算的资料等），及时办理增加账，保证工程收入，及时收回垫付的资金。

第四，负责实际生产中劳动用工、材料消耗及机械设备台班消耗的考察工作。

第五，完成内部施工定额的整理工作，确定内部承包单价。

第六，参与对外经济合同的谈判和决策，以施工图预算和增加账为依据，严格控制经济合同的数量、单价和金额，切实做到"以收定支"。

第七，实施成本控制和成本监督，检查、考核成本计划和责任预算的执行情况，负责计算、汇总各责任中心的责任成本并进行分析。

第八，组织对各责任中心所完成工程数量的计量、验收工作；提供已完工程的实物数量、产值及编制业绩报告中的任务量和责任预算，参与对各责任中心的责任成果评价和经济利益的兑现工作。

项目管理部承担的责任成本包括：由于计划管理协调不力而拖延工期，为加快施工进度的费用增加，对内外结算不及时、未及时做好变更工作而增加的成本。

②项目质检部

第一，配合机材部进行砂、石等料源的选定。

第二，进行混凝土、砂浆等配合比的设计，对方案进行优化，选择合适的添加剂，从节约用量方面进行成本控制，确定合理的配合比。

第三，对水泥、砂、石、钢筋等原材料进行及时抽样、检测；对砂浆、混凝土等按规范留置试块并进行试压，以判定结构物的成品质量。

质检部承担的责任成本包括由于试验不当造成不合格材料的进场、工程施工中发生质量事故而增加的成本。

③项目工程部

第一，编制和落实施工组织设计，根据施工现场的实际情况，合理规划施工现场平面布置（包括机械布局，材料、构件的堆放场地，车辆进出现场的运输道路，临时设施的搭建数量和标准等），为文明施工、减少浪费创造条件。

第二，合理组织各作业责任中心的施工，严格执行工程技术规范和以预防为主的方针，确保工程质量，减少零星修补，消灭质量事故，不断降低质量成本。

第三，根据项目工程特点和设计要求，运用自身的技术优势，采取实用、有效的技术组织措施和合理化建议，走技术与经济相结合的道路，为提高项目经济效益开拓新的途径。

第四，严格执行安全操作规程，减少一般安全事故，消灭重大人身伤亡事故或设备事故，确保安全生产，将事故损失降低到最低限度。

第五，为管理部提供工程对内结算的资料（实际完成工程量）和变更索赔等事项。

第六，考核各责任中心的施工进度，参与对各责任中心所完成工程数量的计量、验收工作，参与对各责任中心的责任成果评价和经济利益的兑现。

工程部承担的责任成本包括：由于施工方案的合理性而产生的成本节约或浪费；由于工艺规程的改变而产生的成本节约或浪费。

④项目综合办

第一，根据施工生产的需要提出后勤服务人员的编制方案，报项目经理批准。节约管理人员的工资性支出，合理安排项目管理人员的生活、办公条件。

第二，具体执行费用开支标准和有关财务制度，控制非生产性支出。

第三，管好行政办公用的财产物资，防止损坏和流失。

第四，安排好生活后勤服务，在勤俭节约的前提下，满足员工的生活需要，安心为生产出力。

项目综合办承担的责任成本包括：项目部及其下属责任层次所发生的现场管理费、办公费、招待费和辅助费用、劳保费用等。

⑤项目机材部

第一，组织调查项目所在地区各种材料的实际价格，测定各种材料的责任单价和材料业务提成费率。调查项目所在地的电力、燃料及各类设备的配件价格，组织编制机械台班责任单价和测定电力、燃料责任单价。

第二，负责提供编制成本计划所需的材料费、机械使用费资料。

第三，材料采购和构件加工，要选择质高、价低、运距短的供应（加工）单位。对到场的材料、构件要正确计量、认真验收，如遇质量差、量不足的情况，要进行索赔。切实做到：一要降低材料、构件的采购（加工）成本；二要减少采购（加工）过程中的管理消耗，为降低材料成本走好第一步。

第四，根据项目施工的计划进度，及时组织材料、构件的供应，保证项目施工的顺利进行，防止因停工待料造成损失。在构件加工的过程中，要按照施工顺序配套供应，以免因规格不齐造成施工间歇，浪费时间，浪费人力。

第五，在施工过程中，严格执行限额领料制度，控制材料消耗；同时，还要做好余料的回收和利用，为考核材料的实际消耗水平提供正确的数据。

第六，钢管脚手架和钢模板等周转材料，进出现场都要认真清点，正确核实并减少赔损数量；使用以后，要及时回收、整理、堆放，并及时退场。这样，即可节省租金，又有利于场地整洁，还可加速周转，提高利用效率。

第七，根据施工生产的需要，合理安排材料储备，减少资金占用，提高资金利用效率。

第八，根据工程特点和施工方案，合理选择机械的型号规格，充分发挥机械的效能，节约机械费用。

第九，根据施工需要，合理安排机械施工，提高机械利用率，减少机械使用费。

第十，严格执行机械维修保养制度，加强平时的机械维修保养工作，保证机械完好，确保在施工中正常运转，为提高机械作业水平、减轻劳动强度、加快施工进度发挥作用。

第十一，考核各作业责任中心的物资消耗情况和机械队的任务完成情况，考核配件、燃料、电力的消耗情况，参与对各责任中心、施工队和机械队所完成工程数量的计量、验收工作，参与对各责任中心的责任成果评价和经济利益的兑现。

项目机材部承担的责任成本有：材料的采购单价、数量和质量；材料的储备成本；材料供应不及时造成的停工损失；设备购置、租赁成本和由于非使用单位责任而造成的停工和废品损失。

⑥项目财务部

第一，按照成本开支范围、费用开支标准和有关财务制度规定的成本费用，严格审核各项成本费用，控制成本支出。

第二，建立月度财务收支计划制度，根据施工生产的需要，平衡调度资金，通过控制资金使用，达到控制成本的目的。

第三，建立辅助记录，及时向项目经理和有关项目管理人员反馈信息，以便对资源消耗进行有效的控制。

第四，开展成本分析，特别是分部分项工程成本分析、月度成本综合分析和针对特定问题的专题分析，要做到及时向项目经理和有关项目管理人员反映情况，提出问题和解决问题的建议，以便采取针对性的措施来纠正项目成本的偏差。

第五，在项目经理的领导下，协助项目经理检查、考核各部门、各单位乃至班组责任成本的执行情况，落实责、权、利相结合的有关规定。

项目财务部承担的责任成本包括间接费用（特别是财务费用及责任中心不可控的成本费用）；固定资产的折旧费；大修理费等。

财务费用主要是控制资金的筹集和使用，调剂资金的余缺，减少利息的支出。

2. 按经济职能划分设置阿米巴项目部责任单元（中心），并明确其责任

推行项目责任成本管理后，其责任中心划分必须遵循可控性和符合现场实际的原则，必须与项目责任预算的编制、分解相匹配。即项目责任预算编

制、分解到哪一层，责任中心或责任主体就设置到哪一层。

(1) 收入中心

阿米巴项目部作为责任成本管理的执行层，不仅对责任成本负责，而且对收入负责。收入不仅直接关系到项目的责任成本指标能否兑现，还直接影响项目的最终收益。为使工程价款、变更、调概补差、索赔等所有收入完全实现，阿米巴项目部收入中心分别由技术责任中心、计划责任中心、财务责任中心组成，对每一收入各责任中心确定负责人、责任范围履行以及绩效考核兑现，履行各自收入实现职能。

(2) 成本中心

阿米巴项目部按照公司批复的二次作业责任成本预算确定的费用控制标准、原则，依据各责任中心承担的工作内容和责任范围分别编制各责任中心的责任预算。阿米巴项目部根据项目实际情况将成本中心划分为：技术责任中心，计划责任中心，物资责任中心，机械设备中心，财务责任中心，安全、质量、环保责任中心。对每一成本责任中心确定负责人、责任范围、费用以及绩效考核兑现，履行各自成本职能。

(3) 费用中心

阿米巴项目部管理费和间接费开支标准构成项目本级管理费责任预算。该中心要将本级管理费预算分解到各责任中心分别进行核算和控制，分解后各责任中心管理费收支净额为该中心的工作成果。由财务部门统一核定、控制、考核。根据费用中心的特点，阿米巴项目部将各部门划为费用责任中心。

(4) 项目经理基金中心

阿米巴项目经理是项目开展责任成本管理工作的第一责任人。建立作业成本责任体系后，项目经理的责任分解了，权力受到了约束。为调动项目经理的积极性，落实项目经理的责、权、利关系，工程项目建立项目经理基金中心。

其费用来源：责任成本预算二次分解后的差额；方案动态优化结余；优化方案和非责任中心（不是成本和费用这两个中心）创造的价值；本级费用分解后结余；职责履行情况考核浮动工资、效益工资预留款；各种集资款、各种奖励及其他费用收入等。

3. 按项目部职能作业管理过程划分设置阿米巴责任单元（中心），并明确其责任项目部各责任中心的责任范围包括：责任中心可根据项目大小和组织机构情况灵活设定，其责任范围在避免责任交叉，满足单独核算的前提下予以明确。

以某建筑工程项目部阿米巴为例，如图4.9所示。

一般情况下，项目费用责任中心的责任范围包括以下内容：

（1）技术责任中心

负责全管区的技术管理、工程数量控制（施工图工程数量控制和实测工程数量的控制）。其具体的职责如下：对全管区施工图工程数量实施考核并汇总、变更设施组优化的组织协调；并牵头实施经批准的变更项目；除此之外还要负责制定技术方案、组织优化施工方案的实施，并根据实际完成工作量提供真实可靠的施工计价工程数量。

（2）计划责任中心

牵头组织项目的责任成本工作，负责责任中心责任预算的二次编制，监控作业责任预算的执行情况；编制外包预算，组织外部劳务招标，签订劳务工程承包合同；负责向甲方办理施工计价，办理责任中心的责任预算计价；进行工程数量和价格的预控。

（3）财务责任中心

负责现场经费的控制与分解，组织项目责任成本核算，监控责任预算的执行情况，及时准确地归集各中心的成本费用，定期组织责任成本分析，负责项目内部的考核兑现。

（4）物资责任中心

负责材料的采购、供应和管理，进行市场调查，组织物资的比价采购招标；对材料的单价负责，按照规定的价格和材料供应数量进行物资采购，按照施工部门提供的月度材料计划和各施工队的定额计划用量按照量、价分别控制法发料，材料的计划采购价和实际采购价的差额即为物资中心的责任利润或亏损。

（5）机械设备责任中心

负责直管机械设备的单机单车核算，考核单机单车的成本"节超"；制定设备租赁管理办法及具体的收费标准，回收出租设备及租赁费用；为了避免责任交叉，有条件的单位可把机械费用直接划归各施工队，这样的管理方式可不设机械设备责任中心。

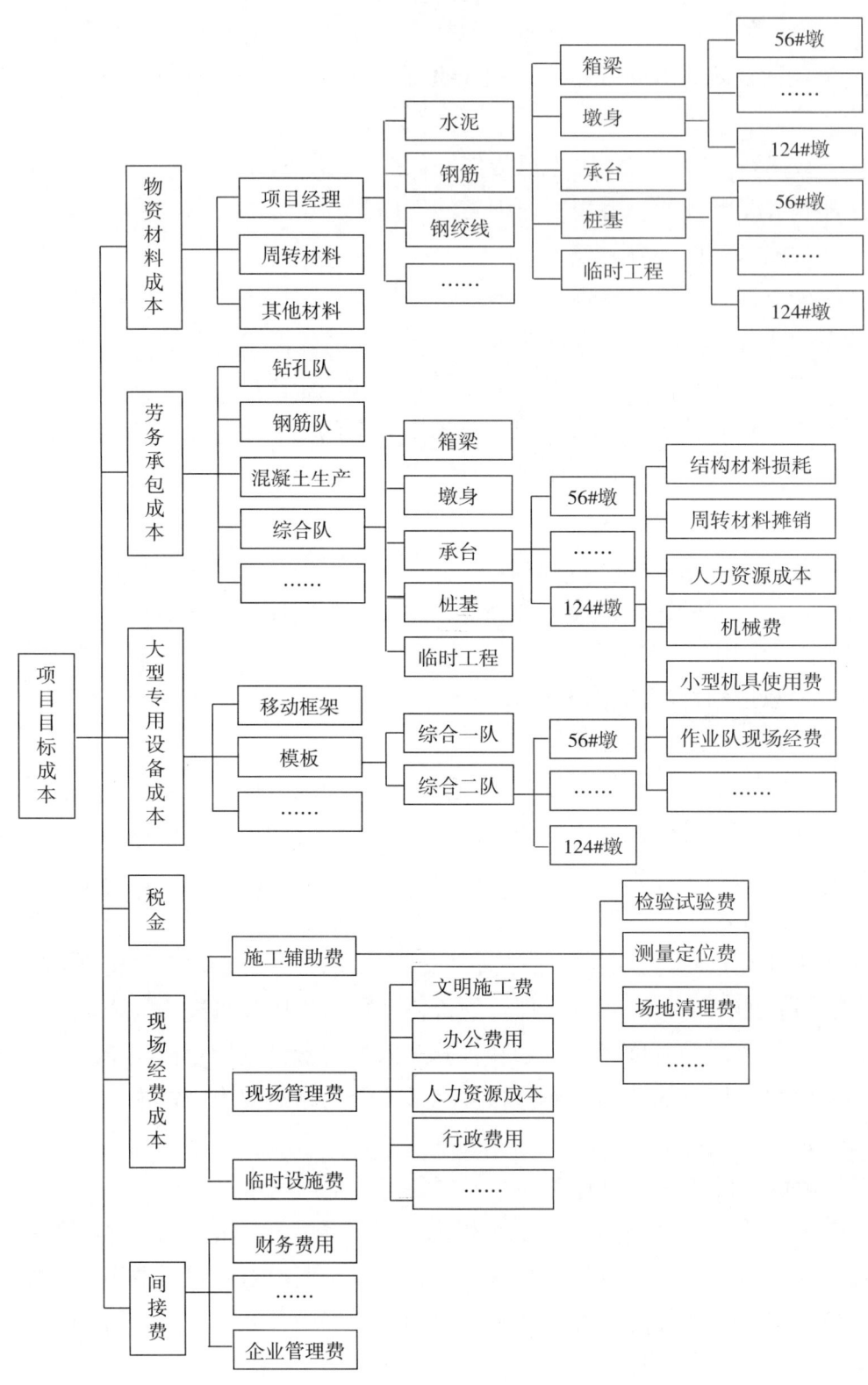

图 4.9 阿米巴项目部责任成本按作业分类

案例：某阿米巴项目部机械化公司土石方施工作业责任成本预算编制实例

某项目工程土石方施工由公司机械化公司承担，土石方共有 56 000 m^3，经测算其中不需要打眼放炮的硬土约有 15 000 m^3。在土石方开挖施工中主要使用的机械设备有履带式液压单斗挖掘机、履带式推土机、自卸汽车等。为了加强工程机械在土石方施工中开挖硬土的成本控制，进行开挖硬土的责任成本预算（按工、料、机费和间接费用降低 10% 确定）。

（1）计算机械化公司完成硬土方工程的责任单价

根据机械化公司所完成的工程量，人工费按实际情况取费，编制出责任单价，其单价中不含税金，如表 4.1 所示。

表 4.1 机械化公司挖硬土方作业单价表

工作类	挖硬土		定额编号		计算单位	100m^3
工作内容	就位、开挖工作面、挖土、将土堆放一边、推土机辅助及清理工作面等					
序号	费用名称	计量单位	数量	责任单价（元）	合计（元）	备注
一	人工费	工日	2.50	50	125.00	
二	材料费	元	0.90	1	0.90	
三	机械费	元	—	—	137.10	
1	履带式液压单斗挖掘机	台班	0.24	410.35	98.48	
2	履带式推土机	台班	0.12	321.85	38.62	
四	工料机费用总价	元			263.00	
五	间接费	元			45.36	
六	成本降低额	元			−30.84	
七	责任单价	元			277.52	

（2）计算机械化公司的挖硬土方责任单价、责任成本总预算

机械化公司挖硬土方责任单价的成本总预算 =15000/100×277.52=41628(元)

①责任成本管理体系包括影响的内容：

◆划分责任中心；

◆明确各中心的责任范围；

◆确定各中心的责任目标；

◆制定工资分配办法；

◆项目依据责任范围编制责任中心的责任预算，并向责任中心分解责任预算；

◆分离出项目经理调控基金；

◆项目经理与责任中心签订责任状等。

②责任体系的四个要素

◆责任主体——责任中心和责任人；

◆责任范围——工作范围和可控成本范围；

◆责任目标——工作目标和所需开支的可控成本目标；

◆奖惩标准——根据责任目标实行情况确定责任人的"岗效"工资和奖惩数额。

第五章 基于作业成本法和挣值法的作业动态责任成本管理

一、作业成本法、挣值法和作业动态责任成本管理需求背景与创新点

当前,我国的建筑施工企业在成本管理上还存在不少问题需要改进。例如,对成本管理的理解不够准确,对事后成本的核算和分析的重视程度大于对成本事前预算控制、事中过程控制的重视程度;成本管理的手段和方法比较有限,难以对建筑施工成本实施动态监控;成本管理中缺乏完善的责权利相结合的责任考核激励机制,不利于发挥成本管理对提高企业经济效益的促进作用。而传统成本管理模式下的责任成本考核,并不能真正有效地起到激励与约束、控制项目成本的作用,只是项目结束后明确了项目盈亏状况而已。所以当前做好建筑施工企业的成本控制和利润的持续提高具有重要意义。

基于上述背景,本章基于作业成本法(Activity-Based Cost,ABC法)和优化后的挣值法的一种作业动态责任成本管理理论与方法,融合了作业成本法、挣值法、作业责任成本管理三种理论方法的优点,实现了作业责任成本考核系统的信息化,克服了当前建筑施工企业成本管理方法单一、落后,成本信息不准确、不及时,成本管理体系不健全等缺点,不仅实现了建筑施工项目作业责任成本的动态监控、考核,而且为建筑施工企业从战略成本高度加强成本管理提供了有效手段,构建了建筑施工企业在现代生产环境中进行成本管理的新模式,为建筑施工企业成本管理实践提供了一定的理论指导方法,对推进作业成本法、挣值法和作业责任成本管理的应用与发展具有重要的作用和意义。

(1)作业责任成本管理是进行建筑施工企业项目成本管理的有效方法,实施有效的作业责任成本管理更是一项系统工程。

作业责任成本管理的实质就是将预算指标责任明确化,实现责、权、利紧密结合的一种成本控制制度。只有科学、明确地划分作业责任,才能建立科学合理的项目责任成本管理体系,责任范围明确是搞好作业责任成本管理

的关键。

其次，要想有效地实施作业责任成本管理，成本信息必须动态反映并准确及时，需要采用先进的成本计算方法；作业责任成本考核同样必须准确及时，需要应用先进的项目管理方法；大量的成本核算信息和分析也要准确及时，需要借助于建立计算机数据库系统作为分析工具。

（2）基于作业成本法和挣值法管理的我国建筑施工企业作业动态责任成本考核系统，融合了作业成本法、挣值法、作业责任成本管理三种成本计算或管理理论方法的优点，弥补了国内建筑施工企业在成本管理方面的多项不足，对于建筑施工企业发掘节约的途径与潜力，降低各种资源消耗，建立激励约束经营机制，提高盈利能力，增强企业的市场竞争力具有举足轻重的作用。

（3）基于作业成本法和挣值法的动态作业责任成本考核系统，通过采用作业成本计量，将成本计算深入到作业层次，能够给建筑施工企业提供更加准确的成本信息，为企业实现更加客观、准确的作业责任成本考核和精细化管理提供支持。它通过对所有作业活动追踪并动态反映，对工程项目成本发展趋势进行分析、测算，以便企业采取科学的成本管理决策和管控措施。它以减少非增值作业、增加增值作业及提高利润为目的，有利于企业发掘节约的途径与潜力，促进企业增收节支，推进节约型企业、施工班组的创建，提高企业的经济效益，这对于作业责任成本考核本身来说，也是提高施工作业价值的体现。它在建筑施工企业内部引入市场机制，建立以作业为基础的全过程与全员的有效责任成本考核机制，责任明确，成本考核更加客观、准确，有利于推进成本管理绩效激励与约束相结合的责任机制的建立，调动员工的积极性、主动性和创造性，促进企业改进施工作业方式，提高施工作业质量，推动管理水平的可持续提升，进而有利于企业经营机制的完善。因此，基于作业成本法和挣值法管理的我国建筑施工企业动态作业责任成本管理系统打开了建筑施工企业在现代生产环境中进行成本管理的新模式。

本章具有以下创新：

（1）应用创新。作者提出在建筑施工企业建立动态作业责任成本管理系统，将理论方法——模型——信息技术融为一体，在项目实施的全过程中对成本进行动态监控，实现了建筑施工企业在成本管理中的"时间维度""量化维度""距离维度"的跨越,以保持建筑施工作业责任成本管理系统的先进性和作业责任成本管理的优势。

(2)理论创新。本方法实现了作业成本法、挣值法、作业责任成本管理三种成本管理方法的融合,并针对传统挣值法在建筑施工企业应用中的不足进行了优化和完善,提出了理论方法—模型—信息技术融为一体的基于作业成本法和挣值法的动态作业责任成本管理系统,促进了作业成本法、挣值法、责任成本管理三种成本管理方法在建筑施工企业的应用与发展,丰富了建筑施工企业成本管理的理论与方法。

二、作业成本法与挣值法

1. 作业成本法

作业成本法认为,生产需要耗费作业,作业的发生会耗费资源,耗费资源产生成本,所以作业是成本产生的深层次原因,是成本管理控制的核心。

作业成本法的基本原理是"成本驱动因素论",将决定成本发生的作业作为分配制造费用的标准。其基本思想是在资源和产品之间引入一个中介——作业。作业成本计算程序就是把各资源库成本分配给各作业,再将各作业库成本分配给最终产品或劳务。它从深层次揭示了成本形成的动因,力求从总体上把握影响建筑工程成本的因素,将建筑施工前后所有相关成本都纳入成本范畴中来,使得建筑施工项目的成本管理更加全面、有效。作业成本法如图 5.1 所示。

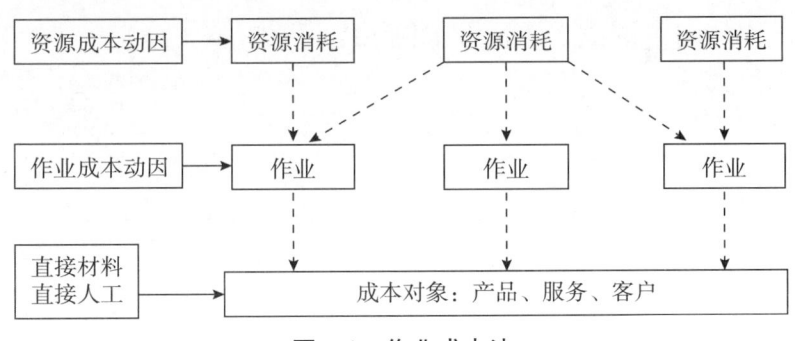

图 5.1 作业成本法

将作业成本分析应用于建筑施工成本管理中,对于解决在实际施工生产中普遍存在的资源浪费严重、成本居高不下、建筑施工企业竞争力差的情况具有不可估量的作用。

（1）可以提供准确的成本信息

通过作业成本计算，能够得到大量的中间成本结果，作为内部成本管理使用。比如，通过施工项目各个作业的成本信息的汇总就可以得到部门总的成本信息。因此，能够更加准确地进行成本核算、进行多维的成本核算。

（2）可以控制工程成本

作业成本管理可以通过对成本要素和成本库的分析，揭示哪些资源需要减少，哪些资源需要重新配置，最终确定如何改进和降低作业成本，确保有限的资金用在刀刃上，使企业通过对作业成本的确认和计量，进而控制工程施工的成本。

（3）可以提高企业管理水平

作业管理不仅仅是对工程项目成本的管理，而是对全部施工流程中全部成本费用的管理，重点放在每一作业的完成及其所耗费的资源上。简而言之，可归纳为：减少完成某项作业所需要的时间或耗费；消除不必要的作业；选择成本最低的作业；尽量实现作业共享，为降低作业成本创造有利条件；利用作业成本计算提供的信息，编制资源使用计划，重新配置未使用资源。这些步骤贯穿于施工企业整个生产经营过程，从而使建筑施工企业的管理水平处于不断改进的环境之中。

与传统的成本会计相比，它提供的成本信息更加及时、准确，管理者可以通过对作业活动的动态分析，尽可能采取措施消除或减少非增值作业，使作业活动过程中不必要的费用降到最低限度，从而不断提高建筑施工企业的成本管理水平。

作业成本法与传统成本法比较如图 5.2 所示。

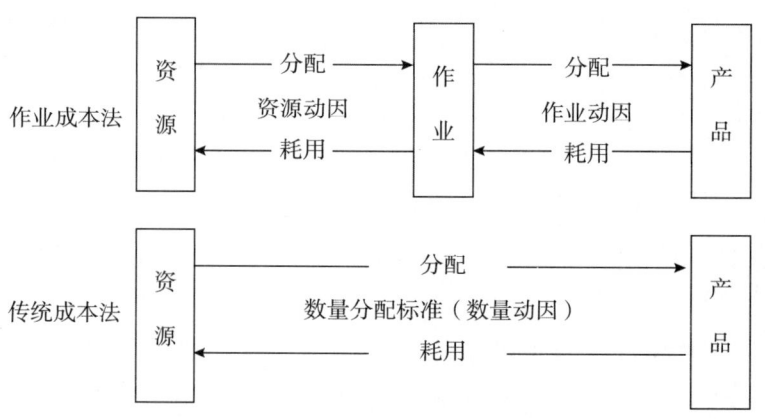

图 5.2　作业成本法与传统成本法比较

作业成本法在建筑施工企业中可采取以下步骤进行：

第一，建筑施工企业工程项目施工作业活动。在采用作业成本法对施工企业进行管理的过程中，对作业活动进行分析是确定工程项目施工成本的基础。

第二，工程项目施工作业活动成本的确定。以作业为基础的施工成本的确定，其基础是具体活动的成本确定，这也是作业成本法在施工成本管理中的应用核心。其具体步骤如下：一是根据作业分析的结果，明确在该活动中所包含的活动的内容和步骤，以及该活动的输出结果；二是确定具体活动成果的度量指标体系。某项活动应消耗的劳动量、实物量、价值等都应有具体的指标；三是确定具体活动的成本动因；四是确定具体活动所需要的资源和能力；五是确定具体活动所占用的资源和能力的单价；六是根据以上的信息确定具体活动的成本。

第三，项目施工作业成本的计算。按照作业成本的一般计算程序，进行项目施工作业成本的计算。首先，应当是在项目层确认、计量资源耗费，归集为不同的资源库，如人工、材料、机械、水、电等。其次，建立作业库，并将资源库中所汇集的价值分配到作业库中，当然这是按照资源动因进行的，资源动因是资源被各作业消耗的方式和原因。最后，是将作业成本库中的价值按照作业动因，如工作时间、使用数量、工程规模等分配计入各分项工程。然后汇总，就得到整个项目的施工成本。

总之，作业成本法是一种先进的成本计算、成本控制方法，它融合了许多先进的管理思想。将作业成本的实施进程进行的循序渐进、有条不紊，从必要的部分实施到全部的整体实施。在建筑施工项目的管理上，应予以高度重视，提高建筑施工项目管理者的素质；在项目成本控制上，进行科学管理，在保证质量、安全的前提下，以最小的成本，争取施工项目利润最大化，增强企业自身的市场竞争能力。

2. 挣值法

"挣值法（Earned Value Measure，EVM）"是指在建筑工程施工过程中，通过引入已完工项目的预算值指标，对任一时刻（节点）的已完成的项目成本和进度情况进行综合计算和评估，将成本预算值指标即挣值 BCWP（Budgeted Cost for Work Performe，实际完成量 × 计划价格）与该时刻（节点）工作任务的计划预算值 BCWS（Budgeted Cost for Work，计划完成量

×计划价格）进行差异对比，以评估和测算其工程进度，并将已完工作的成本计划值即挣值与实际消耗值 ACWP（Actua Cost for Work Performed，实际完成量 × 实际价格）做差异对比，评估和测算其资源的执行效果。其中"挣值"这一变量是"挣值法"所特有的，它是一个中间变量，主要作用是用货币量替代工程量来测量工程进度。所以引入这一变量后可以克服传统成本控制方法中对成本和进度实行分别控制、互不关联的缺点，可以做到系统地、动态地反映建筑工程施工作业成本和作业进度情况，特别是在识别潜在的作业进度滑移和预算超支的情况。挣值法比独立的建筑工程进度和成本控制方法更为有效。

美国项目管理协会在2000版项目管理知识体系对挣值法的定义是：（earnedvalue management, a techanology used to measure and report project performance from initiation to closeout）即挣值法是以完成预算的挣得值为基础，用三个关键中间变量值测量工程进度、费用，全面衡量和反映工程进展情况的项目管理的整体技术方法。使用挣值法,需要掌握"三、二、二"原则，即三个关键中间变量、二个差异分析变量、二个指数变量指标。挣值原理可以用一幅三条曲线组成的图形来说明（图5.3）。

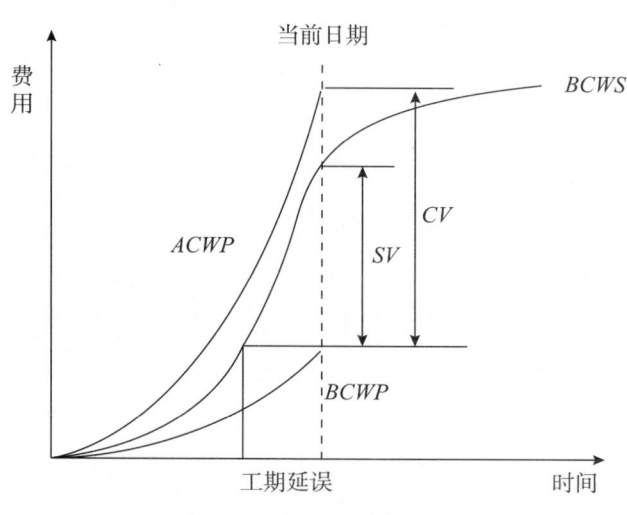

图 5.3　挣值法原理模型

（1）三个关键中间变量

① 计划工作量的预算成本（BCWS），即（Budgeted Cost for Work Scheduled）。

BCWS 是指项目实施过程中项目计划要求完成的工作量所需的预算费用。

计算公式为： $BCWS=$ 计划工作量 × 预算单价 （5.1）

BCWS 主要反映进度计划应当完成的工作量（用成本表示）。

BCWS 是与时间相联系的，当考虑资金累计曲线时，是在项目预算 S 曲线上的某一点的值。当考虑某一项作业或某一时间段时，例如某一月份，BCWS 是该作业或该月份包含作业的预算成本。

②已完成工作量的实际成本（ACWP），即（Actual Cost for Work Performed）。

ACWP 指项目实施过程中某阶段实际完成的工作量实际消耗的成本。

ACWP 主要反映项目执行的实际消耗指标。

计算公式为： $ACWP=$ 实际工作量 × 实际单价 （5.2）

③已完工作量的预算成本（BCWP），即（Budgeted Cost for Work Performed）。

BCWP 是指项目实施过程中某阶段按实际完成工作量及按预算定额计算出来的费用，即挣得值（Earned Value）。

BCWP 的计算公式为： $BCWP=$ 实际工作量 × 预算单价 （5.3）

BCWP 的实质内容是将已完成的工作量用预算费用来度量。

（2）二个差异分析变量指标

①费用偏差（Cost Variance-CV）：

CV 是指检查期间 BCWP 与 ACWP 之间的差异。

计算公式为： $CV=BCWP-ACWP$ （5.4）

当 $CV<0$ 时表示执行效果不佳，即实际成本超过预算成本，即超支。反之，当 $CV>0$ 时表示实际成本低于预算成本，表示有节余或效率高。若 $CV=0$，表示项目按计划执行。

②进度偏差（Schedule Variance-SV）：

SV 是指检查日期 BCWP 与 BCWS 之间的差异。

计算公式为： $SV=BCWP-BCWS$ （5.5）

当 $SV>0$ 时表示进度提前，$SV<0$ 时表示进度延误。若 $SV=0$，表明进度按计划执行。

（3）二个指数变量指标

①费用执行指标（Cost Performed Index-CPI）：

CPI 是指挣得值与实际成本之比。

计算公式为： $$CPI=BCWP\ /\ ACWP \qquad (5.6)$$

当 $CPI>1$ 表示低于预算，$CPI<1$ 表示超出预算，$CPI=1$ 表示实际成本与预算成本吻合，同时表明项目成本按计划进行。

②进度执行指标（Schedule Performed Index-SPI）：

SPI 是指项目挣得值与计划值之比，其计算公式：

$$SPI=BCWP\ /\ BCWS \qquad (5.7)$$

当 $SPI>1$ 时表示进度提前，$SPI<1$ 时表示进度延误，$SPI=1$ 时表示实际进度等于计划进度。

（4）挣值评价曲线

挣值评价曲线如图 5.3 所示，下图的横坐标表示时间，纵坐标则表示费用。

第一条曲线为 $BCWS$ 曲线，即计划值曲线。$BCWS$ 曲线是综合进度计划与目标计划成本分解后得出的。它的含义是计划消耗资源，包括全部费用要素，在计划周期内按月进行分配，然后逐步累加，即生成整个项目的 $BCWS$ 曲线。曲线呈现 S 形状，也称为 S 曲线。这条曲线是项目成本控制的基准曲线（baseline）。

第二条曲线为 $BCWP$ 曲线，即挣得值曲线。$BCWP$ 曲线的含义是按月统计已完成工作量，并将此已完工作量的值乘以预算单价，逐步累加，即生成挣得值曲线。是测量项目实际进展所取得绩效的尺度。

第三条曲线为 $ACWP$ 曲线，即实际值曲线。$ACWP$ 曲线的含义是对已完成工作量的实际成本，逐项记录逐步累加，即生成实际值曲线。利用挣值法评价曲线可进行成本进度评价。图 5.3 中所示的项目，$CV<0$，$SV<0$，这表示项目执行效果不佳，即成本超支，进度延误，应采取相应的补救措施。

虽然作业成本法、挣值法和责任成本管理（责任会计）无论是在理论上，还是实践上在国外都已经比较成熟，然而作者并没有发现将作业成本法、挣值法和作业责任成本管理三种方法融合应用的案例。下面作者将三种方法功能的优缺点做如下比较，如表 5.1 所示。

通过比较分析可以发现，作业成本法、挣值法、作业责任成本管理在功能上有着不同的优点，同时彼此也有自身功能的缺点，但是他们彼此功能的优点和缺点不是相互排斥和独立的，而是相互补充和联系的，它们彼此功能的优点正好可以克服彼此功能的缺，即功能是相融合的，所以将三种方法结合起来研究，在理论研究和实践应用方面既是十分必要的，也具备可行性。

表 5.1 作业成本法、挣值法、责任成本管理比较

管理模式方法	优 点	缺点/局限性
作业成本法	1. 成本信息更加客观、准确，便于成本核算和分析，有效改进企业决策； 2. 对成本对象的作业活动追踪并动态反映，便于全面、及时、全过程成本考核； 3. 以区分并消除无效成本、增加企业利润为目的，有利于改进业绩评价，推动企业整体改善； 4. 有利于改进预算控制和目标成本管理，为企业经营战略成本决策提供支持	1. 只是一个成本计算系统，而不是成本控制系统； 2. 系统性强，工作量大，需要投入较多精力和财力； 3. 缺乏成本差异信息，没有必要的成本责任考核与激励机制时，短期难以发挥效果
挣值法	1. 项目进度用货币计量，把项目的进度控制和成本控制相结合，动态反映工程成本和进度情况； 2. 成本目标清晰、过程控制高效有序，便于及时开展成本分析和纠偏，实现及时化控制，具有前瞻性。 3. 避免以单一指标值反映工程进展情况的弊端和不足，以三值分析为基础，全面反映进度、成本的总体状况，便于各级项目管理人员理解和掌握	1. 侧重于总成本控制，对项目成本的降低额没有控制要求，与企业的盈利特征不一致； 2. 作业成本增加与作业完成不成线性正相关时，会出现失灵现象； 3. 不能区分无效作业成本； 4. 对数据的取得和处理要及时准确，工作量大，很难独立实施
作业责任成本管理	1. 有利于可控成本控制和短期成本控制，区分管理责任； 2. 有利于建立激励和约束相结合的企业经营机制； 3. 有利于调动员工积极性、主动性和创造性，挖掘企业增收节约的途径和增收节支的潜力	1. 孤立地评价某一个环节，忽视了企业全局利益的实现，评价结果具有片面性。 2. 成本和进度分别控制、互不关联、及时性差，很难动态评价； 3. 基础成本信息不准确，成本责任无法传递，成本目标无法分解，测算资料形同虚设，评价存在大量主观因素； 4. 容易忽视单一职能部门但又具有联系和同质性的责任归属； 5. 往往责任规定明确，权利赋予不够，缺乏激励措施； 6. 强调财务控制，缺乏非财务能力控制； 7. 不区分和报告预期要消除的成本

（5）挣值法与传统成本控制方法的比较优势

相对于传统的成本管理方法，挣值法在项目成本管理中对于数据的处理方法和分析方法有所不同。以下通过六个方面分析挣值法在成本管理上与传统成本控制方法相比的优势。

①传统的项目管理方法，大部分需要通过报表的形式分析项目的成本，

一方面阶段步骤烦琐，不易操作，另一方面，由于财务数据分类较多，不能直观地判断项目处于什么阶段，不利于项目经理及时地做出决策。挣值评价曲线进行偏差分析，具有形象、直观、易操作的优点。通过三个费用指标的运算以及图形的表示，可以很快地发现工程项目当前的状态，有利于项目经理及时地对工期和费用做出调整。

②挣值法克服了传统的采用进度和费用分开进行控制的缺点。即当从统计数字或曲线中发现费用超支时，很难立即知道是由于费用消耗超出预算，还是由于进度工期延长的原因，因为有时进度工期延长，完成的工作量增大，也会出现当前费用超支现象。反之，当从统计数字或曲线中发现费用消耗低于预算时，也很难立即知道是由于费用节省还是进度工期拖延的缘故，因为有时进度工期拖延，也会出现当前消耗低于预算的情况。

③传统的成本管理方法，大多数是对历史性数据进行处理，并只能通过对历史数据的处理来发现已经出现的问题，但如何预测项目后期的费用，时间延期没有量化的方法，这不利于做出相应的决策。挣值法可以预测项目可能发生的进度工期滞后量和费用超支量，从而及时采取纠正措施，降低了项目的风险，为项目成本控制提供了有效手段。

④传统的成本管理方法，研究的对象集中于财务成本方面，简单地对项目进度和项目费用进行分析并提出对策，并没有一套系统的项目成本管理体系。而挣值法目前已经有了完整的项目管理实践指南，里面包括32条执行标准，这对于项目成本标准化的管理提供了科学的依据。目标作业责任成本按实物量和价值量层层分解到各工种、班组、个人，形成以工种、班组、个人为载体，横向到边、纵向到底、责任到人的控制体系。通过项目工作分解和项目组织分解达到高效的管理项目成本的目的。

⑤传统的成本管理主要集中于项目费用的管理，而对于质量和进度侧重的较少，这不仅会影响项目的执行效率，也会导致项目质量出现隐患。挣值法可以在成本、进度、质量三大目标之间找到平衡点，完成三大目标的集成控制，最终实现项目目标。

⑥挣值法有效实现成本控制的细化、量化，在深度、广度上提高了企业成本管理的水平。挣值理论在目前仍是最受欢迎的成本管理方法，该理论也在运用过程中不断地更新，改进。围绕着挣值法的32条标准，国内外的专家不断地实践和创新，细化挣值管理过程，对指标进行了创新，使该方法更加适合建筑施工企业的运营管理环境。而传统的成本管理方法在知识更新这

方面落后于挣值法。

三、建筑施工项目作业成本控制中的挣值法原理介绍

1. 基准计划的编制

基准计划编制是项目成本控制的前提，同时也为项目管理绩效评价提供依据。编制切实可行的计划，对项目实施工程中，对各方面进行有效的监控起到非常重要的作用。具体而言，基准计划编制主要包括以下几个方面：建立项目的工作分解结构和成本分解结构；规定各工序实现投资额的计算方法；确定 ACWP 的计算；编制进度计划，建立费用进度表；建立控制基线等。

（1）建立工作分解结构

工作分解结构跟因数分解是一个原理，就是把一个项目，按一定的原则分解，项目分解成任务，任务再分解成一项项工作，再把一项项工作分配到每个人的日常活动中，直到分解不下去为止。即：项目→任务→工作→日常活动工作分解结构以可交付成果为导向对项目要素进行的分组，它归纳和定义了项目的整个工作范围，每下降一层代表对项目工作的更详细定义。通过绘制 WBS 图，可以将全部的项目活动按照项目层级构成一张图，明确项目各方完成的工作范围，以及需要相互共享的资源。WBS 图是项目成本控制的基础环节，且可以帮助项目各方从全局的角度了解自己需要承担的工作在整个项目中的衔接关系与重要程度。WBS 中最底层的单元叫作"工作包"，在编制过程中需要注意以下一些要求：

①在项目同一层次上，满足项目内容的完整性，做到不重复、不漏项。

②下一层单元只能从属于一个上层单元，不能出现交叉分属两个上层单元。

③同一层次单元之间性质必须相同，即同一层次上 WBS 分解方法要一致，口径相同，避免后续计算项目成本出现混乱。

④每个单元应该具备整体性和独立性，能够将工作内容和责任区分开来。

⑤在进行结构分解时要考虑到后续的计划、实施和控制的便捷性。

⑥进行统一编码，以便于加强项目建设过程中的协调管理，使各方对项目进展情况的认识和理解具有统一口径，应于项目开始前建立完整的工作分解结构，进行统一的编码。图 5.4 所示就是案例中工作项目结构分解的第一层次。

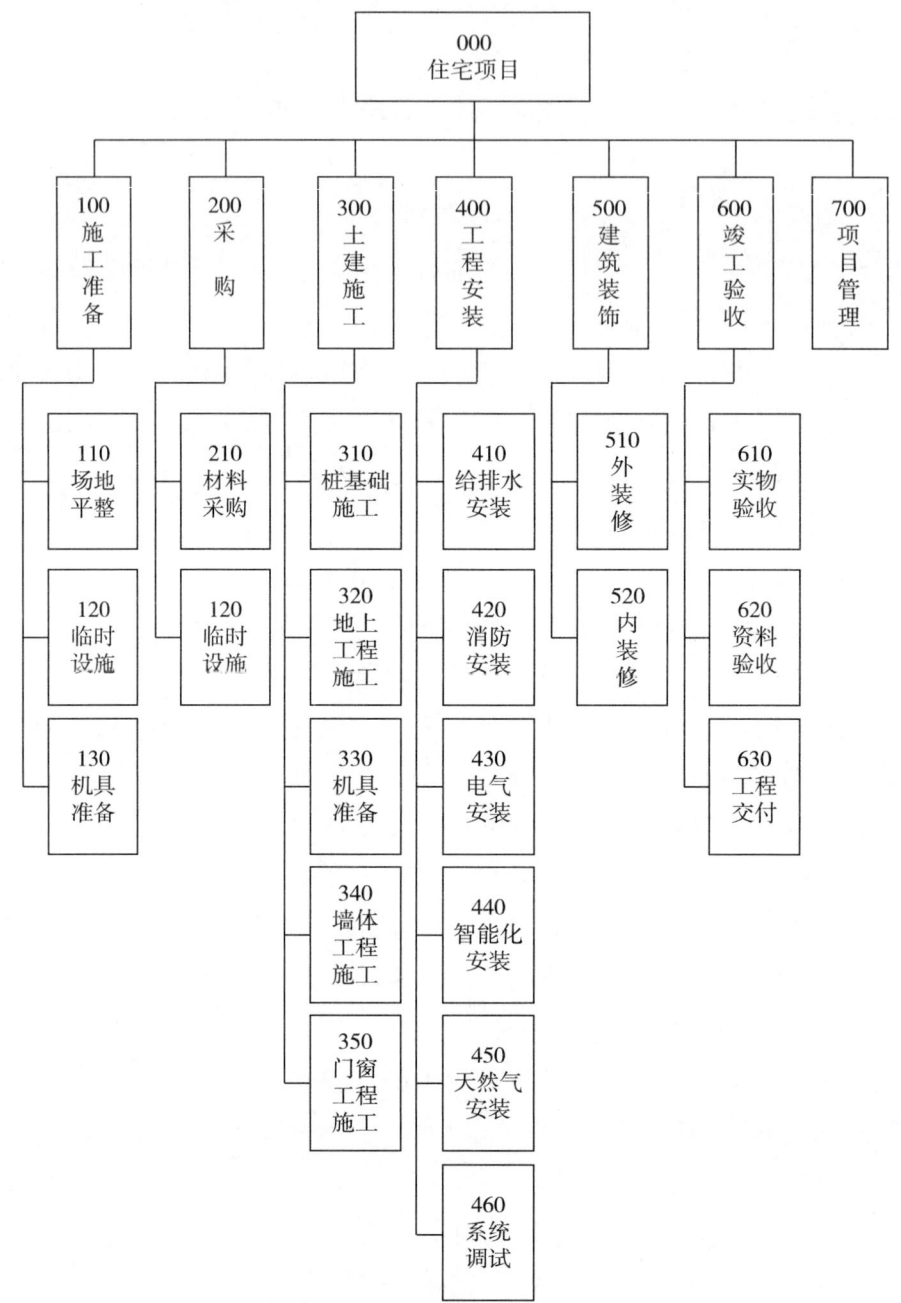

图5.4 某住宅项目工作结构分解图

（2）建立作业成本分解结构

在完成工作分解结构编制和编码后，接下来需要建立成本分解结构（CBS）。CBS 是对项目各工作包成本进行研究，把项目成本逐级分解到 WBS 的各级工作包上，使成本更加直观地反映在各项目部位上，即建立成本分解结构就是计算项目各工作包的成本计划值（BCWS）。

针对进度计划中的活动与工程量清单中的价格项目之间不同的对应关系，BCWS的计量分为下面几种情况。

进度计划中的作业与工程量清单（Bill of Quantity，BOQ）中的价格项目之间有两种关系：一种是两者之间存在一一对应关系，即清单中的价格项目完全对应于进度计划中的活动；另一种是两者之间不存在一一对应关系，即清单中某一价格项目包含了进度计划中的若干项活动，或进度计划中的某一活动包含了清单中的若干项价格项目，或清单中的若干项价格项目对应于进度计划中的若干项活动。

进度计划中的每项活动成本计划值在确定时，可以考虑以下五种情况：

①当BOQ中的价格项目完全对应于进度计划中的活动，就可直接将BOQ中价格项目的费用载入到进度计划相应的活动中，公式为：

$$(BCWS)_j = C_j = PQ_j \times SC_j$$

式中 $(BOWS)_j$——进度计划中第j项活动的成本计划值；

C_j——BOQ中对应于第j项活动的价格项目的预算值。

②当进度计划中的某一项活动与BOQ中的多个价格项目相对应，进度计划中某一项活动的成本计划值$(BCWS)_j$，等于与之对应的多个价格项目预算之和，公式为：

$$(BCWS)_j = \sum_{r=1}^{n} C_r = \sum_{r=1}^{n} (PQ_r \times SC_r)$$

C_r——BOQ中与第j项活动相对应的价格项目中第r个价格项目的预算值

C_j——BOQ中与第j项活动相对应的价格项目中第r个价格项目的预算值

其他三种情况都为工程量清单与进度计划不存在一一对应的情况，分别为BOQ中的某一价格项目与进度计划中的若干项活动相对应、进度计划中的多项活动与BOQ中的多个价格项目存在对应关系、进度计划中的某一活动不与BOQ中的任何一个价格项目或多个价格项目存在对应关系。以上三种情况可以按照情况①和②进行公式变换，得出计算的方法。

（3）规定各工序实现投资额度量方法

根据在建设项目成本控制系统中所起的作用及其自身性质，项目的活动可分为独立型活动、分摊型活动和层次型活动三种，不同性质的工序在项目实施过程中的作用和实现投资方面的表现形式是不同的。因此，在项目管理过程中，应该结合项目活动的性质规定其实现投资额度的度量方法。

对同一性质活动或者工序而说，挣值的计算方法应该与 PV 的成本分配方法相适应，因此在编制进度计划的阶段就应该考虑各活动实现投资额度的计算方法。BCWP 称为"实现计划投资额"，是反映工程实际绩效的价值，也表示为承包商挣得的金额，故称为挣值或赢得值。与跟踪项目的实际成本一样重要，也必须建立经常及时地收集数据的相应制度来确定项目每一工序作业绩效的价值，主要是必须对每一核定的承付项（报价单项）预先对应相应的预算项目，确定其预算单价，通过核定实际工程量的完成情况，计算出挣值，建立概算执行台账。

①单价计价费用项目挣值计算方法

与单价计价费用项目相对应的独立型活动挣值的度量方法。由于该类独立型活动是按承包商实际完成净工程量的价值逐月支付的，故根据工程项目实际进度和已完成部分活动的预算计划值求得各个月的挣值和累计挣值。

②合价计价费用项目挣值计算方法

与合价计价费用项目相对应的独立型活动挣值的度量方法。由于该类独立型活动并非按承包商实际完成净工程量的价值逐月支付，而是按预算计划值（承包商的报价）给予支付，因此，该类活动费用偏差等于零，即挣值等于实际值，根据活动延续时间分别采用 50%/50% 法、0%/100% 法、百分率完成法度量赢得值。

（a）50%/50% 法：50%/50% 方法是指活动刚开始时，挣得其预算计划值的 50%，当活动全部结束时，挣得剩余 50% 的预算计划值。该方法适用于度量那些跨越 3~4 个月的活动的挣值。

（b）0%/100% 法：0%/100% 方法是指活动刚开始时，其挣值为 0，当活动全部结束时，挣得其预算计划值的 100%。该方法适用于度量那些跨越 2 个月以内（含 2 个月）的活动的挣值。

（c）百分率完成法：百分率完成法是指根据每月需要完成的百分数度量赢得值的一种方法。这种方法的关键在于如何准确地估计每月需要完成的百分数。由于这种估计通常是由有关人员在累计值基础上作出的，故百分率完成法带有较多的主观成分，为了减少百分率完成法中的主观成分，可以限制每项活动完成之前允许挣得的最大值，这个值可定为挣值的 80%～90%，直到全部完成时，才能挣得全额。百分率完成法适用于度量那些跨越 5 个月以上（含 5 个月）的活动。

（4）编制施工进度计划表与费用计划表

编制进度计划，建立一份合理的工程费用计划表可以为以后执行项目投资目标，控制项目成本支出奠定良好的基础，是一个必不可少的环节。所谓费用计划是指按照项目本身的技术特点以及项目所进行的各个阶段，对项目整个过程所有的费用进行统筹规划与安排，以此作为项目执行过程中费用控制的依据。

在编制进度计划时，首先必须了解项目分解结构中各个工序之间的逻辑关系，科学地进行施工组织设计。其过程包括：划分施工各个阶段、确定施工顺序、度量各工序的持续时间、明确工序之间的逻辑关系、利用甘特图或者网络节点图进行进度计划的编制。

进度计划编制完成后，就可以将各部分的预算费用与进度计划相结合，按照时间进行费用分配，形成费用进度表。在进行费用预算进度表的构造中，一般按照静态时间价值进行计算，而在进行实际成本控制过程中，采用动态时间价值进行计算，把所有各时期的成本支出折算到一个时间点，方便统一计算。一年以内的实际项目成本可以忽略时间价值，以静态投资计算。表 5.2 所示即为费用－进度计划表：

表 5.2　费用－进度计划表

序号	时间	分项工程名称	合价（元）	人工费合价（元）	材料费合价（元）	机械费合价（元）
1	3.1～3.14	土石方工程	446 300.00	395 000.00	0.00	513 00.00
2	3.15～3.20	桩基础工程	3 233 829.00	223305.00	1 865 234.00	1 145 290.00
3	3.21～4.21	砌筑工程	4 114 510.00	1310300.00	2 645 123.00	159 087.00
4	4.21～5.21	混凝土工程	7 925 035.00	6218312.00	567 321.00	1 139 402.00

（5）BCWS 的计算

BCWS 的计算是指计划工作预算费用的计算。该工作主要是为建立基准控制基线做准备工作。将整个工程按照某个时间单位作为计算的时间跨度（如月、周），将每个时间跨度的工程量所需的费用进行累计计算，得出计划工作目标成本表。通过该计算表，可以直观地得出对接下来某个时间为止，项目计划完成整个项目工程费用是多少,以及可以计算出计划完成占整个项目费用的百分率。如表 5.3 所示。

表 5.3 某住宅项目七月份土建工程目标成本表(BCWS)单位:万元

分项工程名称	定额合价	人工费合价(1)	项目成本系数(2)	人工费目标成本(1)×(2)	材料费合价(3)	项目成本控制系数(4)	材料费目标成本(3)×(4)	机械费合价(5)	项目成本控制系数(6)	机械费目标成本(5)×(6)
土石方工程	44.63	39.50	0.95	37.52	0.00		0.00	5.13	0.92	4.72
桩基础工程	323.38	22.33	0.97	21.66	186.52	0.90	167.87	114.52	0.95	108.80
混凝土工程	665.27	505.24	0.98	495.13	46.09	0.90	41.48	113.94	0.93	105.96

(6)建立基准控制基线

在完成以上工作以后,就可以建立基准控制基线,即项目的计划成本线。根据项目的费用-进度表对项目各个工序在同时段发生的费用进行统计,得出每个单位时间项目的投资额度,以及这个月的预定工作量,以此作为制定计划投资的基线。图 5.5 为项目基准控制图:

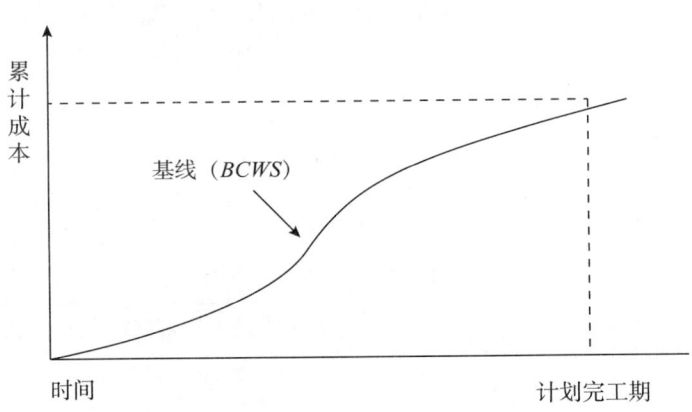

图 5.5 项目基准控制图

2. 施工作业成本控制资料的采集

运用挣值法进行项目成本控制,除了需要有完备的流程之外,成本数据的采集是至关重要的。采集的数据误差越小,越能反映出项目真实的情况,成本控制的效果就越好。要做到精确地采集成本数据,就需要对建筑项目活动进行严密的组织管理,以保证采集到的数据是及时、准确的。另一方面,在采集数据时,目标性要强,主要集中在挣值管理中直接或者间接需要的数据，这就需要对以下方面做出详细的计划，比如收集什么样的数据、采取什么方法进行收集以及数据的筛选等。项目管理者只有明确以上几个方面，才能有的放矢，高效率地收集项目成本数据资料。特别在涉及工程项目的进度、实际成本因突发状况，或者因业主要求进行局部项目变更时，成本数据采集的效率显得更为重要，直接决定了挣值法运用的成败。在数据采集工程中，一般分为两个步骤：数据的收集和筛选。

（1）成本数据收集

项目建设过程中涉及的参与主体有业主方、承包方、采购方、设计方和监理方。为了能收集到理想的数据，各参与方都要完成数据收集的工作，其中承包方作为建设项目的现场实施与管理者，是项目费用的直接产出方，所以承担成本数据收集的主要工作。同时，业主、采购方、设计方以及监理方承担各自的数据收集的任务，定时与承包方的数据进行核对，避免数据出现较大的出入。为了更好地对数据进行全面收集，承包方可以建立数据采集系统，成立专门的数据处理部门每天填写施工日报表，并核算各工序所产生的费用，利用项目软件生成周报表、月报表，作为各阶段成本管理的基础数据。同时，该数据采集系统在业主方、监理方等参与方形成共享，通过各参与方共同监督数据的可靠性和真实性。

（2）成本数据的筛选

高效率的数据收集为数据的采集奠定基础，数据的筛选也是至关重要的。由于收集到的数据主要是围绕项目各阶段成本的支出数据，范围较广，很难直接运用于挣值管理，所以必须对数据按照挣值指标体系进行筛选，得出最终采用进度、成本分析的基础数据。承包方作为数据处理的主要部门，需要与其他各参与方建立一个数据筛选系统，与采集系统进行对接，这样可以更有效地对数据进行筛选。

在采集和筛选过程中，具体需要注意以下几点：第一，对于承包方现场提供的费用数据与业主、监理单位确认的数据相符或者偏差较小的，可以直接使用。第二，若承包方的数据与其他参与各方提供的数据出现较大偏差的，或者与计划费用相比偏差较大的，就需要各方对工程日记中原始数据资料进行核实，找出数据偏差的原因，并进行讨论，设法降低偏差的大小。第三，若出现上述较大偏差通过论证仍无法缩小偏差的，就需要进行实地考察，掌握第一手资料，通过项目真实的现状来把握项目的成本支出情况，避免项目失控。

3. 测量项目施工成本执行情况，进行偏差分析

对项目施工过程成本费用数据的采集与筛选过后，就可以按一定的时间周期对项目进行成本控制。成本控制主要从三个方面着手，成本费用成本为主指标，进度、质量挣值为次指标，三者共同对项目成本执行情况进行监督。在偏差分析时，主要从差异指标和评价指标两个角度来进行分析。具体分析公式如下：

（1）差异指标

①项目成本差异（Cost Variance，CV）

项目成本差异计算公式为：$CV = ACWP / BCWP$

当 $CV < 0$ 时，表示实际成本支出低于预算；

当 $CV > 0$ 时，表示成本执行效果不佳，即实际成本支出超过预算；

当 $CV = 0$ 时，表示实际成本支出等于预算；

②项目进度差异（Schedule Variance，SV）

项目进度差异计算公式是：$SV = BCWP / BCWS$

当 $SV < 0$ 时，表示实际进度小于计划量，即进度延误；

当 $SV > 0$ 时，表示实际进度超过计划量，即进度提前；

当 $SV = 0$ 时，表示实际进度与计划一致；

③项目质量差异（Quality Variance，QV）

项目质量差异计算公式是：$QV = EQWP_t - PQWP_t$

当 $QV < 0$ 时，表明项目在时刻 t 的质量进程延迟，未能达到该时间点的预期质量目标。

当 $QV > 0$ 时，表明项目在时刻 t 的质量进程提前，达到了该时间点的预期质量目标。

当 $QV = 0$ 时，表明项目在时刻 t 的质量进程与计划一致，达到了该时间点的预期质量目标。

（2）评价指标

①成本绩效指数（Cost Performance Index，CPI）

成本绩效指数的计算公式如下：$CPI = ACWP / BCWP$

当 $CPI = 1$，说明项目实际成本与预算吻合；

当 $CPI > 1$，说明项目实际成本高于预算；

当 $CPI < 1$，说明项目实际成本低于预算。

②进度绩效指数（Schedule Completion Index，SCI）

进度绩效指数的计算公式如下：$SCI = BCWP / BCWS$

当 $SCI = 1$，说明项目是按进度计划进行；

当 $SCI > 1$，说明进度提前；

当 $SCI < 1$，说明进度延误。

③质量绩效指标（Quality Performance Index，QPI）

质量绩效指数的计算公式如下：$QPI_t = EQWP / PQWP$

当 $QPI_t < 1$ 时，表明质量未达到要求；

当 $QPI_t > 1$ 时，表明质量超出预期的要求；

当 $QPI_t = 1$ 时，表明质量符合要求。

4. 项目完工成本预测和完工工期预测

在对项目进行偏差分析之后，就需要对项目产生的偏差进行分析，并及时提出有效的措施，尽量减少项目实际成本与目标成本偏离。与此同时，对项目完工成本的预测以及完工工期的预测也是必不可少的环节。有效地预测完工成本和完工工期，可以使承包方、业主方等参与方认识到工程实施的现状，并对未来成本、进度、质量完成情况有大概的了解，有助于提前对未来拟订和采取各种预防措施，保证计划目标的实现。具体完成成本与完工工期预测计算公式如下：

（1）预计完工成本（Forecasted Cost At Completion，FCAC）

①假定项目未完工部分将按照目前的效率去进行的预测方法。

$$FCAC = TBC / CPI$$

②假定项目未完工部分将按计划效率进行的预测方法。预测完工成本 = 已完成作业的实际成本 +（总预算成本 – 挣值），计算公式如下：

$$FCAC = ACWP + (TBC - BCWP)$$

其中 TBC（Total Budget Cost）为项目的总预算成本。

（2）预计完工工期

$$ETTC = ATE + (ATE - ATE \times SPl) / SPl = ATE / SPl$$

其中 ATE 是项目实际所耗费的时间

5. 传统静态挣值法存在的缺陷

挣值管理作为一种能够定量评估项目绩效的方法，包括对项目进度差异、成本差异的分析，以及项目完成时间、完成成本的预测。虽然挣值法可以适用于各种项目，而且可以有效地对复杂的项目加以监控，但是不得不说，很多中小型项目的管理者在其高昂的应用成本面前常常望而却步，除政府及其项目承包商之外，该项重要技术还没能得到非常有效的使用，究其原因，除了使用者的主观原因之外，挣值管理体系确实存在着一些缺陷和不足。

（1）难以给出有效的项目分解

"挣值法"应用的第一个困难是 WBS，如果工作被分解为多个小工作包，为收集数据将必须付出高额的资金去处理大量的数据。除了成本问题，有效的项目分解也存在技术上的难题，项目按估价体系来分解的成本结构与按计划体系分解的工序结构，在两者之间存在着相当大的差异，前者主要考虑工程量计算和财会原则，而后者主要考虑工序的时间顺序和工艺逻辑原则，各自有各自的任务和特点，不能相互吻合。解决这一矛盾需要建立项目分解的层次结构，它必须能兼顾骨架体系和计划体系的特点，并考虑组织机构的实际情况，以便在工序单元和成本单元之间确立一个相互联系的框架。

（2）进度与成本联合管理的实现还取决于数据采集系统的效率

进度与成本联合管理的实现，还取决于数据采集系统的效率。即要有一个有效的施工作业工序台账系统和完成工程量测定和报告系统。这里需要解决数据系统的精度和效率之间的对立统一，计算机的应用大大提高了监控的精度和效率。然而，精度依赖于大量数据的采集和分析，这对项目管理人员势必是一种沉重的负担，它不仅会影响管理系统的效率，而且还会使管理人员感到厌倦，甚至导致放弃监控的努力。成本、进度监控系统和会计系统各不相同，他们有各自不同的任务。所以，掌握适当的监控精度，确保必要的监控效率，也是一个重要的实际问题。

（3）挣值法在成本控制管理中，在结合进度控制的同时忽略了质量管理

挣值管理在国内外运用过程中，只是作为成本和进度综合控制的方法，这比单一的成本管理方法具有一定的优势。项目管理是成本、进度、质量的综合管理。但在工程项目实际运用过程中，缺少对质量的监控，无法形成对项目成本、进度和质量的集成化管理．作为一种工程项目成本管理主要的控制方法，必须要有更加综合的视角，挣值管理在这方面还是存在一定缺陷的。

（4）对事先没有规划的活动，挣值不能提供任何进度方面的信息。

因为对一个没有规划的活动，基线工作量为零，因此挣值也是零。对于灵活多变的项目，或事先很难预料项目具体工作活动内容的项目，项目进展过程中临时出现的任务会扰乱整个管理工作，此类问题在软件项目中尤显突出。如果直接将其估算的总工作量和已完成的工作量添加到挣值分析中是不合理的。但是，如果对该活动不进行考虑，它可能会影响到以后的进度和整个项目完成工期。

（5）挣值方法忽略了许多重要的细节

挣值管理理论无论在公式及实践标准上都形成了完整的体系，但是在应用过程中还存在一定的细节问题。一方面是挣值的公式方面，存在一定的逻辑问题。项目成本（绝对）差异 CV 的计算公式是 $CV = BCWP - ACWP$，这在统计分析中相当于是：$CV = AQ \times SC\ AQ \times AC$。作者的研究结果认定，这一公式及其项目成本绝对误差分析都有问题或缺陷。因为它以实际指标值 $ACWP = AQ \times AC$ 作为基数，使用挣值（$AQ \times SC$）减去实际成本的方法分析由于计划成本变为实际成本所造成的项目成本绝对差异。这不仅不符合统计学原理有关以计划指标值作基数进行绝对差异分析的原理，而且也不符合一般的常识，同样的错误还出现在项目成本绩效指标的公式 $CPI = BCWP/ACWP$ 中。所以由此得出的项目成本绝对误差的信息含义不正确，且存在数量关系方面的错误（基数扩大或缩小了）。另一方面，挣值管理方法是把项目作为一个整体进行分析，不去考虑项目的 WBS 中的活动或工作包，也没有去关注 WBS 上的任务或者工作包之间的时间逻辑关系。项目 WBS 中的二级（或以下各级）子项目中有些工作进度极不均衡。

6. 项目成本控制中动态挣值分析

项目成本进行静态挣值分析，主要是针对项目成本数据本身进行处理，判断项目的成本、进度、质量管理执行现状。而动态的挣值分析，更着眼于对项目施工过程进行分析。通过建立监控系统，利用挣值数据找出项目出现偏离的原因以及优化项目施工方案，使项目在实施过程中实际成本与计划成本的偏离度减小，符合各利益方的要求。

（1）工程项目成本控制过程监督

工程项目成本控制的过程监督，就是对利用挣值管理对项目实施过程中的成本费用、进度和质量实施监控。

在监控过程中，主要涉及三点：

第一是挣值数据与计划数据会出现偏差，对一定范围内的偏差进行调整不仅不会给项目控制带来额外收益，还会影响到挣值管理的持续性，这就需要对偏差范围进行一个界定；

第二是对项目过程监控基准的选择；

第三就是建立一个项目成本、进度、质量管理的绩效联合监控系统，提高成本控制的效率。

①项目挣值评价结果中合理偏差的界定

偏差是指实际的指标值与预期指标值所出现的差额，一般偏差分析在工程项目中主要运用于实际进度与计划进度的差额分析、实际施工费用与计划施工费用的差额分析、计划完工率与实际完工率分析等。项目产生的偏差主要分为正偏差与负偏差。正偏差表现出来的形式是实际成本低于计划成本，当伴随着进度提前、质量超预期时，是积极的消息，若伴随的是进度的延期、质量低于预期，则需要对具体的项目成本实施进行分析。负偏差表现出来的则是成本超预期，若伴随着质量低于预期、进度延期，则是消极的消息。所以正负偏差在进行挣值分析过程中要结合成本、进度、质量三者一起进行判断，单一的指标都无法形成正确的判断。

项目在执行过程中，经常会遇到一些突发事件，打乱了原先的计划，这对于项目执行力会形成较大的考验，经常会出现实际成本支出超出计划的要求。此时，对于合理偏差的界定在成本管理过程中显得相对灵活，但需要把握住以下几个原则：

a. 首先需要判断偏差是恶性还是良性，恶性是指如在建设过程中出现自然灾害、战争或者承包方、业主方资金链断裂导致项目遭遇毁坏或者出现停工造成巨大的损失。良性偏差则是项目在实施过程中，参与各方可以控制的一些意外事件，如项目变更、项目工程质量问题、建设资金暂时不到位、恶劣天气等，导致项目实际完成成本偏离计划成本，仍能通过变更计划使偏离度缩小的偏差。恶性偏差就需要及时评估损失，并暂停或者终止项目实施，良性的偏差可以通过变更计划，重新制定后续的成本、进度以及质量实施方案。

b. 若是良性偏差，需要进一步区分是可接受偏差和纠正偏差。可接受偏差是指与预算偏离度不大可以接受的偏差，如购买高新技术，替换材料，购买特别保险，实施过程的重新规划等造成的成本小幅超支，或者为符合市场需求主动性的调整项目计划导致项目进度出现一定的延期，这些都是可接受偏差。纠正偏差是指实际成本或者进度与预算偏离较大，影响到未来计划成本的实施的。如关键路径上的进度拖延，将引起项目总工期的拖延；某项成本的超支占用了其他子项目的预算。这些偏差必须纠正，而且通过努力也能够实现，这种偏差就是纠正偏差。

②项目过程监控的基准选择

项目在监控过程中，除了需要界定合理的偏差，还需要对基准计划进行选择。项目实施过程中出现失控的现象很大一部分原因在于项目的基准计划缺乏合理的依据，其次在于项目管理人员对基准理解不透彻，导致项目实施过程中未按照基准计划进行管理。因此，为了更好地对项目实施过程进行监控，就需要形成一系列基准建立的工作程序以及文件，这些程序和文件需要经过管理层详细的论证并由项目经理、监理工程师等有效地贯彻到一线的管理人员中，从上而下地对项目施工过程进行控制。

一般情况下，基准主要涉及以下内容：
- 综合基准：可行性研究报告、合同、变更文件；
- 范围基准：设计图样、工作分解、作业清单；
- 进度基准：里程碑图、日程计划、细节作业计划；
- 成本基准：项目预算、资金目标表、成本－进度计划；
- 质量基准：技术规格、设计图样、行业标准、技术规范；
- 采购基准：技术规格、采购方案、采购合同；
- 人员基准：组织分解结构。

③成本－进度－质量绩效联合监控系统

要实现项目成本控制监督的高效性，就需要建立一个成本－进度－质量绩效联合监控系统。通过监控系统产生的绩效评估结果，可以向项目经理快速地传达项目的最新动态，项目经理可以及时与承包方、业主方等参与方制定出相应的调整措施。

建立成本－进度－质量联合监控体系，需要设计的数据包括 $BCWS$、$BCWP$、$ACWP$ 以及质量挣值的 $EQWP$、$PQWP$。其中 $BCWS$、$BCWP$、$ACWP$ 的累计投资曲线，共同构成挣值图。质量挣值作为辅助指标来判断质量进程的完成状况。所形成的情况共分 6 种图形，12 种情况，如图 5.6 所示。

挣值状态图	成本-进度指标	质量指标	原因分析	处理途径
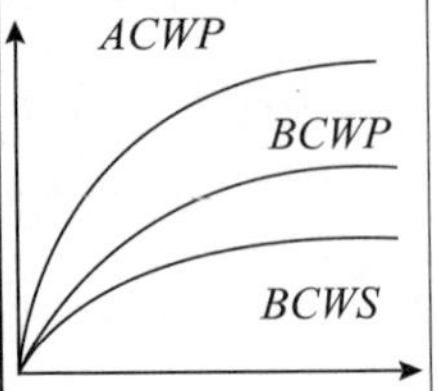 ACWP / BCWP / BCWS 曲线图	ACWP>BCWP>BCWS CV<0 SV>0	$QV_t \geq 0$	效率较低、进度较快、投入超前、质量较好	减少资源投入，加强施工管理
		$QV_t < 0$	效率较低、进度较快、投入超前、质量较差	减少资源投入，加强施工管理，加强质量管理
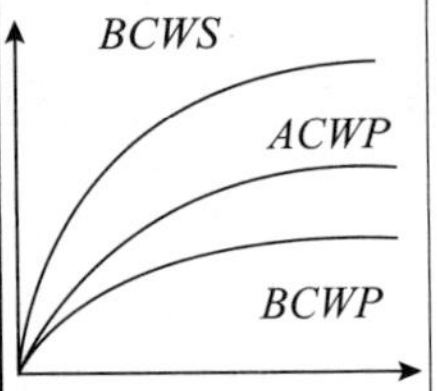 BCWS / ACWP / BCWP 曲线图	BCWS>ACWP>BCWP CV<0 SV<0	$QV_t \geq 0$	效率较低、进度较慢、投入延后、质量较好	增加资源投入，加强施工管理
		$QV_t < 0$	效率较低、进度较慢、投入延后、质量较差	增加资源投入，加强施工管理，提高施工质量
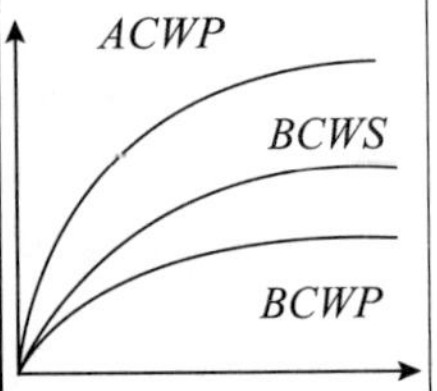 ACWP / BCWS / BCWP 曲线图	BCWS>BCWP>ACWP CV>0 SV<0	$QV_t \geq 0$	效率较高、进度较慢、投入延后、质量较好	加快资金、原材料、人工的投入
		$QV_t < 0$	效率较高、进度较慢、投入延后、质量较差	加快资金、原材料、人工的投入，加强质量管理
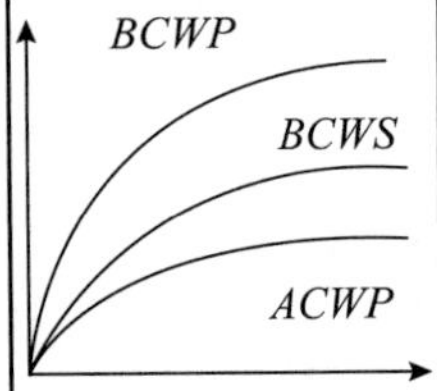 BCWP / BCWS / ACWP 曲线图	BCWS>BCWP>ACWP CV>0 SV<0	$QV_t \geq 0$	效率较高、进度较慢、投入超前、质量较好	提高施工人员工作效率，减少资源投入
		$QV_t < 0$	效率较高、进度较慢、投入超前、质量较差	提高施工人员工作效率，减少资源投入，加强质量管理
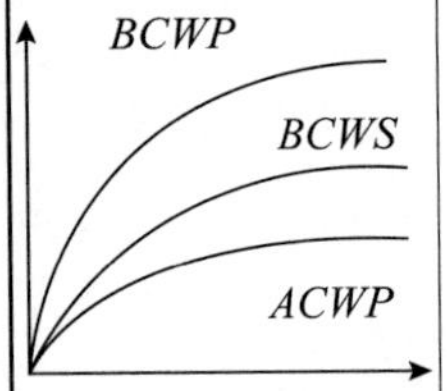 BCWP / BCWS / ACWP 曲线图	ACWP>BCWS>BCWP CV>0 SV<0	$QV_t \geq 0$	效率较高、进度较快、投入延后、质量较好	可维持现状
		$QV_t < 0$	效率较高、进度较快、投入延后、质量较差	加强质量管理
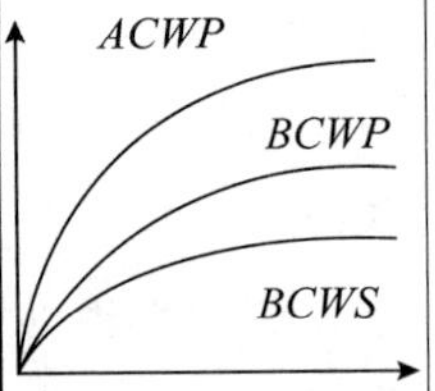 ACWP / BCWP / BCWS 曲线图	BCWP>BCWS>ACWP CV>0 SV>0	$QV_t \geq 0$	效率较高、进度较快、投入超前、质量较好	加强资源利用
		$QV_t < 0$	效率较高、进度较快、投入超前、质量较差	加强资源利用率，加强质量管理

图 5.6　基于作业成本控制的挣值法分析图

其中每幅图可以清晰直观地反映出工程项目进度与成本的完成情况。通过三条曲线的位置关系，可以很清楚地看到，项目的成本是否出现超支，进度是否有提前或者延后。并且通过曲线之间的距离可以判断实际情况与预算情况偏离度的大小。再通过对质量挣值指标的判断项目在成本、进度完成情况的基础上质量的优劣程度。综合上述三个指标的情况，可以更全面地了解工程项目成本控制情况，对接下来调查偏差原因以及采取正确的纠偏措施起到了非常重要的作用。

接下来就是建立联合监控系统，并通过以上指标关系来判断项目成本的执行情况。建立联合监控系统时，除了需要利用上文中阐述的如何识别成本偏差、判断项目成本执行情况的判断，还需要根据项目的实际情况设定偏差的预警区域，这个预警区域是在项目实施过程中，参与各方按照自己的风险偏好，在基准线两侧设定一个上下幅度区间来作为预警区域。若在预警区域内则是可接受偏差，不在预警区域内则是纠正偏差，再根据项目挣值图的分析来具体判断项目的实际情况。建设联合监控系统可按照图 5.7 来执行。

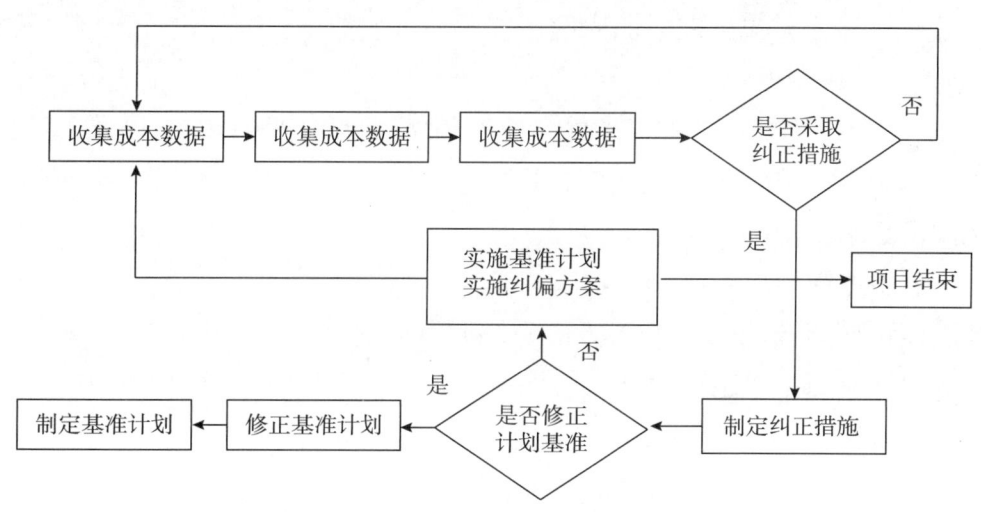

图 5.7　联合预警监控过程图

在建立以上监控系统时要注意以下问题：

第一，就是对监测点的选择。在运用挣值法进行成本控制过程中，需要定期对项目进行偏差分析，若监测点选择不正确，数据获得的效率以及使用的效率就会降低，从而影响检测效果。一般来说，项目监测点的选择要根据项目的大小来定，如果项目实施跨度不超过一年，则可以按照月份或者具有重大意义的里程碑作为节点，作为成本监控的间隔时间。项目实施跨度超过一年的，就可以按照一定的时间间隔结合里程碑作为监测点。

第二，在建立监控系统时，不仅要做到对项目的整体监控，还需要做到项目的局部监控。即建立二级挣值监控，把项目施工过程中的主要阶段分解成更小的工作阶段进行监控，这样就可以在项目产生偏差时，采取针对性更强的纠偏措施对项目成本实施管理。

（2）工程项目成本控制适时纠偏

①项目成本–进度–质量监控中产生偏差的原因

在建立了成本–进度–质量联合监控系统之后，就可以对项目实施过程进行全程跟踪监督，并对成本、进度、质量的实际情况与计划情况进行比较，及时发现问题。接下来就需要对产生偏差的原因进行具体的分析，并提出适时纠偏措施。项目成本产生偏差的原因，不仅涉及项目成本本身的控制，进度和质量也与成本的支出息息相关。所以，本文从三方面分别对项目产生偏差的原因进行分析。

a. 成本偏差原因分析

成本偏差主要包括四方面原因，客观原因、业主原因、设计原因以及施工管理过程中的原因。

• 客观原因主要包括天气条件、地质条件等自然因素影响，以及人工费、材料费、机械费用随物价的上涨，还有包括利率、汇率变动导致资金成本的提高以及政策法律的变化等。

• 业主原因主要包括频繁的项目变更；增加项目内容；资金支出拖延；项目前期准备不充分；参与各方关系协调不佳等。

• 设计原因主要包括设计的错误或者缺陷；设计时未考虑实际施工的难度；设计图纸供应不及时等。

• 施工管理原因主要包括不按照施工程序进行、费用控制不合理；没有实施好作业成本责任矩阵，施工方没有承担相应的成本控制义务，缺乏绩效措施；工人工作效率低，以及频繁调动导致施工组织混乱；采购环节没有合理的流程导致的劣质材料及设备的出现，材料使用未按照计划、浪费严重；合同制定时存在缺陷。

b. 进度偏差原因分析

进度偏差产生原因主要包括四个方面，即业主方、设计方面、监理单位的原因以及承包商方面的原因。

- 业主方原因主要包括施工准备工作不足导致项目延期；未及时提供建设项目所需的材料；业主未按照合同规定及时提供资金等。
- 设计方面的原因主要包括设计变更频繁导致的工程量变大和频繁返工；项目出现问题时设计方与其他参与方协调能力差，对存在的问题处理不及时。
- 监理方的原因主要包括监理方对进度控制不重视；监理方在遇到项目问题时发布错误指令；与其他参与方缺乏沟通协调导致项目拖延。
- 承包方的原因主要包括：施工方案设计不合理导致项目执行效率低下；与设计方缺乏沟通，在具体建设细节上出现施工困难；原材料不能及时供给或相应工种不能及时到位导致项目不能持续进行；施工中遇到不可抗力，如恶劣天气、自然灾害导致的进度拖延。

c.质量偏差原因分析

项目质量偏差产生的原因主要包括四个方面：施工方的原因、设计方的原因、监理方原因以及环境原因。

- 施工方的原因主要包括没有按照国家规定的标准进行施工；偷工减料；由于赶工期对建设质量标准的降低、承包方层层分包、转包导致资质较低的施工方进入等。
- 设计方的原因主要包括在项目设计时，没有考虑到实际地质、气候等情况；没有考虑到项目施工环节技术问题；设计出现错误等。
- 监理方原因主要包括监理方玩忽职守，未有效对项目质量进行监控；监理单位资质达不到要求等。
- 环境原因主要包括连续的恶劣天气导致项目施工质量下降；建设周边环境受到影响间接影响项目的建筑质量。

（3）偏差的分析与调控

①成本偏差的处理

在对上述成本偏差分析后，对偏差的处理方式一般分为两种：一种就是施工成本的增量调整，即提供成本补偿来实现对施工费用增量的需求，补偿的途径主要是以工程索赔或者提取承包商的部分利润来实现，同时，需要对后续预算成本进行相应的调整；第二种是通过成本内部调整，即未来的预算成本不变，而在项目后续阶段中，对成本的支出、施工方案、材料选择等进行调整，使得项目完工后的实际成本符合预算成本的要求。

对于项目超支产生的费用，应该向项目的责任方提出补偿。例如建设项目设计出现变更，则超支的费用应该由业主方承担；若施工质量出现问题导致需要修补或者返工，则产生的费用由承包方来承担。

承包商等参与方在进行纠偏措施时，一般采取的纠偏方案必须优于预定方案，纠偏的结果应该使项目成本偏差得到纠正或者损失降低。一般可以从以下方面进行：

（a）更改的施工方案必须符合更优、更省、效率更好，并符合规范要求等特点。

（b）当自产的建筑产品费用大于购买的成品材料时，可以选择部分产品通过采购获得。

（c）在施工过程中，在符合工程规定的质量标准的前提下，适当降低质量要求以达到节省成本的目的。

（d）在后续的工作中，在满足施工技术要求的条件下，适当减少外包数量以节省成本。

（e）变更工程范围。

（f）索赔。由于业主方、分包商、供应商等原因造成的成本损失可以通过索赔来弥补费用超支。

②进度偏差的处理

进度偏差的处理，主要分为两种方法，第一是采取赶工措施。采取赶工措施的目的是尽可能在预期工期内完成项目，会涉及额外资源的投入，对成本的影响很大，也会间接影响到项目质量，在成本未出现超支的情况下可以考虑使用。第二种则是采用调整计划工期。此方法对成本和工期都产生影响，但影响相对较小，但仍需要重新调整预算目标。

具体而言，采取赶工措施时有以下几种方式：

（a）增加资源的投入，如增加劳动力、材料、设备等，或者通过连夜赶工的方式加快工程进度。

（b）重新分配资源，将人力资源、设备资源进行重新分配，重点投入到需要赶工的项目中。这种方法需要管理人员具有很强的项目管理能力，是比较激进的方法。

（c）将一些技术要求较高的项目分包给专业的团队来完成，以此提高项目的实施效率。

（d）项目建设过程中的一些产品或者结构采取外购的方法获得。

（e）修改项目实施方案，例如将现浇混凝土改为场外预制、现场安装，提高施工速度。

第二种方法是调整计划工期，主要是在原先计划已不再适应实际情况的前提下，为使项目能够顺利完工，对原有计划进行实际调整，形成新的成本预算、进度预算。调整计划工期主要有两种方法，其一是通过压缩关键路径的工作时间来缩短工期，其二是通过组织搭接作业或者平行作业来缩短工期。

四、基于作业成本法和挣值法的建筑施工企业动态作业责任成本考核系统构建

建筑施工企业项目作业动态责任成本考核系统的构建是一项系统工程，由作业目标体系的设定、作业责任成本管理体系的建立、作业责任成本预算管理体系、作业责任成本核算管理体系、作业责任成本分析体系和建筑施工作业过程控制管理体系、考核评价与激励约束措施等体系构成，它融合了作业成本法、挣值法和作业责任成本管理的优点，克服了传统成本管理方法诸多的缺点，对于有效解决我国当前建筑施工成本管理上的不足具有较强的针对性。

1. 动态作业责任成本考核系统构建的总体思路

在建筑施工企业动态作业责任成本考核系统的构建和运行过程中，充分体现了以能为本的管理思想，重视作业责任成本管理体系建设和管理，遵循建筑施工作业流程体系，运用作业成本法和挣值法的先进理念与方法，辅以IT信息管理，建立考核评价和激励与约束相结合的机制与之适应，从而实现作业成本法、挣值法、作业责任成本管理的融合应用。其中：

（1）动态作业责任考核系统以作业成本法和挣值法为构建与实施基础。

基于作业成本法和挣值法的动态作业责任考核系统，是以作业成本法为基础，借助挣值法分析进行作业责任成本控制的，并运用挣值分析结果对各作业责任中心和员工的作业责任进行评价，在此基础上对他们采取激励与约束措施，促进各作业责任中心和员工积极探索降低成本的途径与方法，降低工程成本，提高绩效水平，达到作业成本责任考核激励的目的。

（2）动态作业责任考核系统以作业成本法和挣值法作为实现手段。

在动态作业成本责任考核系统实施中，通过挣值法分析实现对作业成本的动态追踪与考核，及时发现各作业责任中心实际作业成本与相应的作业责任成本预算控制标准之间的偏差，在此基础上实现对各作业责任中心及其阿米巴责任单元（员工）的激励，避免出现当前许多建筑施工企业基础成本信息失真，成本计算信息不及时、不准确，最终浪费大量的人力和财力，却不能发挥主要责任考核激励机制的作用的问题。

（3）作业成本责任预算为作业责任成本考核提供了相对客观的标准。

建筑施工作业责任成本考核需要有一个客观的标准，基于作业成本法和挣值法的动态作业责任成本考核系统的考核标准，需要运用一定的预算编制及控制方法，结合项目和企业成本管理的具体情况，制定富有激励与约束效果的作业责任成本预算，这也是作业责任成本考核的重要一环。

2. 挣值理论应用于工程项目成本控制的基本步骤

首先，建立比较基准。比较基准的建立主要通过初始网络计划的建立，对各施工作业工序赋予资源和成本，对网络计划进行调整和优化，确定工期、时间参数以及资源和成本的分配计划。将这些数据作为与实际完成情况进行对标的基础。其方法是利用工作分解结构法（Work Breakdown Structure，WBS，指以可交付成果为导向对项目要素进行分组，它归纳和定义了项目的整个工作范围，每下降一层代表对项目工作得更详细的定义，是项目管理理论中常用的方法）将工程项目根据《招标文件范本》规定的"工程量清单细目"逐级分解至作业，并以同质作业（为同一个目的或同一项服务而产生的作业，对产品的生产起某一方面相同的作用）为基础划分作业责任中心，并建立作业责任成本管理体系。

其次，分别建立作业责任成本预算体系、核算体系和控制体系，便于企业分清管理责任，进行责任考核评价。其中，对于传统挣值法进行完善并结合核算体系建立成本数据库信息系统是该流程中的重要组成部分。

最后，建立作业责任成本考核评价与激励约束措施，并结合成本数据库信息系统的数据，对各作业责任主体进行考核评价，落实激励约束措施。

如此便完成了动态作业责任成本考核系统的构建，尤其是实现了作业成本法、挣值法、作业责任成本管理在建筑施工企业成本控制上的融合

详细操作步骤如下：

（1）明确项目任务，进行项目工作分解（WBS）。

根据签订的合同内容，进行项目范围的确定和工作任务的分工。利用工作分解结构图，将项目按照其内在结构或实施过程的顺序进行逐层分解而形成结构示意图。项目工作分解层次从上至下、由粗到细。一般分解到确定的、相对独立的作业单元。

（2）确定项目组织分解结构（OBS），落实责任分工。

建立成本管理责任制，形成以工种、班组、个人为载体，横向到边、纵向到底、责任到人的作业控制体系。

（3）编制施工进度计划

根据合同工期，利用横道图或时标网络图编制整个项目进度计划。再根据整个项目进度计划分解成月进度计划或周进度计划。

（4）进行作业成本计算

根据签订的合同价格，进行目标成本的确定，按建筑安装工程费用组成及进度计划进行分解，为建筑施工阶段的成本控制提供基础。

（5）建立挣得值 BCWS 基准曲线

以月、周为单位，按月进度计划将分解的预算值逐月分配，逐月累加，即为挣得值 BCWS 基准曲线。

（6）审查与批准

确认项目进度计划、建筑安装工程费用及挣得值 BCWS 基准曲线在内容方面的完整性，质量上是否符合国家规范或企业标准，经项目经理签字批准及有关部门审查，项目部以此为依据，作为项目成本、进度、质量实施的目标。

（7）测量挣得值

每月、每周统计一次已完工程量的预算费用，逐月累加即成为 BCWP 曲线。

（8）记录已完工作的实际费用消耗

记录已完工作的实际费用消耗生成 ACWP 曲线。

（9）进行资金、费用及进度偏差分析和趋势预测

根据三条评价曲线，可以逐月对项目进行执行效果分析，也可预测竣工时的费用偏差。

（10）分析和控制

通过对三条评价曲线的分析对比，可以直观地发现项目实施过程中费用和进度的偏差，发现问题，查明偏差原因，进而采取纠偏措施。

可以从以下几方面考虑纠偏措施：

第一，组织措施。作业成本控制的组织管理方面采取的措施。在实践中它往往是最容易被忽略的。组织措施是其他各类措施的前提和保障，且花费少，运用得当可以收到良好的效果。

第二，经济措施。是最易被人接受和运用的措施。但这不仅仅是财会人员的事，应全员参与，形成良好的成本控制机制。

第三，技术措施。不仅用于解决项目实施过程中的技术问题，而且对于纠偏成本亦有相当重要的作用。对提出的多个不同的技术方案，应进行技术经济分析，选择最优方案。

第四，合同措施。在纠偏方面重点是加强索赔管理。从主动控制的角度出发，加强日常合同管理，研究合同的有关内容而采取预防措施。

作业动态责任成本考核系统构建流程示意图如图5.8所示。

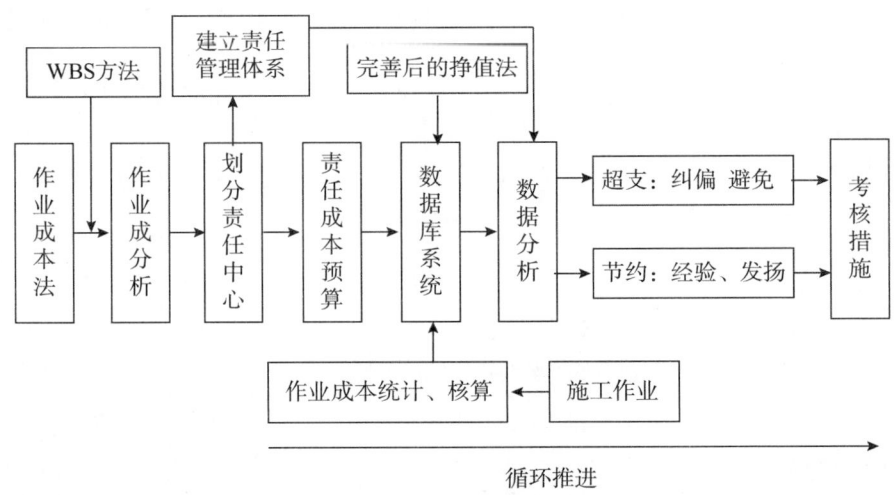

图 5.8　动态作业责任成本考核系统构建流程示意图

3. 挣值指标分析及对应措施

在项目的实际操作中，最理想的状态是 $BCWP$、$BCWS$、$ACWP$ 三条 S 曲线靠得很紧，平稳上升，预示着项目和实际走势差不多，朝着良好的方向发展。如果三条曲线偏离度和离散度很大，预示着项目在实施过程中，有重大的问题隐患，或已经发生了严重的偏移，应该对项目进行重新评估或安排。

运用挣值理论进行建筑施工作业成本控制，对其三条曲线及两个指标进行分析，采取的对应措施如表5.4所示。

表 5.4　挣值指标分析及对策表

序号	指标状态	指标分析	对策
1	$ACWP > BCWP > BCWS$ $SA > 0, CA < 0$	速度较快，成本超前，效率较低	抽出部分人员，增加少量骨干人员
2	$BCWS > ACWP > BCWP$ $SV < 0, CV < 0$	进度慢，成本延后，效率较低	增加高效率的人员投入
3	$BCWS > ACWP > ACWP$ $SV < 0, CV > 0$	进度较慢，成本延后，效率较高	立即增加人员投入
4	$ACWP > BCWS > BCWP$ $SV < 0, CV < 0$	进度较慢，成本超前，效率较高	增加高效率人员投入，替换效率低的人员
5	$BCWP > BCWS > ACWP$ $SV > 0, CV > 0$	进度较快，成本延后，效率高	若偏离不大，保持现状
6	$BCWP > ACWP > BCWS$ $SV > 0, CV > 0$	进度快，成本超前，效率较高	抽出部分人员，放慢进度

4.作业动态责任成本管理

作业责任成本管理是指建筑施工企业按照内部经济责任层次和区域划分作业责任单元（中心），对其完成一定任务量所必要的、合理的成本费用支出（即作业责任成本）实行全员、全过程的管理控制，并按作业成本绩效奖罚兑现的一种成本管理形式。

作业责任成本管理是以各种消耗定额为基础，考虑必要的节约措施和目标利润后核定给阿米巴责任单元（责任人）有权支出的责任成本，并围绕作业责任成本实行的施工作业管理活动。其具体方法如下：

（1）确定建筑施工项目的作业责任成本目标。

根据签订的项目合同价格及优化的施工组织设计，计算建筑施工项目的成本费用，及项目应上缴的各项费用，经过项目部的综合平衡和经验测算，确定项目承包的作业责任成本目标。

（2）建立作业责任成本中心（单元），分解和控制作业责任成本。

将目标成本进行分解，落实到作业责任中心和责任人，形成成本控制的网络体系。按项目操作层和专业施工队的成本责任区域建立作业责任成本中心；按岗位职责落实成本责任单元和责任人。

（3）建立作业责任会计制度，加强作业成本核算，及时反馈作业成本信息。

按照作业责任成本中心建立作业成本台账，按月上报作业成本绩效报告，进行作业成本差异分析。

（4）严格执行作业责任成本考核，实现按劳、按责、按效分配。

采用成本性态原理和量本利分析方法确定阿米巴作业责任单元（中心）盈亏考核指标。按照节约分成、超支自补、超利分成、亏损自理的原则进行奖惩激励。

5. 作业动态责任成本考核系统目标

（1）作业动态责任成本考核系统目标体系

建筑施工企业作业动态责任成本考核系统的目标，既要为降低成本服务，也要为企业的生产运营活动和战略目标服务。结合国内外工程施工企业作业责任成本管理的现状，可以将该系统的目标设定为三个层次的目标体系：

第一层次：提供更加准确、及时的建筑施工作业成本信息，为建筑施工企业采取科学的成本管理决策和措施提供支持，例如实现更加客观、准确的作业动态责任成本考核和精细化管理。

第二层次：促进企业增收节支，推进节约型行业的创建，提高建筑施工企业的经济效益。

第三层次：推进激励与约束相结合的现代企业经营机制的建立，增强企业市场竞争力和盈利能力，为建筑施工企业实现战略目标提供支持与保障。

目标的三个层次相互联系，重要性逐级递增，第一层次是第二层次乃至第三层次的实现基础，而高层次目标的实现为低层次目标的实现创造了有利的环境保障。

（2）作业动态责任成本考核系统目标实现的路径

首先，应用作业成本法通过作业成本计量，对所有作业活动追踪并动态反映，提供准确、及时的项目作业成本信息，并为企业实现全过程的专业动态责任成本管理提供有力的支持，从而实现以成本信息为取向的系统第一层次目标。

其次，通过作业成本数据库信息系统，及时分析不同成本数据，发现偏差后及时分析原因，找到改善解决措施，并总结经验与教训，减少非增值作业，降低成本，提高企业效益，以实现以降低成本为取向的系统第二层次目标。

再次，将市场机制引入建筑施工企业内部，建立作业责任成本考核评价与激励约束措施。在建筑施工中实行市场导向的全过程、全员的责任考核评价，落实激励约束措施，推进激励与约束相结合的经营机制的建立，激发员工积极、主动地降低建筑施工作业成本，进而有利于完善建筑施工企业的经营机制，并在招投标过程中准确、及时地掌握成本价格信息，提高企业的定价能力和对市场变化的反应能力及适应能力，以增强企业市场竞争力和盈利能力，为企业实现战略成本管理目标提供支持与保障，促进企业的可持续发展，以实现以战略成本管理为导向的系统第三层次目标。

五、如何构建作业动态责任成本系统管理体系

1. 以同质作业为基础，划分作业责任主体

同质作业是指在产品的生产和形成过程中，在某一方面起相同作用的同一类作业。构建基于作业成本法和挣值法的作业动态责任成本管理系统，首先需要以同质作业为基础，正确地划分作业责任单元（中心），这是作业动态责任考核系统构建与运行的基础，后续的一系列成本管理都将以此为基础展开。

一般来说，划分作业责任单元（中心）的具体过程如下：

（1）划分建筑施工项目作业的种类。

根据建筑施工项目特点和作业成本法理论，可以将建筑施工项目的作业划分为四类：单位作业、批量作业、产品作业和管理作业。

①单位作业是指为完成工程施工项目的分项工程或者中间产品的作业，是建筑施工项目的最底层作业。如建筑施工消耗的直接人工、材料、机械等成本，一般与工程的数量和进度成正比例变动关系。

②批量作业一般指建筑施工项目可以按照标准化的方式组织开展的一类施工作业。如拌合料的加工、结构件的预制等作业。

③产品作业是指整个建筑项目都能受益的一类施工作业。如施工组织设计、成本核算等作业。

④管理作业是指企业和项目经理为开展建筑施工和管理而进行的一类作业，这类作业企业的所有产品、项目部等都能受益。如构建工程项目的质量、安全、合同、技术、财务等管理体系。

（2）进行作业成本动因分析。

作业动因是指作业发生的原因，是进行作业成本分析的基础，是作业

责任成本管理的重要内容。传统成本管理方法将成本划分为可控固定成本、不可控固定成本、变动成本和半变动成本，忽视了影响成本变动除产品数量外还有其他因素。按照成本动因分析，成本可以划分为长期变动成本和短期变动成本，长期变动成本以作业为基础，与作业消耗量成变动比例关系，建筑施工企业应该分析这类作业；短期变动成本是传统成本概念上的变动成本，与产品的数量成变动比例关系，对其应该利用产品数量进行有关分析。

（3）构建同质作业单元（中心）。

通过对作业分类和作业成本动因分析后，可以按照成本动因把从事同质的作业合并，便可以构建同质作业单元（中心）。同质作业单元（中心）应该满足同质原则、可独立计量原则、便于管理原则。同质作业单元（中心）的构建，可以加强各职能部门的联系，便于加强组织协调和区分成本责任。

（4）制定作业单元（中心）的责任目标。

通过编制作业责任成本预算，将责任成本明确到不同的同质作业单元（中心），使各级责任主体具有相对应的明确责任目标，便于建筑施工企业进行作业责任成本管理。

（5）以同质作业责任单元（中心）划分为基础优化组织结构。

因为传统的经济责任考核一般建立在以职能部门作为责任主体划分的基础上，虽然便于明确部门的管理责任，但是对于那些涉及多个部门的同质作业可能出现责任不明、不清的情况，所以需要以同质作业责任单元（中心）划分为基础优化组织结构。如图5.9所示。

2. 建立作业责任成本管理体系，进一步明确作业成本管理责任

建筑施工项目的成本管理，需要全员参与，其中项目经理起着关键作用。根据施工作业责任分工，每个参与项目的人员应该根据作业分工各负其责，这样不但能够满足作业责任成本指标体系具有的全面性和系统性要求，而且是作业责任成本指标具有较强的群众参与性，实现项目成果与风险共担。

为了保证建筑施工项目作业责任成本管理的有效开展，应该建立一套全员参与的、系统的作业责任成本管理体系，明确作业成本管理责任，便于作业责任成本管理系统的实施。

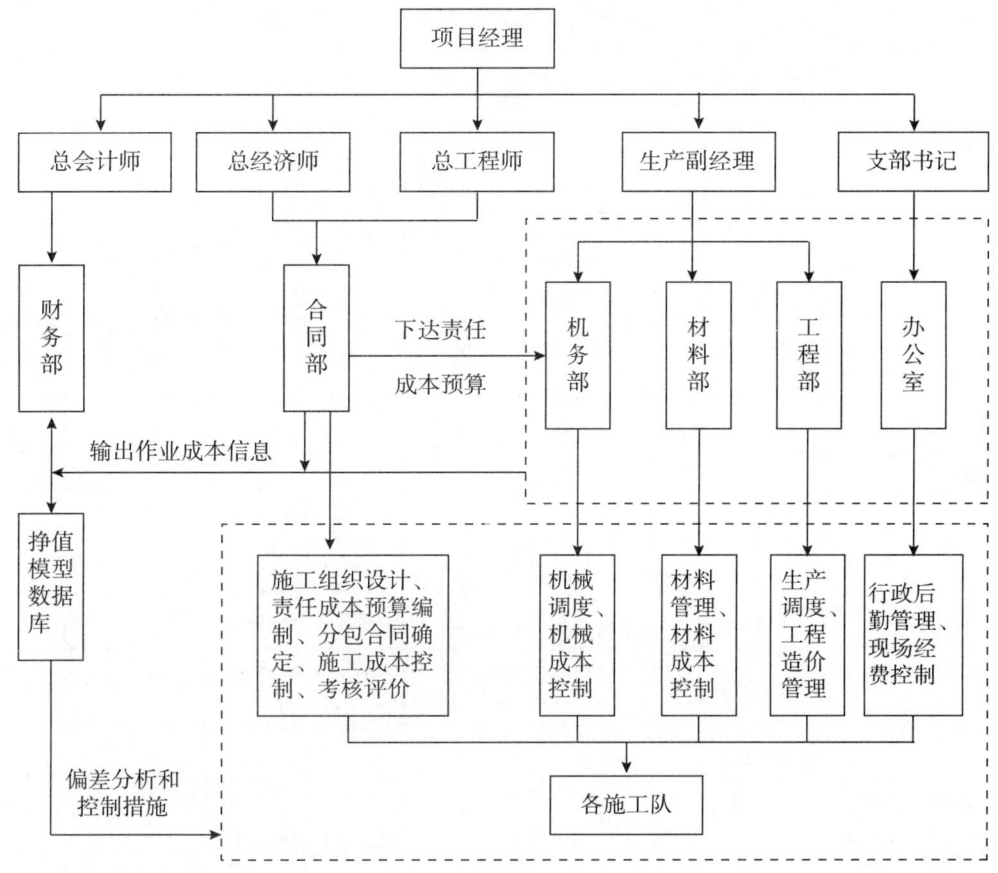

图 5.9 建筑施工项目管理职能机构及职责

首先,建立以项目经理为核心的项目作业成本责任管理体系,即形成以"项目经理——作业责任中心——作业岗位——作业人员"四级作业责任成本管控体系。项目经理是整个项目成本管理体系的核心,对建筑施工项目建设负总责,对成本、进度、质量、安全和现场管理标准化等全面负责,尤其要把成本管理放在首位,防止成本失控。

其次,对项目成本管理体系进行岗位责任和人员责任分解。在原有按照部门职能分工的基础上,以同质作业责任单元(中心)为基础优化组织结构设置,进行岗位责任和人员责任分解,使每一个建筑施工人员为降低成本发挥作用。

可按照作业责任成本预算、成本构成要素、岗位责任等对成本管控责任进行分解,分解方法如下:

(1)对项目责任成本预算费用的进度进行责任成本预算分解,通过分解项目的成本构成要素逐步实现,具体见表 5.5 所示。

表 5.5 按责任成本预算、成本构成要素、岗位责任分解

	按成本构成要素分解	岗位责任分解	
责任成本预算、进度成本预算分解	人工费	预算员、施工员	对人工费中的计划工日和工程量负责
		项目经理、预算员	对预算单价和总价负责
	材料费	材料主管	对材料采购价和材料费总价负责
		项目经理、预算员	对预算单价和总价负责
	材料、工具费	专职或兼职管理员	对周转材料管理，对使用和租赁费负责
	机械费	机械主管	对机械的使用时间、数量和费用负责
		工（班）长	对机械的使用时间、数量负责
		机械驾驶员	对机械的消耗费用、数量负责
	项目现场经费	项目经理	对管理人员工资、办公费、交通费等负责
		成本会计	协助项目经理控制管理费用
		项目部管理人员	对自己计划适用的包干费用负责
	分包工程费	项目经理	对分包工程费用和数量负总责
		分包工长	对分包工程数量负责
		合约工程师	对分包工程费用负责

（2）人员责任是由岗位责任通过分解岗位作业成本控制指标至具体人员而形成的，即人员责任是岗位责任的具体化，岗位责任的完成程度建立在人员作业成本控制指标完成程度的基础上，具体如下：

①按作业成本责任单元（中心）、岗位责任分解成本。通过合同工程量细目将人工、材料、机械成本和其他费用分解给各作业责任单元、各作业岗位，如表 5.6 所示。

表 5.6 按作业成本责任中心、岗位责任分解成本

细目名称： 　　工序、作业名称： 　　计划数量： 　　计划成本：

作业成本责任中心	名　　称			责任成本分解指标						
	项目职能部门	项目施工班组	施工人员	人工		机械		材料		其他	小计
				工日	成本	台班	成本	数量	成本		
——											
合计											

项目经理： 　　成本工程师： 　　预算工程师： 　　日期：

②分包工程责任成本分解。对于分包工程,由项目部承担分包数量控制责任,质检部承担质量检测责任;预算工程师承担分包单价责任,如表 5.7 所示。

表 5.7　分包工程责任成本分解

分包队伍：　　　　　　　　　　　　　　　　　　　　　　　　　日期：

项目编号	分包项目	单位	单价	数量	金额	备注

项目经理：　　总经济师：　　现场工程师：　　质检工程师：　　合约工程师：

③项目现场经费分解。按作业责任成本预算中的管理费用把各种费用分解到各部门、班组、个人,如表 5.8 所示。

表 5.8　项目现场经费责任成本分解

项目名称：　　　　　　　　　　　　　　　　　　　　　　　　　日期：

费用名称	责任成本					
	部门1	部门2	部门3	部门4	…	合计
管理人员工资						
水费						
电费						
办公费						
…						

项目经理：　　　　　　　成本工程师：　　　　　　　项目办公室主任：

④机械作业责任成本分解。将机械使用成本预算控制指标分解至机械作业责任管理中心,如表 5.9 所示。

表 5.9　机械作业责任成本分解

细目名称：　　　　　　　工序、作业名称：　　　　　　　日期：

机械编号	机械名称	规格型号	驾驶员	油耗数量	油耗金额	维修费	计划台班	成本累计

项目经理：　　　　　　　成本工程师：　　　　　　　机械主管：

⑤材料责任成本分解。这里的材料责任分解指材料采购责任的分解,材料消耗责任成本分解在工程责任成本分解中进行。材料采购责任成本分解如表 5.10 所示。

表 5.10 材料采购责任成本分解

工程项目：　　　　　　　　　　　　　　　　　　　　　　　　　　　　日期：

分项工程	材料编号	材料名称	规格型号	工程数量	预算单价	预算数量	采购数量

项目经理：　　　　　　　　　　成本工程师：　　　　　　　　　材料主管：

六、作业动态责任成本考核系统的成本预算、核算和管控体系

1. 作业动态责任成本考核系统的成本预算管理

（1）作业责任成本预算的原则

作业责任成本预算即作业责任成本的考核标准，是经济责任考核体系的客观标准，主要根据具体的考核指标来设定。考核指标的设定应该统一，在此基础上实现对作业责任成本的统一考核，从而使作业责任成本考核更具客观性和公平性。一般来说，作业责任成本预算指标要符合可控性原则、一致性原则和激励原则。

（2）责任成本预算的对象

工程施工项目的人和生产经营成果都是依存于一定的时空范围而产生的，是消耗了一系列的资源或作业成本而形成的。基于作业成本法和挣值法的动态作业责任成本考核系统的对象确定，应以作业为基础，进行作业责任成本的动态控制，保证作业责任成本计划的实现。而在确定作业责任成本管理对象时，不仅要确定管理什么工程、什么作业和什么资源，而且要认定责任部门或责任人，什么时间提供作业和资源，完成的进度和数量多少，方便实际与计划的对比，并进行动态分析和考核等。所以，确定基于作业成本法和挣值法的动态作业责任成本考核系统的对象，要有明确的"时空观念"，这也是正确划分作业责任成本管理体系的基础之一。一般主要按照如下方法确定：

①对工程项目实体按照单位工程、分部工程、分项工程和分项作业、作业资源消耗进行分解，如图 5.10 所示。

②对工程项目实体完成的参与者依据和工程实体逐层分解相对应的原则进行分解，其中依据成本的所有要素都要由部门、班组、个人进行作业责任管理的原则，资源作业形成产品机理如图 5.11 所示。

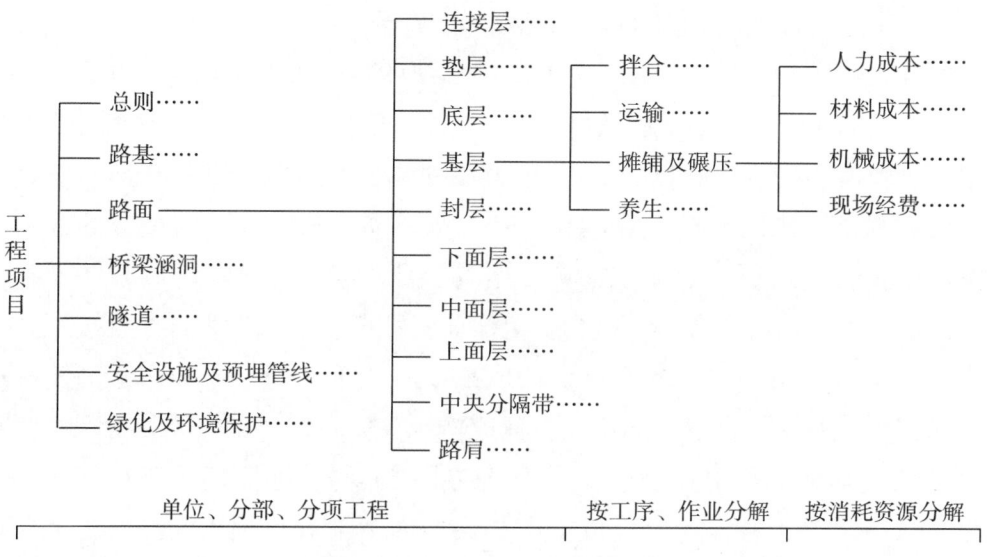

图 5.10　工程项目作业成本分解

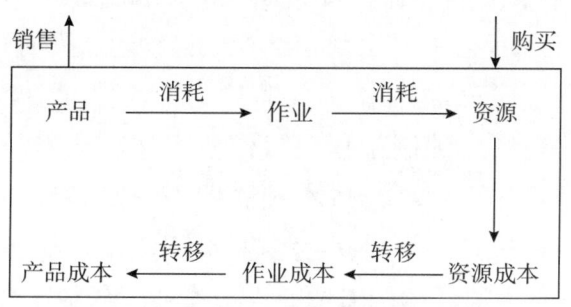

图 5.11　资源作业形成产品机理

③对工程项目实体形成过程进行分解，可分解为工程产品、作业、作业资源的消耗、作业成本、作业责任单元成本、产品成本，如图 5.12 所示。

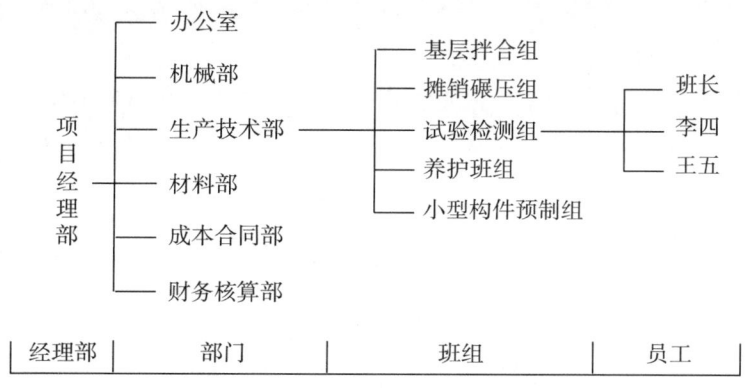

图 5.12　按工程施工作业部门分解

（3）作业责任成本预算的编制流程

在组织编制工程施工项目作业责任成本预算时，采用作业分析方法，以施工预算图为核心，以施工组织设计技术方案为依据，参照所签订合同的预算数据、企业的历史成本数据、最近或当前市场调查数据、同行业等公开数据，通过工程量清单来对合同预算的材料费、人工费、机械费、间接费等各项成本费用的消耗量进行作业成本核算，据以识别资源、作业和动因，估算各作业责任成本中心消耗资源量，最终确定作业责任成本预算费用，并且按照"项目责任成本预算费用——各作业责任成本中心预算费用——各作业责任成本中心岗位预算费用"多层次的作业责任成本预算体系，根据核算和管理需要对项目责任成本预算费用分解，以便于对成本控制与作业责任中心和具体作业工序考核，最终将各作业责任成本中心由上而下地进行预算、汇总，从而得到项目各作业责任成本预算费用编制方案。所以这是一个自上而下的分解和自下而上的汇总过程，在整个作业责任成本预算编制过程中运用工程量清单，按照作业成本法对各工程项目的分解与估算成为编制流程的核心关键部分。

自上而下的作业责任成本编制基本程序为：收集、整理和分析作业责任成本预算编制依据资料→编制工程项目作业责任总成本→与目标成本进行对比分析→确定项目作业责任总成本预算费用→对工程项目作业责任总成本预算费用进行论证修订→编制进度作业责任成本预算费用→编制各作业责任成本单元（中心）的成本、岗位、人员作业责任成本预算。

自下而上的作业责任成本编制基本程序为：按照施工组织设计和管理的要求把分部工程、分项工程细分到必要的工序或作业→编制项目分部、分项、进度、工序或作业资源消耗数量预算→编制各种资源的作业成本预算→编制作业、分项工程、分部工程作业成本责任预算→编制现场作业经费成本预算→编制工程项目责任成本总预算。

总之，作业责任成本预算体系既要符合责任成本考核标准的确定原则，同时也要便于对项目经理、各作业责任单元（中心）、岗位和员工四个层次的作业责任成本考核。作业责任成本预算编制流程如图5.13所示。

（4）作业责任成本预算的编制方法

直接费的预算编制：

按照"量、价分离"的原则，以施工项目作业计划为预算编制对象，分别对量和价做出预算。资源耗用作业中心对"量"进行成本控制，资源管理部门对"价"进行成本控制。

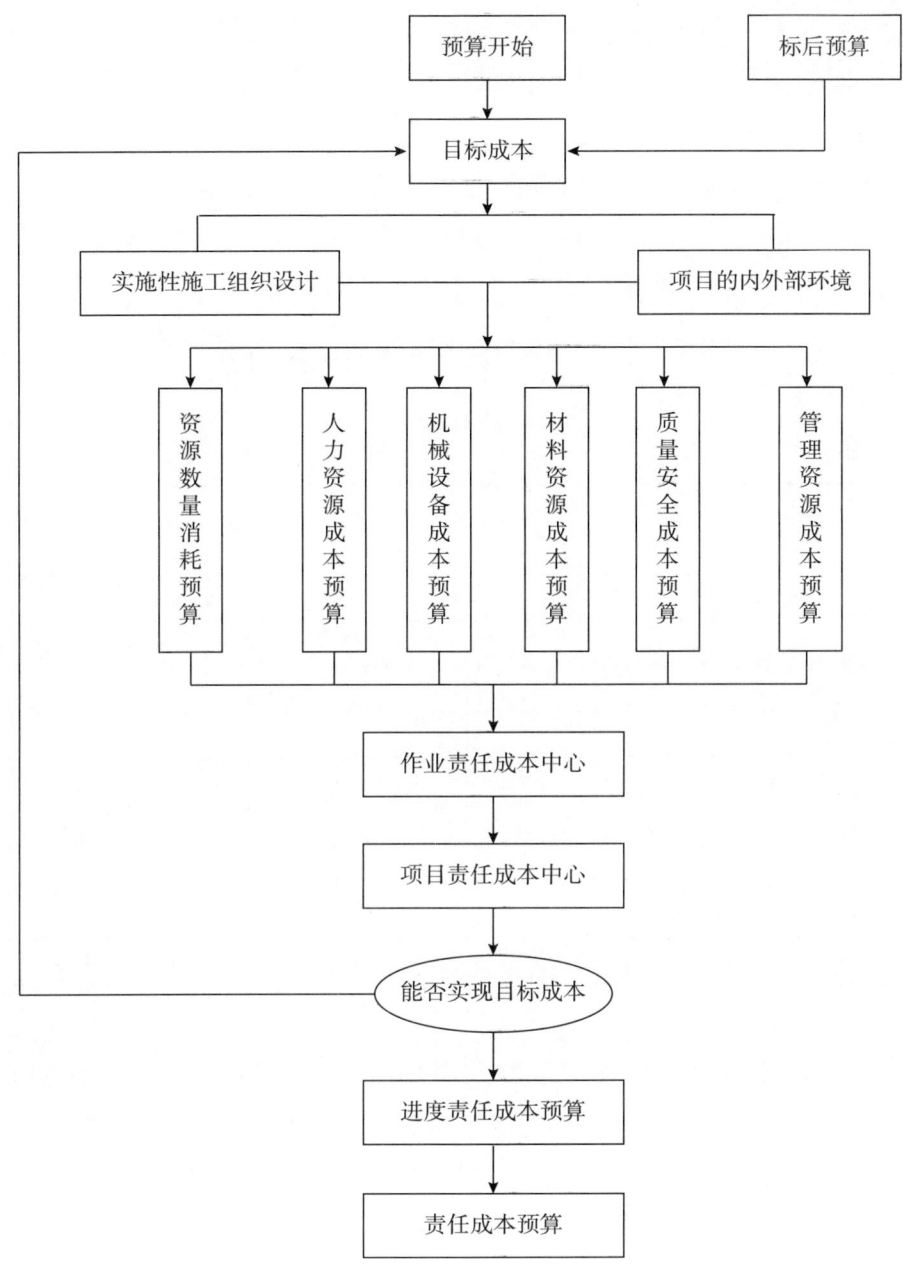

图 5.13 作业责任成本预算编制流程

① "量"的确定

"量"的确定根据施工工艺的分项工程资源耗用的数量,确定各作业工序的资源预算数量。如先确定拌合、运输、摊铺、碾压等工序作业,再将作业细分为资源,再根据经验或内部定额中的人工消耗量和机械消耗量确定作业工序消耗量。对于人工和机械,要将作业工序中需要的消耗数量明细化,然后选择汇总人工、材料和机械,即可获得每个分项工程的直接费消耗数量。其次,根据施工项目的工程量,计算出施工机械决定的每单位的计划工期,控制机械的时间消耗决定着施工人员、配套机械的时间消耗量,从而计算出人工、机械单位消耗量。对材料而言,按照需要消耗的成品材料总量(考虑损耗),根据生产配合比换算出每种原材料的消耗数量。这样各种资源的耗用量预算便可以计算出来,即表 5.11 中的"预算数量"。

表 5.11　XX 施工项目 XX 作业责任成本预算

预算完成量：
细目号：　　　　　　　　分项工程名称：　　　　　　　　　　　　清单单价：
计划工期：　　　　　　　　　　　　　　　　　　　　　　　　　　……

工序名称	工序费用	资源名称	资源预算数量	单价（元/h 或 t）	预算数量（元/h 或 t）	预算单价（元/km²）	预算金额（元）
直接费用预算合计							
其他成本	其他费用						
其他费用预算合计							
成本预算合计							

②"价"的计算

"价"的计算主要根据各种资源的市场价格、企业近期采购价格和有关定额等综合测定。"价"由可变成本和固定成本组成,对于相对固定的岗位人员工资、机械折旧等,可以结合工期计算出;对于可变成本主要根据资源使用数量与可变成本金额,即可计算出单位可变成本,如材料、燃料等。将单位可变成本和固定成本相加,便可计算出直接费的"价",即表 5.11 中的"预算单价"。

措施费的预算编制：

主要按照工程施工进度、计划工作量编制。

①现场管理费

现场管理费一般分为固定费用和变动费用两部分,固定费用预算根据公司或项目部的统一规定(制度)计算,如电话费、房租等,变动费预算根据进度内完成的工作量制定，如办公费、交通费等。

②质量措施费

质量措施费一般按照工程进度进行计算，根据工程进度计算出每项检测和改进需要消耗的资源费用。

间接费及损益汇总：

管理费主要根据合同单价与清单单价的差额乘以分项工程量便可以计算出，然后根据汇总的直接费的数据，计算出相应的税金、摊销后的现场管理费等，最终可以计算出总成本预算和不同的利润数据。

2. 传统挣值法预算指标和模型的完善

在"基于作业成本法和挣值法的作业动态责任成本考核系统"中，挣值法是连接作业责任成本预算和核算与控制的桥梁，也是作业成本核算与控制的工具。但传统的挣值法由于自身的缺陷性并不适合工程施工企业的作业责任成本管理，需要对其完善。

在原有三个指标基础上增加作业责任成本预算费用指标 $BCWS_2$、已执行工作的作业责任成本预算费用指标 $BCWP_2$ 及实际执行工程量 Q_2 和与之对应的合同计划预算工程量 Q_1，并增加相应的挣值分析模型。

$BCWS_1$：合同的预算费用，这是工程施工企业根据与建设单位签订的承包合同金额、施工图计划，编制的完成工作量的作业成本费用预算的控制上限和工期安排。

$BCWS_2$：作业责任成本预算费用，这是工程施工企业根据承包合同的工作范围，结合以往的经验和当前市场情况，编制的计划完成合同内所有工作的作业计划成本。

$BCWP_1$：已执行工作的合同预算费用，这个数值是和 $BCWS_1$ 相对应的，是实际完成的工作量的合同预算成本。

$BCWP_2$：已执行工作的作业责任成本预算费用，这个数值由实际工作量和作业责任成本预算费用得来，同 $ACWP$ 相对应，用来和对应的作业责任成本进行比较，分析偏差。

$ACWP$：已执行工作的实际费用，这个数值是和 $BCWP_2$ 相对应的，是已完成工作的实际成本，即根据实际工作量和实际成本价格计算出来的。

（1）正常情况下，我们假设项目的实际执行工程量全部得到建设方承认，在与合同计划工程量一致的情况下，可以根据不同的挣值分析模型得出不同的结论：

① $BCWS_1 - BCWS_2$：表示企业计划要实现的明白利润即各作业责任单位正好完成作业责任成本预算任务时企业实现的目标利润。如果大于 0，则表示该工程施工项目计划有利润，一般情况下，由于企业具有盈利特征，该指标不会小于或等于 0。

② $BCWP_1 - BCWS_1$：表示企业计划进度偏差。如果大于 0，则表示项目超计划进度；如果小于 0，则表示项目滞后计划进度；如果等于 0，则表示项目与计划进度一致。

③ $BCWP_2 - BCWS_2$：表示企业作业责任进度偏差。如果大于 0，则表示项目进度超前作业责任进度。

④ $BCWP_1 - ACWP$：表示企业成本偏差即企业实际实现的利润值。如果大于 0，则表示项目实际成本节约、有利润。

⑤ $BCWP_2 - ACWP$：表示企业作业责任成本偏差。如果大于 0，则表示项目作业责任成本有节约、且项目实际利润大于计划利润。

下面结合曲线图形对上述结论进行具体分析：

① $BCWS_1 - BCWS_2$：企业的盈利特征决定了企业要实现一定数额的计划利润，即 $BCWS_1 - BCWS_2 > 0$，此时挣值分析曲线图如图 5.14 所示。

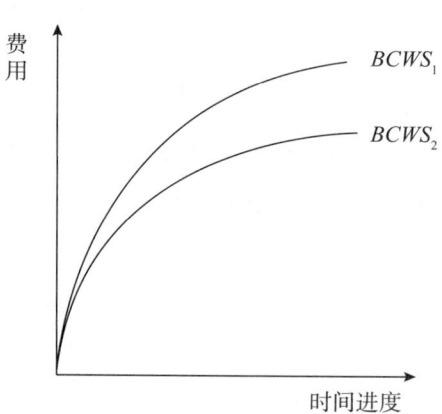

图 5.14　挣值分析曲线图

② $BCWP_1 - BCWS_1$ 和③ $BCWP_2 - BCWS_2$：当项目执行实际进度与合同计划进度一致时，$BCWS_1$、$BCWP_1$ 曲线应该重合；与作业责任完成计划进度一致时，$BCWS_2$、$BCWP_2$ 曲线也应该重合；如果曲线 $ACWP$ 与 $BCWS_2$、$BCWP_2$ 曲线同时重合时，表示实现计划利润，正好完成作业责任成本预算，项目作业责任成本既无超支也无节约。此时挣值分析曲线图如图 5.15 所示。

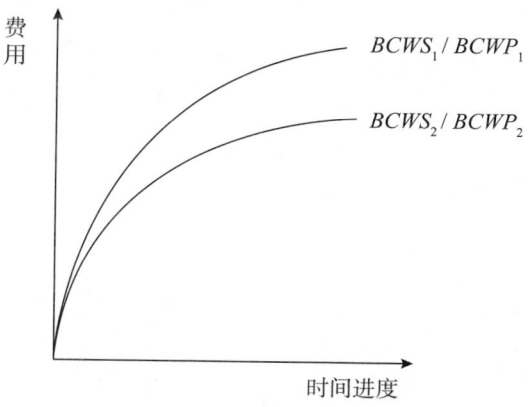

图 5.15　挣值分析曲线图

如果项目执行实际进度与计划进度不一致时，$BCWS_1$ 与 $BCWP_1$ 曲线不重合，或 $BCWS_2$ 与 $BCWP_2$ 曲线不重合，如进度超前则应总结经验，更好地应用推广；如进度滞后则应及时分析原因，加快项目执行进度，此时挣值分析曲线图如图 5.16 所示。

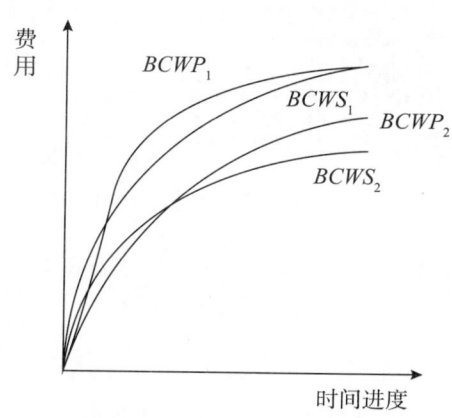

图 5.16　挣值分析曲线图

④ $BCWP_1 - ACWP$ 和 ⑤ $BCWP_2 - ACWP$：当 ACWP 曲线在 $BCWP_1$、$BCWP_2$ 曲线上方时，说明已执行工作的实际费用大于已执行工作的计划预算值和作业责任成本预算值，即表示项目既未能实现项目责任成本节约也未能实现利润。此时挣值分析曲线图如图 5.17 所示。

当 ACWP 曲线同时位于 $BCWS_1$、$BCWP_1$ 曲线与 $BCWS_2$、$BCWP_2$ 曲线下方时，说明已执行工作的实际费用小于已执行工作的预算费用和已执行工作的作业责任成本预算费用，表示项目计划有利润，且实现项目作业责任成本节约。此时挣值分析曲线图如图 5.18 所示。

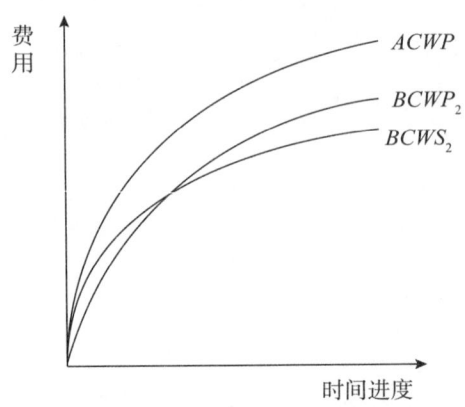

图 5.17　挣值分析曲线图

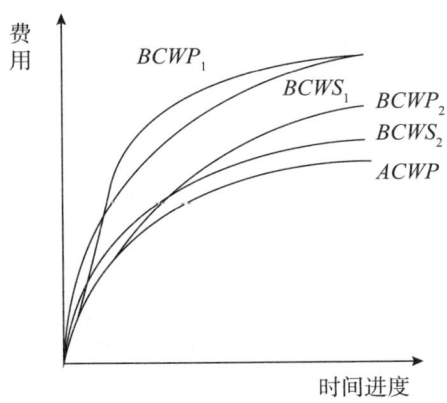

图 5.18　挣值分析曲线图

当 $ACWP$ 曲线位于 $BCWS_1$、$BCWP_1$ 曲线下方，位于 $BCWS_2$、$BCWP_2$ 曲线上方时，说明已执行工作的实际费用小于已执行工作的预算费用，大于已执行工作的作业责任成本预算费用，表示项目计划有利润，但实现利润小于计划利润，且未能实现项目作业责任成本节约。此时挣值分析曲线图如图 5.19 所示。

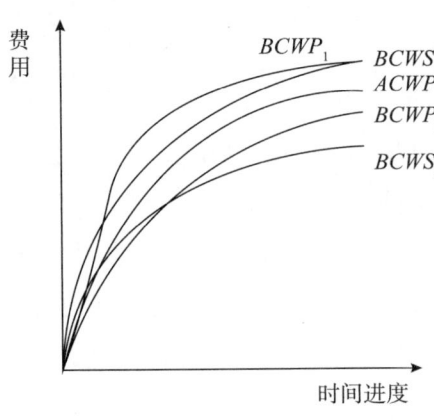

图 5.19　挣值分析曲线图

（2）上述挣值模型分析的结论是在假设项目的实际执行工程量全部得到建设方承认，与合同计划预算工程量一致的情况下得出的。但是，工程施工项目在实际执行过程中，除了价格因素外，还有得不到建设方承认的工程量因素，该因素在以金额计算的挣值模型中，需要修正，即剥离掉建设方不予确认的工程量，因为这部分不会导致工程进度提前，相反会延误工程进度，造成作业成本增加，效益下降。

为了更好地进行作业成本分析，进行项目作业责任成本控制，我们引入合同施工图预算工程量 Q_1（合同未变更前，实际执行工程量中监理给予签证，建设单位承认的应该作业的那部分）和实际执行工程量 Q_2 的差异分析即 $Q_2 - Q_1$。$Q_2 - Q_1$：表示合同施工图预算工程量与实际执行工程量偏差，>0，则表示实际执行工程量超合同计划预算工程量，在合同计划预算工程量变更前，这部分工程量不能带来收入增加，相反会导致项目利润降低。工程量分析曲线图如图 5.20 所示。

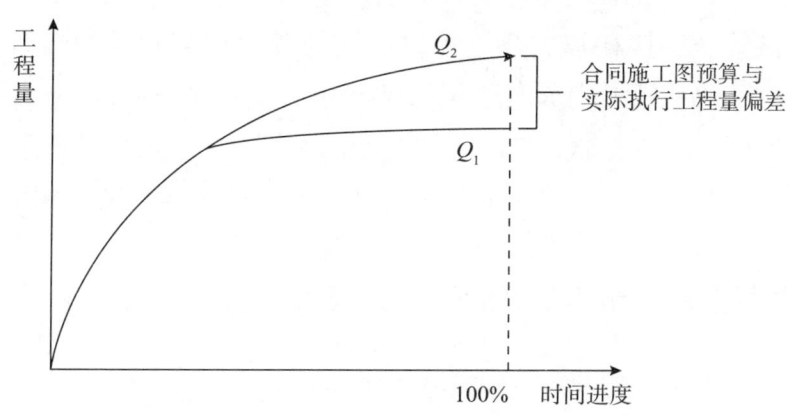

图 5.20　项目工程量分析曲线图

在此种情况下，上述的偏差分析结论显然不一定正确了。因此，在项目实际执行过程中，还要注意及时分析实际执行工程量与合同施工图预算工程量差异，如果差异＞0，则要进一步分析是什么原因所致。如果是施工管理或者技术原因所做，应分析原因，追究作业责任，防止再次发生；如果系工程设计与施工环境等客观因素发生变化所致，应该及时按照相关的程序进行合同计划预算工程量和费用的变更，变更后 Q_2 与 Q_1 曲线重合，此时，$BCWS_1$、$BCWS_2$ 曲线位置得到修正，上述的偏差分析结论正确。

以上结合曲线图形分析了导致不同成本差异的情况，利用曲线图形可以更加快速、直观地发现项目作业责任成本控制中存在的问题，帮助工程施工企业成本控制人员及时、准确地发现存在的问题。

3. 动态作业责任成本考核系统的成本核算管理

成本核算是在成本计划和成本控制基础上对各成本对象的实际耗费进行计算和比较的过程，是成本管理的重要组成部分，是进一步进行成本考核的基础。在传统的成本核算中，核算的结果无法及时指导成本的进度和过程控制，但在实施"基于作业成本法和挣值法的动态责任成本考核系统"中，施工企业要结合作业成本法、责任成本预算体系和挣值法，建立"岗位——项目的各作业责任中心——项目部——公司"四级成本核算管理体系和成本数据库信息系统，四级成本核算管理体系和数据库信息系统共同构成动态责任成本考核系统的成本核算管理体系。

四级成本核算管理体系，即，一级为现场的岗位作业基础统计与核算，包括现场各种作业成本统计与核算；二级为项目的作业责任中心基础核算，包括物资核算、机械核算、合同核算、人力资源核算和现场经费核算，主要在一级核算的基础上完成；三级为项目中心统一进行的项目部成本核算，主要在二级核算基础上完成；四级为企业的核算，主要在三级核算的基础上完成。工程施工企业应组织配备相关统计核算人员，其中岗位和项目的各作业责任中心统计核算人员可以根据现实情况指定人员兼职。

四级核算体系和流程图如图 5.21 所示。

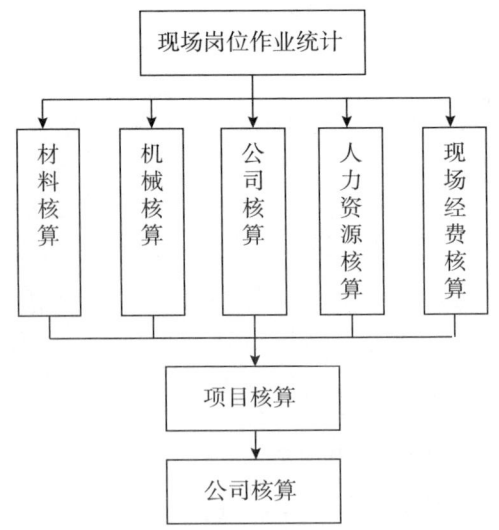

图 5.21 四级核算管理体系和流程图

建筑施工企业根据完善后的挣值模型和相应的指标，以及上述核算逻辑，建立作业成本数据库信息系统，其中包括原有三个指标即合同的预算费用、已执行工作的合同预算费用和已执行工作的实际费用基础上增加的作业责任成本预算费用指标 $BCWS_2$、已执行工作的作业责任成本预算费用指标 $BCWP_2$ 及实际执行工程量 Q_2 和与之对应的合同计划预算工程量 Q_1，同时挣值法曲线分析图形也根据上述作业数据库适时绘制，这样便实现了利用作业成本法、挣值法和作业责任成本预算在作业成本核算管理中的融合。

作业责任成本核算的内容和流程如下：

（1）一级作业统计核算（现场岗位作业统计与核算）：这是整个过程成本核算和成本控制的基础。在一级现场岗位作业统计核算中，各现场岗位管理小组对在现场作业过程中消耗的人工、材料、机械等资源进行统计核算，形成现场作业统计数据，并及时填报数据库信息系统，数据库信息系统以此为基础，自动生成各种作业成本统计报表，并为二级、三级、四级作业核算和数据库信息系统分析提供数据。现场岗位作业统计与核算的数据库信息系统管理员由各现场岗位管理小组指定人员兼职，每个岗位管理数据库信息系统的管理员在各自的权限和责任范围内，及时履行填报数据库信息系统的责任。

（2）二级作业统计核算（项目的各作业责任单元/中心核算）：这是在一级作业统计核算的基础上完成，由二级作业统计核算的各作业责任单元（中心）对一级作业统计核算相关数据进行核实后，通过数据库信息系统设计好的功能直接生成各种作业统计报表和作业成本报表。

（3）三级作业统计核算（项目部统计核算）：由财务部和经营部负责对二级作业统计核算相关数据进行核实后，通过数据库信息系统设计好的功能直接生成各种作业统计报表和作业成本报表。

（4）四级作业统计核算（企业统计核算）：由财务部对企业各种间接费用和不同项目的三级统计核算系统组成，组成企业的全部成本费用核算。

其中挣值模型数据核算在三级作业统计核算中进行，同时根据挣值模型数据核算进行工程项目作业成本偏差分析与作业过程控制是三级统计核算的主要内容，是项目经理高质量地履行项目负责制的重要手段。

四级作业统计核算体系中基于作业责任成本核算的具体方法如下：

（1）首先，将能够直接确认和计量为特定作业、资源和工程事故项目的费用作为直接成本直接计入成本统计核算对象的成本。

（2）确认和计量各作业责任对象耗用的人工、材料、机械资源数量，按照计划单价（或实际价格）计算并结转各责任成本对象耗用资源、作业的成本。

（3）按照不同成本动因率分配现场管理费用。例如按照机械管理人员发生的管理费用，按照机械使用台班（小时）数量分配给作业机械成本。

（4）分配成本差异。按照"人工、材料、机械资源数量消耗汇总表"将人工、材料、机械成本差异分配到作业成本对象中，"人工、材料、机械资源数量消耗汇总表"是记录各员工、机械和材料在某一会计核算期耗费到不同成本对象的工时数量、台班（小时）数量、单位材料使用数量等统计报表。

（5）计算并结转当期各种分项工程成本，计算分项工程单位成本。

4. 作业动态责任成本考核系统的成本分析和过程控制管理

建筑施工项目的成本分析是指利用统计资料、核算资料，将工程合同预算、作业责任成本预算和施工项目的实际成本进行对比分析，了解作业成本的变动情况，是成本管理的重要组成部分，是进一步进行成本过程控制和考核评价的基础。所以，作业责任成本预算和核算只是作业责任成本管理的一部分，如果完成作业责任成本预算和核算而成本分析和过程控制不到位，作业责任成本预算和核算再准确，对加强责任成本控制和提高企业经济效益也没有实质性意义。不重视作业责任成本预算的落实与执行，没有一套良好的作业责任成本控制系统，就难以发挥责任成本管理的作用。

首先，基于作业动态责任成本考核系统建立"作业岗位——作业责任中心——项目经理——企业"的四级作业成本分析体系，即岗位作业管理人员和作业责任单元（中心）的管理人员（责任人）对责任范围内的作业成本和作业责任预算成本进行比较和分析，项目经理对项目的作业成本和各作业责任单元（中心）的作业责任预算成本进行比较分析，企业对各项目的作业成本与作业责任预算成本进行比较分析。各岗位、作业责任单元（中心）、项目经理根据每天完成作业成本统计与作业成本核算数据后，及时填报或核对作业成本数据管理信息系统后，比较作业责任成本预算与工程进度情况，与实际发生作业成本情况，总结作业成本节超的原因。

其次，在调整施工方案的同时，要及时调整作业责任成本预算，防止出现作业责任成本预算与施工方案脱节现象，要使作业责任成本预算与实际施工方案一致，成为作业动态预算，但同时要注意保持施工方案的稳定性，便于作业责任成本考核的实施。

再次，基于作业动态责任成本考核系统建立"岗位——作业责任单元（中心）——项目经理——企业"的四级作业成本控制体系，即岗位和作业责任单元（中心）的管理人员、项目经理、企业成本管理人员，对于作业成本分析发现的问题，每次数据填报成本数据管理信息系统后，都要及时、主动地查找原因，尤其是岗位作业管理人员，要利用现场作业和作业成本信息统计核算的优势，发现问题后要及时反映，找出解决的办法，从而减少偏差的延续和扩大，实现作业过程成本控制。

七、作业动态责任成本的考核评价与激励约束措施

1. 作业动态责任成本考核评价体系

作业动态责任成本考核是指在作业责任成本预算与核算的基础上，通过对合同的成本预算指标、作业责任成本的预算指标和实际作业成本指标的动态对比与分析，对作业责任成本指标任务的完成情况进行全面的审核、考核评价，是成本管理的重要组成部分。

作业动态责任成本考核系统的考核评价包括作业责任成本考核的指标体系和考核评价标准体系。如图5.22所示。

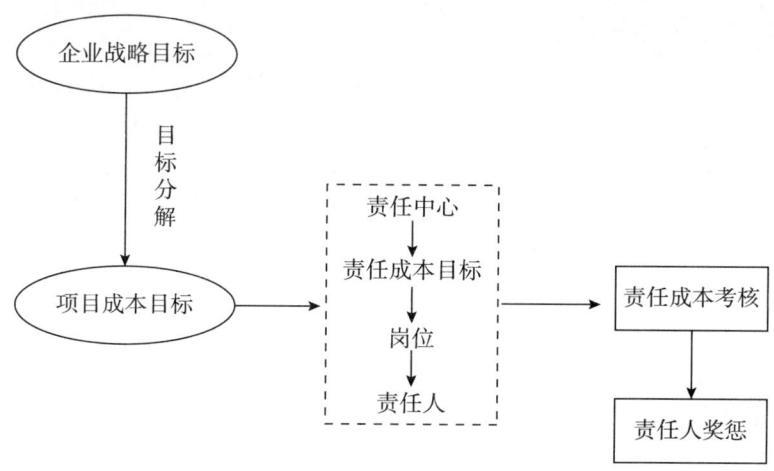

图 5.22 作业动态责任成本考核流程模型

（1）作业动态责任成本考核指标体系

作业责任成本考核指标是企业根据成本管理的需要，将各级成本管理责任部门责任目标的具体化，也是企业对经济责任采取激励与约束措施的重要依据，所以建筑施工企业要对各责任部门（责任中心）和员工（责任人）的绩效进行科学的考核，设计科学合理的作业成本责任考核指标体系是十分必要的。作业责任成本考核指标体系是企业各作业责任成本考核指标的系统化、体系化，以实现企业责任成本考核、提高企业经济效益为目的。其建立一般应遵循目的性、全面性、公正性、层次性、可量化等原则，即所建立的作业成本责任考核指标体系有助于企业实行客观、公正、公平的绩效考核，全面地反映建筑施工项目各个部门的责任完成情况和区分不同作业对绩效影响的重要性程度。作业成本责任指标体系可以量化，并且能够通过逐层分解，落实到每个阿米巴作业单元（施工班组或个人），并能够在统一的考核标准下，结合工程实际情况对指标进行适当的修正，从而得到比较正确的、客观的考核结论。

基于作业动态责任成本考核系统的作业责任预算和作业管理体系情况，应该建立"员工——岗位——作业责任成本中心——项目"四级责任考核指标体系，根据各级作业责任单元（中心）的目标、功能、环境等各种要素分别设立相应作业责任成本考核指标体系。

项目（经理）责任考核指标体系在设立时，要着眼于从整体上考核评价，指标应包括：施工作业责任进度偏差率、计划进度偏差率、作业成本偏差率、作业责任成本偏差率、工程量执行偏差率、质量达标率、工伤事故率、设备使用效率（效能）等指标。

作业责任成本单元（中心）和作业岗位责任成本考核指标体系在设立时，要着眼于作业责任成本单元（中心）和作业岗位的贡献和作业责任完成情况。指标应包括：施工责任进度偏差率、计划进度偏差率、作业成本偏差率、作业责任成本偏差率、工程量执行偏差率、质量达标率、作业优秀率、工伤事故率、设备使用效率、设备及时维修率、成本信息统计核算（填报）及时率、合理化建议数量、技术创新数量等指标。

员工作业责任成本考核指标体系在设立时，主要着眼于个人的贡献和作业责任完成情况，指标应包括：成本偏差率、计划作业按时完成率、作业时间节约率、质量达标率、作业优秀率、工伤事故率、出勤率、加班加点率、合理化建议数量、技术创新数量等指标。

（2）作业动态责任成本考核评价标准

作业动态责任成本考核系统的考核评价标准即作业责任成本考核的依据，它包括指标权重和指标的具体评价标准。

指标权重，也称指标权数，是反映指标对考核结果的贡献程度，它的确定取决于指标所反映的评价内容的重要性和指标本身信息的客观程度。基于作业成本法和挣值法的工程施工企业作业动态责任成本考核系统来说，既要考虑施工作业责任进度、作业责任成本的完成情况，加大施工作业责任进度偏差率、作业责任成本偏差率等基本指标的考核权重，又要考虑和突出作业成本法和作业动态责任考核的成本管理工作重要性方面的指标权重。如在作业责任成本控制方面的收集资料、核算及控制措施的质量，如合理化建议，精益改善提案，为降低成本的改进或创新手段等，因为这几个指标是对持续降低不同项目的成本、增强企业竞争力、提高经济效益具有普遍性意义，也是基于作业成本法和挣值法的在动态责任成本考核系统的重要精神。

指标的具体评价标准可结合不同企业的实际管理水平情况和要求的水平不同，给出易于操作的评价标准。

公司、项目经理、责任单元（中心）分别根据指标体系的指标各自权重和评价标准，得出各指标得分再求和后，即可计算出不同指标体系的成绩，完成对项目经理、各作业责任中心、作业单元（人员）的业绩评价。

2. 作业动态责任成本考核激励与约束措施

激励、约束是指激励约束的主体根据组织目标、人的行为规律，利用规则、目标等恰当的方式去使人产生内在的动力与要求，尽可能使积极性、主动性和创造性的潜能得到激发，从而实现希望达到的目标，避免不利结果的出现。激励从正面调动人的积极性；约束从反面约束人的行为避免或减小产生不利的经济后果，二者相辅相成。所以，在实践中应正确把握激励和约束的度，充分调动员工的积极性，尽量避免或减小产生不利的行为和经济后果。

企业经济责任是通过对多视角、全方位的，从上至下、逐层分解获得的。企业通过编制作业责任成本预算，并将其分解落实到各作业责任单元（中心）、各作业责任人员（责任人），使各责任单元（中心）、各作业责任人员之间的职责和分工协调一致，实现"责""权""利"的有机结合，通过一系列的作业成本管理程序，实现对各作业责任中心、各作业责任人员的责任考核评价，并按照预先规定的方法对考核评价标准实行合理奖惩，以便充分调动管理人员和广大员工的积极性和创造性。

首先，基于作业成本法和挣值法的建筑施工企业作业动态责任成本考核的激励、约束措施应当体现作业动态责任成本考核的特点，采取相应的动态激励或约束措施。企业在实施过程中，可以按项目评价考核的进度，采取相应的作业动态激励或约束措施；也可以按照工程进度和时间相结合采取相应的作业动态激励或约束措施，具体需要根据项目的工期长短、进度的快慢等因素选择，但必须有利于调动管理人员和员工的积极性和创造性。

其次，激励、约束措施既要考虑被考核主体在企业、项目中的重要程度、对各项技能的要求，作业责任单元（中心）面临的工作环境和工作压力等，又要结合他们在实际工作中的表现。对于前者，企业可以给不同岗位设定奖励权重系数，然后结合不同岗位在职的人数综合计算出被考核主体即项目经理、各作业责任中心的奖励权重系数，进而计算出当期项目经理、各作业责任中心应获得的奖励分配份额；而他们在实际工作中的表现根据上述的考核评价结果可以获得，这样便可以计算出当期项目经理、各作业责任中心应获得的奖励分配金额。

作业责任中心的各岗位是作业责任预算的具体落实者和分担者，所以对作业责任中心的各岗位考核时，要以岗位职责和岗位责任目标为依据，深入分析各责任岗位的作业情况。

首先根据不同岗位设定的奖励权重系数，将作业责任中心获得的奖励分配金额在各作业岗位上分配，再结合各作业责任中心经济责任考核评价结果计算作业责任中心各岗位应获得的奖励分配金额。

岗位经济责任考核评价的结果是员工（责任人）完成各种作业的综合业绩评价结果，所以根据员工（责任人）对完成自己岗位作业的综合业绩情况，完成岗位奖励金额对员工（责任人）的具体奖励金额分配。

企业同时制定对于不能完成作业责任成本考核目标时，对作业责任中心实施惩罚，并落实到岗位（作业责任单元）乃至员工（责任人）。

案例：A 建筑施工项目基于作业成本法和挣值法的作业动态责任成本管理

一、施工项目简介

A 施工项目（K34+900.000 ~ K46+000.000）全长为 11.1km，二级公路，工程合同价 3163.85 万元，工期 3 个月。

该工程采取沥青由甲方供料方式，沥青费用不在结算和成本核算内容中。308-2-a-50mm 中粒式沥青混凝土（石灰岩）中面层清单数量 121302m^2，清单单价 20.02 元/m^2，总计金额 2428466.04 元，计划 10 天完成。

公司要求该项目实现净利润率不低于 5%。

二、作业成本法和挣值法的作业动态责任成本考核管理在 A 项目的实施

1. 从战略成本管理高度提高员工对成本管理的认识

首先，在公司全员范围内普及战略成本管理意识。通过咨询、学习、培训、宣传等途径从公司经理层、项目经理等高管人员开始，全面学习战略成本管理理念、方法，在此基础上进行全员学习普及，使全体员工认识到成本管理的战略意义，进而增强全员的成本意识和自我管控行为。

其次，在普及战略成本管理意识的基础上，使公司全体员工认识到建立和实施基于作业成本法和挣值法的作业动态责任成本考核管理的重要性和意义，为开展实施基于作业成本法和挣值法的作业动态责任成本管理系统奠定思想和认识基础，减少阻力，以获得公司全体员工的理解和支持。

2. 建立有效的作业责任成本管理体系

公司首先建立了有效的作业动态责任成本管理体系。建立以项目经理为控制体系核心的"项目经理——作业责任中心——作业岗位——作业人员"四级作业责任成本管控体系，并对项目成本控制体系的成本管理责任按照岗位责任和作业人员责任分解，使作业责任成本控制体系的每个作业责任主体都能够对施工项目的成本、进度、质量、安全等负起责任，发挥项目经理的领导作用和各作业责任主体的群众力量，通过共同努力完成作业责任成本的目标。

3. 精心组织作业责任成本预算、核算和过程控制

（1）编制作业责任成本预算

为防止责任成本制度流于形式，缺乏可操作的成本动态责任预算数据而无法执行。公司在组织编制作业责任成本预算时，以施工图预算为核心，通过工程量清单和定额标准对各项施工作业的成本费用进行计算，确定各作业责任单元的作业责任成本预算标准，并且按照"项目责任成本预算——各作业责任成本单元（中心）预算——各作业责任成本岗位单元预算"，将项目责任成本预算逐一分解，形成"项目作业责任成本预算——各作业责任成本单元（中心）预算——各作业责任成本中心岗位预算"多层次的作业责任成本预算体系，以便进行作业成本控制并实现对作业责任成本中心和具体作业工序的考核。

由于公司要求项目部实现净利润率5%，但没有具体作业责任成本预算方案。为此，首先项目部需要根据项目清单和公司要求，制定具体的作业责任成本预算方案，以便明确作业责任。

项目部计划10天完成该项目的中粒式沥青混凝土（石灰岩）中面层121302m^2，每天需完成10%即12130.2m^2，完成产值242846元，作业责任成本预算金额每平方米成本不高于19.00元。

现根据公司利润要求编制的作业责任成本预算如表5.12所示：

表5.12 A施工项目308-2-a50mm中粒式沥青混凝土（石灰岩）中面层作业责任成本预算

计划完成量：121302m^2　　沥青混合料计划用量15300t　　清单单价（不含理消费用）：20.02元
细目号：302-2-a　　　　　　分项工程名称：中粒式沥青混凝土（石灰岩）中面层50mm
密度：2.48g/cm^3　　　　　油石比：4.3%　　　　　　　配合比：碎石：砂：矿粉=91：4：5
计划工期：63.75h　　　　　 原材料操作损失：1%　　　　控制机械名称产量：沥青拌和站240t/h

工序名称	工序费用	资源名称	资源预算数量	单价（元/h或t）	预算数量（元/h或t）	预算单价（元/km^2）	预算金额（元）
拌和费	拌和人工费	班长/人	2	6	128	6.33	768
		普工/人	12	5	768	31.66	3840
		小计				37.99	4608
	拌和机械费	装载机/台	4	76.74	255	161.32	19568.7
		沥青拌和器/座	1	4083.6	63.75	2146.13	260329.5
		发电机	1	338	63.76	177.64	21547.5
		小计				2485.09	301445.7
		拌和合计				2523.08	306054

续表

工序名称	工序费用	资源名称	资源预算数量	单价（元/h或t）	预算数量（元/h或t）	预算单价（元/km²）	预算金额（元）
运输	运输机械费	20t自卸车/辆	10	0.50	308261.6	1270.62	154130.8
		运输合计				1270.62	154130.8
摊铺	摊铺人工费	普工/人	416.6	63.75	218.94	26558.25	704
		技工/人	2	5.5	128	5.8	704
		普工/人	10	5	640	26.38	3200
		小计				37.97	4608
	摊铺机械费	摊铺机/台	1	416.6	63.75	218.94	26558.25
		加油车/辆	1	40	63.75	21.02	2550
		交通车/辆	2	50	128	52.76	6400
		双钢压路机/台	2	180	128	190	23040
		胶轮压路机/台	2	142	128	149.84	18176
		小计				632.51	76724.25
	摊铺材料费	碎石/吨	1	75	13260	7652	994500
		砂/吨	1	50	585	241.13	29250
		矿粉/吨	1	90	729	540.9	65610
		小计				8480.56	1089360
		摊铺合计				9651.05	1170692.25
其他成本	其他费	现场管理费				1255	152234.01
		公司管理费				3080	372772.40
		税金				1173.17	142308.11
		其他费合计				5501.26	667314.52
直接费合计						13444.54	1630877.06
成本预算合计						18945.80	2302799.57

根据表 5.12，该项目作业责任成本预算金额为 2302799.57 元，计划实现项目责任目标利润 125666.47 元，即每平方米作业责任成本预算金额为 18.95 元，低于公司要求的 19.00 元。

（2）组织作业责任成本核算

每日的施工作业完成后，作业成本数据均在当天由各岗位作业小组收集、统计，并由数据库信息管理员及时报送，通过"岗位——项目的各作业责任中心——项目部——公司"四级作业成本核算管理体系流程完成,形成作业动态的作业责任成本核算信息数据。

该项目部计划每天作业时间8h,实际第3d结束时作业26.18h,共完成中面层铺筑面积45490m²,占铺筑面积的37.5%,平均每天完成中面层工程量的12.5%,有关作业成本数据如表5.13所示:

表 5.13　A 项目 308-2-a50mm 中粒式沥青混凝土(石灰岩)中面层作业成本数据

计划完成量:36390m²　　沥青混合料计划用量 4590 吨　　清单单价(不含理消费用):20.02 元
细目号:308-2-a　　　　分项工程名称:中粒式沥青混凝土(石灰岩)中面层 50mm
密度:2.48g/cm³　　　　油石比:4.3%　　　　　　　　配合比:碎石:砂:矿粉 =91 : 4 : 5
计划工期:23.91h　　　 原材料操作损失:1%　　　　　控制机械名称产量:沥青拌合站 240t/h
实际工期:25h　　　　　实际完成量:45490m²　　　　沥青混合料实际用量 5888t

工序名称	工序费用	资源名称	资源预算数量	实际单价(元/h 或 t)	实际用量(元/h 或 t)	实际金额	实际成本(元/km²)
拌合	拌合人工费	班长/人	2	6	50	300.00	6.59
		普工/人	12	5	294	1470.00	32.31
		小计				1770.00	38.91
	拌合机械费	装载机/台	4	76.74	96.6	7413.08	162.96
		沥青拌合器/座	1	4083.6	26.18	106892.31	2249.80
		发电机	1	338	26.18	8848.61	194.51
		小计				123154.00	2707.28
	拌合合计					124924.00	2746.19
运输	运输机械费	20t 自卸车/辆	10	0.5	114660	57330.00	1260.28
	运输合计					57330.00	1260.28
摊铺	摊铺人工费	普工/人	2	5.5	50	275.00	6.05
		技工/人	2	5.5	50	275.00	6.05
		普工/人	10	2	250	1250.00	27.48
		小计				1800.00	39.57
	摊铺机械费	摊铺机/台	1	410	24.9	10209.00	224.42
		加油车/辆	1	38	21	798.00	17.54
		交通车/辆	2	45	40	1800.00	39.54
		双钢压路机/台	2	178	48	8544.00	187.82
		胶轮压路机/台	2	140	48	6720.00	147.72
		小计				28071.00	617.08

续表

工序名称	工序费用	资源名称	资源预算数量	实际单价（元/h或t）	实际用量（元/h或t）	实际金额	实际成本（元/km²）
摊铺	摊铺材料费	碎石/t	1	74	5155.87	381535.00	8387.23
		砂/t	1	50	226	11300.00	248.41
		矿粉/t	1	85	272	23120.00	508.24
		小计				415955.00	9143.88
	摊铺合计					445826.00	9800.53
其他成本	其他费	现场管理费				45717.45	1005.00
		公司管理费				140109.20	3080.00
		税金				53357.50	1173.17
		其他费合计				239194.15	5258.17
直接费合计						628080.01	13807.00
成本预算合计						867274.15	13807.00

（3）进行作业成本分析和作业过程控制

在传统的成本核算中，核算的结果无法及时指导成本的过程控制，但在实施基于作业成本法和挣值法的作业动态责任成本考核系统中，作业成本统计核算以日为单位，公司的各作业责任成本中心、项目经理均可以通过各自的权限，利用作业成本数据库信息系统，查询每一项工程细目的各自作业责任预算成本、实际成本、资源消耗量的实际数据等，实际成本与合同计划成本、作业责任预算成本，实际进度与计划进度的对比与偏差等，及时组织公司、项目部相关人员进行差异分析，及时提出偏差纠正措施和补救方案，使作业成本核算成果起到施工作业过程控制的作用，形成"岗位——作业责任单元（中心）——项目经理——企业"的四级作业成本控制体系。

下面用挣值模型分析第3d作业结束时的作业成本数据：

$BCWS_1$ = 728527.80，（计划进度的合同预算费用）；

$BCWS_2$ = 689590.50，（计划进度的作业责任成本预算费用）；

$BCWP_1$ = 910709.80，（已执行工作的合同预算费用）；

$BCWP_2$ = 863549.84，（已执行工作的作业责任成本预算费用）；

$ACWP$ = 867274.16 元，（已执行工作的实际成本费用）。

①计划实现利润

$BCWS_1 - BCWS_2$ = 38937.30，＞0，表示计划在工程第3天结束时，项目

部计划实现利润 38937.30 元。

②计划进度偏差

$BCWP_1 - BCWS_1 = 182182$，> 0，表示在工程第 3 天时，实际进度超过计划进度，即实际完成的预算值超过计划进度 182182 元的合同预算费用。

③作业责任进度偏差

$BCWP_2 - BCWS_2 = 173959.34$，$> 0$，表示在工程第 3 天结束时，项目责任进度超前，即实际完成的责任预算值超过计划责任预算值 173959.34 元。

④成本偏差即实际实现利润

$BCWP_1 - ACWP = 43435.64$，> 0，表示在工程第 3 天结束时，项目实际实现利润 43435.64 元。

⑤责任成本偏差

$BCWP_2 - ACWP = -3724.32$，> 0，表示在工程第 3 天结束时，项目的作业责任成本预算目标未能实现，即完成 45490m² 中面层时，实际完成量的成本比作业责任预算成本多 3724.32 元，比计划实现利润少 3724.32 元。

⑥合同施工图预算工程量与实际执行工程量偏差

经该工程监理的签证确认，合同施工图预算工程量与实际执行工程量一致，

即 $Q_1 = Q_2 = 45490$。

$Q_2 - Q_1 = 0$，表示在工程第 3 天结束时，合同施工图预算工程量与实际执行工程量一致，上述的偏差分析不需要修正。

综合分析上述数据绘制的挣值分析曲线图形如 5.23 所示。

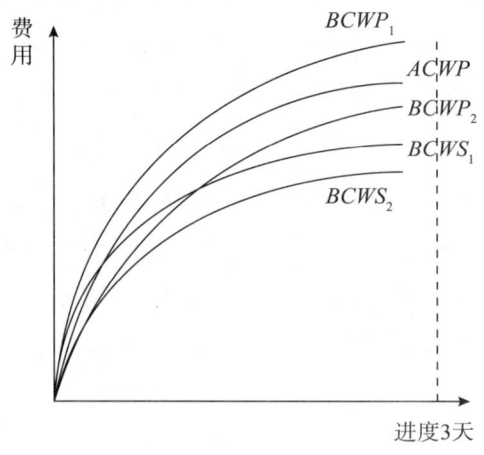

图 5.23 挣值分析曲线图

对图形进行分析,该工程施工项目在进行到第 3 天结束时,计划实现目标利润 38937.3 元,实际实现利润 43435.64 元,$ACWP$ 位于 $BCWP_1$ 曲线下方,但同时 $ACWP$ 位于 $BCWP_2$ 曲线上方,显然实际成本比实际进度的作业责任预算成本要高,需要对超支的原因进行分析,否则可能导致中面层结束时实际成本超过责任预算成本。挣值分析曲线图形显示,$ACWP$、$BCWP_1$、$BCWP_2$ 同时位于 $BCWS_1$、$BCWS_2$ 曲线上方,说明工程实际进度比计划的进度超前,进度把握较好;另外经与监理工程师确认工程实际执行工程量与合同施工图预算工程量一致,说明工程费用差异主要原因是工程作业控制费用超支所致,应通过对二级核算和一级核算分析。

项目经理可以通过作业成本数据对二级作业成本核算分析查找作业成本管理责任,发现材料作业责任成本中心和机械作业责任成本中心均出现责任成本超支。相关记录参见表 5.14。

表 5.14 A 项目 308-2-a50mm 中粒式沥青混凝土(石灰岩)
中面层 37.5% 进度时的实际成本与作业责任成本预算

工序名称	工序费用	资源名称	实际单价(元/h或t)	实际用量(元/h或t)	预算数量(元/h或t)	实际成本金额(元)	责任成本预算金额(元)	责任成本超支(+)、(-)
拌合费	拌合人工费	班长/人	6	50	48.00	300.00	288.00	12.00
		普工/人	5	294	288.00	1470.00	1440.00	30.00
		小计				1770.00	1728.00	42.00
	拌合机械费	沥青拌合站/座	4083.6	26.18	23.91	106892.31	7338.26	9268.75
		发电机	1	338		8848.61	97623.56	768.30
		小计				123154.00	8080.31	10111.87
	拌合合计					124924.00	113042.14	10153.87
运输	运输机械费	20t 自卸车/辆	0.5	114660	115598.10	57330.00	114770.14	-469.05
		运输合计				57330.00	57799.05	-469.05
摊铺	摊铺人工费	测工/人	5.5	50	82.10	275.00	264.00	11.00
		技工/人	5.5	50	48.00	275.00	264.00	11.00
		普工/人	5	250	240.00	1250.00	1200.00	50.00
		小计				1800.00	1728.00	72.00

续表

工序名称	工序费用	资源名称	实际单价（元/h或t）	实际用量（元/h或t）	预算数量（元/h或t）	实际成本金额（元）	责任成本预算金额（元）	责任成本超支（+）、（-）
摊铺	摊铺人工费	测工/人	5.5	50	82.10	275.00	264.00	11.00
		技工/人	5.5	50	48.00	275.00	264.00	11.00
		普工/人	5	250	240.00	1250.00	1200.00	50.00
		小计				1800.00	1728.00	72.00
	摊铺机械费	摊铺机	410	24.9	23.91	10209.00	9959.34	249.66
		加油车	38	21	23.91	798.00	956.25	-158.25
		交通车	45	40	48.00	1800.00	2400.00	-600.00
		双钢压路机	175	48	48.00	8544.00	8640.00	-96.00
		胶轮压路机	140	48	48.00	6720.00	6816.00	-96.00
		小计				28071.00	28771.59	-700.59
	摊铺材料费	碎石	77	4955	4972.50	381535.00	372937.50	8597.50
		砂	50	226	219.38	11300.00	10968.75	331.25
		矿粉	85	272	273.38	23120.00	24603.75	-1483.75
		小计				415955.00	408510.00	7445.00
		摊铺合计				445826.00	439009.59	6816.41
其他成本	其他费	现场管理费				45717.45	57087.75	-11370.30
		公司管理费				140109.20	140109.20	0
		税金				53367.50	53367.50	0
		其他费合计				239194.15	250564.46	-11370.30
	直接费合计					628080.00	611578.78	16501.22
	成本预算合计					867274.16	863549.84	3724.32

项目经理可以结合作业成本构成要素、作业责任成本归属等查找偏差原因，落实作业成本管理者的责任：

①材料出现 7445.00 元超支。其中石灰岩碎石用量超支 17.5 吨和购入单价超支，每吨超支 2 元导致超支 8597.50 元，砂使用量超支 6.62 吨，超支 331.25 元；同时矿粉购入单价每吨节约 5 元，共节约 1483.75 元。其中，购入单价责任成本预算责任归材料部，用量超支需具体分析是运输所致还是现场施工等原因所致。

②机械作业责任成本中心出现 9056.23 元超支。其中拌和人工费超责任成本预算 42 元，拌和机械费超责任成本预算 10153.87 元，摊铺人工费超支 72 元，摊铺机械费节约 700.59 元，运输机械费节约 469.05 元。

③现场管理费的责任成本节约差 11370.30 元，这里不再详细分析，办公室要继续发扬现场管理经验，保证作业责任成本降低，实现成本费用节约。

项目经理可以根据上述偏差分析，追究相关作业责任中心成本管理责任，相关作业责任中心将追究岗位作业班组责任，岗位作业班组进一步分析超支原因，追究相关作业责任人的责任，查明原因，寻找对策，挖掘潜力，做好作业成本控制，避免再次出现超支作业责任成本预算，争取完成作业责任成本预算计划；对于作业责任成本节约的作业项目要继续挖掘节约成本的潜力，争取更多的节约。

经项目经理调查发现，石灰岩采购价格超过责任成本预算原因是材料部工程开工前未能及时与材料供应商签订合同，材料供应商临时涨价所致；用量超支原因部分是施工路段中面层厚度超过规定的 50mm 所致，属于工程技术管理作业中心现场管理责任；拌和机械作业费用超支原因是拌和机操作手工作责任心不强，操作效率低下致使拌和机经常处于无效作业状态，导致拌和人工成本、装载机作业时间延长，费用超支。

为此，项目经理要求工程技术管理作业中心加强现场施工管理指导与监督，要求拌和机操作手增强工作责任心，提高工作效率，材料部门加强材料采购的合同管理，以后要提前做好材料与合同的签订，避免类似事情再次发生。

4. 积极客观地采取作业责任成本考核措施

作业责任成本考核的目的，在于贯彻落实各岗位的作业责任与权利，建立有效的激励与约束机制，促进作业成本管理工作的健康发展，更好地完成施工项目的作业责任成本目标。

在公司实施基于作业成本法和挣值法的作业动态责任成本考核，重点在于施工项目过程中的中间考核，这对具有一次性特点的建筑施工项目来说尤为重要，因为通过中间环节的作业成本动态责任考核发现问题，还能"亡羊补牢"。

首先应建立一套便于操作、客观有效的考核评价办法，其次应制定一套作业责任成本考核的奖惩与兑现办法。

作业责任成本考核的奖惩与兑现办法应该简单、有效、便于实施，例如：

（1）实行三级作业责任成本考核奖惩与兑现领导机制。

分别对"项目经理——作业责任成本中心——作业岗位、员工"三级作业责任成本主体进行考核，公司考核小组对项目经理进行考核，项目考核小组对各作业责任成本中心进行考核，各作业责任成本中心考核小组对所属岗位（责任人员）和员工（责任人）进行考核。

（2）实行工程计划形象进度和月度时间相结合的动态考核制度。

工程按照计划形象进度推进不定期动态考核，并将考核结果计入当月责任成本考核成绩。当月考核两次以上的，按照最新一次考核的计划形象进度计算。

（3）实行奖励与惩罚相结合制度。

施工项目实际成本比作业责任成本预算降低时，参照成本降低率，按与作业责任成本节约额的20%奖励给项目部；实际作业成本超过合同成本预算时，不予奖励，并按与合同成本预算差额的10%对项目部进行惩罚。

项目经理占奖励和惩罚比例的10%，各作业责任成本中心主要管理人员占奖励和惩罚比例的40%，普通作业岗位员工占奖励和惩罚比例的50%。

项目实际成本比合同成本预算降低，但比作业责任成本预算高时，对项目部不予惩罚和奖励，由项目部追究作业成本超支的作业责任成本中心和作业责任人责任。

（4）作业责任成本中心奖惩权重系数、岗位系数和考核评价系数的确定。

项目经理、作业责任成本中心的奖惩权重系数通过作业岗位奖惩权重系数换算求和得出。

作业岗位奖惩权重系数比例为：

内勤普通岗、外勤普通岗、中层管理岗、项目经理＝1：1.2：1.8：3

考核评价系数；按照得分数除以100换算出考核评价系数。

（5）奖惩金额的计算。

①奖励金额计算：

项目经理的奖励金额＝项目成本节约额×20%×项目经理奖惩权重系数×项目考核评价系数；

各作业责任成本单元（中心）奖励金额＝项目成本节约额×20%×作业责任成本中心奖惩权重系数×作业责任成本中心考核评价系数

作业责任成本中心的奖励金额＝主要管理人员的奖励金额＋普通员工的奖励金额

中层管理人员的奖励金额＝作业责任成本中心的奖励金额×作业岗位考核评价系数×该作业责任中心中层管理人员奖惩权重系数/作业责任成本中心奖惩权重系数

普通员工（作业责任人）的奖励金额＝作业责任成本中心的奖励金额×作业岗位考核评价系数×该作业责任中心普通岗位人员奖惩权重系数/作业责任成本中心奖惩权重系数

②惩罚金额计算：

项目经理的惩罚金额＝项目成本超支额×10%×项目经理奖惩权重系数×（1－项目考核评价系数）；

作业责任成本中心的惩罚金额＝项目成本超支额×10%×作业责任成本中心奖惩权重系数×（1－作业责任成本中心考核评价系数）

作业责任成本中心的惩罚金额＝中层管理人员的惩罚金额＋普通员工的惩罚金额

中层管理人员的奖励金额＝作业责任成本中心的惩罚金额×该作业责任中心中层管理人员奖惩权重系数/作业责任成本中心奖惩权重系数

普通员工的惩罚金额＝作业责任成本中心的惩罚金额×该作业责任中心普通岗位人员奖惩权重系数/作业责任成本中心奖惩权重系数

（6）实行施工作业进度奖惩和竣工综合奖惩相结合的兑现制度。

完成作业责任成本考核的作业责任中心的月度奖励金额的 50% 留作风险抵押金，在项目竣工后进行综合考核；未能完成作业责任成本考核的作业责任中心奖励金额，其中 50% 结转至本作业责任成本中心下期奖励基数中，连续三期不能完成的，前期结转的基数作废，另外 50% 留作风险抵押金，在项目竣工后进行综合考核。50% 的风险抵押金，在项目竣工后总的作业责任成本预算目标完成后兑现。

处罚金额不能超过该作业责任人员在本项目中取得的绩效工资总额，如果连续 3 次考核不能完成作业预算目标的，对于自身原因致使不能完成责任进度或责任成本目标的人员给予停发绩效工资、降级或解聘惩罚。

对于客观原因致使责任主体不能完成作业责任进度或作业责任成本目标的，不予惩罚和奖励。

如果第 3 天作业结束进行一次作业责任成本考核，项目部虽然超额完成作业责任进度预算，但未能完成作业成本责任预算目标，且成本未超过合同预算，所以项目部本月既不奖励也不惩罚。

由于材料管理作业中心、工程技术管理作业中心和机械作业中心自身原因致使项目责任成本超出作业责任预算成本的，公司、项目部对作业责任中心负责人和相关责任人员给予通报批评，并扣发当月基础绩效工资（绩效工资由基础绩效工资和作业责任考核绩效工资组成）。

三、实施效果的评价

A 项目通过实施基于作业成本法和挣值法的作业动态责任成本考核管理，达到了如下效果：

（1）成本预算更加科学、实用，成本目标清晰，可操作性强，对施工作业进度和作业成本控制、不同责任主体（施工班组、个人）和整体成本控制兼顾，便于作业责任成本和作业绩效的考核评价。

（2）成本信息更加准确、及时，可以实现对施工作业活动的成本追踪并动态反映，便于项目管理人员高效有序地进行全面、及时、全过程成本核算和过程控制，成本管理工作具有前瞻性。

（3）作业责任成本管理体系将不同成本管理责任明确化、相关化，便于改善项目部对项目的管理协调工作。

（4）作业成本、绩效考核评价与激励约束措施把公司、项目的局部与整体、短期与长期的责任与责任主体的利益紧密联系在一起，有利于增强广大员工的全局观念，调动员工积极性、主动性和创造性，发掘企业增收节约的途径和潜力，建立起激励和约束相结合的经营机制。

（5）有利于公司准确、及时地掌握成本价格信息，提高公司的定价能力，对市场变化的反应能力和适应能力，增强公司盈利能力和竞争能力，为公司战略目标的实现提供支持、保障。

第二篇

阿米巴项目部项目单元作业责任成本管理

第六章 阿米巴项目部作业责任成本预算管理

工程施工项目责任成本管理中的作业责任预算，是在工程施工前，上一责任层次按照实施施工组织设计、方案和工程所在地市场材料价格水平，对项目施工活动中将要发生的成本费用支出，应用相关定额和费用标准计算、预测和控制项目的目标成本。

一、阿米巴项目部施工作业责任成本预算与编制

1. 项目部施工作业责任成本预算的组成

为了编制好阿米巴项目部责任成本预算，项目部应在公司项目成本预算的基础上将责任成本划分为项目直接成本和项目间接成本。项目直接成本又分为工费、材料费（含运杂费）、机械使用费、其他直接费等费用；项目间接成本又分为临设费用、项目管理费、税金等费用。在其他直接费和项目管理费中，项目部根据实际情况进行调整费用，作为公司的管理费和利润不纳入项目责任成本预算中，具体如表6.1所示。

2. 项目施工作业责任预算编制的原则

不切实际的施工作业责任成本，很难落地执行。传统的预算管理，经常人为地把内部计价指标压得很低，而后亏损了再补。久而久之，基层施工队对亏损反而没有压力，对节约成本也就没有积极性。每月压低内部计价指标的做法，不但达不到控制成本的目的，而且助长了要工资、争工资的不良现象。其根本原因是工资与产值挂钩（以产值定工资），与效益脱钩。相反，内部计价指标定得偏高，施工队的利润过高，从而造成账面上有量而管理浪费的现象。如要根除成本管理的这些弊端，编制切合实际的施工作业责任成本预算是至关重要的。为此，应当把握好以下基本原则：

表 6.1 项目责任成本预算组成

项目责任成本	项目直接责任成本	工费	
		材料费（含运杂费）	
		机械使用费	
		其他直接费	雨季施工增加费
			夜间施工增加费
			检验试验费
			安全措施费
			工程定位复测、场地清理费
	项目间接成本	临设费用	大型临时设施费
			过渡工程费
			小型临时设施费
		项目管理费	项目部人员工资、津贴、补贴等
			办公费
			差旅交通费
			非生产性固定资产折旧费、修理费
			工会经费
			培训费
			机械设备等调遣费
			"五金"等费用
			保险费
			其他费用　环保、文明施工等措施费
			技术咨询费
			其他费用
	税金		

（1）实事求是地确定工料机价格

将日工资单价和现行工资水平挂钩，至少保证岗位工资加技能工资加流动津贴的水平；材料单价应采用到场价（买价加运费、装卸费）；机械台班单价的确定较复杂，应根据现场实际分析。

（2）怎么干就怎么算

施工图预算是根据施工图工程量及要求的施工方法编制的，但施工现场具体情况千差万别，而且在施工组织、技术措施、施工方法上也是提倡各显其能。因此项目部对施工队编制的责任成本预算，既要依据施工图预算，又要结合施工现场实际，怎么干就怎么算。

（3）干什么就算什么

由于工程设计的原因，往往造成实际工程量与施工图预算不符的现象，对此，项目部必须按照现场情况，不管变更项目是否能得到甲方认可，都应以实际工作量为准，编制责任成本预算指标。

（4）简明，适合基层作业单元核算

工程队及班组核算，主要是"工料机"直接费核算，他们希望能搞清干多少活值多少钱，即"工料机"费用的计算依据和费用定额各是多少。因此，对责任成本项目的内容要力求简明，不可复杂化。

（5）施工项目作业单价分解

工程队对项目部下达的责任成本单价进行分解，将有关费用的控制落实到班（机）组和职工个人。工程队对班组责任预算单价的确定，是依据项目部分项各工序的承包单价，在扣除队级管理费等因素后，结合本队各班组的实际施工情况，确定班组人工费、材料费、机械费的责任预算单价。

二、项目部施工作业责任预算编制程序和方法

作业责任预算采取自下而上的办法编制。项目部可以按各责任中心承担的责任或单位工程工作内容逐项、分层编制各中心责任预算。公司按照公司审定的施工组织设计方案和施工图工程数量编制公司对项目部的责任预算。公司编制的责任预算与项目部编制的责任预算的差额为项目经理基金（或项目经理责任中心责任预算），项目经理基金主要用于各阿米巴项目责任单元之间责任预算的调整和本责任单元效益工资的发放。

1. 项目部施工作业责任成本编制程序

（1）确定项目部人员组成，明确管理范围和岗位责任目标。

（2）分析和细化项目责任成本总额。

（3）按岗位作业内容计算相关生产要素支出标准；或进行岗位作业成本支出的测算，如不能进行目标成本的测算也可提出降低成本支出额度。

（4）编制施工方案并进行优化，制定降低成本措施。

（5）根据分包合同或分包部位估价书计算分包成本。

（6）汇总并平衡项目目标成本，对比项目责任成本总额，分析目标成本降低水平。

（7）项目部将责任成本报总公司批准。

（8）责任成本经公司批准后，项目经理审定、签发、实施。

项目部责任成本编制流程如图6.1所示：

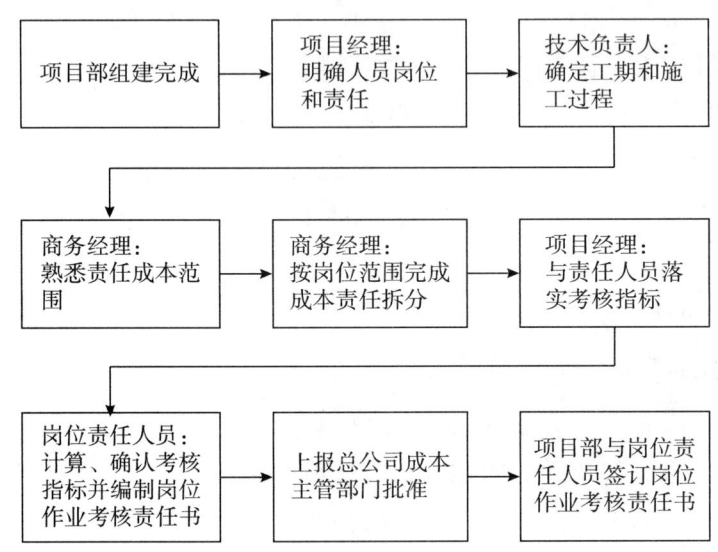

图6.1　项目部责任成本编制流程图

2. 材料、电力、劳动力及价格市场的调查

项目部在进入工地施工前，首先要调查施工地区的材料、电力等资源的价格情况，以及施工地区的工资水平和劳动力资源情况，以便掌握成本支出的主要项目，从而为编制合理的责任预算、获得一定的利润创造条件。

（1）调查的主要内容

主要材料、配件及价格：主要调查工程所需钢材、木材、水泥、燃料、设备配件的规格、型号，各种规格、型号的材料的供应地点、供货价格、运货工具，供货至施工地点的各种运输方式及运距、供货地至施工地点的道路状况（主要指公路和便道）、运输各种材料的单位运价、各种材料运至施工堆料场以前要付的各项杂费等。

劳动力资源及工资水平：主要调查施工地区的产业结构，即施工地区以工业为主，还是以农业为主，或者是两者并重；各种产业结构的劳动力来源，有无剩余劳动力，能否在用工高峰期为项目部所用，是否需要从别的地区招募劳动力；施工地区工资水平，各种补贴的标准；雇佣当地劳动力需要支付的劳动力成本等。

电力资源及价格：主要调查电力资源，供电能力，供电地至施工地的距离，电力输送途中的损耗，供电地电价，损耗费用等。

（2）"工天"责任单价的确定

①确定"工天"责任单价的原则

编制人工"工天"责任单价时，要以上年末本单位全体职工的档案工资和部分法定津贴、补贴为基础，另考虑一定比例或数额的经常性生产奖。其目的是要保持职工有不低于档案工资和部分法定津贴、补贴的固定收入，并在完成定额工作量之后，可以取得一定数量的奖金。

确定"工天"责任单价要区分不同工种。不同工种的劳动强度不同，所享受的津贴、补贴也不相同，因此要把不同工种的津贴、补贴折算到相应工种的"工天"责任单价中去。

遇到物价上涨，国家和上级调整职工工资时，各单位应当自上级规定调整工资的时间开始，调整"工天"责任单价。

②项目部管理人员工资的确定

项目部各管理人员的工资是由项目部的项目经理根据各岗位的职责来确定的。

③单项工程或工序"工天"责任单价的确定在单项工程或工序"工天"责任单价的确定中，由项目部及管理部组织，课题组、机材部、财务部协助，参照《工程预算定额》确定单项工程或工序"工天"责任单价。例如：某工程项目的钢筋人工责任单价如表 6.2 所示，主桥作业人工责任单价如表 6.3 所示，引桥作业人工责任单价如表 6.4 所示。

表 6.2　钢筋人工责任单价表　单位：元

序号	项目名称	单位	单价	序号	项目名称	单位	单价
1	承台钢筋	t	317.00	6	增强钢筋	t	278.00
2	墩身钢筋	t	310.00	7	横隔板钢筋	t	321.40
3	盖梁钢筋	t	278.00	8	植筋下料	t	110.00
4	系梁钢筋	t	278.00	9	湿接缝钢筋	t	285.00
5	支撑墩钢筋	t	340.00	10	垫石、挡块钢筋	t	260.00

表 6.3 主桥作业人工责任单价表　单位：元

序号	项目名称	单位	单价	备注
1	植筋	根	1.7	钻孔、清孔、配胶、植筋
2	粘贴钢板	块	80	包括安装锚栓、钢板及梁底清理、贴钢板
3	下部支撑墩	m	172	包括混凝土施工的整个工序以及小型机具维修
4	上部接高支撑墩	m	200	
5	接高墩身混凝土	m	500	
6	增强混凝土	m^3	76	
7	预应力钢绞线	t	190	下料、张拉、穿波纹管、压浆
8	凿除混凝土	m^3	150	
9	基础挖方	m^3	6	
10	横隔板砼	m^3	76	
11	箱内凿毛	m^3	8	
12	主桥顶升	半幅·m	4000	
13	碗口架拼装、拆除	$80m^2$·m	100	
14	碗口架拼装、拆除	小于$80m^2$·m	80	
15	钢管架拼装、拆除	$80m^2$·m	60	
16	钢筋制作/安装	t	270	
17	钢筋制作	t	140	

表 6.4 引桥作业人工责任单价表　单位：元

序号	项目名称	单位	单价	备注
1	引桥粘贴钢板	块	45	
2	轨道铺设	m	15	
3	轨道拆除	m	10	
4	道碴铺设	m^3	10	
5	门架垂直运输	m^3	4	
6	门架养护	天	30	
7	挖土方	m^3	6	
8	钢筋制作、安装	t	250	
9	粘贴钢板后回落箱梁	片	35	
10	凿除混凝土	m^3	150	

续表

序号	项目名称	单位	单价	备注
11	门架拼装	t	50	
12	箱梁修补、钢筋调直、切割	片	80	含桥面混凝土凿除、清理
13	承台混凝土	个	2000	包括混凝土施工的整个施工工序,承台还包括基坑修整、夯实
14	墩柱接高	m	100	
15	系梁混凝土	个	410	
16	31.84 m³ 盖梁	个	1900	
17	25.177 m³ 盖梁	个	1550	
18	湿接缝混凝土	m³	50	
19	箱梁拆除	片	120	含支座回收、梁体支垫
20	箱梁安装	片	150	含支座运输、安装
21	门架拆除	t	25	含门架装车费用

（3）材料、电力责任单价的确定

①确定材料、电力责任单价的原则

确定材料、电力的责任单价,要以调查取得的材料和电力实际价格为基础。

材料、电力责任单价一经确定,除非遇到较大的价格波动,在一个工程项目内一般不变动。即使进行变动,也只宜进行小范围的变动。

②材料、电力责任单价的确定

在编制材料、电力责任单价时,为了使核算简单化和方便化,使专业人员和全体职工,特别是责任中心的参与职工核算,使职工能够准确掌握各种材料的责任单价。在课题的研究过程中,我们建议项目部把名称相同但规格或型号不同的材料的价格尽量减少或统一起来,同时也把一些对成本影响不大的价格尾数舍去。也就是说,在市场调查价格的基础上,根据各种材料和电力的价值大小和消耗量的多少,以及市场价格的波动情况,把责任单价确定为便于计算的数据,即分别将材料或电力的责任单价取整或保留有限位小数。

某工程项目部由机材部组织,管理部和财务部协助,制定材料（包括燃料）、电力的责任单价。以材料、电力的实际价格为基础,把名称相同但规格或型号不同的材料的价格尽量减少或统一起来,建立作业成本库,同时也把一些对成本影响不大的价格尾数舍去。部分材料、电力责任单价如表6.5

所示。实践证明，这种方法在项目作业成本管理（ABCM）的应用中，达到了减少材料规格、简化核算手续、提高核算效果的目的。

表6.5 部分材料、电力作业单价表

序号	材料名称	规格型号	单位	责任单价（元）	序号	材料名称	规格型号	单位	责任单价（元）
1	水泥	C325	m^3	325.00	9	波纹管	圆	m	5.500
2	水泥	C425	m^3	375.00	10	波纹管	扁	m	7.500
3	中粗砂		m^3	90.00	11	锚具		套	130.00
4	碎石	13	m^3	77.00	12	型钢		t	3800.00
5	碎石	11、12	m^3	72.00	13	电焊条	502#	kg	6.30
6	钢筋	I	t	3650.00	14	柴油	0#	升	3.25
7	钢筋	II	t	3850.00	15	电		kW·h	0.68
8	钢绞线		t	6750.00	16	水		t	1.00

（4）机械台班责任单价的确定

①确定机械台班责任单价的原则

机械台班责任单价中的费用项目只包括机械队的可控成本。机械台班费用定额中的台班单价，由不变费用和可变费用组成。其中不变费用包括折旧费、大修费、经常修理费和安装拆卸及进出场费；可变费用包括工资及津贴、燃料费、动力费和养路费。从费用项目可以看出，作为机械队（独立担负施工任务时除外）和机组，折旧费、大修费和养路费对他们来说是不可控的，因此，在机械台班的责任单价中应当把这三项费用剔除，将它作为项目部的可控成本进行考核。

机械台班责任单价中的定额数量应以机械台班费用定额的数量为基础。机械台班费用定额中的工日、燃料和动力数量，以及经常修理费，是经过科学测定的数据，符合施工的实际情况，因而在编制机械台班责任单价时，责任单价中的工日、燃料和动力数量，可以直接采用机械台班费用定额中的数量，经常修理费和安装、拆卸及进出场费则可以在机械台班费用定额的基础上加上一定的系数后予以确定。

机械台班责任单价不宜直接采用机械台班费用定额中的台班基价。由于机械台班费用定额中包括了可控成本和不可控成本，因此直接采用机械台班费用定额的台班基价就与责任成本管理的原则相悖；即使将不可控成本剔除，也存在工日、燃料、动力价格和经常修理费、安装、拆卸及进出场费用与实际不符的情况。所以，确定机械台班的责任单价不宜直接采用机械台班费用定额中的台班单价。

②确定机械台班责任单价的方法

机械台班责任单价中的工日、燃料和动力的定额消耗数量，直接套用部颁标准"机械台班费用定额"中的工日、燃料和动力数量。

机械台班责任单价中的经常修理费，安装、拆卸及进出场费，以机械台班费用定额中的经常修理费，安装、拆卸及进出场费为基础。具体根据施工的实际情况做相应的调整。

用确定的人工、材料和动力的责任单价，分别乘以机械台班费用定额中的定额数量，再加上经常修理费，安装、拆卸及进出场费，即可确定出机械台班责任单价。其公式如下：

$$j = c \times u + \sum (h_i + v_i) + N + O$$

式中　j——机械台班责任单价；

　　　c——工天责任单价；

　　　u——定额工日；

　　　h_i——各种燃料、动力的责任单价；

　　　v_i——各种燃料、动力的定额数量；

　　　N——定额经常修理费；

　　　O——定额安装、拆卸及进出场费。

③确定机械台班单价的责任部门分工

在项目部，确定机械台班的各种单价，由机材部组织，管理部和财务部协助。

3. 项目施工队作业责任中心责任预算编制方法

（1）工程施工队责任预算编制方法

①确定工程施工队所完成工程的责任单价

采用预算定额编制施工队完成工程量的成本预算，用下列公式计算：

$$A_i = (C + H + J) \times (1 - y)$$
$$= [c_i \times u_i + \sum (h_i + v_i) + \sum (j_i + w_i)] \times (1 - y)$$

式中　A_i——施工队完成单位工程量的责任单价；

　　　C——定额人工费；

H——定额材料费；

J——定额机械费；

c_i——"工天"责任单价；

u_i——单位工程量定额"工天"数量；

h_i——各种材料的责任单价；

v_i——单位工程量中各种材料的定额数量；

j_i——各种机械设备的台班责任单价；

w_i——单位工程量中各种机械设备的定额台班数量；

y——成本降低率。

②确定工程施工队的成本总预算

工程施工队的成本总预算，按照下列公式计算：

$$A=\sum(a_i \times Q_i)$$

式中　A——施工队成本总预算；

a_i——单项工程或工序单位工程量的责任单价；

Q_i——完成单项工程或工序的数量。

（2）职能部门责任预算的编制方法

①职能部门所发生的与业务量无关的费用预算的编制。

各职能部门发生与业务量无关的费用，其费用预算可以采用"零基预算法"进行编制。所谓"零基预算法"，就是对于任何一个部门、任何一个预算期、任何一种费用项目的开支数，都不考虑基期费用的开支水平，而一切以零为起点，综合考虑各职能部门各项费用开支的必要性和规模。比如各职能部门为行使职能和提供无偿服务，所发生的办公、业务费用和维修、燃料、水电等费用，均可以采用"零基预算法"进行编制。

②职能部门所发生的与业务量有密切关系的费用预算的编制。

各职能部门发生与业务量有密切关系的费用，其费用预算可以采用"弹性预算法"进行编制。所谓"弹性预算法"，就是根据职能部门所承担的业务，对其所发生的业务量变化有关的费用，所编制的适应业务量变化的费用预算。比如职能部门为催收应收账款，所发生的差旅费、业务招待费等责任费用，均可以采用"弹性预算法"进行编制。

4. 项目部二次作业成本责任预算的编制

（1）二次作业责任预算费用组成

阿米巴项目部将二次作业责任预算费用分为施工队伍责任预算及项目部本级费用两部分，其值等于或小于评估确定的项目责任成本减去税金的总额。

其构成关系如图6.2所示：

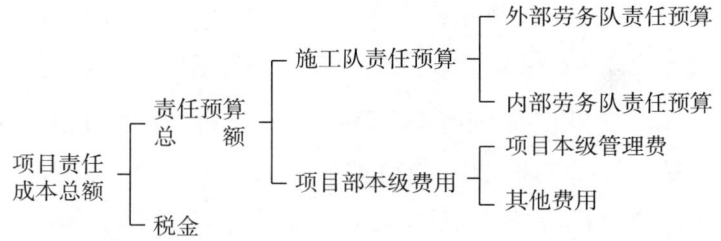

图6.2　阿米巴项目部二次作业责任预算费用组成

责任成本单价中不含税金，税金按投标报价中税金的计算方法计算，列入项目责任成本。

（2）阿米巴施工队作业成本责任预算

阿米巴项目部根据上级下发的制度和办法计算施工队的责任预算，施工队伍的作业责任成本包括直接工费、现场管理费（施工措施费、特殊施工增加费、其他管理费）、大型临设和过渡工程费，如表6.6所示。

表6.6　阿米巴施工队责任成本预算构成表

施工队责任成本	直接工程费	人工费	
		材料费（含填料费）	
		施工机械使用费	
	现场管理费	施工措施费	雨期、夜间施工增加费
			检验试验费
			安全措施费
			工程定位复测、场地清理费
		特殊施工增加费	
		其他管理费	
	大型临设和过渡工程费		

①直接工程费用标准和计算方法

直接工程费是指施工过程中耗费的构成工程实体和有助于工程形成的各项费用。包括人工费、材料费（含填料费）、施工机械使用费。

人工费的计算：列入成本定额的直接从事建筑安装工程施工的生产工人开支的各项费用，内容包括：基本工资、工资性补贴、生产工人辅助工资、职工福利费等。具体人工费标准及费率按公司下发的相关规定执行。

材料价格由材料原价、运杂费、场外运输损耗、采购及仓库保管费组成。

$$材料预算价格 = （材料原价 + 运杂费） \times （1+ 场外运输损耗率）$$
$$\times （1+ 采购及仓库保管费率） - 包装品回收价值$$

施工机械台班预算价格按成本定额中公布的《施工机械台班费用定额》为计算基础。专用设备的折旧按照财务规定结合施工组织方案计算项目的折旧费用，与定额含量的差额部分列入项目部的责任预算。

②施工措施费和特殊施工增加费

施工措施费和特殊施工增加费与施工队管理费构成施工队伍综合管理费，原则上按有关规定计算后包干使用。如遇不可抗力以及非常特殊情况需要追加费用时，经项目部召开责任成本管理领导小组专题会议研究确定，从项目经理基金中支出。

③施工队管理费

施工队管理费是指施工队伍组织施工生产所需的费用，包括：管理人员工资、办公费、差旅交通费、固定资产使用费、工具用具使用费、保险费、施工队伍进退场及工地转移费、社会保险费、其他费用等。

④大型临设和过渡工程费

大型临设和过渡工程费，按正式工程预算编制程序分别单独编制责任预算。

5. 项目部本级成本费用责任预算的编制

阿米巴项目部本级费用预算计算包括项目部本级管理费和其他费用。

（1）阿米巴项目部本级管理费

阿米巴项目部本级管理费计算包括：

①岗位工资。

②按职责履行情况考核的绩效浮动工资。

③效益工资。

④间接费。

⑤劳保及工费经费。

⑥项目部建家费用。

（2）其他根据现场实际费用

如阿米巴项目部在现场文明施工中所发生的各种标语、标识牌等费用，按实际发生计算。

三、阿米巴项目部施工作业责任成本预算的分解

对工程施工项目责任成本的管理，是指将项目计划总成本中的直接费部分按部位分解，间接费部分按部门进行分解，各责任成本中心对可控成本分别控制，最终实现控制责任成本的目的。施工项目责任成本的分解不是简单地分解项目总的成本计划，而是为了落实经济责任，调动各方的积极性，便于对施工项目责任成本的控制。因此，在对施工项目责任成本分解之前，首先应确定责任成本中心和各责任成本中心的责任成本，然后才对施工项目的责任成本进行分解。

1. 项目部施工作业责任成本分解的依据

（1）编制办法：参照《基本建设工程概算、预算编制办法》进行编制。

（2）定额：参照《工程预算定额》，将各分项工程分门别类，即把工、料、机成本分别占总成本的比例均相近的分项工程合为一类。在工程施工过程中，根据项目的实际情况，可按下述案例的子项目作为作业责任成本分解的计算依据（仅供参考），相关数据参见表6.7～表6.11。

①混凝土工程

表6.7 混凝土工程分解定额

序号	工程项目	代号	人工费（%）	材料费		机械使用费（%）
				主材（%）	辅材（%）	
1	钻孔灌注桩	1001	16	30	3	51
2	简单混凝土工程	1002	21	65	3.5	10.5
3	复杂混凝土工程	1003	23	50	14	13
4	小型构造物	1004	38	48	7	7

注：a.简单混凝土工程包括挖孔灌注桩、扩大基础、承台、底系梁、桥面铺装、搭板等。
b.复杂混凝土工程包括墩柱、桥台、中系梁、盖梁、挡块、垫石、梁体、护栏、隔板等。
c.小型构造物包括混凝土盖板涵、倒虹吸、水沟、混凝土圆管涵、预制安装小型构造物、零星混凝土工程。

② 钢筋

表 6.8　钢筋分解定额

序号	工程项目	代号	人工费（%）	材料费 主材（%）	材料费 辅材（%）	机械使用费（%）
1	Ⅰ级钢筋	2001	9	84	3	4
2	Ⅱ级钢筋	2002	8	86	3	3
3	预应力钢筋	2003	6	90	1	3

③ 路基工程及防护工程

表 6.9　路基工程及防护工程分解定额

序号	工程项目	代号	人工费（%）	材料费 主材（%）	材料费 辅材（%）	机械使用费（%）
1	路基工程	3001	5	0	0	95
2	砌筑工程	3002	40	55	5	0

④ 附属工程

表 6.10　附属工程分解定额

序号	工程项目	代号	人工费（%）	材料费 主材（%）	材料费 辅材（%）	机械使用费（%）
1	附属工程1	4001	20	70	5	5
2	附属工程2	4002	45	10	5	40

注：a. 附属工程1包括支座、伸缩缝、防水层、支架、植筋、粘贴钢板、自流平混凝土、裂缝修补、临时设施、钢结构等。
　　b. 附属工程2包括凿除、凿毛、特殊临时设施等。

⑤ 其他工程

表 6.11　其他工程分解定额

序号	工程项目	代号	人工费（%）	材料费 主材（%）	材料费 辅材（%）	机械使用费（%）
1	纯人工工程	5001	98	0	0	2
2	纯设备工程	5002	2	0	0	98
3	外包工程	5003	100			

（3）工程数量：以施工图工程量（投标工程量）、预算定额有关规定为准计算的工程

（4）总价：以项目部从公司承包的总金额为准，其总金额为 22311129 元。

（5）费用标准：现场管理费以承包总价为基数，按费率为 4.5% 计算；若为外包工程，现场管理费的费率取 1.5%。现场经费以承包总价为基数，按费率 3.5% 计算；若为外包工程，现场经费的费率取 0.5%。税金的费率按国家相关规定取值，康崖底项目的税金以承包总价为基数，按费率 3.41% 计算。上级管理费的费率根据工程实际情况确定，康崖底项目的上级管理费以承包总价为基数，按费率 4% 计算。项目经理的调控基金以直接工程费、现场管理费、现场经费、税金和上级管理费总和为基数，按费率 1% 计算。

将施工项目费用划分为直接工程费、现场管理费、现场经费、税金和上级管理费五部分。直接工程费包括实体工程费和专项费用，其中实体工程费包括人工费、材料费和机械使用费。专项费用包括工程保险、竣工文件编制费、环境保护费、临时设施费、驻地建设费和荷载实验费。现场管理费包括基本工资、奖金和福利。现场经费包括行政财产使用费、办公费、招待费、公务车费用、差旅费、劳保费用、测量及试验仪器使用费、生活管理费、咨询费和医疗费。

作业责任成本分解的方法是根据上述编制依据，计算出各分部分项工程的人工费、材料费、机械使用费和其他各项费用。

2. 工程施工项目作业责任成本直接费的分解

（1）内包工程项目责任成本的直接费按部位分解

项目部内包的工程包括桥面部分、主桥部分、引桥部分和路基部分，现将内包工程的直接费按部位进行分解，如表 6.12 所示。

由表 6.12 可知，项目部内包工程项目的直接费为 11321586 元，其中人工费占 16.76%；材料费占 44.74%，其中主材费用占 40.45%，辅材费用占 4.29%；机械使用费占 38.50%。对于项目部内包工程项目的总成本（13405462 元）来说：人工费占 14.15%；材料费占 37.78%，其中主材费用占 34.16%，辅材费用占 3.62%；机械使用费占 32.52%。对此进一步分析，发现项目部成本控制的重点应放在材料费和机械使用费上，但是引桥提升专用门架的费用为 1823760 元，而其他的机械使用费所占的比例不是很高，所以应将材料费的控制放在第一位。

表 6.12 某项目内包工程责任成本直接费的分解　　　　　单位：元

编号	项目名称		单位	数量	人工费	材料费		机械使用费
						主材	辅材	
1	桥面部分	C40 桥面铺装混凝土	m³	967.2	72161	223356	12027	36081
2		C30 护栏混凝土	m³	670	78212	170026	37607	44207
3		桥面铺装钢筋	II　t	192.135	52009	559093	19503	19503
4		护栏钢筋	I　t	12.612	3745	34950	1248	1664
5			II　t	18.77	5081	54619	1905	1905
6		防水层	m²	16182	52016	182055	13004	13004
7		伸缩缝	m	172	29099	101846	7275	7275
8		C25 搭板混凝土	m³	90.68	5316	16454	886	2658
9		搭板钢筋	I　t	0.299	89	829	30	40
10			II　t	9.611	2602	27967	976	976
11		搭板碎石	m³	39.1	149	0	0	2828
12		搭板砂砾	m³	85.6	181	0	0	3440
14		本部分小计			300600	1371195	104461	133581
14	主桥部分	C50 增强混凝土	m³	43.2	5043	10963	3070	2850
15		C30 横隔板	m³	144.1	14018	30474	8537	7923
16		主桥增强钢筋	II　t	5.457	1477	15879	554	554
17		主桥横隔板钢筋	I　t	0.86	255	2383	85	114
18			II　t	3.547	960	10332	360	360
19		植筋	根	4704	6367	22283	1592	1592
20		凿毛	m²	692.2	1929	6751	482	482
21		支座（GPZ2500DX）	个	8	4060	14211	1015	1015
22		钢绞线	t	20.184	9220	138297	1537	4610
23		C30 接高墩身	m³	592.01	57590	125195	35055	32551
24		接高墩身钢筋	I　t	23.665	936	8732	312	416
25			II　t	3.151	6406	68863	2402	2402
26		自流平混凝土	m³	14.4	8527	29844	2132	2132
27		专用支架	总额		101719	356018	25430	25430

续表

编号	项目名称		单位	数量	人工费	材料费		机械使用费
						主材	辅材	
28	主桥部分	砂砾垫层（支架）	m³	630	1043	0	0	19811
29		混凝土（支架）	m³	632	35083	108589	5847	17541
30		钢筋	t	16.32	4603	49485	1726	1726
31		机加工钢板	块	8	812	2842	203	203
32		粘贴钢板	m²	5.2	264	924	66	66
33		安装 HS 锚栓	根	32	542	1859	136	135
34		升高专用设备	总额		11610	0	0	568889
35		升高作业成本	总额		253005	0	0	5163.37
36		本部分小计			525469	1003950	90541	695966
37	引桥部分	吊移安装箱梁	片	128	106110	0	0	2165.5
38		C40 现浇湿接缝	m³	204.7	21904	47618	13333	12381
39		湿接缝钢筋	I	t	4.376	1299	12127	433	578
40			II	t	54.978	14882	159980	5581	5581
41		C30 盖梁混凝土	m³	1006.2	97882	212786	59580	55325
42		C25 接高墩混凝土	m³	1621.3	157718	342864	95002	89145
43		C30 系梁混凝土	m³	247.44	24071	52328	14652	13065
44		C25 承台混凝土	m³	164.6	11111	34391	1852	5556
45		C30 垫石挡块混凝土	m³	95.9	9329	20281	5679	5273
46		盖梁钢筋	I	t	17.68	5250	48994	1750	2333
47			II	t	60.645	16389	176180	6146	6146
48		墩身钢筋	I	t	15.046	4467	41695	1489	1986
49			II	t	106.914	28940	311109	10853	10853
50		植筋	根	304	412	1440	103	103
51		系梁钢筋	I	t	2.05	609	5681	203	271
52			II	t	12.198	3302	35495	1238	1238
53		承台钢筋	I	t	1.38	410	3824	136	162
54			II	t	4.546	1231	13228	462	462

续表

编号	项目名称		单位	数量	人工费	材料费 主材	材料费 辅材	机械使用费
55	垫石挡块	Ⅰ	t	7.029	2141	49978	714	951
56		Ⅱ	t	8.795	2381	25593	893	893
57	支座		块	512	16644	58254	4161	4161
58	机加工钢板		块	256	19490	68214	4873	4873
59	粘贴钢板		m²	99	5025	17586	1256	1256
60	安装锚栓		根	1024	17324	60634	4331	4331
61	路基挖方		m³	8120	2356	0	0	44764
62	路基填方		m³	58469	39567	0	0	751776
63	轨道		m	1000	50754	177639	12689	12689
64	门架便桥		总额		190328	42295	21148	169180
65	便道基层		m³	670.68	2735	0	0	51967
66	便道面层		m³	379.5	5804	0	0	91280
67	铁件		m³	0.5	581	2032	135	145
68	专用门架		总额		37220	0	0	1823760
69	本部分小计				896666	1992246	269702	3175210
70	土方开挖		m³	16.38	5	0	0	92
71	借土填筑		m³	41227.1	18483	0	0	351181
72	M7.5浆砌片石挡墙		m³	2440.7	94971	130585	11871	0
73	M7.5浆砌片石排水沟		m	427	20950	28806	2619	0
74	M7.5浆砌片石截水沟		m	387	20951	28808	2619	0
75	M7.5浆砌片石急流槽		m	12.3	645	887	81	0
76	盖板涵		m	4	18386	23225	3387	3387
77	本部分小计				174391	212311	20577	354660
78	合计				1897186	4579702	485281	4359417

引桥部分（编号61—69），路基部分（编号70—77）

3. 外包工程项目作业责任成本的直接费按部位分解

项目部外包的工程包括新建桥部分、凿除部分和主桥的升高监控部分。现将外包工程的直接费按部位进行分解，如表6.13所示。

因为升高监控、凿除部分和新建桥部分属于外包工程，故分解外包工程项目责任成本的依据是：现场管理费以承包总价为基数，按费率为1.5%计算；现场经费以承包总价为基数，按费率为0.5%计算；税金以承包总价为基数，按费率为3.41%计算；上级管理费以承包总价为基数，按费率为4%计算；剩余部分为外包工程的直接费。

表6.13 某项目外包工程责任成本直接费的分解　　　　单位：元

编号	项目名称			单位	数量	直接费
1	主桥部分	升高监控				206318.6
2	凿除部分	无损凿除		m³	2950	267240.6
3	新建桥部分	基础钢筋	Ⅰ	t	7.471	26395
4			Ⅱ	t	22.056	79922.1
5		钻孔灌注桩钢筋	Ⅰ	t	7.775	27469.2
6			Ⅱ	t	51.45	186434.2
7		墩台钢筋	Ⅰ	t	4.295	15174.2
8			Ⅱ	t	29.14	105591.7
9		下部钢筋	Ⅰ	t	11.934	42194.7
10			Ⅱ	t	37.463	135750.8
11		预制梁	Ⅰ	t	123.75	437210
12			Ⅱ	t	240.163	870254.6
13		高强钢丝		t	81.788	740917.5
14		φ120桩基		m	730	581950.2
15		φ160桩基		m	203	266651.6
16		C20片石混凝土基础		m³	208.6	66139.7
17		C25承台混凝土		m³	763	276480.7
18		C20片石混凝土台身		m³	409.43	148361
19		C25墩台混凝土		m³	460.17	208434
20		C30墩台混凝土		m³	619.01	280380.6
21		C40箱梁		m³	2394.98	2126220.2
22		取芯		m³	20	4973.3
23		超声波		根	66	21883
24	合计					9592347.4

4. 工程施工项目作业责任成本部分间接费按部门进行分解

工程施工项目作业责任成本的部分间接费按部门进行分解，主要根据前面的费用标准、公司和项目部的工资核定、各职能部门的人员以及项目；所在地的生活水平将部分间接费在项目部的各职能部门中进行分解，如表6.14所示。

表 6.14　某工程作业责任成本部分间接费的分解　　　　单位：元

项目	经理室	管理部	质管部	工程部	综合办	机材部	财务部	合计
工资	266400	27000	121500	194400	45900	145800	0	801000
奖金、福利费	57750	10500	45000	70875	18750	47250	0	250125
办公费	1600	1600	800	800	1600	700	400	7500
差旅费	800	0	2000	0	2000	6000	0	18000
招待费	100000	0	1600	1600	160	1600	0	106400
通信费	39600	1800	5400	7200	2700	18000	0	74700
伙食费	10800	2700	13500	18900	5400	16200	5400	72900
水、电费	2700	2700	2700	900	2700	900	2700	15300
取暖费	640	1600	800	1120	320	960	320	4320
劳保用品费	800	200	1000	1400	400	1200	400	5400
固定资产使用费	18000	4500	22500	31500	9000	27000	9000	121500
公务车辆费用	42120	1620	2700	1080	21600	36900	4212	110232
临设费	7920	1980	9900	13860	3960	11880	3960	53460
合　计	556330	54760	229400	343635	115930	314390	26392	1640837

四、阿米巴项目部作业责任预算成本的确定

1. 确定阿米巴项目责任成本预算总额并落实

项目作业责任成本的确定需要公司相关部门和阿米巴项目成员的全程参与，进而确定合理可行的项目作业责任成本总额。阿米巴项目作业责任成本的落实如图6.3所示：

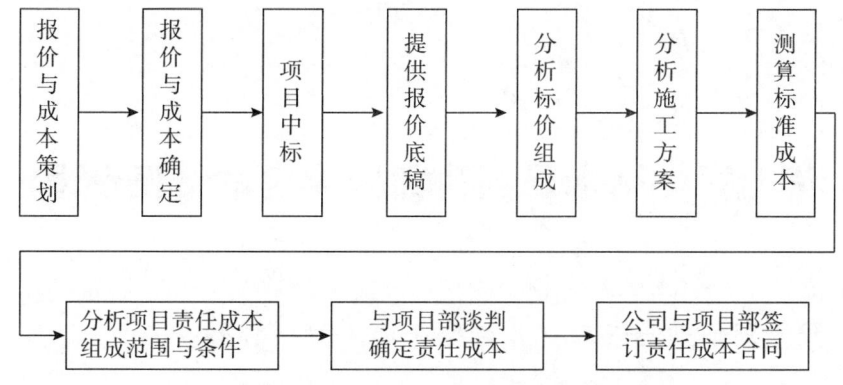

图 6.3　阿米巴项目作业责任成本落实流程图

2. 编制项目作业成本计划，落实作业责任单元成本

岗位作业成本是指完成成本管理岗位工作内容所计算的成本支出额度，或者为完成成本岗位工作内容对成本控制指标的节约或降低指标。公司在与项目部确定了项目的责任成本基础上，与项目部一同对各项管理目标经过进一步细化和确认后，对完成该项目目标制定更有针对性的成本控制措施。其表达式可为：

$$项目目标成本 = \sum 岗位作业成本$$

$$项目责任成本 = 项目目标成本 + 项目目标成本降低额$$

$$项目责任成本预计降低额 = \sum 岗位作业成本降低额指标$$

第七章 阿米巴项目部作业成本责任管理

一、阿米巴作业责任单元（中心）成本管理模型

本书根据管理的一般理论和基于作业的责任会计原理，设计了基于作业的责任中心成本管理模型，如图7.1所示。

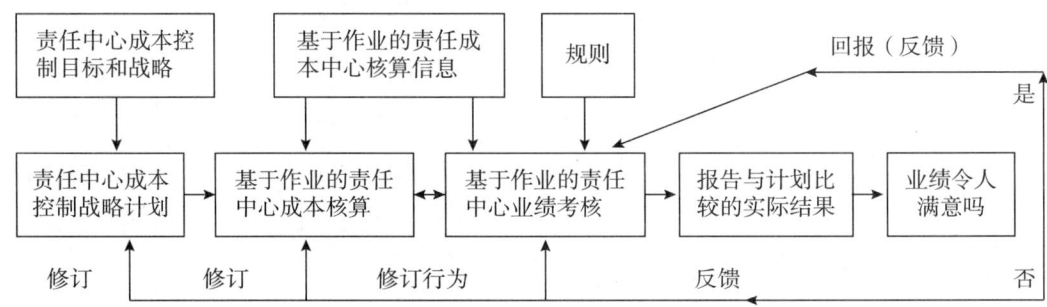

图7.1 作业成本责任中心成本管理模型

该模型的核心思想在于把作业管理思想与原理渗透到责任中心成本管理的模块之中，其核心活动是责任中心成本控制目标和战略、作业责任中心成本核算、作业责任中心控制战略计划、作业责任中心业绩考核。基于作业的责任中心成本核算为本模型的信息基础，基于作业的责任中心设置是组织基础。

二、阿米巴工程项目作业成本责任管理流程

工程项目目标成本责任管理工作流程如图7.2所示。

三、阿米巴项目部作业责任成本控制的措施

阿米巴各层级责任单元在明确各自的责任成本并编制出了责任预算后，在实际施工中要对责任预算的执行情况进行控制。在课题的研究中，我们建议康崖底项目部采取内部控制和外部控制相结合的形式进行成本控制。其

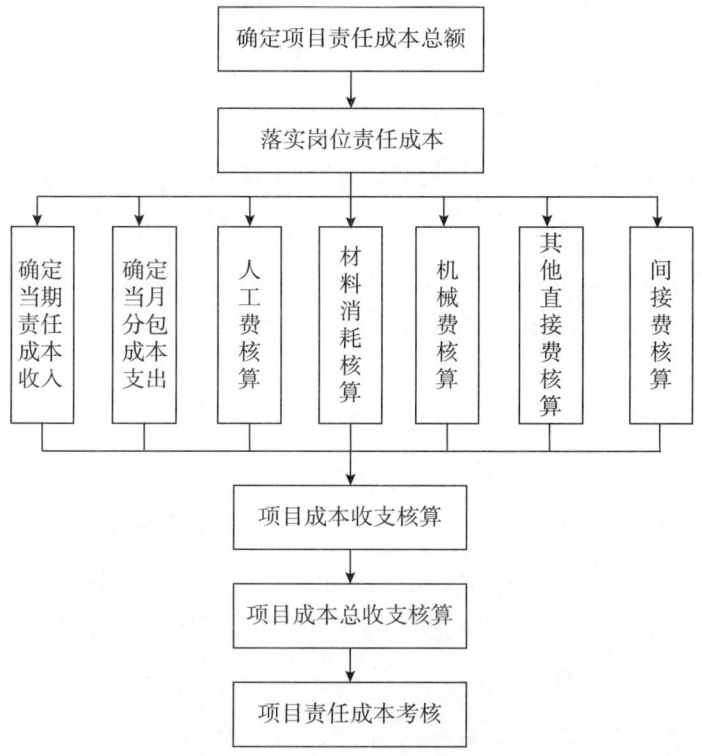

图 7.2 工程项目目标成本责任管理工作流程

中内部控制是指责任中心对本中心的责任预算执行过程所进行的控制；外部控制是指上一责任层次对所属责任中心责任预算执行过程所进行的控制。要求项目部通过制定相应的制度和办法，并采取一定的措施对各责任层次、责任中心进行控制，使他们建立起自发控制成本的机制，从而有效地控制责任成本。

控制责任成本的制度和办法在项目部组建时就已制订，主要包括：《工程项目责任成本管理办法》《工程项目责任承包办法》《定额管理办法》《财务管理办法》《工资资金管理办法》《机材管理办法》《安全管理办法》《质量管理办法》《施工技术管理办法》等。

降低施工项目成本的途径，应该是既开源又节流，或者说既增收又节支。只开源不节流，或者只节流不开源，都不可能达到降低成本的目的，至少是不会有理想的降低成本的效果。在课题的研究过程中，我们建议康崖底项目部采用以下几种控制措施，来加强对责任成本的管理。

1. 通过健全责任成本控制制度来控制责任成本

（1）责任成本责任制

为控制责任成本，项目部应积极推行责任成本管理，按照不同的成本要素，将责任成本细分。纵向分解到施工队、班组和个人；横向分解到项目部各职能部门和个人。建立起纵向到底、横向到边的成本责任体系。同时，按照细化的施工安排，将责任成本分解落实到每个阶段、每个责任者身上，形成全员、全方位、全过程的项目成本责任格局，做到人人责任明确，个个肩上有指标，并把个人利益与成本指标密切挂钩，严格考核，奖罚兑现。在实际施工过程中，康崖底项目部采用了责任成本责任制度，积极推行责任成本管理，并建立起责任成本责任制体系。

（2）材料采购招标制、机械租赁制

项目部对材料成本的控制，除了应采取加强管理，杜绝"跑、冒、滴、漏"和严格限额出入库等措施外，还应重点把好材料的采购质量关、价格关、运输关、验收关、结算关。对于大宗材料的采购，采用招标或材料采购员进行市场调查询价的办法，项目部组织各职能部门的负责人通过比质量、比价格、比运距，确定各种材料的最优购入价格，签订购料合同。

对工程所需的运输设备，结合工程进度、运输总量等要求，进行公开招标。根据报价、车辆状况、维修保养能力、安全管理、服务措施等情况，择优选定，签订运输合同。

（3）工序单价责任承包制

项目部要把握住工程项目的工、料、机等直接成本大多发生在作业层这一因素，把项目部作为成本中心，作业层作为核算中心，在最基层单位进行成本控制，加大对作业层次的控制力度。项目部还建立了内部施工定额，为责任成本控制提供了科学依据，保证了在作业层中推行工序单价承包。根据细化的施工组织设计和分解的责任成本，以施工队、班组或个人为基本核算单元，推行工序单价承包，签订合同，明确责、权、利。

通过课题组的帮助，康崖底项目部在实际操作中严格推行工序单价承包制，其工序单价采用预算定额编制。规定在实行工序单价承包和其他发生费用支付的地方，项目部实行计量拨款、集体决策。验工计量由项目副经理主管、总工牵头，组织工程、质检、管理、机材部门人员，到施工现场核实完成的实物工作量，依据确定的责任成本和工序承包单价，计算工程价款。

（4）成本控制动态考核制

项目部应实行成本控制动态考核制，坚持在实施过程中开展经常性的经济活动分析，如单位（单项）工程成本分析、工、料、机等单项费用分析等，找出存在的问题和成本节超的原因，制定并采取切实可行的改进措施。还坚持了逐级对各施工队、各职能部门实施阶段性的成本考核制度，按照分解的责任成本目标，与工程进度挂钩，进行节超考核和奖惩，保证了项目成本始终处于受控状态。

为了方便康崖底项目部成本分析工作的开展，我们协助康崖底项目部采用比较分析法分析实际成本。每月对项目部本月发生的全部成本进行分析，并同计划、同上月的成本水平进行比较分析，以检查成本计划的完成程度。比较分析法是通过经济指标的对比，从数量上确定差异，检查成本计划完成的好坏，研究产生差异的原因和影响程度，以采取有效的措施。如：人工费从用工数量、日平均工资进行分析；材料费从材料的用量、单价进行分析；现场管理经费将实际发生的费用与项目部规定的开支标准进行比较分析。分析并提出可能产生的成本超支的原因，采用因果关系分析图对成本超支进行定性分析。实际成本的分析可用图 7.3 表示。例如成本问题可能由材料费引起，将材料费视为成本问题的大原因；材料费问题又可能直接由材料的价格和消耗引起，可将材料的价格和消耗视为成本问题的原因；引起材料消耗的原因可能是材料的质量和浪费，将材料的质量和浪费视为成本问题的小原因。

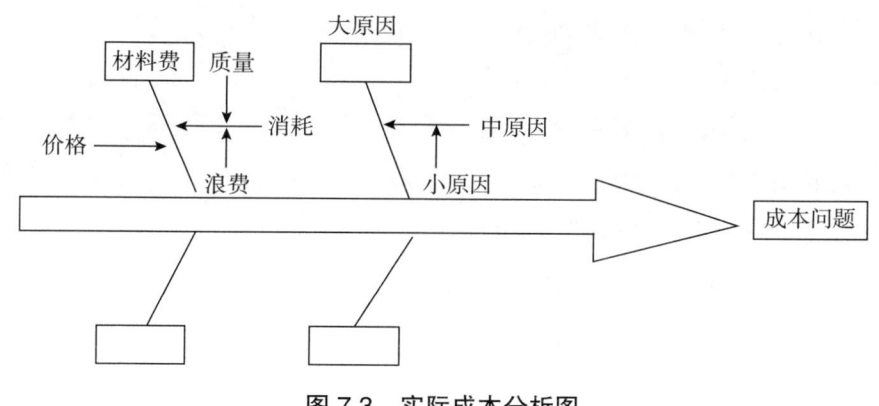

图 7.3　实际成本分析图

（5）项目完工清算

在加强项目成本过程控制的同时，项目部还加大力度抓好每个单项工程的完工清算，把住项目成本的重要环节。不论是内部还是外部施工队伍，不论完成施工的工程量是多少，都必须做到完工一项清算一项，使得经济纠纷和风险在施工过程中得到化解，又可以及时核实项目发生的实际成本，分析责任成本的执行情况。

2. 制定先进的、经济合理的施工方案

阿米巴项目部在工程项目开工之前和各分部分项工程开工之前，坚持采用 VE（价值工程）等方法对其实施性的施工方案进行仔细的技术经济比较，以达到缩短工期、提高质量、降低成本的目的。

在施工过程中努力寻求各种降低消耗、提高工效的新工艺、新技术、新材料等降低成本的技术措施。严把质量关，杜绝返工现象，缩短验收时间，节省费用开支。提倡同时制定几个施工方案，倾听现场施工人员的意见，以便从中优选最合理、最经济的施工方案。

3. 落实技术组织措施

落实技术组织措施，走技术与经济相结合的道路，以技术优势来取得经济效益，是降低施工成本的又一个关键。一般情况下，在项目开工以前根据工程情况制定技术组织措施计划，作为降低成本的内容之一列入施工组织设计。在编制月度施工作业计划的同时，也可按照作业计划的内容编制月度技术组织措施计划。

为了保证技术组织措施计划的落实，并取得预期的效果，在项目经理的领导下明确分工，由工程技术人员制定措施，材料人员供材料，现场管理人员和生产班组负责执行，财务成本员结算节约效果，最后由项目经理根据措施执行情况和节约效果对有关人员进行奖励，以形成落实技术组织措施的一条龙管理。必须强调，在结算技术组织措施执行效果时，除要按照定额数据等进行理论计算外，还要做好节约实物的验收，防止"理论上节约、实际上超用"的情况发生。

4. 用好用活激励机制，调动阿米巴成员增产节约的积极性

用好用活激励机制，应从项目施工的实际情况出发，有一定的随机性。在课题的研究中，我们结合康崖底项目施工的实际情况，帮助项目部用好用活激励机制，具体方法有：

（1）对关键工序施工的关键班组要实行重奖。如主桥顶升每完成一个阶段（2m），对在进度和质量中起主要保证作用的班组实行重奖，而且说到做到，立即兑现。这样能激励职工的生产积极性，促进项目建设的高速、优质、

低耗。

（2）对材料操作损耗特别大的工序，由生产班组直接承包。例如：水泥、碎石、钢管脚手架和砂，在采购、保管和施工等环节中，往往会超过定额的损耗系数，甚至超过很多。如果将采购来的水泥、碎石、钢管脚手架和砂直接交生产班组验收、保管和使用，并按规定的损耗率由班组承包。

（3）实行钢模零件和脚手螺丝有偿回收。项目施工需要大量的钢模零件和脚手螺丝，多达几万只。如果任意丢弃，回收率很低，由此而造成的经济损失也很大。假如对这些零件实行有偿回收，班组就会在拆除钢模和钢管脚手架时，自觉地将这些零件收集起来，从而减少了浪费现象。

5. 采取合同措施控制责任成本

施工项目的各种经济活动，都是以合同或协议的形式出现的，如果合同条款不严谨，当自己蒙受损失时，应有的索赔条款不能成立，会产生不必要的损失。因此应加强项目的合同管理，增创工程预算收入。

（1）深入研究招标文件、合同内容，正确编制施工图预算

在编制施工图预算的时候，要充分考虑可能发生的成本费用，包括合同规定的属于包干（闭口）性质的各项定额外补贴，并将其全部列入施工图预算，然后通过工程款结算向甲方取得补偿。也就是：凡是政策允许的，要做到该收的点滴不漏，以保证项目的预算收入，即"以支定收"。但有一个政策界限，不能将项目管理不善造成的损失也列入施工图预算，更不允许违反政策向甲方高估冒算或乱收费。

（2）把合同规定的"开口"项目，作为增加预算收入的重要方面

一般来说，按照设计图纸和预算定额编制的施工图预算，必须受预算定额的制约，很少有灵活伸缩的余地，而"开口"项目的取费则有比较大的潜力，这是项目创收的关键。

例一：合同规定，待图纸出齐后，由甲乙双方共同商定加快工程进度、保证工程质量的技术措施，费用按实结算。按照这一规定，项目经理和工程技术人员应该结合工程特点，充分利用自己的技术优势，采用新技术、新工艺和新材料，经甲方签证后实施。这些措施，应符合以下要求：既能为施工提供方便，有利于加快施工进度，又能提高工程质量，还能增加预算收入。

例二：合同规定，预算定额缺项的工作，可由乙方参照相近定额，经监理工程师复核后报甲方认可。这种情况，在编制施工图预算时是常见的，需

要项目预算参照相近定额进行换算。在定额换算过程中，预算员就可根据设计要求，充分发挥自己的业务技能，提出合理的换算依据，以此来摆脱原有定额偏低的约束。

（3）根据工程变更资料，及时办理增减账

由于设计、施工和甲方使用要求等原因，工程变更是项目施工过程中经常发生的事情，是不以人们意志为转移的。随着工程的变更，必然会带来工程内容的增减和施工工序的改变，从而也必然会影响成本费用的支出。因此，项目承包方应就工程变更对既定施工方法、机械设备使用、材料供应、劳动力调配和工期目标等的影响程度，以及为实施变更内容所需要的各种资源进行合理估价，及时办理增减账手续，并通过工程款结算从甲方取得补偿。

在实际工作中，我们建议项目部设置固定的、具备丰富施工管理经验、懂技术、熟悉施工程序和经济合同及有关法规、并有一定公关能力的合同管理人员，并经常检查对外经济合同的履约情况，为顺利施工提供物质保证。如遇拖期或质量不符合要求时，根据合同规定，及时向对方索赔；对缺乏履约能力的单位，采取断然措施，立即终止合同，并另找可靠的合作单位，以免影响施工，造成经济损失。以施工合同为例，由于康崖底大桥改造工程的施工内容复杂，局部设计变更经常发生，加上环境的变化，以及招标文件、设计文件存在不确切、遗漏甚至错误和合同不严谨等情况，或多或少地存在索赔事项。还建议项目部在平时做到及时记录、收集、整理、签认、保管好索赔资料，保证索赔有理有据。但是合同双方既有任务也有权利，既约束对方，也被对方约束，所以项目部也密切注意自己是否履行合同的规定，以防止受到业主的惩罚。

项目部为了加强对项目责任成本的控制，在内部订立的合同有：施工队与项目部之间的经济承包合同；项目部与项目部职能部门之间的专业管理合同；以及施工队与其内部成员之间的岗位责任合同和承包合同。

项目部采取的合同措施中，始终强调了以下几点：

（1）在承包对象上，以某一具体的分部分项工程为对象，实行从施工准备到本分部分项工程完工的一次性承包。

（2）在承包主体上，是在实行项目经理责任制的前提下推行的"经理负责、全员管理、集体承包、风险抵押、独立核算、自负盈亏"的承包责任制。

（3）在承包内容上，包括工程质量、工程进度、工程成本、工程合同、安全生产与文明施工、工程技术、机械设备等多重复合型经济技术指标。

（4）在承包责任上，不仅明确了承包指标，更强调承发包双方的责任定位，充分体现了"指标突出、责任明确、利益直接、考核严格"的要求。

6. 实行对施工队分包成本的控制

（1）对施工队分包成本的控制

在管理层和劳务层两层分离的条件下，项目经理部和施工队之间需要通过劳务合同建立发包与承包关系。在合同履行过程中，项目经理部有权对施工队的进度、质量、安全和现场管理标准进行监理，同时按合同规定支付劳务费用。至于施工队成本的节约或超支，属于施工队自身的管理范畴，项目经理部无权过问，也不应该过问。这里所说的对施工队分包成本的控制，是针对以下情况而言：

①工程量和劳动定额的控制。项目经理部与施工队的发包和承包，是以实物工程量和劳动定额为依据的。在实际施工中，由于业主需要等原因，往往会发生工程设计和施工工艺的变更，使工程数量和劳动定额与劳务合同互有出入，需要按实调整承包金额。对于上述变更事项，一定要强调事先的技术签证，严格控制合同余额的增加；同时，还要根据劳务费用增加的内容，及时办理增减账，以便通过工程款结算，从甲方那里取得补偿。

②计日工的控制。由于过程施工的特点，施工现场经常会有一些零星任务出现，需要施工队去完成。而这些零星任务，都是事先无法预见的，只能在劳务合同规定的定额用工以外另行计日或计工，这就会增加相应的劳务费用支出。为了控制计日工的数量和费用，可以采取以下方法：一是对工作量比较大的工作任务，通过领导、技术人员和生产骨干"三结合"讨论确定计日工定额，使计日工的数量控制在计日工定额的范围以内；二是按定额用工的一定比例（5%~10%）由施工队包干，并在劳务合同中明确规定。一般情况下，应以第二种方法为主。

③坚持奖罚分明的原则。项目建设的速度、质量、效益，在很大程度上将取决于施工队的素质和在施工中的具体表现。因此，项目经理部除要对施工队加强管理以外，还要根据施工队完成施工任务的业绩，对照劳务合同的标准，认真考核，分清优劣，有奖有罚。在掌握奖罚尺度时，首先要以奖励为主，以激励施工队的生产积极性；但对达不到工期、质量等要求的情况，也要照章罚款并赔偿损失。这是一件事情的两个方面，必须以事实为依据，

才能收到相辅相成的效果。

（2）落实生产班组的责任成本

生产班组的责任成本就是分部分项工程成本。其中：实耗人工属于施工队分包成本的组成部分，实耗材料则是项目材料费的构成内容。因此，分部分项工程成本既与施工队的效益有关，又与项目成本不可分割。

生产班组的责任成本，应由施工队以施工任务单和限额领料单的形式落实给生产班组，并由施工队负责回收和结算。

签发施工任务单和限额领料单的依据是：施工预算工程量、劳动定额和材料消耗定额。在下达施工任务的同时，还要向生产班组提出进度、质量、安全和文明施工的具体要求，以及施工中应注意的事项。以上这些，也是生产班组完成责任成本的制约条件。

在任务完成后的施工任务单结算中，需要联系责任成本的实际完成情况进行综合考评。由此可见，施工任务单和限额领料单是项目管理中最基本、最扎实的基础管理，它不仅能控制生产班组的责任成本，还能使项目建设的快速、优质、高效建立在坚实的基础之上。

四、建立项目部责任成本日常控制制度

1. 施工方案逐级优化制度

项目实施性施工组织设计是规划和指导工程从施工准备到竣工验收全过程的综合性技术经济文件，在成本超支风险中具有很重要的地位。工程施工项目编制好施工组织设计，是保证工程项目工期、质量和效益的重要前提，逐级优化施工方案，是节约、挖潜、创效的重点。

某项目在工程开工前，由项目总工牵头，在项目经理的领导和有关技术、管理人员的协助下，确定施工方案、主持优化负责人。项目各中心在实施性施组方案的基础上结合现场实际，本着合理、节约的原则做进一步的比较优化，对项目各种生产要素的组合做出合理的安排，具体到劳动力的使用，材料的采购、运输和保管，内、外部机械的调遣、租用、配套与选型，重点工程的工序、工法及关键技术的实际应用，施工场地、生产生活用大、小临时设施的布置安排和利用。由于提高工效、降低消耗、节约工程量和材料的潜力存在于施工生产和项目经营的全过程，因此在项目施工过程中，项目还应做好施工方案的逐级优化工作。在熟悉设计资料、充分调查施工现

场的情况下，要在反复比较的过程中优化和选择施工方案。

（1）施工方案逐级优化制度具体步骤

①现场实地调查。

②认真分析理解与业主签订的合同条款，尤其是条款中对工期、施工工艺等要求。

③确定施工方案中的核心内容（施工方法）。

④选择施工机械配置。

⑤安排合理的施工顺序。

（2）项目施工方案逐级优化实例

某项目工程隧道出口洞口位于线路深沟斜坡处，沟深坡陡，场地狭小，洞口场地布置比较困难。便道需经过约3km 3.0m宽的机耕道，还需要在70°~80°的山坡上新修约1km便道，并且要多次架便桥跨越峡谷，便道石方开挖量和挡防工程量极大，便道便桥要修通至少需3个月以上。个别地段便道坡度达20%以上，便道长而陡，材料和生活物资的运输成难题，很难保证隧道的正常施工。附近无高压电接入，供电也成问题。

为解决施工难题，经过项目总工踏勘现场后，提出能否在线路右侧选点，在隧道出口旁边增加一支洞，进入支洞后，朝出口和进口两方向施工，解决了出口进洞难题。经过测量班等人定位选点，选择了合理的位置。支洞洞口地势平缓开阔，十分利于临建场地布置。既有便道长500m，新修便道200m，便道宽敞平坦，物资运输极为方便。且贯通动力电就在洞口上方，接入距离仅90m。支洞进入主洞后承担2200m正洞施工任务，使得整个隧道工期压力迎刃而解，与原洞口绝壁上开路、深沟里架桥、半坡上进洞的施工条件简直是天壤之别。

此优化方案的可操作性极强，创造的经济效益十分明显。该方案优化不仅可以对增加的支洞进行计价，还使便道、便桥、电力接入、运费、临建费用、工程费用等节约投资约600万元。

2. 工程量逐级控制制度

工程量的控制效果最终表现为工程量的节超，将项目部从业主方取得的计量与对劳务队的计量相比较而定。项目部对节余工程量取得的收入，形成"项目经理调控基金"，对有功人员，由项目部报告，经公司批准给予奖励，且一事一奖。对无正当理由造成工程量对下超计的，提交纪检、审计部门查处。但对三类变更工程,劳务队确实已完成的工程量,而业主没给计量的,经核实后不作为对下超计处理,其支出减少"项目经理调控基金"。

某项目在开工前,项目总工按照施工图到位的情况,组织相关部门人员分阶段对现场实测,逐步确定项目整体及各责任中心实际工程数量。项目还实施工程数量的动态管理,并要求按可控性原则,将工程数量纳入技术中心责任范围内进行责任预算、预算分析和考核;对上级确立的工程数量总预算进行及时分解,责任到人;单位工程或单项工程在开工前进行工程数量的责任预算分解,确定责任中心人,签订责任合同,并建立相应的管理台账;因施工方案、变更设计及现场变化等因素引起的工程数量变化,项目部要严格执行报批审签制度,及时将情况上报;当各级责任中心的工程数量发生变化时,项目部对责任范围以外发生的工程数量的变化要及时调整责任中心的实际工程数量。

3. 物资设备招标采购制度

物资设备的成本一般要占到施工成本的70%左右,项目部的材料物资直接构成工程实体,是工程成本的主要组成部门。搞好项目材料物资管理控制既是进行正常施工生产的前提,又是节约成本、加速资金周转的有效途径。

某工程项目部材料物资管理控制的主要工作,如图7.4所示。

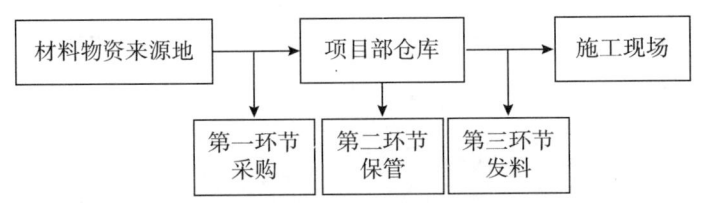

图7.4 材料物资管理控制的主要工作

如图7.4所示,一批材料物资从生产出来到构成工程实体需要经过采购、保管、发料三个环节,因而项目部的材料物资管理控制就从这三个环节入手,通过对三个环节中可控成本的有效控制来控制整个物资管理的成本。

以上三个环节,根据各自成本的特点,管理控制的目标也各不相同。对于材料物资采购环节来讲,主要是在保质保量的前提下实施材料物资的价格及运杂费的控制;对于物资的保管环节来讲,主要是保管费用的控制;对于发料环节来讲,主要是对物资的数量进行控制。因此说,材料的价格控制、数量控制是降低材料成本的重点环节。

4. 全面计划管理制度

全面计划管理也称全面预算管理，它是项目部总体规划的数量说明。全面预算管理包括业务预算和财务预算两大内容。业务预算由施工产值计划、实物工程量计划、物资采购计划、机械费用计划、人工费用计划和施工管理计划等组成。财务预算由现金收支计划、预计收益计划和预计资产负债计划等组成。

（1）计划责任中心根据业主年度投资计划，结合项目部编制的年度施工产值计划，并根据工期要求和现场实际将计划分解到季度、月份。施工产值计划每个季度按上期的实际完成情况进行合理调整。

（2）技术责任中心根据施工产值计划和施工组织设计编制项目部年度实物工程量计划，并将计划分解到季度、月份，其编制时间和调整同计划责任中心的要求一样。

（3）物资中心根据年度实物工程量计划，编制年度项目部物资采购计划或业主供料的申领计划及所需的现金计划，并将计划分解到季度、月份，其编制时间和调整同计划责任中心的要求一样。

（4）机械设备责任中心根据年度实物工程量计划，编制年度项目部机械电力计划及所需的现金计划，并将计划分解到季度、月份，其编制时间和调整同计划责任中心的要求一样。

（5）其他责任中心的计划，原则上按年度实物工程量计划，并将计划分解到季度、月份，其编制时间和调整同计划责任中心的要求一样。

（6）财务责任中心根据年度施工产值计划，编制年度项目部员工工资计划和施工管理费计划，并合理分解施工管理费。同时，根据各责任中心的计划汇总编制年度现金收支计划、预计收益计划和预计资产负债计划。

5. 责任成本定期分析制度

责任成本定期分析制度是责任成本过程控制的重要手段，是及时总结经验教训、制定纠正和预防措施、考核阶段性责任成本指标落实情况、促进项目管理正常运行等工作的最佳方法。因此，项目部每月都以财务部门为主编制责任成本分析报告，本着重要性和例外原则进行责任成本预算执行情况分析，重点是责任成本有重大影响的项目，如对责任成本风险预控中确定项目、物资成本的节超进行分析。材料成本核算及节超原因分析：

（1）根据当期（月）验工计价，当期的"材料消耗报销及动态报表"中的材料实际消耗数量。以施工队伍或分项工程为单位，按要求分别填写相应的核算表格。

（2）通过综合汇总，计算出材料消耗的节约和超耗数量以及盈亏金额，进行原因分析。

（3）盈亏分析。主要是查明料费节超原因，写出详细的分析报告。

①节约原因主要从下列因素中查找：

严格管理，实行定额控制，使实耗低于定额标准。

物资采购（或招标采购、批量订购等）过程中，合理组织，减少中转环节，降低（压减）费用支出。

提高工程质量和产品质量。

采用新技术、新工艺，推广新型材料，改变产品设计和工程设计。

大力开展修旧利废及废旧物品的回收工作。

采取以钢代木、以竹代木、以混凝土代木、以旧代新、综合代用等方法。

其他。

②超耗原因主要从下列因素中查找：

不执行定额标准，超定额消耗。

组织不得力、不合理，由此造成的浪费。

人为事故。因保管不善，不按规程操作，致使材料受潮变质、丢失、损坏。不可抗力的自然灾害因素。

对自然灾害防范措施不力，无形中增加的损失浪费等。

（4）改进措施。通过分析，查明原因，及时召开研讨分析会，必要时提请上级领导、有关专家或技术人员参加，针对有关问题，研究制定出相应的改进方案。

（5）隧道施工中因地质不同，容易造成超挖，必然导致原材料超耗，但验工计量时对此超挖部分不予计价（不愿承认，实际情况确实存在，特别是在衬砌中，砂子、石子、水泥、减水剂等材料超耗严重），而且此超挖部分掌握的资料也不是很详细，很难分析到底超挖多少，因此在材料节超分析时就会反映出材料超耗严重。对桥梁结构物原材料消耗一般没有大的出入。

6. "零利润集体承包"制度

"零利润集体承包"是指各作业责任单元（中心）按照责任预算取得的收入，减去实际成本支出后的责任利润，全部用于效益工资的发放，不再向企业上缴利润。但"零利润"同时意味着"零亏损"，各作业责任中心的实际成本支出，不能大于责任预算收入，成本大于收入时，则用工费弥补责任亏损。"零利润集体承包"制度，是作业责任成本管理的重要内容和主要体现，旨在组成作业责任主体的每一位成员，利益共享，责任与风险共担。

7. "项目经理调控基金"制度

"项目经理调控基金"的形成分两种渠道，采用不同的分配比率。

第一种渠道：是在公司批准的责任预算的基础上，项目部通过对施工方案的优化，对工程数量的控制，通过内部竞标进一步降低责任预算单价，通过材料物资招标采购降低材料价格，压缩项目部本级费用支出，优化配置各种生产要素等措施，使各责任中心的责任预算进一步降低后形成的差额。与"项目经理调控基金"的形成相对应，因对成本费用控制不力或管理不善造成超支时，应减少"项目经理调控基金"。"项目经理调控基金"的净节余额，为项目部实现的责任利润，即项目部完成应上缴款后的节余资金。上缴公司后按《工程项目管理办法》的有关规定对项目进行奖励，同样对完不成上缴的项目进行处罚。

第二种渠道：通过公关等手段，使变更工程和调概、补差、索赔等事项，从业主方取得明显收益的，先确认收入减去各种支出后的纯收入，再据此对有功人员实行重奖，由项目部打报告，经公司批准后兑现。剩余的利润上缴公司后按《工程项目管理办法》的有关规定对项目进行奖罚。

跨年度决算的工程，会计期末（季末、年末）根据核算和批准结果进行二次分配，先挂账到个人名下，待工程竣工决算后，根据责任利润的实际实现额，进行决算分配。待上缴款全部完成后兑现给个人。

8. 项目部本级费用控制制度

项目部本级的费用支出，由公司项目评估小组，根据评估办法，按定员和有关开支标准，结合项目实际情况，编制责任预算，经公司领导批准后执行。项目部本级费用支出不得突破责任预算，每一笔开支，都必须经过项目经理本人签字。因变更、索赔、"调概"而发生的经营性支出，可以单列，不计入责任预算之内，但必须向公司报告，经批准后，在变更收益内列支。

9.施工作业责任预算动态调整制度

建立责任预算动态调整制度，对责任预算实行动态管理是促进和深化责任成本管理良性运行的有效方法，责任预算调整分项目部责任总预算成本调整（要上报公司）和项目部各责任中心责任预算成本调整（对内调整）两部分。

当因国家政策调整引起材料价格变化较大的；变更设计、"调概"、补差增减额较大的；其他确需要调整的事项进行调整。

五、阿米巴项目单元作业责任成本核算

1.作业责任成本计算过程

作业责任成本计算是作业成本管理的核心，其目的是为了给企业管理决策提供及时准确的成本信息。作业成本管理的理论基础是：企业产品的成本和价值不是孤立产生的，成本的发生是由各种资源耗费的活动（或作业）引起的，是作业消耗资源。每种产品的成本将取决于各自对作业的需求量，是产品消耗作业。生产导致作业的发生．作业导致间接成本的发生，产出和直接成本相联系的中介是作业。

作业成本计算图如图7.5所示：

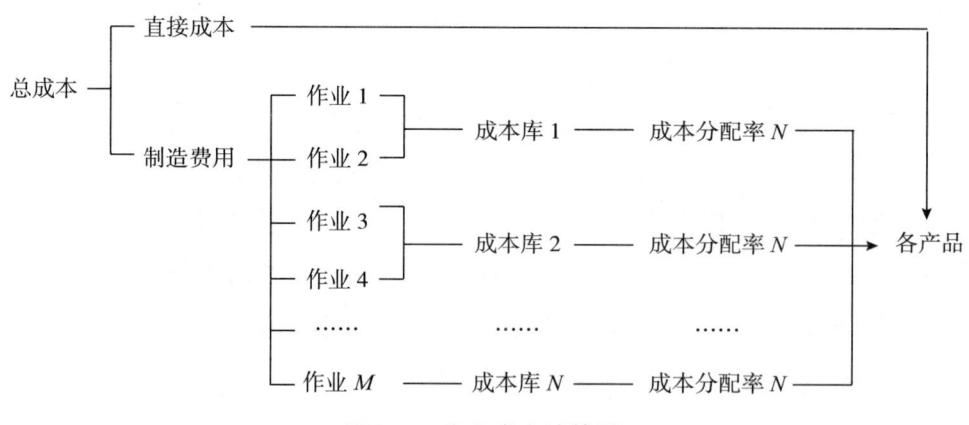

图7.5　作业成本计算图

2.作业成本责任中心的具体核算

基于作业的责任中心成本核算的实施是一个复杂的分析计算过程，需要

经过将总账账户的成本全部分解为作业成本,根据成本动因对成本分类,确定作业中心,划分作业层次。确定资源动因和作业动因,量化成本动因,依据成本动因将资源的成本分配到作业或作业中心,再确定责任中心,将责任中心的成本分配到成本对象等。完成这些步骤的过程实际也是贯穿于资源流动始终的因果分析过程,这一过程的实施有利于明确与落实各责任中心的岗位责任,揭露存在的问题,从而推动企业不断挖掘盈利潜力,优化经营决策。主要包括如下关键步骤:

(1)确认和计量各类资源耗费,将资源耗费价值归集到各资源库。

这一步骤只是价值归集过程,资源被耗费后,直接将耗用价值计入各作业既无必要也不可能。因此,资源耗费价值总在一个比较大的范围内按资源种类归集,即首先归集到资源库中。建立资源库的目的是为了在确定资源动因之后,按照各资源库的资源动因,将资源库归集的资源耗用分配到各作业中,再确定各责任中心的责任成本,以便在确定作业动因后,将其进一步分配到各产品中。价值归集范围一般视企业规模和作业组合状况而定。

(2)分析和确认作业。

分析和确认作业过程中,要分清生产作业和服务作业的各个环节,作为计算作业成本和评价作业效果以及对责任中心进行业绩评价的基础,这个过程把组织的活动分解为一个个易于理解和操作的基本作业。作业分析描述了企业所作的一切,即时间、资源等是如何被消耗的,作业的投入和产出各是什么等。作业不一定正好与组织的传统职能部门一致。有时候,作业是跨部门的,有时候一个部门就完成好几项作业。

作业的分析和确认可借助作业流程图及作业的整合和分解来完成。

①作业流程图通过一个作业流程图描述了组织内的作业以及它们的相互关系,表7.1中是一些用来描绘作业流程图的符号。

表7.1 作业流程图中符号的意义

意 义	符 号
起点或终点	□
把投入置换成产出的作业	○
投入和产出的流向	→

矩形框代表了分析中的系统地投入或产出的起点或终点，它们构成了整个系统的边界，系统的起点和终点可以是人、公司、部门或其他系统。圆环代表作业，它把投入转化为产出，任何作业都应既有投入也有产出。直线和箭头代表系统起点、重点和作业间的投入和产出的流向。

例如：对某公司的生产经营过程的分析，绘制如下流程图。它清楚地描绘了购货、验货、收货、会计、机制、工作准备等作业是如何进行的，以揭示它们的相互关系，如图7.6所示。

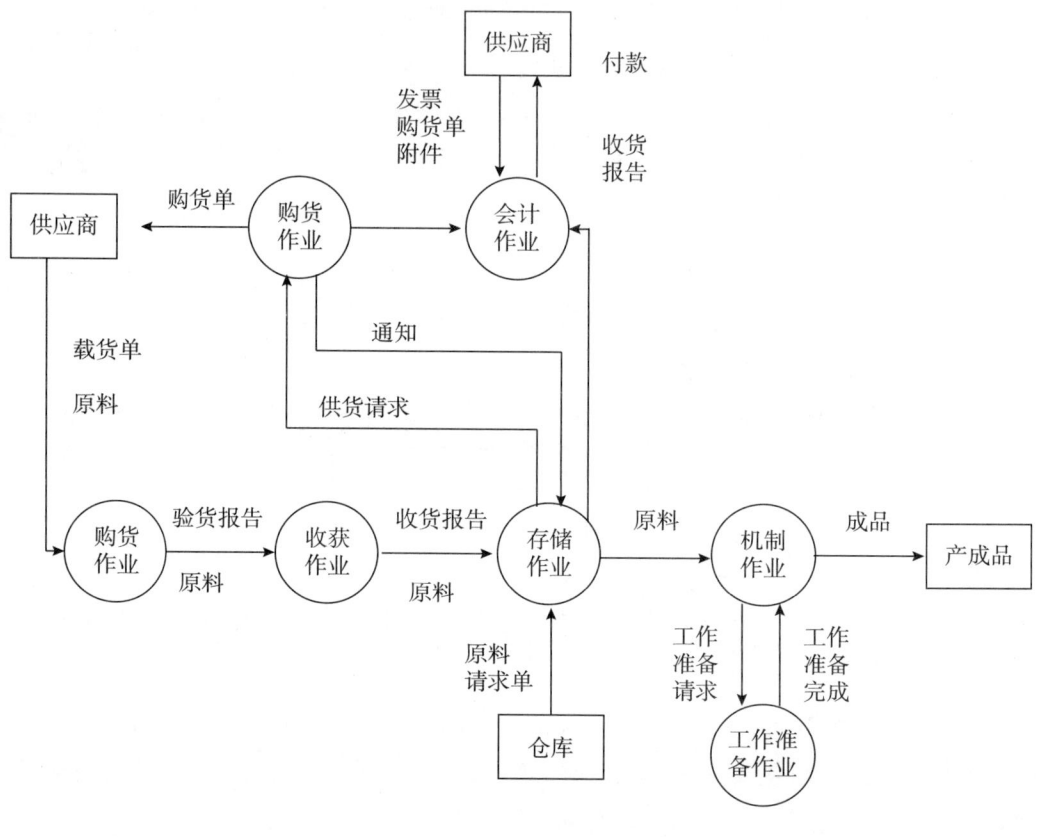

图7.6　作业流程图

②作业的整合和分解由分配给人或设备的业务组成，同类的业务便构成一个有特定功能的作业。

所有相关的业务集合在一起，以便使作业易于操作，这种把所有的同质的业务集合起来组成一个具有特定功能的过程就叫整合。与之相反的过程就是分解，把不同类的业务分为不同功能的作业。下面是进行整合和分解的一些经验：

a. 一般在每个传统的组织单位或部门中都应由 2～10 个功能明确的作业，有时一个小部门可能只有一个作业，有时候一个作业跨越好几个部门。在一个典型的部门中（如会计）如果有十个以上的作业，这时可能就需要整合其中的一些作业。相反，如果一个中型或大型部门里只定义了一个作业，这时就应分解它们；

b. 不同的人执行的作业不能整合；

c. 一个作业一般有 5～15 个密切关联的业务；

d. 如果一个作业只有一项业务，那么它可能受到了太多的分解；

e. 如果一个作业含有不相关的业务，应把它分解出去。

图 7.7 为整合和分解示意图：

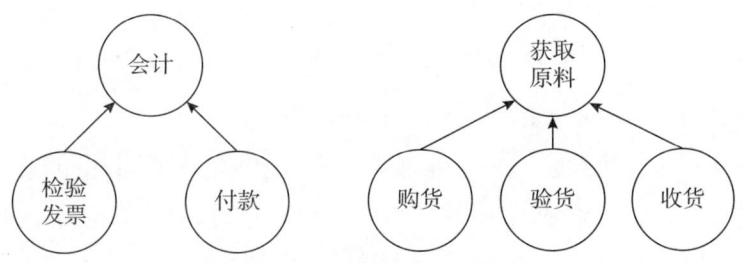

图 7.7　整合和分解示意图

作业的整合可用鱼骨图（如图 7.8 所示）来进行。

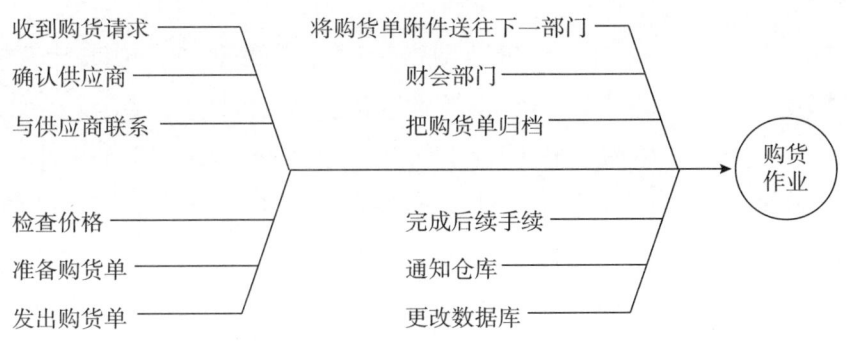

图 7.8　用鱼骨整合作业

③确定资源动因，建立作业成本库，将特定范围内资源库汇集的价值分解分配到各作业成本库中。

依据资源动因可把资源分配给不同的作业，形成作业成本库。所谓资源动因，是指资源被各作业消耗的方式和原因。资源动因反映了作业对资源的消耗状况，因而是把资源库价值分解到各作业库的依据。确立资源动因的原则是；

　　a. 某一项资源耗费能直观地确定其为某一特定产品所消耗，则直接计入该特定产品成本，此是资源动因也是作业动因，该动因可以认为是"终结耗费"，材料费往往适用于该原则；

　　b. 如果某项资源耗费可以从发生领域上区划为各作业所耗，则可以直接计入各作业成本库，此资源动因可以认为是"作业专属耗费"，各作业各自发生的办公费一般适用这种原则；

　　c. 如果某项资源耗费从最初消耗上呈混合耗费形态，则需要选择合适的量化标准将资源耗费分解分配到各作业，这个量化依据就是资源动因，如动力费一般按各作业使用电力度数分配等。

　　④确定作业动因，分配作业成本至成本目标。

　　此步骤的目的是将各作业成本库的价值分配计入最终产品或劳务成本计算单，计算完工产品或服务成本。

　　该成本计算步骤应遵循的作业成本计算规则是：产出量的多少决定着作业的消耗量，这种作业消耗量与产出量之间的关系就是成本动因。作业动因是将作业成本库成本分配到产品或劳务中去的标准，也是将作业耗费与最终产出沟通的中介。既然作业是依据作业动因确认的，就每一项作业而言，其动因也就已经确立，成本计算在这一步骤并无障碍。如订单作业是批次动因作业，我们只需将该作业成本库成本除以当期订单份数得到分配率，将此分配率乘以某批产品所用订单份数即得到应计入该批产品成本计算单（"订单"成本项目）中去的价值。下面是确定作业动因时的一些经验：①如果一个作业有多个产出，就应分析是否应当把这个作业分解成几个更小的有自己特定产出的作业。如果这个作业功能十分明确，不能再分解了，就应按上面所述的找到最主要的产出作业动因；②如果两个或两个以上含有相同的基本产出时，它们就应该整合入整个作业。

　　⑤确定责任中心成本，明确各责任中心的责任。此步骤的目的是将同质的作业作为一个责任中心，将同质的作业成本归集到一个责任中心，确定该责任中心的成本。以便进行业绩评价，明确各责任中心的责任。

　　以上讨论了作业责任成本核算程序，制约这一程序的关键概念是资源动因和作业动因以及如何划分责任中心。资源动因和作业动因合称为成本动因。正是由于基于作业的责任成本核算体系在作业观念指导下导入成本动因概念，并与责任会计相结合，成本计算方法改良了，用改良后的方法计算出的成本信息的决策相关性极大地提高了。

六、阿米巴项目单元费用与收入的核算

1. 人工费的核算

（1）自有员工工资

由项目部劳资人员向公司人力资源部上报工资发放表，经公司人力资源部审核后，上报总经理审批后公司财务部统一放款。

（2）劳务分包

先由项目施工员或预算员，根据所管辖的分部分项工程完成情况和分包合同，结合分包商提出的当期分包完成产值，经项目预算人员根据工程收入审核、项目经理批准后，由预算人员报项目财务经理做账，进入项目成本支出。

分包单位一旦完成合同内容则按规定进行结算，确认其最终收入。由分包单位提出，先经项目施工员预审，预算人员初审，项目经理审签后，再上报公司人力资源部审批。项目财务经理收到经公司审定的、项目认可的分包决算后，按分包内容和成本类别做账，进入相应的成本支出，同时冲减原先相应的成本预估。

2. 材料消耗的核算

以经审核的项目报表为准，由项目材料员和成本核算员计算后，确认其主要材料消耗值和其他材料消耗值。在分清岗位成本责任的基础上，编制材料耗用汇总表。由材料员依据开具的领料单，汇总计算材料费支出，经项目经理确认后，报公司物资部门审批。

（1）消耗的主、辅材料，构件，半成品

各单位材料、构件管理人员在对其材料、构件消耗过程中，要分清分部、分项的消耗对象，并在此基础上正确编制材料报表和构件消耗报表并报项目经理。项目财务经理要认真计价，及时计入项目成本。

（2）项目对外租赁的周转材料和工器具费用

以施工员提供的或财务转入项目的租费确认单为基础，由项目材料员汇总计算，在分清岗位成本责任的前提下，经公司财务部门审核后，落实周转

材料租用成本支出，项目经理批准后，编制其费用预估成本支出。如果是租用外单位的周转材料，还要经过公司有关部门审批。

按月转入经项目相关人员签字认可的租赁费用，项目财务经理接到列账单后，报项目经理审批后做账，计入项目成本支出。如租赁公司未能及时转账，项目部应按内部租赁合同中的价格和租用量，由项目施工员提出预估，材料负责人审核后，报项目经理审批，项目财务经理据此做账，先预估进入成本支出。接到租赁费列账单后，再按正确的租赁费用做账，同时冲抵原先的预估。

（3）摊销费用

有一些费用要按月由公司财务或项目财务经理直接进行摊销。如：项目自购的材料成本差异和一些自购的小型工器具的摊销费用，这些费用先由项目财务经理按规定计算，交项目经理审批后再进入成本支出。

3. 机械费的核算

（1）项目外租机械设备的核算

所谓项目从外租入机械设备，是指项目从公司或公司从外部租入用于项目的机械设备。不管此机械设备是公司的产权还是公司从外部临时租入用于项目施工的，对于项目部而言都是从外部获得，周转材料也是这个性质。真正属于项目部拥有的机械设备，往往只有部分小型机械设备或部分大型工器具。

核算程序一般为：以施工员提供的或财务转入项目的租费确认单为基础，由项目机械管理员汇总计算，在分清岗位成本责任的前提下，经公司财务部门审核后，落实租用成本支出，项目经理批准后，编制其费用预估成本支出。如果是租用外单位的机械设备，还要经过公司设备物资部门审批。

按公司转入并由项目相关人员签字确认的项目外租机械费用，报项目经理审批后入账。如公司未能及时转账，则由项目机械管理员预估，经项目预算人员审核、项目经理审批后，财务就可以入账。一旦正式机械租赁费用结算单据由公司转到项目，项目财务经理及时报项目经理审批后，按实际开支金额入账，同时冲抵原先的预估。水电费的核算方式同上。

项目部在公司设备物资部门同意下，直接对本公司以外单位所租赁的机械设备采取平时预估、决算调整的方式进行项目成本核算，具体方法同上。

（2）项目自有的部分小型机械设备和工器具

由项目财务经理按有关规定先行折旧或摊销，落实使用对象并报项目经理审批后，计入相关项目成本。

4. 其他直接费的核算

（1）CI费用分摊、临时设施摊销等费用开支的核算

由项目成本核算员按公司规定的摊销年限，在分清岗位成本责任的基础上，计算按期进入成本的金额。经公司财务部门审核，项目经理批准后，按月计算成本支出金额。项目按公司规定计算并转入的，或直接由项目财务经理计算的项目所用的临时设施费用，在项目经理审批后，直接做账计入相关项目成本。

（2）二次搬运费、检验试验费、工程定位复测费、工程点交费、场地清理费用等按发生时间，由费用开支的责任人持单并报项目经理审批后，项目财务经理据以入账。

（3）现场实际发生的其他直接费用、各种现场经费等费用开支的核算

由项目成本核算员按公司规定的核算类别，在分清岗位成本责任的基础上，按照当期实际发生的金额，计算进入成本的相关明细。经公司财务部门审核、经项目经理批准后，按月计算成本支出金额。

5. 间接费核算

（1）管理人员工资的分配核算方法按合同和公司规定的办法计入成本。

（2）项目直接发生的办公费、差旅费、招待费用和其他合同中明确由项目承担的间接费用。在费用发生后，由责任人或者经办人报项目经理审批后再办理核销。项目财务经理按规定的核算标准和费用划分标准进行项目成本核算。

6. 项目成本收支核算汇总

（1）项目当期成本收支核算

按照以确认的当月项目成本收入和各项支出，由项目财务经理编制，项目经理同意，公司财务部门审核后，及时编制项目成本收支计算表，完成当月的项目成本收支确认表。

（2）项目成本总收支核算

首先由项目预算合约人员与公司相关部门，根据项目成本责任总额和工程施工过程中的设计变更，以及工程签证等变化因素，落实项目成本总收入。

由项目成本核算员与公司财务部门，根据每月的项目成本收支确认表中所反映的支出与耗费，经有关部门确认和依据相关条件调整后，汇总计算并落实项目成本总支出。在以上基础上由成本核算员落实项目成本总的收入、总的支出和项目成本降低水平。

案例：A 高速公路阿米巴项目责任成本管理

A 高速公路项目全长 2.73km，主要工程有桥梁 1954m/2 座，其中石湾子河大桥为 34~40m 预应力连续 T 梁，东铁车为 19~32m 预应力 T 梁。分离式双向四车道隧道 1625m/2 座，横涵洞 424.68m/6 座，路基土石方 41 万 m^3，天桥 1 座。合同总投资 2.065 亿元，有效投资为 1.8 亿，总工期为 24 个月。本项目工程集中、单价合理、结构简单，是一个容易组织、应取得较好效益的项目。

一、项目成本管理问题剖析

工程公司接手 A 项目部后，即刻对项目部责任成本管理和执行情况进行了核查，对成本管理进行了深刻分析，认为该项目责任成本管理得不到具体实施，项目出现亏损，主要是由于项目领导班子更换，改变了施工组织方案，责任成本得不到具体落实所致。

1. 领导班子更换导致成本管理混乱

首先，项目部没有建立和落实责任成本管理体系，没有在项目部建立责任成本中心和作业成本责任中心，没有对项目成本管理目标进行有效的分解。项目部各职能部门对成本既不承担直接责任，也不能从中得到褒奖，对成本的开支、节约没有兴趣，相互之间没有监督和约束，项目的责任成本管理目标成为一纸空文。致使原本根据集团公司编制的内部《施工定额》、当前采购材料的市场限定价格、以工程量清单为基准的计量确认原则，集团公司工程项目财务管理规定以及项目管理费用的一些情况都没有得到准确的实施。

其次，质量管理混乱、松懈。质量控制松懈，产生了大量的不合格工程，为返工、修复付出了昂贵的代价。据统计 A 项目部在实施过程中由于质量问题增加质量成本146万元,其中由于隧道开挖光面爆破质量较差形成隧道超欠挖增加成本140万元、桥梁墩柱外观质量达不到要求增加6万元。

2. 项目部上级监管责任缺失

集团公司作为责任成本管理的监管层,没有在项目管辖权更迭的情况下起到应有的监管作用,致使在实施过程中项目部未按照责任成本管理的要求对责任成本进行控制。"双预控"的思想和制度没有得到落实,项目部调整重大施工组织方案,造成该项目随意调整已确定的实施性施工组织设计,从而使责任成本管理体系处于无序、不可控状态,造成重大经济损失。

由于施工组织方案的变更,造成工期延误10个月,为赶工期增加的措施费用、延期增加的管理费用高达865万元;责任成本监控的缺失,使项目经理的权限无限制扩大,成本管理责任成了项目经理个人的权力。项目经理在任职期间,随意变更分包合同,更改合同数量和单价,增加分包成本555万元(包括因质量问题引起的返工费用146万元),分包成本比率从79.68%上升到87.15%,上升7.5个百分点,如表7.2所示。项目经营费用更是处于随意开支状态,从核定的105万元增加到269万元,增加了157%。

表7.2 分包成本变化

	05年责任预算（万元）	07年项目终结（万元）	变化额度（万元）	变化比率（%）
计量收入	18225	17304	-921	-5.05
分包成本	14522	15077	555	3.82
分包成本比率(%)	79.68	87.15	7.47	9.38

3. 施工组织方案的改变影响成本管理的实施

在项目部责任成本管理体系健全、上级监管到位的情况下,施工组织方案往往是决定责任成本的关键性因素。由于高速公路施工所具有的特点,项目实际状况与计划会存在偏差,这种偏差的存在,会使我们忽视施工组织设计的严肃性,增加管理的随意性,造成项目成本的巨大偏差。据统计,调整实施性施工组织设计确定的施工顺序造成的后果重大。A项目反复更改施工顺序的后果是,不仅造成了10个月的工期延误,而且加大了项目部成本的支出。某大桥盖梁完成情况如图7.9所示。

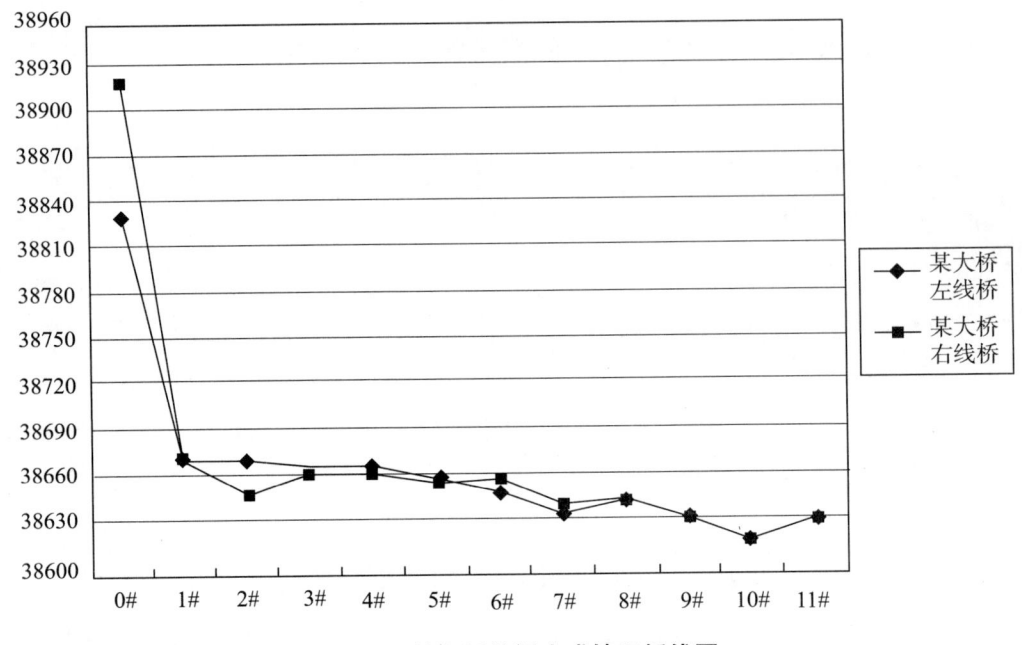

图 7.9　某大桥盖梁完成情况折线图

表 7.3　工期延长对项目管理费的影响分析

序号	费用项目	单位	预算			工期延长影响	
			总额	月度平均	按实际工期发生	费用	增加费用比重（%）
1	办公费	万元	97.00	4.04	137.36	40.40	11.12
2	差旅费	万元	48.00	2.00	68.00	20.00	5.51
3	招待费	万元	70.00	2.92	99.28	29.30	8.07
4	固定资产使用费	万元	24.00	1.00	34.00	10.00	2.76
5	工资	万元	303.00	12.63	429.42	126.40	34.84
6	三金	万元	102.00	4.25	144.50	42.50	11.71
7	折旧费	万元	130.00	5.42	184.28	54.30	14.96
8	其他费用	万元	87.00	4.04	137.36	40.40	11.12
	合计	万元	871.00	36.29	1233.86	362.90	100

从表 7.3 可以看出,据统计由于工期延误增加项目管理费开支 362.9 万元;增加赶工费用 502.6 万元,表 7.4 所示是项目亏损及工期拖期的主要原因。

表 7.4 赶工费用统计分析表

序号	项目	单位	赶工费用	测算毛利	影响程度 %
一	桥涵	万元	383.60	1636.50	23.00
1	周转性材料	万元	277.00		
2	施工措施费	万元	16.60		
3	激励措施费	万元	99.00		
二	隧道	万元	119.00	1520	8.00
1	周转性材料	万元	70.00		
2	施工措施费	万元	19.00		
3	激励措施费	万元	30.00		
合计		万元	502.60	3156.50	16.00

总之,A 项目责任成本管理得不到具体实施,重要施工方案发生改变,施工环节增多,材料费用浪费,工程质量不合格,返工现象频繁出现,再加上上级单位监管不力,造成成本开支过大、项目亏损严重。

二、A 高速公路项目责任成本管理的必然性

A 项目由于在施工过程中没有实行有效的责任成本管理,造成了巨额亏损。要改变这种现状,提高建筑施工企业的经济效益,就必须实行责任成本管理。

1. 开展责任成本管理预算有利于成本控制

责任成本管理以责任预算编制为原则,这样有利于成本控制。实行责任成本管理要编制总责任预算和分项工程责任预算,同时形成责任预算汇总表、分项工程预算表、单价表、工料机汇总表、工程量清单、项目经费计算明细表等。如因施工图纸不全,可以按单项工程来分别编制个别责任预算,最后汇总确定总责任预算成本。使建筑施工项目在开工前目标明确,施工过程中有据可依,权责分明,有效地将成本管理控制在责任预算范围之内,

对于成本的责任落实和管理控制有着积极的促进作用。

2. 构建纵横结合的责任成本目标管理体系有利于提高成本管理效率

要使成本得到良好的控制，一般执行矩阵型项目管理比较有效，但是从前面的分析可以看出，A项目并没有按照矩阵型管理模式来进行成本管理，处于盲目松散型随意管理，这就造成管理的调节功能失调，最终导致成本的大量浪费，因此构建纵横结合的责任成本管理目标体系，才能使管理全面处于可控状态，管理无空白，责权利对等，大大提高成本管理效率。

在现行项目责任成本管理体系中，绩效考核兑现是薄弱环节之一，主要是项目工期时间长，项目阶段性盈亏数据难以界定（受变更业主批复、国家工程审计及工期内不确定因素较大的影响），造成兑现时间跨度大，兑现不及时，兑现方案设计比较复杂，只奖不罚或根本就不能兑现（如：项目第一责任人更换频繁，责任划分不清）等，这些问题必须得到纠正。如果这些问题通过构建纵横结合的责任成本管理目标体系来解决的话，如在工程竣工验收后，公司责任成本管理领导小组对项目责任成本管理进行综合评价，全面分析责任成本管理的合同执行情况，并形成报告，由公司主管领导审批后，按合同规定的原则进行利益分配或处罚。在此基础上，项目部内部按照自己制定的各项原则，分别进行奖惩，将大大提高建筑施工项目员工的积极性和成本管理效率，也有利于项目管理的有效开展。

3. 落实责任成本管理有利于推动项目组织管理工作

通过以上分析我们清楚地发现，因为A项目经过了管辖权的变迁，责任成本没有真正落实下去，没有抓好对方案和成本的落实与控制，就没法保证责任成本管理目标的实现。因此，如果全面落实责任成本管理，结合施工组织方案确定对应的责任成本，则能有利于推动项目的组织管理工作。

（1）责任成本管理有利于降低项目管辖权变迁带来的一些成本管理难度。

高速公路施工项目具有线路长，空间、时间跨度大，在野外实施等特点，项目组织错综复杂，变化多，成本难以控制，如果建立健全并开展好责任成本管理，依靠制度对项目进行管理，就不会因项目管辖权的变迁而使管理政策、管理方法中途废止或任意改变，造成项目管理处于人为因素管理的无序状态，这样就能保证责任随组织的变更而得到很好的落实，不至于出现像A

项目一样由于责任成本管理没有落实下去而导致的后果。

（2）责任成本管理有利于施工组织设计的成本监控与管理。

责任成本管理将施工组织方案与责任成本密切联系起来，有利于从方案设计开始就考虑成本控制，并将成本明确划分到各责任中心和责任人。在方案设计过程中，项目经理和总工程师全程参与，从而加深对施工组织设计的理解及进一步落实。施工组织设计方案一经下达，即成为纲领性文件，不能随意修改。若确实因现场实际变化，需要对施工组织设计做出重大变更时，项目部必须对变更原因、理由、变更方案等做出详细说明，由原批准上级组织充分论证，经批准后方可组织实施。变更后的方案必须对因变更影响的成本变化，做出明确的说明，并予以界定、调整，使责任落实到具体环节和人员。另外，施工组织设计方案水平的高低决定了项目成本的主要方面。施工组织设计在布局方案，临时工程安排，施工顺序，进度、安全和质量保证措施等各方面都从责任成本的角度出发进行制定，对成本控制很有帮助。在方案实施阶段，把履行合同，保证工期、安全和质量与成本有效地结合起来，既有利于节约成本，又能保证合同的顺利实施。因此，严格责任成本管理和施工组织设计将有力地推动成本监控与管理。

A项目经历了管辖权的变迁，但是A项目并没有根据变迁来进一步落实责任成本管理，因此导致A项目成本管理失败，亏损严重，所以在建筑施工项目进程中应该进一步明确责任成本管理，通过开展责任成本管理来有效地控制成本开支，将责任划分到人，充分调动员工工作积极性，有效地节约成本，从而在激烈的市场竞争中获得竞争优势。中国铁建12局是中国铁建系统开展责任成本管理的先进单位，近十年来的管理实践证明，开展责任成本管理有利于加强项目成本的全面管理控制，有利于降低施工成本，能充分调动广大职工的工作积极性，为实现企业利润最大化打下了良好的基础。目前中国铁建12局已成为系统内降耗创效的排头兵，是最具雄厚实力的建筑企业。

三、A高速公路项目责任成本管理实施方案

根据集团公司直管项目的特点，采取两种责任成本预算编制方法，一是一级管理的项目由集团公司经济核算办公室在二次预算分割的同时，项目部编制责任成本预算，项目部是责任成本中心；二是分二级管理的项目由集团

公司经济核算办公室对项目部直管部分测算并确定责任成本，同时确定项目部本级管理成本，该项目计财部按照细则自下而上地指导各分部编制各自的责任成本，并汇总报集团公司责任成本领导小组审查批准后执行。

1. 明确责任成本管理实施的依据

首先，明确责任成本管理制定的根据，主要包括业主的招标文件及补遗和投标文件；市场调查的材料价格及投标基础资料；现场调查的其他有关资料；集团公司现有的劳务成本资料和项目二次测算的指标（有关数据和资料将随着项目责任成本的推行和深化而不断更新）；集团公司《项目责任成本测算暂行办法》及相关文件。

其次，明确项目责任成本管理的内容。项目责任成本预算包括直接工程成本、其他直接临时工程费用、项目本级经费和财务费用四部分。项目直接工程成本：主要包括人工、材料、机械费，由集团公司经济核算办公室组织竞标，项目拟任经理、总工、财务和计划部门人员配合，按照中标的工程量清单细目进行责任成本核算。工序单价按照集团公司现有项目劳务工序综合平均单价指标进行核定，没有现成单价指标的工程工序劳务单价依据《项目责任成本测算暂行办法》测算工序成本及实际施工工序和工艺进行核定。其他直接临时工程费用，主要包括征地拆迁费、施工组织措施费及安全措施费、便道施工费、项目部建设费等；临时工程按投标文件中施工组织和设计核定费用，如实际与之有重大分歧的，必须由项目部提供具体的施工组织设计，经集团公司工程管理部组织审核，并经集团公司分管生产的领导批准后确定。项目办公房按《项目责任成本测算暂行办法》核定费用。项目本级经费：依据《项目责任成本测算暂行办法》进行核定。中介费用（若有）和项目前期投标费用（若有），按集团公司领导签认的金额据实计列。

财务费用：按招标文件的规定和测算期的费率进行核定。

再次，明确一些变动的管理。对于招标图纸不能满足施工要求，存在工程量不清晰，或以横延米、某单项包干预制成品等为单位不能细化工程量而确定成本时，则在确定项目责任成本预算时，统一按中标单价的固定比例90%估算。待施工图下发后必须及时细化成本，如与估算成本相差较大时，必须研究索赔的可能性，及时准备索赔资料，并上报集团公司经济核算办公室备案（或修正）。

2. 构建纵横结合责任成本目标管理体系

构建纵横结合的责任成本管理目标体系需要明确责任成本管理流程，确定项目责任成本总目标、责任成本目标分解和考核方案、绩效评价与考核兑现。

（1）项目责任成本管理的流程

根据责任成本管理全员、全方位、全过程的特点，责任管理目标涵盖工程管理的每个环节，因此责任管理目标必须与工程项目管理模式统一起来。从横向看，把项目总目标分解形成各单位工程目标，从纵向看形成决策层目标、管理层目标、作业层目标的项目目标管理体系。使责任成本数字对应到工程实体上，责任落实到具体人员上。横向目标和纵向目标的对应关系如图7.10所示。

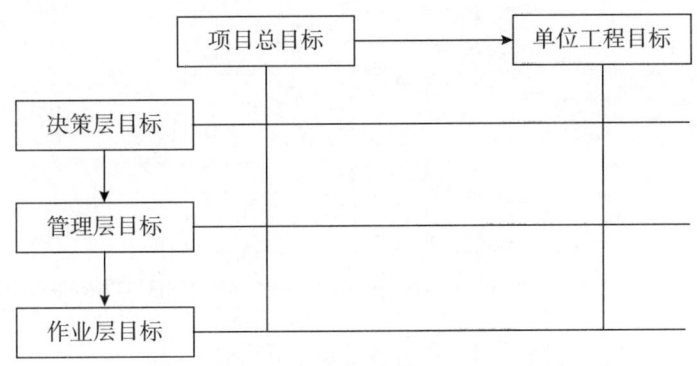

图 7.10 横向目标和纵向目标的对应关系

这个目标体系的建立，实际上明确了成本责任中心和各责任中心对应的责任范围和目标，建立起了全员参与、职权清晰、分级管理、指标量化、便于考核的矩阵式项目责任成本管理体系。

项目责任成本管理的流程如图7.11所示。包括项目责任目标的确定，责任目标的分解、控制、考评、奖罚兑现等。

（2）确定项目责任成本总目标

项目施工组织方案确定后，项目上级管理部门应组织编制项目成本责任预算，核定项目责任成本管理目标，与项目部管理集体（主要是项目经理）签订责任状，明确奖罚条款和兑现条件，这是项目责任成本管理的第一步。

项目经理是项目责任成本能否实现的核心人物，对项目经理奖罚要有足够的力度。

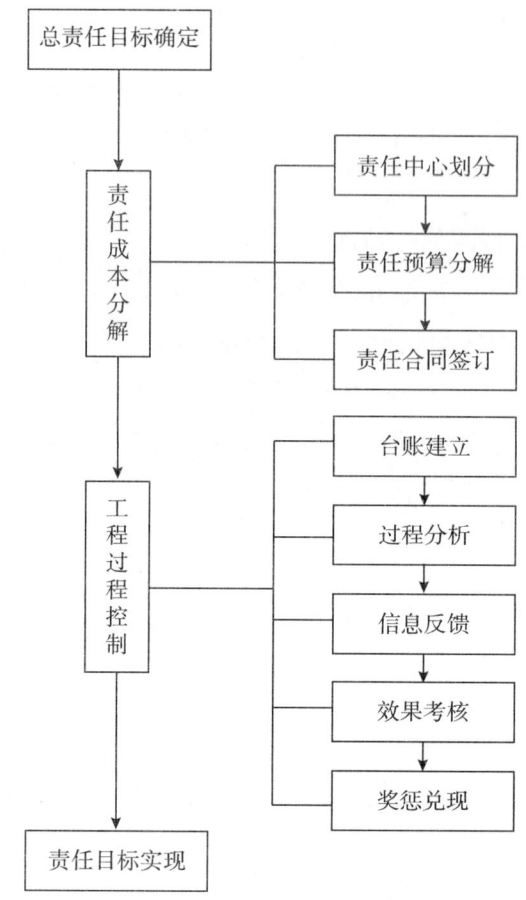

图 7.11　项目责任成本管理的流程

（3）责任成本目标分解和考核方案

项目部主管上级与项目部签订责任成本目标合同之后，项目部要按照各责任中心进行目标分解并确定考核方案，并逐级签订责任成本承包合同。分解责任目标，明确各部门的责权利，使每项成本都有责任人和受益人。各部门、各工序互相监督与合作，形成了项目责任成本管理的网络。

责任成本的分解要注意涵盖项目管理的每个部门，延伸到项目管理流程的每一个环节，真正做到所谓"横向到边，纵向到底"、不重叠、不遗漏。

（4）责任成本考核与兑现激励

责任成本考核是推进责任成本管理和工程项目管理建立的有效激励机制。责任成本考核的基本原则是客观、公平、公正。其首要任务是设置绩效考核评价指标。绩效考核指标的设置原则主要包括，要全面反映项目管理的各项目标；涵盖整个项目管理的各主要方面；设置应简单易懂，易操作，并尽可能予以量化；能够充分体现责任中心的控制成果。

责任成本考核及奖惩兑现是责任成本管理的最后一个环节，也是非常关键的环节。责任成本指标考核完成后应及时进行考核评价及奖惩兑现，按成本责任合同的约定兑现奖罚，组织对员工要恪守信用，在奖罚分配中充分体现按劳分配原则，对贡献突出的责任中心或责任人要给予重奖。

公司对项目部责任成本节点考核工作流程如图 7.12 所示：

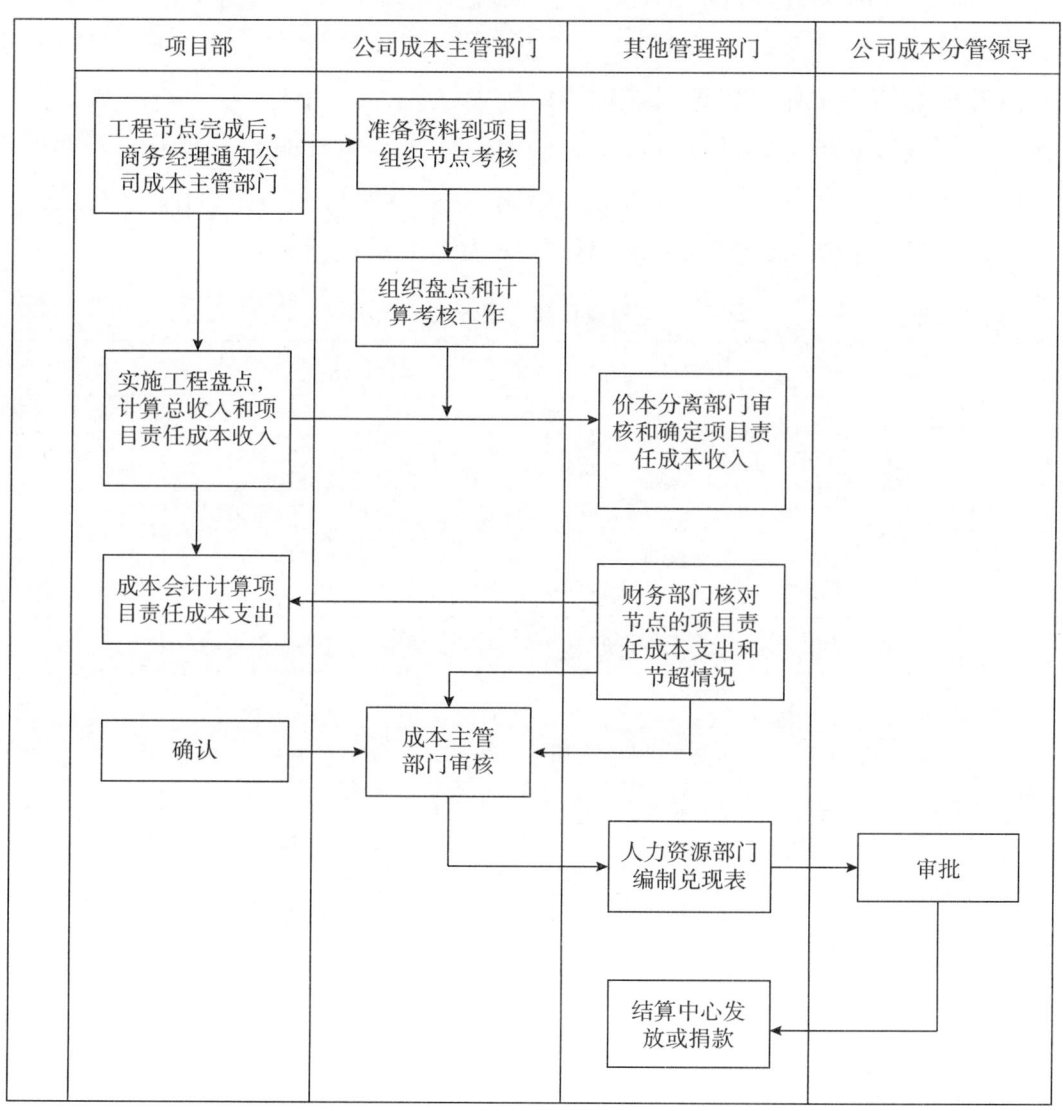

图 7.12　项目部责任成本节点考核工作流程图

总之，通过构建纵横结合的责任成本管理目标体系，能够明确责任层面、责任目标，同时也能起到一定的项目管理促进作用，激发项目整体效率发挥，为项目成本管理起到一个优化作用。

3. 实施责任成本管理的阶段划分

作业责任成本管理是指导项目责任成本的作业指导书，目的是通过规范化的管理流程，细化岗位管理，任务责任到人，确保项目经济效益。项目责任成本管理分为三个阶段：前期准备阶段、施工阶段和竣工决算阶段。

首先，前期准备阶段的管理。这一阶段的重点是确定目标成本，并确定相应的管理方法和手段，是制定项目责任成本计划的黄金时期。在此阶段应重点开展好如下工作：以项目经理为第一责任人，组织成立项目责任成本控制小组，通过实地考察及反复论证，确定责任成本关键控制点及敏感因素控制的整体方案和计划，同时采取监控措施，落实到具体监控责任中心与责任人（格式详见表7.5），进而明确责任成本控制的具体目标。

表7.5 项目责任成本管理责任表示例

序号	责任成本细目	控制因素	编制监控	责任人
1	项目管理人员配置	专业、能力……	项目经理	项目经理
2	项目部驻地	现场、环境……	项目经理	项目经理
3	临时设施计划	工期、施工组织……	工程技术、总工	项目总工
4	施工组织方案	工序、资源……	工程技术、总工	项目总工
5	工序划分和衔接	现场、资源……	工程技术、总工	项目总工
6	施工工艺优化	技术、工期……	工程技术、总工	项目总工
7	资源配置	施工组织、工期……	技术、总工……	项目经理
8	材料供应	资源、管理……	保障、技术、总工	物资部长
9	材料消耗	设计、施工组织……	财务、保障、总工	项目总工
10	劳务竞标	工序、资源……	计划、总工、财务	计划部长
11	合同管理	施工组织、计量……	计划、技术、财务	计划部长
12	工程索赔	施工组织、环境……	计划、技术、总工	总工
13	本级和财务费用	工期、管理……	财务	财务部长
14	责任成本控制	监督、控制……	计划、财务、工程	项目经理
15	文明施工	业主、环境……	办公室……	办公室
	……			

第一，根据合同要求和现场情况，运用工程网络计划的方法编制实施性施工组织方案，并且编制项目工序施工安排计划。如从劳动生产率的角度提出如何实施施工计划能够使得施工安排更加妥当，从项目的经济效益出发，围绕责任成本管理的核心，结合生产设备、施工工艺等方面来促进经济效益提高。

第二，统筹组织安排大宗材料的招标采购及周转材料的利用和购置，严格按照目标计划进行，尽量避免材料损耗，尽量避免不必要的成本增加。

第三，按照劳务合作工序单元分解各项成本费用，明确每个单元中各细目所包括的工序工作内容和费用，由竞标领导小组组织劳务合作队伍的工序竞标，确定合理的劳务单价，选择合适的劳务合作队伍。

第四，结合合同计量和支付规定并根据实施性施工组织方案和进度计划，统筹安排项目资金计划，制定资金控制方案和应急预案。

第五，确定项目责任成本控制、考核和核算对象，并将责任成本管理落实到具体的人，制定切实可行的监控办法和奖惩措施，保证操作过程监控的协调和责任成本管理信息的畅通。

其次，施工阶段的管理。监控是关键，其依据是项目责任成本的实施计划，其方法是实时跟踪监督。要随时、动态地掌握项目责任成本的变化，及时分析产生差异的原因，适时调控不利因素，确保项目责任成本的有效控制，通过监督和控制，将项目责任成本控制在实施计划范围内。为此应该抓好以下几个方面：建立健全项目责任成本监督和控制的会议制度，建立有效的项目责任成本监控信息沟通机制，对于超出项目责任成本计划的开支，必须经会议研究决定；每月定期举行项目责任成本评审会议，对项目责任成本进行全过程的监控，及时发现责任成本的偏差事项，研究对策及时加以调整和监控。按影响项目责任成本的程度（可以是负影响，也可以是正影响）设立监控等级。比如设立四级监控等级，分别确定监控责任，抓大放小，确保项目责任成本的落实（表7.6）。

由项目经理主持；项目总工抓好落实施工进度计划，当发生干扰施工进度的正常进行时，分析干扰的原因，及时按月修正和调整实施性施工组织计划，有效调配项目资源，确保项目的正常运行。

对于由非承包商责任引起的事件，必须积极地与监理工程师和业主沟通，收集索赔资料和证据，及时做好签证工作，争取业主的补偿，并建立台账。

表 7.6 项目责任成本监控等级管理示例

分级	影响	举例	管理措施
第一级	对项目责任成本影响频繁且金额较大的事项	主材的价格波动	专人负责、多人协助、共同决策;可以一事一决策
第二级	对项目责任成本影响频率小但金额较大的事项	周转材料、小型机具的采购	专人负责、多方案比选、集思广益、集体决策
第三级	对项目责任成本影响频繁且金额较小的事项	混凝土配合比设计、材料损耗、日常开支	责任到人、监管到位、计划(预算)控制;掌握规律,加强监控
第四级	对项目责任成本影响频率小但金额较小的事项	生产工具、辅助材料管理	工序承包、风险包干、有效协调

工程技术部门负责建立工程技术台账,主要包括工程施工日记、施工作业交底、检查证、试验检测资料、各种签证、监理工程师或业主要求的技术资料和施工影像资料等。必须保证如实、及时地反映现场施工情况,所有资料都可能成为索赔的直接或间接证据,所有资料必须翔实。如工程施工日志必须记载:施工的项目、每个项目的工料机配置、人员和机械设备的闲置及原因、产量、工作起止时间、劳动生产率以及天气等情况;对于需要长期租赁机械或周转材料时,工程技术部门必须充分优化施工组织,制定实施计划和租赁时间,明确应用的工程项目,统筹安排编制租赁计划,报总工审核,并且在租赁机具到场后派专人统筹协调,并记录使用的位置和时间,以有利于成本归集和项目责任成本控制,所有这些资料都是建立企业定额的第一手资料;工程技术(考虑到主要来往信函在工程技术部门,也可以是办公室)部门负责建立收发文台账,运用计算机对收文和发文按统一的文号编制方法,收集整理,及时办理相关签证,为工程索赔和竣工文件准备充足的资料;计财部计划负责人负责建立工程计量计价台账,协助工程技术部门收集对上对下的计量资料,按月(或按工序、分项工程)现场验收合格工程量。对于期龄未到或未检测等因素,导致不能对业主计价的项目,要建立计量待计价台账,保证工料机消耗与完成工程施工投资相匹配。根据施工交底对下计量,工程量核算必须不能大于对上计量,严格保证计量同步。还要随时检查其工料机的使用和外债情况,有效控制劳务合作的合同风险。同时负责责任成本资料收集的协调和指导,定期上交成本管理记录,及时分析工程进度与经费使用情况,并且比对目标成本,及时发现问题,及时改进;对于变更索赔事

项要进一步完善资料,根据合同规定程序,及时上报监理工程师和(或)业主;计财部财务负责人负责建立项目经费、财务费用和各责任(费用)中心开支台账,执行集团公司规范的项目财务管理制度,检查并协助保障部门建立材料辅助账,建立应付账款的辅助明细账。

"以收定支"调整项目收支平衡,每月底应该根据项目施工进度计划、计划部门核定的责任成本目标、材料采购计划、验工计价收支情况,制定下月财务开支计划、总结当月财务收支情况,及时发现偏差因素报项目经理,对项目本级和财务开支实施即时控制,财务部门负责建立项目责任成本控制总账。物资部门负责建立材料台账,规范材料进出库制度,严格对下材料的供给程序:即工程技术部门根据施工计划安排编制材料供应采购(包括规格、数量、用途、使用部位)计划,报项目总工审核,经项目总工审核报项目经理批准后,物资部根据竞标确定的采购价实施采购。如采购的材料价格市场波动较大时,项目经理必须安排财务及其他人员掌握市场动态和供应来源,经项目责任成本控制小组比较审核后,书面上报集团公司批准后方可采购。劳务合作队伍在定额内领用材料时,必须由工程部填写工序材料领用(供应)表格(包括规格、数量、用途、使用部位),经项目总工审核、项目经理批准,与施工作业交底书核定的供应量核对后方可出库,严格控制超定额发料。如果已经超过定额使用量,应立即书面报财务、计划部门、总工、分管领导和项目经理,以便及时扣回料款,并查清超额供料的原因。长期租赁机械或周转材料,必须经项目总工审核,责任经理或项目责任成本控制小组批准后,方可实施。同时必须建立应付账款的明细账,包括应付材料款、租赁机械设备或周转材料的应付租金等,及时报财务和计划部门。

另外需实行项目责任成本异常管理。当发生不可抗力或不可预见的风险后,项目经理必须立即指派专人监管,协调项目各职能部门收集各种资料,研究合同文件,积极与业主沟通,力争业主的补偿;并且由计划部门协调设立专门的责任成本台账,跟踪收集独立归集成本,及时上报集团公司经济核算办公室以及监理工程师和(或)业主;项目经理抓好项目责任成本管理,应注重抓关键因素:抓责任分解到人,抓住项目总工、工程、物资、计划部门和财务;抓业主合同履行,抓住工料机储备、施工进度、质量安全和规范化施工;抓施工进度就是抓好2~3个重难点项目工序施工;抓项目责任成本控制;就是要抓好对上的计量计价及变更和索赔;抓好2~3种主要材料的采购和消耗控制,抓好临时设施及周转材料的管理和小型机具的采购租赁,抓好对下的计量和计价,控制项目部提供材料的定额消耗和进度拨款,抓好影响项目责任成本的关键敏感因素。

最后,竣工决算阶段的管理。即项目的收尾时期,关键要做好三项工作:第一项,清理工作。对于工程收尾应该积极主动地完成现场琐碎的材料收集与汇总,如一些周转材料或者小型机具,及时进行清理;第二项,做好工程收尾阶段的经费控制。如压缩项目管理费用开支,精减项目管理人员和清退劳务队伍;第三,积极主动地与业主沟通,主动协调清理项目债权债务,对扫尾项目的相关费用尽快做出预算,在此基础上分析目标成本与实施责任成本后的开支情况,总结经验,上报集团公司经济核算办公室。

4. 加强责任成本管理的组织保障与实施

分工明确,各负其责。项目中标后,由成本管理部门牵头,各有关部门参与,对新承接的项目进行责任成本预算,制定项目承包责任指标,按照分工合作、各负其责的原则,在规定的时间内完成各部门的工作。

(1)部门职责。

经营部门职责:在接到中标通知书3日内,向成本管理工作小组成员进行投标交底,说明在投标过程中存在哪些有利因素和不利因素,在物资采购、劳务采购、项目施工过程中应注意些什么,有哪些是增长点哪些是控制点等事项,并做好投标交底记录。向合约部门提供投标时的投标文件、工程量计算式、施工范围清单和电子光盘;向工程管理部门提供施工组织方案、机械使用数量及询价单;向物资部门提供物资清单及询价单;向财务部门提供工程所在地的税收、规费的收缴信息情况;向项目部提供标书;向成本部门提供中标价格费用构成明细表及投标交底记录。同时负责核准和签字确认项目部提出的工作量及物资量价差异。

合约部门职责:收到经营部门移交的资料后,20日内(以投标交底记录记载时间为准,下同)完成业主合同、劳务分包合同的签订工作。

物资采购部门职责:收到经营部门移交的资料后,15日内组织并协助项目部编制材料盈亏分析表,审核签字确认后,送成本管理部门作为测算项目材料成本的依据。

工程管理部门职责:收到中标通知书、施工图纸及经营部门移交的资料后,要积极组织复测及图纸会审,于15日内完成清单复核,并比选优化施工组织方案,协助和监督项目部及时编制项目临时设施搭建方案及现场安全文明施工方案，审核签字确认后，送成本管理部门编制费用预算。

项目部职责：收到经营部门移交的资料后，12天内完成项目临时水电房的搭建方案（图纸、材质、数量、规格型号及价格），现场安全文明施工方案；报工程管理部审批。填写"主要材料盈亏分析表"报物资管理部审核；项目部应积极配合成本管理部门做好项目责任成本的测算工作。对投标时确有疏漏之处，应积极与经营部门核对。

成本管理部门职责：根据各部门提供的资料，组织项目部有关人员进行整理、核对，若有错误再与各部门沟通联系并予以纠正。在收到中标通知书后一个月内完成对项目施工预算成本的测算，制定项目责任成本，组织成本管理工作小组成员讨论，报领导审阅同意后，与项目部签订《项目责任成本承包合同》。

（2）项目岗位责任。

项目经理：作为项目责任成本管理的第一责任人，对项目成本管理工作全面负责。遵纪守法、合法经营；优化施工方案，合理安排组织施工；制定项目成本降低措施和控制节点及方案，责任落实到人；认真做好施工质量及安全策划，确保工程质量和安全施工；及时检查项目成本计划的执行和各岗位人员成本责任的履行情况，组织项目成本分析，发现问题及时解决；合理使用项目资金，认真做好工程款的回收工作；严格控制项目成本费用开支，把项目成本管理工作落到实处。

技术负责人：认真组织和编制项目施工组织设计、项目施工总体计划、月度生产计划，避免因误工而造成人工浪费；制定项目降低成本技术措施计划，大力推广科技成果；应用新技术、新工艺以及现代化施工管理，提高施工效率，降低成本开支；贯彻实施企业质量目标，组织落实项目质量管理目标，制定有效措施，保障施工质量。避免因工程质量的原因而增加成本开支；主持编制项目职业健康安全和环境管理方案、管理规划，落实相关责任，确保项目施工人员能够在良好的环境中安全施工，避免因安全事故的发生而增加

成本开支：认真审核材料计划，避免材料浪费或流失而增加成本开支；组织好工程施工过程中的变更签证和索赔资料工作，以备增加项目收入，减少项目成本开支，提高项目效益。

技术员：负责编制本专业的施工方案，负责本专业技术交底和安全技术

交底，组织本专业工程施工，解决本专业技术问题，对本专业的工程质量和安全负责；负责编制本专业施工进度计划，按计划编制工机具计划、计量器具计划、人力资源计划、物资采购计划；负责本专业施工过程中对业主办理变更签证手续和索赔资料的准备，负责本专业劳务作业层变更签证工程量的审核确认；负责本专业对业主（甲方）工程预结算量进行核对和对分包工程预结算量进行审核。

质量员：负责项目的工程质量监督检查工作，对项目的工程质量负监督管理责任；必须熟悉每个分部、分项工程的质量验收标准，制定项目工程施工质量管理措施，对施工作业层的工程质量进行跟踪检查，及时纠正违章、违规操作，防止发生质量隐患或事故，避免因质量问题而增加项目成本。

安全员：负责项目的工程安全监督检查工作，必须掌握专业的安全管理知识，编制翔实的安全技术措施，负责对施工作业层的安全技术交底、安全生产教育工作，落实好岗位安全生产责任制；要经常对现场进行安全巡回检查，纠正一切违章指挥、违章作业的行为和不安全状态，发现安全事故隐患，及时纠正处理，杜绝项目施工发生重大伤亡和重大机械事故，避免因安全问题而增加项目成本。

商务经理：贯彻执行公司合同管理办法、预（结）算管理办法、招（议）标管理办法，配合项目经理负责项目施工的一切商务活动的管理工作，组织参与施工现场的索赔和反索赔工作，收集、整理索赔资料，办理索赔事宜；督促劳务作业层在双方合同或公司规定的时间内编报施工图预算、进度预算、竣工结算等，并组织相关人员在规定时间内完成审核工作；负责组织工程项目相关人员对业主施工图预算、进度预算、竣工预算的编制核对工作，在规定时间内完成编制和报批工作；及时理清项目结算收入和结算成本，采取有效措施增加结算收入，减少成本流失。

预算员：服从商务经理的领导，配合商务经理做好上述工作。

材料人员：认真做好材料市场调查，货比三家，积极配合上级物资管理部门做好物资供应商的选择工作；按照项目施工计划认真编制材料计划，严格把好材料质量关、材料入库数量价格关；严格按照计划供应材料，认真做好库存材料的管理工作，防止潮锈、损坏、短缺现象发生，确保材料安全；及时做好材料小票的传递及转账手续，定时与财务对账，防止票据丢失；采取各种有效措施，努力降低材料成本，为项目创造更多的效益。

成本会计员：负责成本费用开支的监督、审核、核算工作，配合项目经理编制项目成本开支计划，成本降低措施的编制和落实，根据工程进度，每月对项目成本开支进行整理、归集、核算、分析，及时登记项目综合成本台账，按时上报项目成本月度报表。并将实际消耗与预算成本比较，分析节超原因，提出解决措施，上报项目经理；协助项目经理及时收取工程款，合理安排项目资金的使用，完备各种款项的拨付手续；工程竣工后，及时做好与业主的财务结算和分包财务结算工作，及时归集、整理项目成本资料，核定项目实际成本开支，配合项目经理进行承包结算工作。

5. 建立一定的实施保障体系

（1）人力及政策保障。

就是要建立完善且切实可行的责任成本管理体系，不折不扣地严格贯彻执行，并要保持管理政策的连续性，防止组织机构、管辖权限、主要管理人员频繁更换。对于推行"责任成本"不力的，按上级文件要求，将直接追究经理、书记、主管项目成本领导的责任，情节严重的可予以撤职。

（2）真正落实责权利统一。

对工程项目实行项目承包风险抵押金制度，实行项目效益总额承包，超额部分公司与项目进行4：6分成，项目所得部分按责任成本管理中奖罚办法进行分配。抵押人主要是项目领导班子及各责任中心的责任人，抵押金必须在《项目责任成本承包合同》签订后20天内缴清，超过30天仍未缴纳的，重新选任各责任人员。项目各部门也必须在规定时间内完成工作并上交资料，否则追究责任人的责任，并处以相应的罚款。公司要及时将考核兑现、奖罚情况公布，接受职工监督，对拖延不结的部门或领导要追究责任，实行问责。

（3）绩效保障。

在薪酬待遇方面也要有严格地执行标准，凡没有进行责任承包的项目，其项目管理人员的收入只发同级项目岗薪的80%，不发绩效薪金，不进行二次分配。项目承包合同未签订以前，项目管理人员的收入先按岗薪发放，不发绩效薪金，项目承包合同签订以后，项目管理人员的收入按公司《项目岗位薪金管理办法》《项目绩效薪月度考核》的规定标准执行。对实行责任成本的项目，其工资发放，岗薪按公司《项目岗位薪金管理办法》的规定发放，绩效薪按公司《项目责任成本承包合同》及《项目绩效薪月度考核》办法发放，项目绩效薪考核作为过程考核，其结果占兑现考核的60%，项目竣工考核占兑现考核的40%，项目绩效薪考核兑现可按合同工期按月分解预发，但每个月的责任成本考核要在测算超额完成效益总目标的前提下进行。项目业务招待费等各项管理费开支，节约部分暂归项目，纳入项目效益总额进行超额分配，费用超支部分全额从项目兑现奖中扣除，没有兑现奖的项目从个人缴纳的风险抵押金中扣除。项目ERP系统数字录入工作不及时，影响系统工作，检查不达标的项目，在项目竣工考核兑现时，扣减兑现奖励总额的5%，没有兑现奖励的项目，扣减项目个人缴纳风险抵押金总额的10%。项目部竣工考核奖罚按公司《项目责任成本考核实施细则》的要求和步骤进行办理。成本预测及时，项目承包顺利，成本管理到位，成本效益明显，年终公司对项目成本管理工作进行奖励。否则，分清原因后对责任人进行处罚。

6. 选择正确的责任成本管理方法

（1）做好责任成本管理台账记录。

责任成本管理台账是以责任成本过程控制为依托，为进行责任成本核算、分析、控制而建立的一整套台账系统。通过建立各种台账对项目责任成本管理实施过程进行真实地记录，为进行责任成本管理控制、分析、纠偏提供翔实的数据。台账既是管理的过程和工具也为其他管理工具提供基础。由于各数据之间存在必然的逻辑关系，因而对数据挖掘和分析能准确地发现管理中存在的问题，还可避免管理制度上的漏洞，是较好的内控工具。项目部应有专人负责项目管理台账，各级责任中心根据项目管理台账对控制部分细化，以便于更加深入地分析。

实施责任成本管理的项目，责任台账的记录是必不可少的环节，也是落实责任成本管理具体责任的一个重要环节和标准，因此，责任台账需要做好开支方面的详细记录，以便后续查询过程中有一个详细的参考，这样不至于因为责任过失而造成成本的增长，即便造成成本的流失也可以追究相关责任人的责任。这样一方面便于管理，另一方面便于不良事故的发生，具有双重的功效。在项目管理中建立台账系统可以参考表7.7。

总之，责任成本管理台账内容多，涉及方面多，工作纷杂。关键是建立好数据记录、收集和汇总系统，从项目之初就要打好基础，坚持不懈。

表 7.7 责任成本管理台账系统

序号	台账类型	台账明细
1	项目台账	
1.1	收入类台账	设计工程量台账、计量台账、完成工作量台账、拨款台账
1.2	支出台账	承包计量台账、材料采购台账、材料消耗台账、管理费支出台账、周转性材料消耗台账、临时设施费支出台账、拆迁费支出台账、安全措施费支出台账、环保费支出台账、试验费支出台账、固定资产购置台账、税金支出台账、车辆使用费支出台账、文明施工费支出台账、招待费支出台账
1.3	合同变更台账	变更设计台账
2	项目成本控制文件	
2.1	项目责任预算	公司编制的项目责任预算文件（含责任合同）
2.2	项目中心责任预算	分解至各责任中心的责任预算（含责任合同）
2.3	实施性施工组织设计	在公司批准基础上优化的实施性施工组织设计
2.4	成本控制计划	成本控制的重点及难点分析
2.5	责任成本执行分析	项目和各责任中心的月及累计完成指标分析
2.6	责任成本分析报告	责任成本分析例会报告
2.7	技术方案优化文件	评审报告及经济分析
3	资金管理	
3.1	资金运行	资金流向、流量表，资金运行分析
3.2	资金收支计划	资金收支平衡表、资金收支计划表

（2）明确责任成本的因果关系。

挣值法便于发现偏差，但成本发生差异的原因是多方面的，是多种原因综合形成的。只有找到成本偏差形成的真正原因，才能制定有效的措施，纠正偏差。如人工费的超支，可能的原因有：工人的施工技能低，培训少；劳动力组织不善形成窝工；工作面不足或工程复杂致使人工降效；质量事故造成返工；工程变更、待料、机械故障导致现场停工；气候恶劣导致暂停施工；非生产时间过多等。这些既可能发生在不同的单位工程，也可能发生在不同的阶段和环节。为了准确地查明成本超支的根源，要采用科学和系统的方法。成本差异原因分析可以采用树枝图进行分析，如图 7.13 所示。

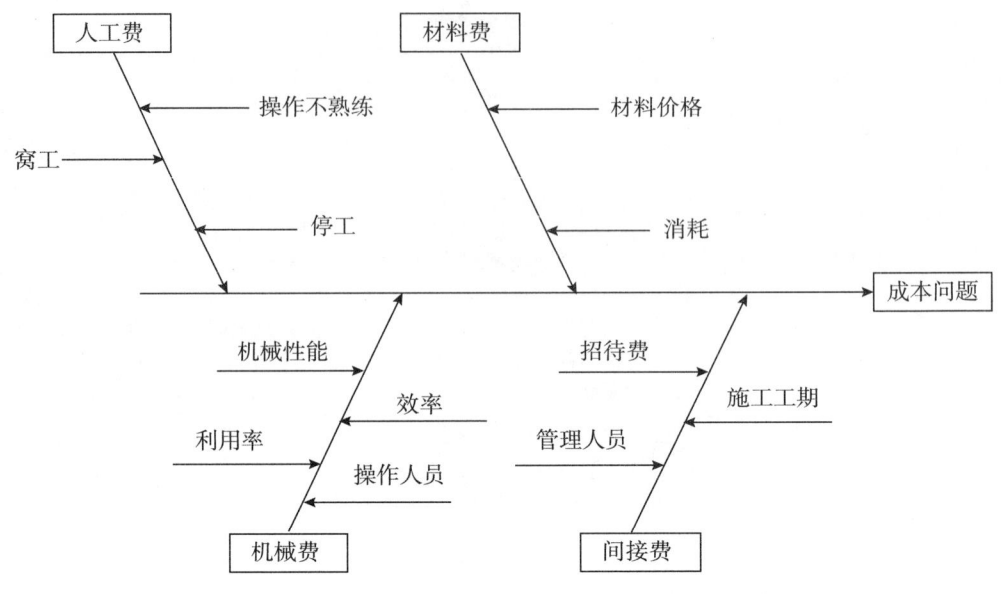

图 7.13 工程成本差异原因因果分析图

从工程成本差异原因因果分析可以看出，实施责任成本的过程中就有了各个环节的依据，从而能够更加把握好责任成本管理的各个环节，便于整个责任成本管理的实施和监控。

总之，实施责任成本管理需要采用准确的责任成本管理工具，通过分析责任成本管理的各环节，找出影响成本差异的根本性原因，采取有效措施进行纠正与弥补。责任成本控制过程，就是一个不断发现偏差、纠正偏差的过程。需要定时分析，及时发现并处置。项目部要建立成本分析例会制度，定期召开成本分析例会，公布各责任中心责任成本执行情况，表彰先进，分析重要案例，总结成绩，查找不足，改进工作，不断完善。

项目部主管上级要通过网络对项目部成本管理数据实时监控，定期审核评议，防患于未然，保证责任成本管理目标全面实现。

四、A 项目责任成本管理的监督和控制

监督和控制贯穿于项目执行的全过程，是落实项目责任成本计划的措施和保障，体现责任人履行监控的具体表现，也是项目责任成本控制小组的责任落脚点。

建立监控机制。就是建立对项目责任成本变化做出立即反应的管理制度。通过项目责任成本管理将责任分解到人、责任落实到人，在项目运行过程中，

当项目责任成本管理的相关责任人,发现影响责任成本计划的落实情况发生偏差时,应该立即做出相应处理,通过分析发现影响的原因和事件,制定相应的调整措施。

1. 项目部本级责任成本监控

主要包括以下几个方面:责任人通过监督或跟踪发现影响工序(项目)的责任成本后,应该立即收集相关资料,追根溯源,清查并且分析影响责任成本的原因,及时书面上报分管领导,并且负责继续跟踪;召集项目责任成本控制小组会议,研究分析并且确定影响责任成本的关键因素,测算影响责任成本的范围、程度和金额;制定应变策略和措施;对于一些可以预见的风险,必须组织相关责任人制定应急措施和预案,以便一旦发生,能将额外成本降到最低;落实责任成本异常变化的报告制度:如不及时上报,则不能调整项目责任成本预算;材料单价的变动:当每月的材料单价波动超过5%时,必须即时统计当月的材料采购报表,报集团公司工程部和经济核算办公室备案;变更:所有变更的增减,必须与原合同分开,单独统计和核算;索赔:当现场发生索赔事件后,必须根据合同文件要求,即时组织收集相关证据,准备索赔资料,并将索赔事件的报告和分析报集团公司经济核算办公室;定期(按月)召开项目责任成本分析会议,及时分析、对比和总结项目责任成本计划落实情况;定期(按季、年度)对项目责任成本落实情况进行总结,并随财务报表将总结报告报集团公司经济核算办公室和财务部。

2. 集团公司对项目作业成本的监控

可以从以下几方面进行监控:集团公司责任成本领导小组负责对集团公司所属项目落实项目责任成本情况进行检查,重点项目半年一次,其他项目一年一次,并形成项目责任成本报告,供集团公司领导研究决策;负责收集全集团公司各项目部上报的清单工序和作业工序责任成本,经整理、分析和对比,结合集团公司已有的工序单价指标,逐步形成具有可操作性的企业定额;负责指导项目部收集、整理作业和工序责任成本的方法,建立工序和作业责任成本库,并及时沟通各项目间的成本信息;收集各项目责任成本异常变动情况,并且根据项目所提供的资料和现场检查核实,方可予以调整和修正项目责任成本预算;对于变更超过300万元或一定比例的项目,在范围以内仍按原项目责任成本比例执行,对超过范围的部分重新核定责任成本。

3. 项目责任成本绩效考核和奖罚

考虑到项目实施和集团公司年度考核的具体特点，将项目责任成本考核也分为中期年度考核和竣工项目考核。考核项目责任成本落实的内容和指标需要具体和翔实。落实项目责任成本预算的奖惩办法，采用一票否决制，即项目是否实施"责任成本管理"，如果没有实施就取消奖励，予以罚款。对于开展责任成本管理的项目，具体奖罚办法参照集团公司项目责任成本管理办法执行。项目部可以根据各自的具体情况，进一步细化奖罚办法，制定切实可行的奖罚方案。

五、A 高速公路项目责任成本管理的启示

A 项目从项目初期预算利润 1380 万元到项目结束亏损 749 万元，实际盈亏与预算盈亏相差 2129 万元，着实让人震惊，这是项目管理失败的典型案例。根据对 A 项目管理情况的分析，有以下几个方面值得我们深思。

1. 实施有效的监管是责任成本管理必不可少的重要环节

从案例中我们看出，A 项目部在项目初期，也按责任成本管理的要求制定了责任成本管理目标，但由于项目管辖权的变更，责任成本管理工作失去了上级监管。A 项目部既不建立责任成本管理体系，也不对责任成本进行分解。在调整重大施工方案、增加分包成本、增加项目投入等重大问题时，均是自主随意决策，既不用向上级请示，也无人监管，直到项目移交时问题才得以暴露。因此，对项目责任成本进行过程监控，加强上级监管是保证责任目标得以落实的重要环节。

2. 建立责任成本管理体系和奖罚制度是成本目标实现的组织保证

集团公司对于 A 项目的责任成本管理体系和奖罚制度的主要做法是项目主要管理人员要缴纳一定数量的风险抵押金，项目经理的风险抵押金为投资总额的 0.2‰（以整千元为单位，具体在承包书中明确，最低限额为 2 万元）；项目总工和书记的风险抵押金为投资总额的 0.1‰（最低限额为项目经理的 70%）。完成上缴款后退还风险抵押金，并根据承包合同兑现经济利益，项目部完不成上交款指标，则没收风险抵押金。实践证明，那些在经济利益兑现上大打折扣、奖罚不分明、风险抵押金流于形式的建筑施工项目，责任成本开展往往没有收到很好的成效。

在本案例中，项目部经理随意调整项目分包成本，在项目部内部畅行无阻，其原因就在于成本的大小多少与各业务部门、各员工的成本责任考核和收益没有直接关系。因此，只有建立责任成本管理体系，对项目责任成本目标进行有效分解，落实到各责任中心和责任人，形成"纵向到底，横向到边"的管理网络，明确利益奖罚，并不折不扣地予以考核兑现，才能有效调动全员的积极性，形成有效的内部监督机制，保证责任成本管理目标的实现。

3. 必须以坚持施工组织设计为纲要去真正落实"双预控"的要求

在施工企业项目管理中普遍存在重经济管理、轻视技术管理现象。殊不知施工组织设计优劣形成的效益往往以百万计，而且决定着项目的工期、质量等综合效益，因此施工企业的项目管理必须以施工组织设计为纲要，以责任成本管理为主线，真正落实"方案、成本双预控"，才能确保项目责任成本管理目标的实现。一是要制定施工组织设计管理制度。施工组织设计必须经过充分论证，要经过上级部门的批准；要维护施工组织设计的严肃性，一经批准便不得随意变更。二是对项目责任成本要严格进行管理和考核。

集团公司的做法是下发统一的责任成本考核表或台账，考核表数据与各种台账数据必须与原始资料对应，对弄虚作假及故意漏报、瞒报单位一经发现，取消评分资格，并由公司进行审查，视情节轻重，经公司研究决定处理意见。公司每季度或半年将对各项目责任成本工作进行考核评比，对表现突出的单位进行奖励，对排名靠后的单位进行处罚。

责任成本管理各环节中最困难的是过程控制。对责任成本过程控制包括两个方面，一是项目内部的控制，目的在于项目管理者自身检查对项目责任成本的落实和执行情况；二是项目上级的监控，目的在于对项目执行责任成本的监管，及时对存在的问题指导纠偏，也是对项目管理者的监督。对项目责任成本过程控制是经常性和持续性的，贯穿项目的始终。

一般的控制思路是把成本与进度做比较。也就是根据施工组织设计确定的进度，把责任成本管理目标做阶段性分解，形成计划进度里程碑或时间与责任成本的对应关系，定期分析，发现偏差，查找根源，及时纠正。要积极运用计算机和信息技术，运用先进的管理工具和方法，加强过程控制的灵敏性和有效性。其中过程控制应当高度重视如下几个环节和关键点：

项目责任承包合同签订后，成本管理部门监督和协助项目部与项目人员签订《项目责任成本管理岗位责任合同》，一式三份，双方各一份，交公司成本管理部门一份存档。项目实行风险抵押承包制度，项目承包合同签订后20日内，按约定的金额必须全部交纳，交纳人数与岗位责任合同签订人数一致。

项目分包队伍工程款的拨付，必须以审核后的分包工程进度结算计价单为依据，项目代购材料或应扣各类款项相关手续要及时送达财务，严防超付现象发生。项目现场费用包干使用，必须严格执行预算管理制度，超支部分财务不予办理付款及核销手续。

项目部要及时、准确填写责任成本管理台账，按时编报月度成本考核报表。项目实行绩效薪月度考核，其结果作为竣工考核兑现时的部分考核依据。

第八章 基于挣值法的建筑施工项目作业责任成本目标管理

——以Y商住楼建筑施工项目为例

传统的成本管理模式如责任成本法、标准成本法、目标成本法往往注重单一的成本管理控制，而忽略战略成本管理和挣值成本控制，在竞争日趋激烈的今天，已难以满足建筑施工企业成本决策和运营管理决策的需要。而作业责任成本管理是针对企业内部一个完整的工程项目，通过确定优化的施工组织设计方案，划定收入与支出配比责任层次，编制各层次的责任成本预算，各责任层次的责任单元（中心）制定各种成本控制措施，对作业成本控制绩效进行奖励兑现，把目标成本管理的责任通过企业的作业管理控制系统落到实处，从而提高项目整体经济效益的一种管理行为。

本章针对我国建筑施工企业成本管理的现状，提出将挣值法应用于我国的建筑施工企业项目作业责任成本控制中，并以建筑施工项目作业责任成本目标管理作为切入点，点面结合，将成本控制贯穿于建筑施工企业整个生产经营活动中，同时将作业责任成本管理与作业责任成本分析有机结合起来，为降低建筑施工企业成本，有效地进行作业责任成本控制，提高成本管理水平提供一条新的思路。

一、工程施工项目概况

（1）建筑项目名称：阳光小镇31号、32号、33号商住楼（简称Y建筑项目）。

（2）项目建筑面积：每栋建筑面积为6899.32m^2，3栋建筑总面积20697.96m^2。

（3）承包范围：施工图纸所含土建与安装工程施工。

（4）合同工期：总日历天数300天。合同开工日期为2007年8月20日，竣工日期为2008年6月16日。

（5）工程质量标准：合格。

（6）合同价款：17508600.00元。工程项目总价汇总如表8.1所示。

表8.1　Y建筑项目31号、32号、33号多层商住楼造价汇总表

序号	工程项目名称	金额（万元）
1	31号、32号、33号住宅楼	583.62×3
合计		1750.86

（7）结构形式：砖混结构，地上六层。

（8）结构做法：本工程为砖混结构，地下一层。C25带型基础，基底标高-3.2m。±0.00以下采用MU10烧结粉煤灰砖，砌筑砂浆为M10水泥砂浆，±0.00以上采用MU10多孔黏土砖，砌筑砂浆1、2层为M10混合砂浆，3、4层为M7.5混合砂浆，5、6层为MS混合砂浆。外墙为370mm厚，内墙为240mm厚。构造柱、圈梁、现浇板混凝土强度等级均为C25。

（9）装修做法：厨房、卫生间楼地面为地砖，地下室及楼梯间楼地面为水泥砂浆地面，其余均做至垫层。卫生间墙面为内墙砖，地下室墙面为水泥砂浆墙面，楼梯间为保温砂浆内墙面，其余房间为水泥石灰膏内墙面，外罩白色内墙涂料。天棚为水泥砂浆打底，外罩白色内墙涂料。外墙为水泥砂浆打底，外罩白色外墙涂料。楼地面及屋面防水为聚氨酯涂膜三遍防水。地下室顶板贴80mm厚聚苯板保温，屋面为280mm厚加气块混凝土保温。外窗为单框双玻的塑钢窗。阳台门为塑钢门，且门芯板内填充25mm厚聚苯乙烯泡沫塑料保温层，内门为胶合板门。

二、Y建筑项目目标成本

1. 项目中标合同价分析

（1）项目合同价依据工程招标文件、图纸、工程量清单及招标答疑文件编制。

（2）工程量清单计价包括按招标文件规定完成工程量清单所列项目的全部费用，包括分部分项工程费、措施项目工程费、其他项目费和规费、税金。

（3）工程量清单采用综合单价计价。计价表中的综合单价和合价，均包括人工费、材料费、机械费、管理费、利润及采用固定价格的工程所测算的风险金等费用。

（4）措施项目报价表中所填入的措施项目报价，包括采用的各种措施的

费用。

（5）其他项目表中所填入的其他项目单报价，包括工程量清单报价表和措施项目报价表以外的、为完成本工程项目的施工所必须发生的其他费用。

（6）以阳光小镇31号多层住宅为例，项目中标合同价汇总如表8.2所示。

表8.2 Y建筑项目31号（32号、33号）中标合同价汇总表

序号	单位工程名称	金额（万元）
1	土建	4730672.12
2	给排水	221810.43
3	采暖	468023.84
4	电气	415734.87
合计		5836241.26

（7）阳光小镇31号多层住宅土建工程量清单计价表见附表。

（8）合同调整

合同价款调整方法：在合同价的基础上，加、减图纸会审，设计变更。现场签证、材料的暂定价部分与承包人认可价格差均在结算中进行调整。清单中的暂定价按承包人确认的价格据实调整。清单中的漏项、清单量差不予调整。

合同形式：可调单价合同。

（9）从分项工程（圈梁）综合单价表（见附表4）分析，合同价中工程量清单综合单价的构成为：

1）工程项目的合同价是根据《××省2003年综合基价》（下称省综合基价）作为计价依据；

2）主要材料根据2007年7月市场价及甲方暂定价进行据实调整（见附表5）；

3）人工费根据《××省建设工程计价依据中人工单价的通知》执行；

4）考虑市场的竞争压力及企业自身状况，单价中没有费用和利润。

（10）分析结论：承包单位无需承担材料涨价风险，甲方信誉良好，进度款支付及时，但利润较低。

2. 项目预算成本

根据施工图纸、招标文件、施工合同、省综合基价（2003年）等编制项目内部使用的定额计价方式的预算成本文件（表8.3）。

表 8.3 "Y"建筑项目 31 号（32 号、33 号）预算成本汇总表

序号	单位工程名称	金额（万元）
1	土建	4306115.95
2	给排水	213541.86
3	采暖	452386.59
4	电气	337687.03
	合计	5309731.43
	2 栋楼合计	15929193

经比较，

Y 工程项目中标合同价—预算成本价 =17508723 — 15929193=1579530 元 降低 9.02%。

分析 Y 工程项目中标合同价与预算成本价的差异，如表 8.4 所示。

表 8.4 Y 建筑项目中标合同价与预算成本价对比表

序号	项目		中标合同价（1）（元）	预算成本价（1）（元）	降低额（3）=（1）-（2）（元）	降低率（4）=（3）-（1）
1	直接费		5629223	5132653	496570	8.82%
2	其中	人工费	1066627	941349	125278	11.75%
		材料费	4220982	3964678	256304	6.07%
		机械费	341612	226628	114984	33.66%
3	规费		12384	0	12384	100%
4	税金		194634	177078	17556	9.02%
5	造价		5836241	5309731	526510	9.02%
6	3 栋楼造价（×3）		17508723	15929193	1579530	9.02%

Y 建筑项目合同价与预算成本的差异，不仅体现在价格上，还体现在工程量上，表 8.5 以三大材说明两者之间的量差。

表 8.5 Y 建筑项目中标合同价与预算成本三大材对比表

序号	材料名称	单位	合同中标价（元）	预算成本（元）	降低额（元）	降低率（%）
1	钢材	t	185	178	7	3.78
2	木材	m^3	54	51	3	5.56
3	水泥	t	775	723	52	6.71

通过量和价的对比，说明直接成本编制预算的依据，不仅依据图纸、合同、招标文件等有效文件，还依据企业自身的生产条件，编制供企业内部使用的预算成本。预算成本是制定项目目标成本的基础。

3. 项目目标成本

Y建筑项目预算成本价为15929193元，根据项目部内部承包协议，项目部上缴公司的费用为直接费的10%，即5132653×3×10%=1539796（元），则项目部的承包价 = 预算成本 − 上缴费用 =15929193−1539796=14389397（元），预计目标利润为承包价的5%，即14389397×5%=719470（元）。

则目标成本 = 承包价 − 目标利润
$$= 14389397-719470 = 13669927（元）$$

如图8.1所示。

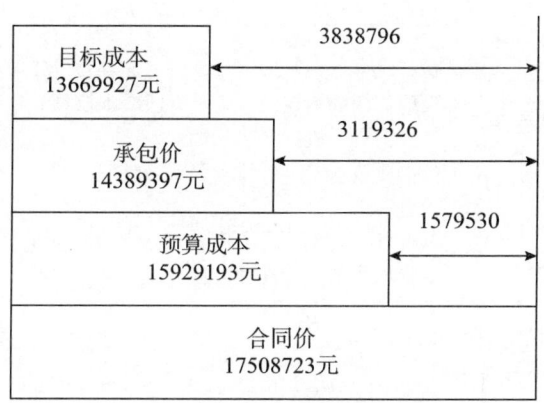

图8.1　Y建筑项目目标成本图

三、Y建筑项目作业责任成本目标管理体系

1. Y建筑项目组织结构体系

首先公司建立了公司层——项目层——作业层三级作业责任成本管理体系。公司层为经营决策、成本利润、资金控制中心；项目层为工期保证、质量创优、作业成本核算、资金回笼中心；作业岗位层为施工生产、现场管理、队伍管理中心，如表8.6所示。

建立以公司层为核心、项目层为重心、岗位层管理为基础的作业责任成本管理体系，重点是搞好建筑施工项目"一级管理、两层分离"，一个项目只允许设一个银行账户,一本财务预算总账,一本成本物资总账。作业岗位层建立规范的作业责任成本核算台账,实行日清月结,能核算出当日成本收支,及时调整估算出当日成本盈亏的作业责任成本管控机制。

表 8.6　公司 Y 建筑项目作业目标责任成本管理体系表

设置组织架构		制定目标、制度、管理细则
层次	机构名称	主要职责
公司层次	工程部 技术部 合约部 财务部 预算部 材料部 人资部 审计部	确定项目施工责任成本 制定项目责任成本监控、管理措施 实施过程控制,开展或组织项目施工责任成本核算 奖罚兑现
项目层次	预算员 技术员 材料员 质安员 资料员	制定成本目标和成本计划、实施项目施工责任成本核算,进行施工管理责任成本控制,施工责任成本核算、报表 供应物资、机具 负责质量、安全、技术资料的整理
作业层次	各专业施工班组	负责具体成本管控工作,对分解的责任成本目标负责 接受项目部的管理和监督

项目部组织结构如图 8.2 所示。

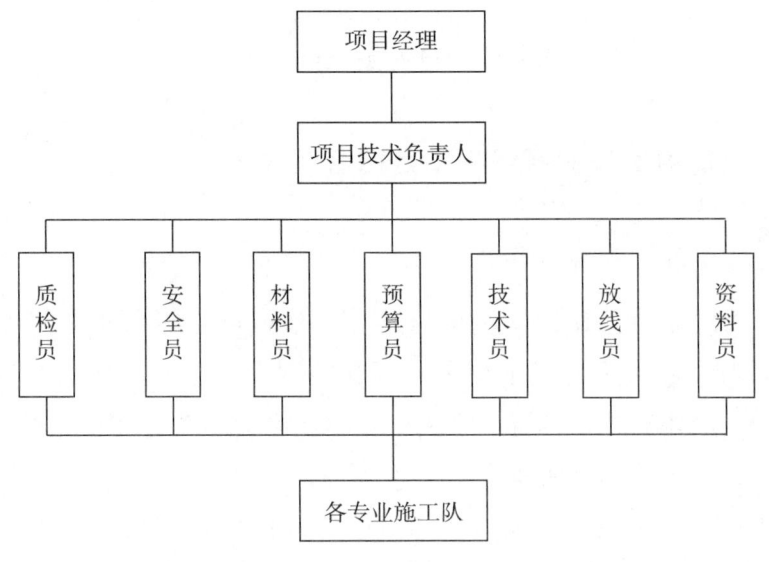

图 8.2　Y 建筑工程项目部组织结构图

为确保 Y 建筑项目优质高效地完成,公司实行项目法施工,抽调技术精、组织能力强的人员组成项目经理部,建立完善的项目施工生产、技术、质量、安全保证体系。现场施工组织机构分为两个层次:项目部和施工作业层。作业层是施工生产、现场管理、队伍管理中心。建立项目管理为重心、作业层管理为基础、管理人员分工负责、项目经理总负责的作业成本管理体系。

2. 作业责任成本目标管理过程

为确保 Y 项目作业责任成本目标控制体系的良性循环,公司从以下几方面着手进行了改革。

(1) 确定责任成本单元(责任主体),明确责、权、利和经济效益

Y 项目的责任成本控制以各专业班组的作业成本为基础,以项目部为基本责任主体。根据职能简化、责任单一的原则,合理划分可控成本范围,赋予项目部相应的责、权、利,实行责任成本一次包干。公司层既是本级的成本责任中心,又是下一级项目部作业责任成本的汇总部门和管理部门。形成三级施工作业成本责任中心,即专业班组作业成本责任中心、项目部作业成本责任中心、公司层成本责任中心。这三级作业成本责任中心的核算范围为该级所控制的各项工程施工的成本。

(2) 确定作业成本责任中心的可控范围

按照作业成本责任单元的责权范围大小,确定可以衡量的作业成本责任目标和考核范围,形成各级作业成本责任单元(中心)。

专业班组作业成本责任单元(中心):目标成本 13669927 元;

项目部作业责任单元(中心):项目部的承包价 14389397 元;

公司层成本责任中心:预算成本 15929193 元。

(3) 作业成本责任目标四种控制方法

①制度控制:通过各项制度,使施工的消耗和支出,按照预定的工料机定额和费用开支标准进行严格的控制,达到节约目标。如主材限额发料制、计价单细目制、成本审核分析制等制度。

②定额控制:主要由预算定额及公司内部企业定额进行控制。

③指标控制:常用的是两个指标,第一、工程成本降低指标,以百分比计,即成本降低率。第二、费用节约指标,以数量计。主要是工、料、机及其他直接费计四项费用的节约量。

④挣值控制。

（4）作业责任成本核算

通过作业成本核算，可以反映施工耗费和计算工程实际成本，为项目管理提供信息。通过对各项支出的严格控制，力求以最少的施工耗费取得最大的施工成果，并以此计算项目的经济效益。为分析考核、预测和计划工程成本提供科学依据。作业责任成本核算分班组、项目部、公司三级核算体系，主要核算人工费、材料费、机械使用费、其他直接费四个责任成本项目。

（5）作业责任成本分析

作业责任成本分析主要是利用项目成本核算资料及其他相关资料，全面分析了解项目成本变动情况，系统研究影响成本升降的各种因素及其形成的原因，挖掘降低成本的潜力，正确认识和掌握成本变动的规律。通过成本分析，可以对成本计划的执行过程进行有效的控制，及时发现和制止各种损失和浪费，为预测成本、编制下期成本计划和经营决策提供依据。

作业成本分析的内容分为事前的作业成本预测分析、日常的作业成本分析、事后的作业成本监控。作业成本分析的常用方法有比较分析法、比率分析法、因素分析法、差异分析法。所采取的主要方式是项目部与公司相关部门每月进行成本分析，再据此进行季度、年度成本分析。

（6）作业责任成本考核

每月对工程施工项目的实际成本、作业计划（预算）成本及相关指标的完成情况进行考核、评比。其目的在于充分调动职工的自觉性和主动性，挖掘内部潜力，达到以最少的耗费，取得最大的经济效益的目的。为总结成功与失败，改善项目运营管理提供依据和动力。

作业责任成本考核的方法有如下三个方面：①对降低成本任务的考核，主要是对成本降低率的考核。②对项目部的考核，主要是成本计划的完成情况进行考核。③对作业班组成本的考核，主要是考核材料、机械、人工等消耗定额的完成情况。

3. 作业目标责任成本的分解

Y建筑项目经过分析，确定了目标责任成本为13669927元。项目部按项目实施的各分部工程进一步分解，将整个工程分解为基础、主体结构、门窗、内装修、屋面、外装修等分部工程，对每个分部工程的人工费、材料费、机械费进行测算、分解,制定各分部工程成本控制目标。

4. 作业目标责任成本直接费的控制

Y 建筑项目以项目经理的责任为中心,以施工图预算、施工预算等对实际发生的成本费用进行对比,坚持开源节流的原则实施成本控制。

项目直接成本主要是指在项目成本形成过程中直接构成工程实体和有助于工程形成的人工费、材料费、机械使用费。公司按照量价分离原则从以下几个方面对 Y 项目直接成本进行控制(表 8.7)。

表 8.7 Y 建筑项目施工目标责任成本分解表   (元)

序号	分部工程名称	人工费	材料费	机械费	直接费	税金	直接费+税金
1	基础工程(含地下室)	67425	387653	35444	490522	16923	507445
2	主体工程(1~6层)	331815	1073989	122648	1528452	52732	1581184
3	内装修工程	203750	471140	15677	690567	3852	714392
4	屋面工程	29132	297453	10097	336683	11616	348299
5	外装修工程	62066	110718	461	173245	5977	179222
6	门窗工程	0	351955	0	351955	12142	364097
7	水暖电安装工程	113657	709386	10214	833257	28747	862004
8	1~7小计	807845	3402294	194541	4404680	151962	4556642
9	3栋合计(×3)	2423535	10206882	583623	13214040	455886	13669926

(1)人工费控制

经测算,人工费占到项目直接费的 18.3%。定额人工费及市场人工费的调整永远跟不上劳动力价格上涨的趋势,因此人工费在项目直接费成本中是亏损的。人工费控制的目的是降低实际人工费的支出。主要从用工数量方面进行控制:

第一,定额定员的控制。项目部要根据工程的实际情况制定工时定额,计算出定额用工量,使实际消耗的工时总数不超过规定工时数。并将安全生产、文明施工及零星用工按一定比例(一般为 5%~10%)承包给班组,进行包干控制。

第二，通过招标确定劳务价格。择优选择素质高、有丰富技术操作经验的成建制的劳动队伍和人员。合理安排工作面，做好工种、工序之间的衔接，使工人利用合理、均衡，达到功效最佳水平。减少和避免无效劳动，提高劳动效率，精减人员。

第三，对技术含量较低的分部分项工程可分包，采取包干控制，降低工费。

（2）材料成本控制

经测算，材料费占到项目直接费的77.24%。材料费是直接成本的控制重点。其盈亏直接影响到整个工程项目的盈亏。材料费包括主要材料、辅助材料、主要设备和周转材料。主要在材料价格和数量上进行控制。

材料价格控制包括：

①买价控制。通过对市场行情的调查研究，在保质保量的前提下，货比三家，择优购料并公开招标；

②运费控制。合理组织运输，就近购料，选用最经济的运输方法，以降低运输成本；

③考虑资金的时间价值，减少资金占用，合理确定进货批量和批次，尽可能降低材料储备；

④预算员制定材料计划表，并报项目经理部审批，采购人员凭材料计划表购料，否则仓库人员不予验收，财会部门不予入账。

材料用量的控制包括：

①按定额确定的材料消耗量，实行限额领料制度，各班组只能在规定限额内分期分批领用，如超出限额领料，要分析原因，及时采取纠正措施。低于定额用料，则可以提取一定比例的奖励；

②改进施工技术，推广使用降低消耗的各种新技术、新工艺、新材料；

③在对工程进行功能分析、对材料进行性能分析的基础上，力求用价格低的材料代替价格高的材料；

④认真计量验收，坚持余料回收，降低料耗水平；

⑤加强现场管理，合理堆放，减少搬运、仓储损耗。

（3）机械费控制

经测算，机械费占到项目直接费的4.42%。因为公司有自己的机械设备加工厂，机械设备属于内部租赁。项目部要充分利用现有机械设备，内部合理调度，尽量避免窝工。加强设备租赁计划的管理，减少由施工组织不当引起的设备闲置,在设备选型配套中,注意一机多用,加强机械设备的日常维护保养,保证机械的正常运行。合理安排机械设备与辅助人员的协调配合工作,提高机械生产效率,降低机械成本。

5. 作业目标责任成本的考核和奖罚激励机制

考核和奖罚是建立在项目部目标责任成本体系中的保证成本管理健康实施的保证措施。它是对整个成本控制体系的完善和促进,制定合理的考核指标和激励政策是协调各方利益的关键。

(1)考核指标

Y 项目部依据公开、公正、公平的原则,对各专业作业责任单元(施工作业班组、个人)实行绩效考核制度。对各专业施工班组 5 大指标进行考核:产值 60 分,质量 20 分,安全 10 分,文明施工和综合管理各 5 分。完不成指标按比例扣减,根据考核结果核批各专业班组的工资总额。

作业目标责任成本分解落实到各专业施工班组,各专业施工班组实行工料承包,每月完成的实物工程量乘以明码标价即为每月实际产值,再按岗位系数分配到个人。个人工资实行"否决"制。职工的收入与效益挂钩,对职工的技能工资、岗位工资、各种津贴补贴实行否决。当各责任施工班组可支配的工资为零或为负数时,当月停发工资。但在操作中对特殊情况进行适当调整,效益好、收入较高时留一定的储备工资,不搞吃光花净,做到以丰补歉,以维持施工生产的正常进行。

(2)承包合同奖罚激励条款

公司为充分调动 Y 项目部管理人员的积极性,鼓励项目部降低工程成本,开源节流,强化施工成本管控意识,形成激励机制,确保 Y 项目优质、安全、高效地完成,公司与 Y 项目部签订的内部承包合同规定如下:

①奖励条款

实际完成工程成本降低率在承包成本的 5% 以内,以实际成本降低额的 35% 计奖,超过降低指标的部分,上浮 20 个百分点,按 55% 提取奖励。

②处罚条款

工程质量和工期未达到施工承包合同要求的罚金在项目经理部的奖金中列支。

安全事故的罚款从项目经理部的奖金中扣除。

工程出现亏损,扣除平时预发的全部奖金,并按 30% 扣发项目经理部管理人员的工资。

（3）责任人对成本节超的奖罚条款

Y项目经理部明确各主要责任人对成本节超的奖罚条款如表8.8所示。

表8.8　Y建筑工程项目部各主要责任人成本节超奖罚表

序号	责任人	承包范围	承包考核指标	奖罚条款
1	预算员	Y建筑项目预算、竣工结算、分包结算、总分包实物量对比、编制工料分析	总分包结算的工程直接费用差为+3%	总分包结算的工程直接费用差在+3%以内，参与项目经理部的奖金分配；在+3%~+4%以内，按差额数的3%奖励；+4%~+6%以内，按差额数的5%奖励；超过+6%以上，按差额数的10%奖励。
2	材料员	Y项目的招标采购及供应、周转材料的租赁、保管和返还、施工现场材料的管理、验收、入库	材料实行招标采购，材料成本降低3%。钢材、木材、水泥实际用量比施工图预算用量分别节约3%、6%、1%	材料采购成本降低率在3%以内，不奖；材料采购成本降低率在3%~6%以内，按材料采购成本额的10%奖励；材料采购成本降低率在6%以上，按材料采购成本额的20%奖励.材料使用的量差节约在规定的指标内不奖；超过承包指标，按节约量的10%奖励
3	技术员质安员	Y项目的技术、质量、安全工作	降低质量成本5000元；降低安全费用5000元	质量、安全指标在3000~5000元之间，参加项目经理部的奖金分配，不另行计奖；超过5000元，按超过部分的30%奖励

四、基于挣值法的项目作业成本控制过程

Y项目建立了作业目标责任成本体系，在制度上成本控制有了可靠保障，那么，在方法上运用挣值法进行施工过程中的阶段作业成本控制，使Y项目顺利实现三大目标就有了强大的成本数据基础。

挣值法的数据来源于项目的预算、计划与跟踪。使用挣值法进行成本和进度的监控，必须定期监控三个关键中间变量，即项目开始前，必须制定整个项目的成本和进度预算计划；项目执行时，收集实际成本值的同时计算挣值。

1. Y项目基于合同工期的施工作业进度计划

Y项目开工日期为2007年8月20日，竣工日期2008年6月16日，日

历工期为300天。项目31号、32号、33号三栋住宅楼平行施工,主体阶段以伸缩缝为界分成Ⅰ、Ⅱ两个流水段组织施工。

Y建筑项目31号~33号楼施工进度横道图如图8.3所示。

年		2007年								2008年					
月		8	8	9	10	10	11	12	12	12	1	2	2、3	4	5	5	5、6	6
日		20		30	14		30	1-9	10		30	25		30	1-28	29		16
里程碑		开工日期	21-31		基础完工日期	15-31			主体完工日期	11-31		春节放假25天	2.26至3.31			装修完工日期	5.29至6.15	竣工日期
分部																		
基础工程(56天)		■■■■■■														
主体工程(57天)					■■■■■■											
内装修工程(144天)									■■■■■■■■■■■■■						
屋面工程(50天)							■■								
门窗工程(35天)										■■					
外装修工程(59天)												■■■■		
水暖电安装(201天)				■■■■■■				■■■■■■■■■					
清理竣工验收(18天)														■■

图8.3 Y建筑项目31#~33#楼施工作业进度计划横道图

2. 绘制 Y 项目目标成本 BCWS 曲线

假定直接成本与进度为线性关系,且工作任务是匀速的,即每项工作任务在单位时间内完成的任务量是相等的。

经测算,2007 年 10 月 14 日,基础完工时,成本为 152.23 万元;

2007 年 12 月 10 日,主体完工时,成本累计为 152.23(基础)+474.36(主体)+73.33(水暖电)=699.92(万元);

2008 年 1 月 30 日,屋面完工时,成本累计为 104.49(屋面)+74.42(内装修)+64.33(水暖电)+699.92=943.16(万元);

2008 年 3 月 31 日,门窗完工时,成本累计为 52.09(内装修)+45.03(水暖电)+109.23(门窗)+943.16=1149.51(万元);

2008 年 5 月 29 日,内外装修完工时,成本累计为 87.81(内装修)+53.77(外装修)+75.91(水暖电)+1149.51=1367.00(万元)。

根据以上各分部工程目标成本及进度计划绘制 BCWS 曲线(图 8.4)。

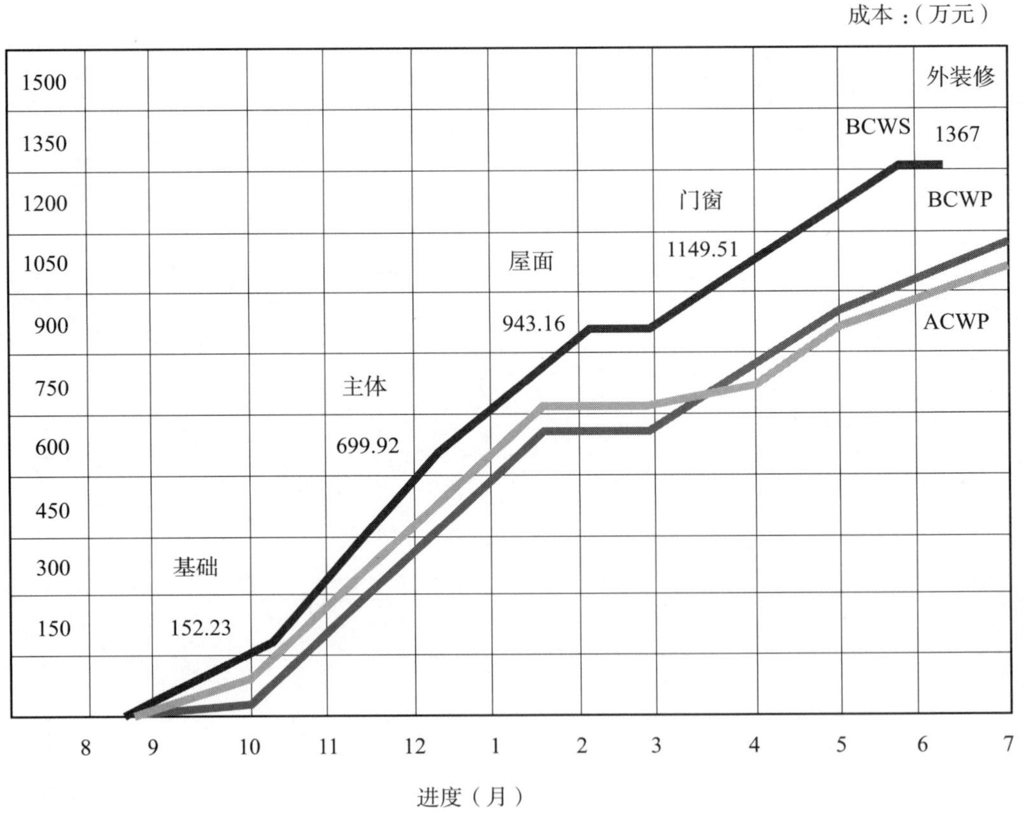

图 8.4 Y 建筑施工挣值曲线图

3. 计算 Y 施工项目挣值 $BCWP$ 和 $ACWP$，并绘制曲线

$BCWP$ 和 $ACWP$ 数据按每月的项目经理成本报表统计而得。参见表 8.9。

$$BCWP = 每月实际完成工作量 \times 预算单价$$

$$ACWP = 每月实际完成工作量 \times 实际单价$$

其中，每月实际完成工作量按 Y 建筑施工项目实际进度分解的工作量；

预算单价为与预算定额对应的工作的单价；

实际单价为与对应的工作实际消耗的工料的单价。

表 8.9　Y 建筑施工项目挣值 $BCWP$ 和 $ACWP$ 计算表

序号	年	月	累计 $BCWP$（万元）	累计 $ACWP$（万元）	降低额 CV（万元）	降低率 CVP（%）	费用评价指数 CPI
1	2007	8	15.86	19.89	−4.03	−25.41	0.80
2		9	60.71	68.79	−8.08	−13.31	0.88
3		10	196.48	201.41	−4.93	−2.51	0.98
4		11	440.45	444.50	−4.05	−0.92	0.99
5		12	746.41	752.76	−6.35	−0.8	0.99
6	2008	1	—	—	—	—	—
7		2	—	—	—	—	—
8		3	853.64	841.31	+12.33	+1.44	1.01
9		4	1002.95	965.74	+37.21	+3.71	1.04
10		5	1087.49	1043.50	+43.99	+4.05	1.04
11		6	1187.49	1126.83	+60.66	+5.11	1.05

4. 挣值指标分析

由于内装修工期正值在冬期施工，2008 年的 1、2 月气温较往年同期相比气候寒冷，甲方为保证内装修工程质量，决定于 1 月 17 日～2 月 25 日停工放假，工期顺延至 2008 年 6 月 30 日。

为统计方便，直接把 2008 年 1 月、2 月的成本与 3 月的成本合并统计。通过 $BCWP$、$ACWP$ 数据表分析。

2007 年 8～12 月，

$CV = BCWP - ACWP < 0$，说明实际消耗超过预算，超支。

$CPI= BCWP/ACWP < 1$，说明实际消耗超过预算，超支。
$CVP=CV/BCWP$ 逐渐递增。

2008年3～6月，
$CV=BCWP-ACWP > 0$，说明实际消耗低于预算。
$CPI= BCWP/ACWP > 1$，说明实际消耗低于预算。
$CVP=CV/BCWP$ 逐渐递增。

通过挣值曲线图分析，在项目工期内，
$SV= BCWP-BCWS < 0$，说明实际进度比计划进度滞后。
$SPI= BCWP/BCWS < 1$，说明实际进度比计划进度滞后。

5. Y项目施工作业成本总体偏差原因分析

（1）中标合同价低。中标合同价中不含费用和利润，只有直接费、规费和税金。这就导致项目所发生的间接费用要由直接费分摊。

（2）预算成本中不含施工组织措施费和规费，即冬雨季施工增加费、夜间施工增加费、检验试验费、临时设施费、文明施工费等费用，项目所发生的这些费用要由直接费分摊。

（3）由于项目承包，上缴公司的10%费用也由直接费分摊。

（4）以上三条原因导致了项目的2007年8～12月总体超支。

（5）进度延误的原因是多方面的。主要是甲方在项目前期的拆迁和地基处理的进度延后，导致整体工程进度的延误。

6. 月施工作业成本分析

下面以2007年11月的成本报表（表8.10）为例进行分析。

月作业成本分析的依据是当月的作业成本报表。通常有以下几个方面：

（1）通过实际作业成本与作业责任预算成本的对比，分析当月的作业成本降低水平；通过累计实际成本与累计预算成本的对比，分析累计的作业成本降低水平，预测实现项目作业成本目标的前景。

（2）通过实际成本与计划成本的对比，分析计划成本的落实情况，以及目标管理中的问题和不足，进而采取措施，加强作业成本管理，保证成本计划的落实。

（3）通过对各成本项目的成本分析，可以了解成本总量的构成比例和成本管理的薄弱环节。例如：在成本分析中，发现人工费、机械费和间接费等项目大幅度超支,就应该对这些费用的收支配比关系认真研究,并采取对应的增收节支措施,防止今后再超支。如果是属于预算定额规定的"政策性"亏损,则应从控制支出着手,把超支额压缩到最低限度。

(4)通过主要技术经济指标的实际与计划的对比,分析产量、工期、质量、"三材"节约率、机械利用率等对成本的影响。

(5)通过对技术组织措施执行效果的分析,寻求更加有效的节约途径。

(6)分析其他有利条件和不利条件对成本的影响。

表 8.10 Y 建筑项目部成本分析报表

2007年11月30日 (单位:元)

本月产值	累计产值	本月上交	累计上交	本月留用	累计留用
1584992	2459133	123820	494319	1806175	1964814

成本		上期累计	本月实际	至期末累计
工程成本	预算数	607092	1357722	1964814
	实际数	687878	1326251	2014129
	降低额	-80786	31471	-49315
	降低率	-13.31%	2.32%	-2.51%
人工费	预算数	55288	298032	353320
	实际数	82678	334392	417071
	降低额	27390	-36360	-63751
材料费	预算数	434632	1056054	1490686
	实际数	380101	804726	1184828
	降低额	54531	251328	305858
机械费	预算数	107678	78048	185726
	实际数	88418	44010	132428
	降低额	19260	34038	53298
其他直接费	预算数	9494	-74412	-64918
	实际数	136679	143121	279801
	降低额	-127185	-217533	-344719

根据Y项目的施工进度计划横道图，2007年11月Y项目的工程形象部位为五层主体完毕，实际的工程进度是三层主体完毕。主要是由于甲方的原因，拆迁和地基处理的进度延误，导致主体工程进度的延误。

从2007年11月成本报表分析，当月工程成本节约（+31471元），其中的人工费为超支（-36360元），材料费节约（+251328元），机械费节约（+34038元），其他直接费超支（-217533元）。

7. 下面从以下几方面进行成本分析：

（1）人工费分析

受劳动力资源紧张影响，建筑领域工人工资持续大幅度提高。2007年人工费价格在2006年上涨7.3%的基础上继续上涨10.4%，涨幅创1998年以来的新高。其中普通工人工资涨幅较高，为11.0%，工程管理人员工资上涨8.1%，工程技术人员工资上涨9.3%。因此，人工费用超支是正常的，关键是如何控制人工费的正常支出。

人工费在用工数量上，由于采取责任成本目标制，内部人工费包干，主体工程专业班组如混凝土班组、木工班组、钢筋班组、瓦工班组、架子工班组等的用工，实际人工比定额人工减少25%。人工费价格上，定额用工为40元/工日，实际用工平均为55元/工日。人工费单价的差异是人工费超支的主要原因。另外，为确保工期如期完工，工人不得不加班赶工，加班费的支出，也是人工费超支的原因之一。还有质量成本的损失，由于木工的疏忽，致使现浇板模板的控制标高出现较大的偏差，必须拆模重新支设模板，由于返工造成了人工、材料的费用增加，根据惩罚条款木工班组受到经济处罚。

（2）材料费分析

材料费分析包括主要材料和周转材料使用费的分析。

①主要材料费用的分析。主要材料和结构件费用的高低，主要受价格的消耗数量的影响。而材料价格的变动，又要受采购价格、运输费用、途中损耗等因素的影响；材料消耗数量的变动，也要受操作损耗、管理损耗和返工损失等因素的影响。为了分析材料价格和消耗数量的变化对材料和结构件费用的影响程度，可按下列公式计算：

因材料价格变动对材料费的影响 =（预算单价 - 实际单价）× 消耗数量

因消耗数量变动对材料费的影响 =（预算用量 - 实际用量）× 预算单价

通过对主要材料的量和价的"两算"对比，三大材是控制材料费高低的主要因素。例如，当月钢材实际消耗量为32.84t，预算用量为34.57t，预算单价平均2150元/t，实际单价为4080元/t。那么，

钢材价格变动对材料费的影响=（4080-2150）×32.84=63381.2（元）

钢材消耗量变动对材料费的影响=（34.57-32.84）×2150=3719.5（元）

钢材、水泥、木材等主要材料的实际价格受市场行情的影响，属于可调价格，在主要材料差价中与甲方据实结算。项目部不承担材料价格上涨的风险。经测算，钢材、水泥、木材等主要材料的降本率超过了责任成本目标。主要材料的降本率和材料价格是材料费节约的主要原因。

②周转材料使用费分析。

由于Y建筑项目3栋商住楼采用平行施工，虽然在伸缩缝处采用了流水施工，但是模板的消耗量还是巨大的，为了保证工期，必须提高模板的周转利用率。项目部的模板是公司内部的自有周转材料，根据项目责任成本目标，周转材料费的节约或超支，取决于周转材料的损耗率。

项目部通过优化施工方案，加快模板的周转率。进度计划中主体施工平均7天完成一层，拆模板的时间要保证达到混凝土的强度，由于正值冬期施工，所以还要采取一系列的保证措施。拆模板一般是隔层拆模。因此，每层主体的进度包括拆模板的时间,平均每层10天。为了提高模板的周转利用率，项目部采用了早拆模板原理，缩短了拆模板的周期，每层主体的进度包括拆模板的时间，每层平均8天，缩短了2天。

项目部通过制定的作业责任成本目标降低了周转材料的损耗率。通过测算，该项目的模板费用占材料费的9%，因此损耗率的降低是材料费节约的主要原因之一。

（3）机械费分析

主体施工所需的机械设备有龙门架、商品混凝土泵车、砂浆搅拌机、钢筋调直机、钢筋弯曲机、钢筋切断机、木工圆锯机等主要机械，除商品混凝土泵车外，其他机械都是公司自有设备。因此，机械实际消耗的台班费小于预算费。

（4）其他直接费分析

其他直接费是指施工过程中发生的除直接成本以外的其他费用，主体施工中包括：二次搬运费、工程用水电费、生产工具用具使用费、检验试验费、

工程定位复测费、场地清理费、文明安全施工费；项目部管理人员的工资、办公费、差旅、招待费用；项目部上缴公司的承包费用；税金、规费等费用。因为在目标成本中不含这些费用，因此在成本报表中其他直接费的预算费用为负数，从项目的开始到结束，其他直接费均为超支。项目要想获得利润，必须分摊其他直接费的费用，即人工费＋材料费＋机械费＞其他直接费。

按现行规定，其他直接费定额是按相应的费率记取的，此类费用难以预料。项目部实行各类费用包干管理，实行定员、定岗、定职的责任成本目标制度，即可保证施工所必需，也可减少和控制非生产性成本占成本总额中的比率。

（5）用挣值法进行作业责任成本控制

以2007年11月的成本分析为基础，用挣值理论进行项目的成本控制。

通过挣值曲线图可以看出，2007年11月30日的挣值各项指标分别为：

$CV=BCWP-ACWP=-4.05<0$，说明实际消耗超过预算，超支。

$CPI=BCWP/ACWP=0.99<1$，说明实际消耗超过预算，超支。

$CVP=CV/BCWP=-0.92\%$，成本超支。与前期相比，超支比率逐渐递减。

$SV=BCWP-BCWS<0$，说明实际进度比计划进度滞后。

$SPI=BCWP/BCWS<1$，说明实际进度比计划进度滞后。

结果：2007年11月的成本超支，进度滞后。

通过成本分析，从人工费、材料费、机械费、其他直接费分析了成本盈亏的影响因素。项目部针对发现的问题，提出了2007年12月的成本控制措施。

①进行施工方案优化，加快施工进度。

一般的模板支撑体系改为早拆模板支撑体系，每层缩短2天；增加专业施工班组，由原来的平行流水施工改为三栋楼平行施工，每栋楼实行成倍流水施工，减少了间歇时间，计划缩短5天。

②加强施工组织协调，降低质量成本。

项目部制定了严格的责任成本目标控制体系，各责任部门和责任人各司其职，但是各岗位、各工种与各工序之间的协调配合不好，互相影响，造成了人工、材料的浪费，提高了施工成本。例如，土建混凝土班组在浇筑楼板时，预留的卫生间管道套管的埋设位置不准确,虽然不影响该班组的任何成本和进度,但是当安装班组进行管道安装时,必须重新砸洞,然后随意填补,砸洞和填补显然提高了项目成本,也造成了漏水的隐患。混凝土班组再将填补的砂浆凿掉,用防水砂浆和细石混凝土重补,由于此部位操作不便,往往需要再三修补。既提高了工程成本,又影响了工程质量。

解决措施:加强施工组织协调,"三检"制度要有专人负责、专人签字。加强经济处罚力度。

③严格核定劳务分包费用,严格控制支出。

采取包干方式一次包死,尽量不留活口。在施工过程中,加强预控管理,防止合同外用工现象发生。

④合理安排施工进度,进行进度工期－成本优化,加快周转材料的利用率;加强领料制度和库存管理,降低周转材料的损耗率。

⑤加强材料"限额领料"和材料进场价格控制

根据材料成本目标控制,实行二级负责制。一是材料员对施工班组长领料进行控制,二是施工班组长对施工班组领料进行控制。超计划领料要经项目经理签认后方可领料。

材料的市场价格是动态的,材料员应广泛搜集材料价格信息,进行招标采购,控制材料的采购价和材料的运费。

五、Y 项目施工作业责任成本管控执行效果

通过进行作业责任成本目标管理,利用挣值法进行作业责任成本控制,Y 工程项目在成本控制方面取得了较好的效果。

从月作业成本报表 8.5 中可以看到:在 Y 项目成本管理中,项目成本中的人工费、材料费和机械费控制得较好;其他直接费由于报价时考虑不充分,在项目施工过程中管理费缺乏有效控制,导致计划成本偏低,实际成本高于计划成本;导致了间接费用的实际成本也高于计划成本。

从 Y 项目的整体情况看,该项目最终完成工程收入为 1774.39 万元,其中合同内金额 1750.87 万元,现场签证工程金额 23.52 万元。在作业责任成本目标管理体系下,通过运用挣值方法,项目的成本控制基本覆盖了整个施工过程:在各种原材料涨价因素的前提下,强化物资采购供应管理,降低采购成本,加强限额领料制度,材料降低成本率达到 5%,降低 51.03 万元;

通过方案优化节约成本 6.98 万元，总工期缩短 10 天；间接费特别是业务招待费发生超支（发生经营、招待费 41 万元，为工程目标成本的 3%）；公司管理制度的不完善，工程竣工资料编审过程的不规范，造成工程资料的自相矛盾，造成工程收入减少，成本增加 1.5 万元。从 Y 项目的实施过程和结果来看，公司在作业责任成本目标管理方面取得了一定成果。相关数据参见表 8.11 ~ 表 8.16。

表 8.11　Y 建筑项目 31# 楼土建分部分项工程量清单计价表（部分）

序号	项　目　名　称	单位	工程数量	金额（元）	
				综合单价	合价
1	平整场地：1. 土方挖填，2. 场地找平，3. 运输	m^2	989.53	1.02	1007.07
2	挖土方；基础大开挖；施工中产生的建筑垃圾及开槽产生的渣土要求在基地内严格按发标方要求存放，运距按 5km 考虑，施工中不再考虑签证，结算时不再另行调整	m^3	4673.971	24.06	112444.92
	……				
7	零星砌砖，基础混凝土维护，MU10 烧结粉煤灰，水泥砂浆 M5.0	m^3	20.55	190.35	5815.25
8	实心砖墙，外墙 MU10（KPI）多孔土砖墙，混合砂浆 M10，墙厚 370	m^3	352.192	218.58	76980.72
9	圈梁，圈梁 C30 混凝土	m^3	174.33	277.42	48362.8
10	矩形柱，构造柱，混凝土强度等级 C30	m^3	180.07	272.28	49029.82
11	矩形梁，混凝土强度等级 C30	m^3	43.471	258.26	11222.64
12	平板，混凝土强度等级 C30	m^3	580.838	253.66	147337.69
	……				
13	排烟道预埋 Φ150PVC 管（设向下弯头）	个	60	20	1200
合　　计					3937237.68

表 8.12　Y 建筑项目 31# 楼土建措施项目清单计价表

序号	项目名称	金额（元）
1	施工技术措施项目	434416.3
1.1	脚手架费	77610.03
1.2	模板工程费	245099.59
1.3	构件运输及安装费	10567.69
1.4	垂直运输费	97357.68
1.5	建筑物超高费	0
1.6	大型机械一次安拆及场外运输费	3691.31
2	施工组织措施项目	191215.14
2.1	冬雨季施工增加费	34895.93
2.2	夜间施工增加费	0
2.3	生产工具用具使用费	23554.75
2.4	检验试验费	14346.09
2.5	工程定位复测及场地清理费	10662.64
2.6	产品保护费	11922.77
2.7	二次搬运费	0
2.8	临时停水停电费	0
2.9	临时设施费	40836.4
2.10	施工与生产同时进行增加费	0
2.11	有害环境施工降效增加费	0
2.12	安全防护及文明施工措施费	54996.56
3	其他措施费	0
合计		625631.44

表 8.13　Y 建筑项目 31# 楼土建单位工程费用汇总表

序号	工程项目名称	金额（元）
1	分部分项工程量清单计价合计	3937237.08
2	措施项目清单计价合计	625631.44
3	其他项目清单计价合计	0
4	规费	10038.29
5	税金	157765.29
合计		4730672.12

表 8.14 Y建筑项目分部分项清单综合单价分析表（31号楼圈梁）

项目编码				010403004001			
项目名称				圈梁			
单 位				M3			
数 量				174.33			
综合单价				277.42			
序号	编号	名　称	单位	单价	工程量	合价	
1	4-206换	现浇钢筋混凝土（商品混凝土）圈梁弧形圈梁（商品混凝土C25）	10m³	2545.99	17.433	44384.24	
2	4-238	泵送混凝土增加费 不分泵送高度	10m³	123.93	17.433	2160.3	
		合　　计				46544.54	

表 8.15 Y建筑项目费用表

序号	费用名称	计算式	费用合价
一	直接、措施性成本		46544.54
1	人工费		5974.29
2	材料费		39488.01
3	机械费		1082.24
二	费用		0
1	现场管理费		0
2	企业管理费		0
3	财务费用		0
4	社会劳保-职工养老失业保险费		0
5	社会劳保-职工基本医疗保险费		0
三	利润		0
四	人工费调整		1818.27
	综合基价		48362.8

表 8.16　Y 建筑项目 31# 土建单位工程主要材料价差表

序号	名称及规格	单位	数量	预算价	市场价	价差	价差合计
一	材料						
1	钢筋 Φ10 以内	t	102.2295	2139.96	3700	1560.04	159482.11
2	钢筋 Φ20 以内	t	41.409	2176.68	3700	1523.32	63079.16
3	钢筋 Φ20 以外	t	5.621	2173.62	3700	1526.38	8579.78
4	圆钢	kg	828.352	2.17	3.9	1.73	1433.05
5	钢板	t	7.0171	2288.43	4350	2061.57	14466.24
6	钢板檩条（S 型）100*200	t	10.468	3800	3900	100	1046.8
7	圆钢	t	0.0059	2176.68	3700	1523.32	8.99
8	锻铁	t	0.4777	2231.03	3700	1468.97	701.73
9	锻铁	t	0.0727	2231.03	3900	1668.97	121.33
10	型钢	t	10.2971	2288.75	3900	1611.25	16591.2
11	冷拔钢丝	t	0.014	2771.34	3850	1089.66	15.1
12	二等方木	m³	0.0283	1676.97	1200	-476.97	-13.5
13	二等方木	m³	0.0271	1676.97	1200	-476.97	-12.93
14	二等圆木	m³	0.0078	1035.46	1200	164.54	1.28
15	木模板	m³	62.3358	1366.4	1200	-166.4	-10372.68
16	木模板	m³	0.1902	1366.4	1200	-166.4	-31.68
17	木脚手板	m³	12.3498	1331.65	1200	-131.65	-1625.85
18	二等板方材	m³	0.0132	1676.97	1200	-476.97	-6.3
19	二等板方材	m³	0.0083	1676.97	1200	-476.97	-3.96
20	支撑方木	m³	74.8387	1676.97	1200	-476.97	-35695.85
21	方木垫	m³	0.0078	1366.4	1200	-166.4	-1.3
22	木材	m³	0.069	1676.97	1200	-476.97	-32.91
23	水泥 32.5　获鹿第二水泥厂	t	298.6196	240	220	-20	-5972.39
24	水泥 32.5（混凝土用）	t	41.4147	240	220	-20	-828.29
25	水泥 32.5（混凝土用）　获鹿第二水泥厂	t	0.5754	240	220	-20	-11.51
26	水泥 32.5（砂浆用）	t	376.6017	240	220	-20	-7532.03

续表

序号	名称及规格	单位	数量	预算价	市场价	价差	价差合计
27	水泥32.5（砂浆用，获鹿第二水泥厂）	t	0.249	240	220	-20	-4.98
28	水泥42.5	t	1.6466	275	270	-5	-8.23
29	水泥42.5（混凝土用）	t	2.7978	275	270	-5	-13.99
30	白水泥	m³	0.6117	400	470	70	-42.82
31	商品混凝土C10	m³	94.7835	194	190	-4	-379.13
32	商品混凝土C15	m³	15.6709	204	200	-4	-62.68
33	商品混凝土C25	m³	1493.1124	229	220	-9	-13438.01
34	生石灰	t	148.0221	75	120	45	6661
35	生石灰	t	0.0498	75	120	45	2.24
36	碎石（鹿泉）	t	1084.3534	30.36	50.6	20.24	21947.31
37	细砂	t	2.7057	18.87	25	6.13	16.59
38	中砂正定	t	2356.1962	19.53	25	5.47	12888.39
39	标准砖240×115×53	千块	72.6677	110	200	90	6540.09
40	标准砖240×115×53（鹿泉）	千块	1.588	110	200	90	142.92
41	黏土多孔砖240×115×90mm	千块	587.433	260	360	100	58743.3
42	粉煤灰砌块	m³	349.9708	150	155	5	1749.85
43	面砖200×400	m²	0.1233	45	28	-17	-2.1
44	面砖200×400	m²	610.584	43	28	-15	-9158.76
45	陶瓷地面砖330×330	m²	671.0268	35.5	48	12.5	8387.83
46	瓷砖300×450	m²	2736.747	25	48	23	62945.18
47	聚苯乙烯泡沫塑料板	m³	68.9914	315	225	-90	-6209.23
48	聚苯乙烯塑料板	m²	852.6914	5.5	14.63	9.13	7785.07
49	防水粉	kg	1800.2279	1.25	1.3	0.05	90.01
50	珍珠岩粉	m³	1165.5743	82.47	61	-21.47	-25024.88
51	炉碴	m³	274.8048	22.95	60	37.05	10181.52
52	耐碱网格布	m²	982.9053	2.5	3	0.5	491.45
53	钢管	t	0.1592	2480	3900	1420	226.06

续表

序号	名称及规格	单位	数量	预算价	市场价	价差	价差合计
54	钢管（衡水京华钢管厂、2672、唐钢）	t	0.0242	2480	3900	1420	34.36
55	UPVC 排水管 ϕ110	m	278.25	17.83	26.33	8.5	2365.13
56	塑料排水短管直径 50mm（石家庄塑胶总厂，三线，四川川路）	m	4.6	1.6	10	8.4	38.64
57	UPVC 雨水斗，ϕ110	个	14.14	12.1	20	7.9	111.71
58	UPVC 落水口，ϕ110	个	14.14	5.9	20	14.1	199.37
	合　计						350674.53

第九章　阿米巴作业责任成本单元（中心）绩效考评与奖惩

基于作业管理的责任会计的绩效考评具有绩效考核的功能，但是更重要的是用于改进，即找出改进的方向，使下一期的非增值作业减少，增值作业效率提高，资源配置更优。

基于作业管理的责任会计对各责任中心的绩效考评是基于作业管理的责任预算的逆过程。基于作业管理的责任预算是责任中心自上而下的战略分解过程，而基于作业管理的责任会计的绩效考评是自下而上的业绩归集过程，即从考评作业成本责任中心开始，然后考评利润责任中心，最后考评投资收益责任中心。这一过程的含义是：如果每个作业成本责任中心、利润中心的绩效考核指标都能达到预期目标，并且投资收益责任中心也能完成自身相应的战略内容，则整个公司可以完成总体战略。同时，作业成本责任中心与利润责任中心可以根据绩效预算差异分析对各责任中心的战术行为进行调整，如改进作业、优化资源配置、调整重点服务客户等，从而不断改进，使企业最终完成其战略目标。

一、项目部作业责任成本考核工作流程

公司对项目部的作业责任成本节点考核工作流程如图9.1所示。

二、基于作业管理的成本责任中心的绩效考评

基于作业管理的成本责任中心的绩效考评是通过对作业成本责任中心绩效指标的差异分析来考评作业成本责任中心完成战略目标的情况，并根据绩效指标差异分析找出改进作业的途径。基于作业管理的作业成本责任中心的绩效差异分析根据预算期间的不同也分为长期差异分析与短期差异分析。由于长期差异分析中所有层次的作业都是变动的，所以分析的方法在短期差异分析中可明显体现出来。短期的差异分析包括变动性作业分析和固定

性作业分析。通过分析可以计算出提供的资源、已用的资源和未用的资源。它们三者的关系如下：

$$提供的资源 = 已用的资源 + 未用的资源$$

若换算为成本，则是：

$$提供的资源成本 = 已用的资源成本 + 未用的资源成本$$

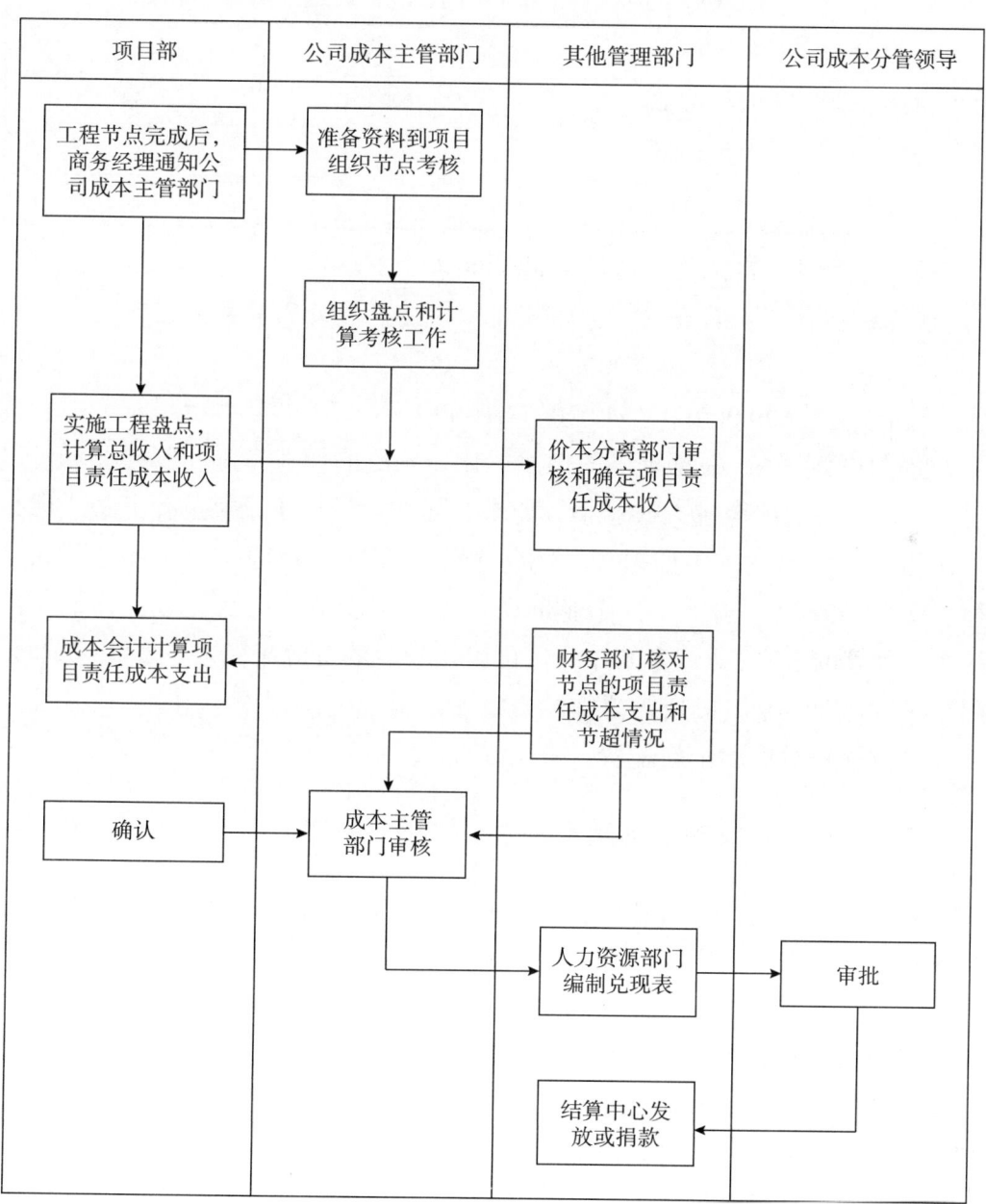

图 9.1 项目部作业责任成本节点考核工作流程图

表 9.1 中，20 000 张单据是采购作业中心在供给资源固定的情况下可处理的单据数量，12 000 张单据是预计的单据处理量，300 000 代表固定资源的成本，168 000 代表弹性资源的成本，实际成本是 600 000，处理了 11 000 张单据。

表 9.1 采购作业差异分析和相关数据

	费用（元）	作业量（处理的单据张数）	成本动因率（元/张）
固定性作业预算	300 000	20 000	15
变动性作业预算	168 000	12 000	14
预算总额	468 000		
实际	600 000	11 000	

采购作业成本实际支出总额 = 600 000（元）

实际弹性预算总额 = 固定性作业成本 + 实际变动预算费用
= 300 000 + 14 × 11 000 = 454 000（元）

预算差异 = 600 000 − 454 000 = 146 000（元）

通过比较差异，根据提供的信息，比较预测的作业量和实际作业量可以判断工作负荷估计得过大或过小。如果实际作业量小于预算的作业量，那么估计的所需资源过多；如果预算的每个作业需求的资源是准确的，那么不存在多余的资源。相反，若作业量高于预算作业量，那么完成工作的资源效率比预算的要高，即较多的作业量可以用较少的资源来完成。资源短缺时，则需通过作业量来判断所需增加的资源量。最终可以利用未用资源、作业量比较等数据来对资源重新配置。

三、基于作业管理的利润责任中心的绩效考评

基于作业管理的阿米巴利润责任中心的绩效考评主要是对利润责任中心的盈利能力进行分析，从中找出盈利能力提高或降低的原因，对产品质量和生产进行精益改善等，从而提高产品的盈利能力，增加阿米巴利润责任中心的总体利润。利润责任中心绩效动态管理体系如图 9.2 所示。

基于作业管理的阿米巴利润责任中心的绩效考评过程按客户盈利能力不同对客户进行分类，并针对不同类型客户采取不同措施，从而提高阿米巴利润责任中心整体的盈利能力，使阿米巴利润责任中心的利润额与销售利润率不断提高。利润责任中心的差异分析如表 9.2 所示。

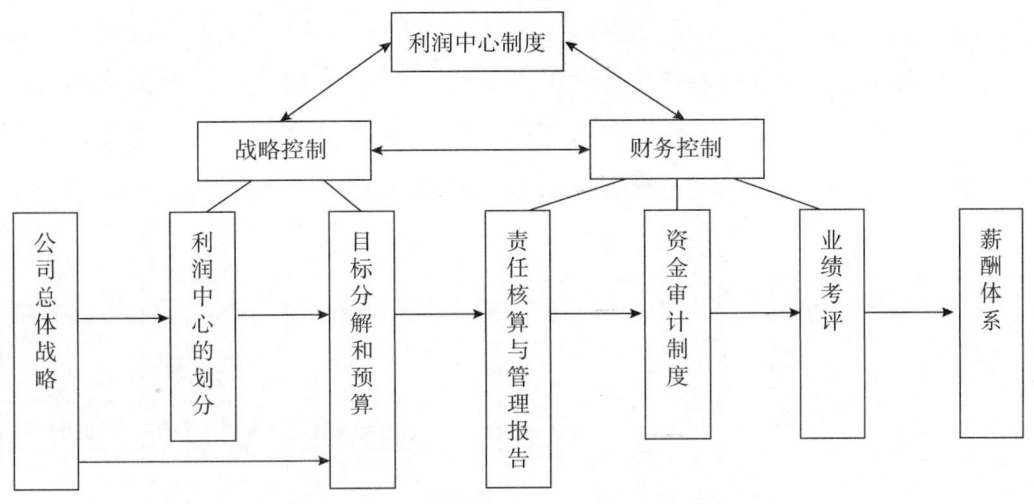

图 9.2　利润责任中心绩效动态管理体系

表 9.2　基于作业管理的利润中心的差异分析表

指标	预算数	实际数	差异
产品/客户贡献额	100 万元	120 万元	20 万元
市场占有率	15%	17%	2%
客户意见数	50 次	70 次	20 次
按时交货比例	90%	92%	2%
无问题交付客户百分比	98%	94%	−4%

根据预算数与实际数产生的差异，具体分析产生的原因。下面以客户成本为例，具体分析每一产品、客户成本发生的原因及成本结构，以便进一步对产品、客户进行分类管理。

假定，销售部中的两个顾客：甲和乙，他们的作业成本预算数与实际数见表 9.3。通过分析不同客户的盈利情况及其作业成本的构成，可以发现改进客户盈利能力的途径并改善为顾客服务的方式，从而增加企业的盈利。

从表 9.3 中可以看出，客户 A 的销售额低于预算销售额，但是由于实际成本也低于预算成本，并且销售的减少额低于成本的减少额，所以客户 A 的销售利润率高于预算销售利润率。客户 A 的实际成本的减少是由许多因素造成的。其中，处理客户订单和售后服务没有随着销售额的减少而减少，反而比预算增加，需要进一步分析增加的原因。客户 B 的销售额低于预算销售额，并且客户 B 的实际成本高于预算成本，最终导致对客户 B 服务的实际成本高于销售额，对客户 B 的服务是亏损的。从表 9.3 中可以看出，客户 B 的实际成本增加主要是由于客户采购货物/发货和促销作业的实际成本和促销成本的增加大于其他作业成本的减少，从而最终使实际成本增加。

表 9.3　客户成本差异分析表

客户	A			B		
作业	预算成本	实际成本	差异	预算成本	实际成本	差异
处理客户订单	2700	3000	300	1650	1620	−30
采购/发送货物	6600	6400	−200	10000	12100	2100
处理客户意见	350	250	−100	250	250	0
售后服务	2550	3000	450	3060	3000	−60
促销	30000	27500	−2500	30000	33000	3000
成本合计	42200	40150	−2050	44960	49970	5010
销售收入	70000	69000	−1000	75000	43000	−32000
利润贡献	27800	28850	1050	30040	−6900	−36940
销售利润率（%）	40	41.8	1.8	40	−16	−56

有关顾客成本和顾客获利计算、分析与管理的内容，请参阅本书作者的《精益营销成本管理》一书。

四、基于作业管理的投资收益中心的绩效考评

通过投资收益指标的达成情况来考评投资责任中心的绩效，以考核战略的实现情况。首先通过归集各利润中心和成本责任中心的绩效考核指标，计算投资收益中心的战略指标的实际数。其次，计算战略指标的实际数与预算数的差异，并根据指标权数计算出战略的完成情况。最后，分析战略指标，找出改善战略的途径。下面，通过实例具体说明投资收益责任中心绩效考评的过程。

以模板厂为例，假定对投资收益责任中心的战略内容的各个方面的指标数已经从各利润责任中心、作业成本责任中心及投资收益责任中心本身搜集整理完毕，模板厂的投资使用责任中心的战略指标预算数与实际数如表 9.4 所示。

表 9.4　模板厂战略指标差异分析表

指　　标	权重	预算数	实际数	差异	差异／预算数（%）
客户贡献额	9	100万元	120万元	20万元	20
市场占有率（%）	9	15	17	2	13.3
客户意见数（次）	7	50	70	−20	−40
按时交货比例（%）	8	90	92	2	2.2
无问题交付客户百分比（%）	9	98	94	−4	−4.1
现金流量（万元）	5	240	226	−14	−5.8
目标投标成功率（%）	5	30	25	−5	−16.7
项目错误率（%）	3	10	8	2	20
安全事故（次数）	8	10	7	3	30
伤害造成的病假天数（天）	5	50	48	2	4
参与培训的员工比例（%）	2	95	100	5	5.3
培训次数（次）	2	8次／人	9次／人	1次／人	12.5
培训时间	2	2小时／人次	1.5小时／人次	0.5小时／人次	25
员工满意度（%）	2	90	95	5	5.6
交流的次数	2	8次／人	7.5次／人	0.5	6.3
单位产品成本	8	30元	31元	−1元	−3.3
资源利用率（%）	8	80	85	5	6.3
税后净利润（万元）	6	500	450	−50	−10
权重合计	100	—			

表 9.4 中，有利差异表示为正数，不利差异表示为负数。计算出这些差异后，可以用公式计算出基于作业管理的投资收益责任中心完成战略的情况。

$$S_t = \sum Q_j \times B_j$$

其中，S_t 表示投资收益责任中心 i 的战略完成情况，Q_j 为第 j 项指标的权重，B_j 为第 j 项差异除以预算数的比率。本书中，$S_t=2.8>0$，说明基于作业管理的投资收益责任中心整体完成战略较好，比预算的完成情况要好；若 $S_t<0$，则说明企业整体战略完成的情况较差。

进一步分析指标的完成情况，发现企业的主要战略内容，如单位成本等没有达到预算目标，需要进一步分析作业成本及成本动因，降低产品成本发生额。客户方面，客户意见多于预算数，无问题交付顾客百分比也未达到预算目标，需要进一步分析查明原因并加以改进。而在客户的其他方面做的要比预算目标好。内部经营过程方面，实际完成的情况较好。学习和成长方面，对员工的培训与交流做得很好，总体上基本达到预算目标。

通过分析可以看出，企业整体战略完成较好，主要是由于内部经营过程与学习和成长两个方面完成得较好。而投资收益责任中心采取的成本优先战略的主要内容，成本项目却完成得不好，所以在下一期应该重点放在改进作业、降低成本上。

五、基于作业管理的阿米巴绩效责任奖惩

基于作业管理的责任会计的奖励方式和传统责任会计相差不大，但在新的生产经营环境下，奖惩激励制度比过去更为复杂。由于强调过程改进，而过程的改进是阿米巴作业团队（巴团）共同努力的结果，所以以阿米巴作业团队（巴团）为基础的奖惩激励制度比以阿米巴个体（巴员）为基础的奖惩激励更为合适。例如，对于一个生产模板配件的阿米巴作业团队（巴团），企业可以设置单位成本、发货及时率、质量、存货周转率、废品质量成本损失等的理想标准，只有当这些标准都已达到且其中至少一个得到改进时，该阿米巴团队（巴团）才能得到相应的奖励激励。

在对阿米巴作业团队（巴团）实行奖惩激励时，应遵循以下几项原则：

一是促进阿米巴团队协作，注意整体利益。责任奖惩激励既要鼓励各作业责任单元努力完成自己的责任目标和预算指标，更要促使他们相互之间合作，共同为完成企业的生产经营任务而奋斗。

二是全面量化绩效考评，按照量化绩效指标计奖。作业责任会计已对各作业责任单元规定了各有侧重的产量、质量、消耗、成本、费用、利润等绩效责任指标，这些指标都是量化的。在进行奖惩激励时，可以按照这些量化指标具体计算其完成绩效的大小，有可靠依据地进行"计奖"。但是也不应忽视必要的定性指标，应该和工作任务、岗位责任、安全卫生、精神文明等指标结合起来，全面进行考核评价，这样才能真正做到文明生产，奖勤罚懒。

三是坚持多劳多得、高效多得、有奖有罚。各作业阿米巴团队由于工作岗位的技术要求、劳动强度和环境条件的不同，从而影响其责任绩效和劳

动成果，对于由此而发生的差异，奖励激励标准不应"一刀切"，应该制定不同的激励标准，或制定不同的加减金额来合理处理，真正做到多劳多得、高效多得、有奖有罚。

案例：山西三建阿米巴项目团队责任成本全奖全赔终结兑现机制

山西三建推行项目责任成本全奖全赔的终结兑现的激励机制，就是要通过联股、联责、联利的经营方式，将项目经营结果的盈亏与项目管理人员的经济利益进行挂钩，充分挖掘项目管理人员创新工作的驱动力，从根本上遏制项目成本亏损隐患。

一、项目终结兑现的流程

山西三建公司因地制宜地制定了《项目终结考核兑现管理办法》，明确规定项目兑现的实施范围：即工程项目施工周期较长，工程主体完工后可以进行中间预兑，以此分阶段地鼓励项目管理人员的积极性，中间预兑工作由分公司组织相关部门考核兑现；工程项目竣工后还未结算的也可以进行竣工预兑，同时及时返回项目责任股份风险抵押金，利于项目管理人员实现滚动缴纳抵押金的能力，竣工预兑工作由分公司组织相关部门考核兑现；工程项目竣工后已经结算的进行终结兑现，由分公司组织相关部门考核验收后，上报公司审计监察部终结兑现审计表。由公司审计监察部组织项目终结兑现审计组实施终结兑现审计，核实项目责任成本收入，确定项目成本降低额，并结合该项目部的中间预兑、竣工预兑情况，合并计算多退少补的审计认定，并附加项目部填报的项目终结兑现分配表，一并出具项目终结兑现审计报告，由分公司依据审计报告及兑现分配表履约兑现承诺。

项目终结兑现的原则。项目终结兑现的原则是对项目责任成本实行全奖全赔，上不封顶，下不保底。对项目责任成本亏损的项目部进行追索赔偿责任，亏损多少处罚多少，处罚额度下不保底；对项目责任成本盈利的项目部进行奖励，盈利多少奖励多少，奖励额度上不封顶。根本目的就是要保证项目责任股份制经营管理办法落地生根，并且以生产经营管理办法为依据，对没有签订项目责任股份制经营目标合同书的工程项目，经公司项目终结兑现审计组审计后一律不予兑现。对已经具备项目终结兑现条件的工程项目，分公司没有积极履行申报兑现的行为，对分公司经理进行罚款处理，每项工程项目拖延申报时间超过半年的罚款 1 万元，依此类推上不封顶。

项目终结兑现的组织。山西三建公司审计委员会负责制定项目终结兑现管理办法和指导开展项目终结兑现工作，并且接受调解审计报告申诉事项；公司纪委书记分管项目终结兑现日常工作，带队监督检查项目终结兑现工作落实情况；公司审计监察部具体负责组建项目终结兑现审计组和实施项目终结兑现审计工作，出具项目终结兑现审计报告，跟踪监督项目终结兑现履行情况；分公司经理负责本单位的项目终结兑现申报工作，以及按时履约项目终结兑现分配工作，并对拖延申报项目终结兑现行为承担罚款责任；分公司兼职审计监督员负责监督项目终结兑现审计报告的落实及反馈实际兑现情况，并将项目终结兑现的会计凭证复印上报公司审计监察部备案。

山西三建公司为了扎扎实实推行项目终结兑现工作，抽调精兵强将组建项目终结兑现审计组，每位成员都具有丰富的实践管理经验，建筑施工理论知识也十分深厚。审计组的成员里有公司职能部门负责人 9 人，其中有 3 人还兼任山西三建公司的副总工程师，有 4 人具有高级职称，有 2 人具有硕士研究生学历，充分保证了项目终结兑现工作的客观性、公正性、准确性。

二、项目终结兑现的做法

项目终结兑现的申报。项目终结兑现工作实行申报制，由分公司组织相关部门考核评价具备申报条件的项目部，然后填写《项目终结审计申报表》上报公司审计监察部，经公司审计监察部审核受理后，再呈报公司纪委书记审批，然后再组织项目终结兑现审计组实施。所以说项目终结兑现申报工作成为了实施项目终结兑现的首要启动环节。为了保证项目终结兑现申报工作有序开展，山西三建公司在 2008 年制定了项目终结兑现申报细则，明确规定工程项目具备 4 个并列条件，既工程竣工结算完成、工程竣工验收签字盖章、技术资料整理归档、工程款回收在 85% 以上，就必须申报终结兑现。为了保证该制度的适用性和效果性，还规定了处罚条件，如果具备申报条件的项目部没有及时申报，经公司审计监察部查实，按照项目终结考核兑现管理办法规定进行处罚。凡是符合申报终结兑现条件的项目部拖延申报时间超过半年的,对分公司经理罚款1万元;拖延申报时间超过一年的,对分公司经理罚款2万元,依此类推上不封顶,从制度上保证强力推行项目责任股份制经营管理工作的决心。2008~2013年4月份申报项目终结兑现的单位数量及项目统计如表9.5所示。

表9.5　山西三建公司申报项目终结兑现的单位及项目统计(个)

年度	2008	2009	2010	2011	2012	2013(1—4月)	合计
申报单位数量	1	3	5	6	11	7	33
申报项目数量	2	4	7	14	29	30	86

经过几年的实践操作运行,发现申报的单位很少,申报的数量也不多,而且还发现分公司存在有意规避申报终结兑现工作行为,利用申报条件的限制进行人为拖延,有些分公司至今还一个项目终结兑现都没有申报过。山西三建公司通过施工现场调研,聆听广大项目管理人员的呼声,结合工程项目施工周期的实际现状,在2013年元月及时修订了项目终结兑现条件,将终结兑现申报的4个并列条件减少为一个,即工程项目竣工结算后就必须申报项目终结兑现。如果超过项目终结兑现申报时间,仍然按照处罚规定对分公司经理进行罚款,之后很明显地看到分公司加快了项目终结兑现工作的步伐,仅2013年1~4月份累计申报的项目终结兑现数量就已经超过了去年申报数量,第三工程处在今年4月份一次性地申报了14个项目终结兑现报告。项目终结兑现制度的修订,促进了项目终结兑现申报工作进入良性循环过程,保证了项目管理人员享受成果分红的权利,进一步引申了项目责任股份制经营管理工作的落实。

项目终结兑现的审计。为了快捷高效地实施项目终结兑现审计工作,公司审计监察部要求实行"无纸化审计"方法,按照传统的"厨师的汤、唱戏的腔、审计的眼"的说法,要求审计组成员充分履行"眼见为实"的原则,对施工资料进行复制、扫描、拍照、摄像等,查阅各项施工资料原件的时效性,完整收集终结兑现评价资料,客观、公正地保证审计评价质量。

公司项目终结兑现审计组在分公司召开项目终结兑现审计会议,分公司领导、职能管理部门负责人和项目终结兑现的项目经理参加,由公司项目终结兑现审计组长宣读项目终结兑现审计的目的、意义和内容,然后由项目经理简要汇报项目经营管理情况,陈述在施工管理过程中的不足方面和创新管理经验，分公司经理补充汇报开展落实项目责任股份制经营管理办法的进展情况。审计会议结束后，由项目终结兑现审计组分别进行管理业务流程的专项审计评价，分公司职能管理部门分别对接，提供项目部的施工资料，反馈职能部门开展的监督检查指导工作情况。项目终结兑现审计组分别开展以下审计活动。

工程管理方面审计。项目部根据工程项目施工需要，分别由专业施工管理人员竞聘持证上岗，分公司将项目部组建名单上报公司，由公司工程管理部审核下发文件批复同意，项目部必须与分公司签订项目责任股份制经营目标合同书，具体约定施工内容、管理目标、项目部与分公司各自承担的责任和享受的权利，保证项目班子在施工管理过程中的稳定性和持续性。

经审计认定，没有签订项目责任股份制经营目标合同书的项目部不得享受二次分配，强化公司管理制度的执行力。工程项目按照施工计划编制网络图，每月上报完成施工产值的生产报量，详细登记生产报量台账，分析对比施工计划量，及时对超计划工程量进行签证变更，保证施工产值的收入与支出相符。材料及设备采购或者租赁时要进行考核评价，对供应商的经营诚信度和经营能力进行调查，采取公开招标方式，优先选用低报价的供应商，切实实现降低项目成本的根本目标。

合同预算方面审计。施工合同签订后要认真分析合同内容，与招标文件内容核对，及时取得中标通知书，为办理返还劳保统筹费提供依据。并且分公司要与项目部进行合同交底，明确注意事项和施工风险，避免竣工结算时产生扯皮现象。施工前及时编制标后预算，为签订项目责任股份制经营目标合同书提供参考依据，也为控制项目成本提供原始数据。对施工过程中发生的变更工程量要及时完整地收集资料，及时与甲方办理变更签证，保存与甲方洽商的会议纪要，为竣工结算提供依据。竣工结算要全面梳理核实实际完成的工程量，充分了解当地材料、人工调整差价信息，使用合同约定的施工预算定额，合理扎实地申报工程项目竣工决算书，反映公司经营管理的实力水平。报甲方审核或者第三方审计机构审计时，要及时掌握审计进度和意见分歧情况，及时进行沟通交流和提供依据，保证竣工结算工作圆满完成，及时取得竣工结算书，上报公司合同预算科备案，也为以后回收工程款和法律诉讼提供证据。

财务管理方面审计。协助分公司财务部门办理税务外出经营证明，保证工程项目在当地能够正常开具工程发票，及时回收工程款。按照公司资金管理办法，上报资金分配计划表，遵守内部资金管理办法，杜绝资金体外循环现象，一旦发现违规体外使用资金，对相关责任人进行通报批评和罚款。按照项目责任股份制合同书约定及时收取项目风险抵押金，明确规范项目责任股份制经营管理办法的规定。依据生产部门和材料部门报送的生产报量和材料月报表进行分析核算，与分公司财务部门每月核对项目成本支出，真实准确地反映项目责任成本盈亏。项目部要完善建立项目成本三级核算台账，每月按实结算分包工程、机械设备租赁结算，并且进行项目成本月度分析，寻找影响项目成本变动的原因，积极采取有效措施化解风险隐患。

成本管理方面审计。项目部要依据标后预算编制项目成本控制计划，根据项目责任股份制经营目标合同书的约定，正确划分项目责任成本收入，并按照项目责任股份制合同书内容不同分别设置明细账核算项目成本，能够有效地识别项目风险金的归属。按月登记项目成本三级核算台账，夯实项目成本支出，并且进行材料消耗动态分析，按时上报审计立项季度报表，及时反映项目经营状况。工程结算后的次月，将结算收入与项目成本费用全部核算完毕进入项目成本，依据相关部门提供的工程保修依据，合理计提工程质量维修费和回收工程尾款费用，填报项目成本考核表，准备申报项目终结兑现报告。

安全管理方面的审计。按照公司安全管理要求，制定完善的安全管理制度和应急措施，对危险源要进行有效识别预防，实行安全施工卡片每日签字制度，复杂施工内容要进行安全交底，对突发的事故要有预报机制，对常规的事故要进行现场救护演练，对职工宿舍和食堂的安全卫生要定期排查危险源，对易燃易爆危险品进行处置保管，坚决杜绝重大火灾事故和食物中毒事故。建立项目安全措施费用的计提、投入、返还的记录，扎扎实实地开展项目安全措施费的使用，项目管理人员要有创优意识，力争创建安全标准化工地。

技术管理方面的审计。编制项目施工组织设计，保证具有可操作性，对风险性较大的施工方案要通过公司专家组进行论证评估，依据工程项目内容制定创新施工工法计划，并且对以往获奖的施工工法优先采用，降低项目成本。工程项目竣工后，要及时完整收集施工资料，按时整理施工资料后归档及移交甲方。

作业质量管理方面的审计。编制工程项目质量保证控制计划，配置相关质量检测工具，设置专业质量员岗位，对现场材料批次分别抽检试验，保证建筑材料质量合格。规范填报工程质量验收表格，及时与甲方沟通进行竣工验收，保证签字盖章齐全有效，为申报优良工程提供依据。坚持开展工程产品质量回访制度，及时跟进落实工程维修责任，极力塑造公司品牌形象，在社会中赢得诚实守信声誉，为开拓施工市场打下良好基础。

审计监察方面的审计。山西三建公司审计监察部是项目终结兑现工作的牵头组织部门，也是出具项目终结兑现审计报告的核心部门，对项目部的全部管理流程和经营成果进行客观、公正地审计评价。对项目部编制的施工计划和控制措施的适用性和操作性进行审计，检测管理方法的科学合理性，评估预防措施的可行性，更要考虑能否带来直接降低项目成本的效果；对项目管理核算资料的完整性和真实性进行分析性复核，审阅所获取的核算资料来源的真实性，检测各项数据的钩稽对应关系，保证审计评价结果的质量；对项目部的施工管理、合同预算、财务核算、成本控制、安全管理、技术管理、质量管理方面的效果性和效率性进行评价，对管理工作不到位的行为进行揭示批评，对创新管理工作给予表扬鼓励，经考核评估后宣传推广。尤其对项目竣工结算后，项目风险抵押金能否及时返回、利于项目管理人员抵押金周转缴纳。

项目终结兑现的评价。项目终结兑现审计工作结束后，审计组成员汇总审计工作底稿，对项目部的各项管理绩效结果进行认定汇总。对管理核算工作不规范的行为进行揭示，如果存在人为故意拖延申报项目终结兑现行为的，依照《项目终结审计兑现管理办法》规定，对分公司经理进行处罚；对分公司的创新管理经验进行分析总结，经过评价论证后在公司范围内宣传推广。然后召开项目终结兑现评价会，分公司领导、职能部门负责人和项目经理参加，项目终结兑现审计组对项目部的各项管理工作结果进行评价，针对管理核算工作的缺陷问题进行剖析，依据公司管理制度要求提出富有建设性的整改建议，着重对项目经理的管理能力、专业水平进行评价，规范了项目部的管理流程，强化了精细化管理需求，促进现场施工管理和经济业务核算水平的提升，促进项目责任股份制经营管理工作进一步引申开展。

公司审计监察部经过项目终结兑现审计后，在7个工作日内将审计报告草稿反馈给分公司和项目部征求意见，并要求分公司及时填报项目部兑现分配表。分公司依据项目工程竣工结算情况，对竣工结算差额进行分析计算，并与项目部进行充分沟通协商，确定结算差额部分的分成比例，核定项目部最终兑现分配额。待分公司和项目部认同审计报告后，将审计报告及兑现分配表上报分管领导（纪委书记）审阅。然后上报公司总经理审批印发。分公司接到审计报告的 15 个工作日内，必须履行项目责任成本全奖全赔兑现承诺，根据分公司的资金状况，可以选择现金兑现，也可以选用挂账方式兑现。如果项目成本发生亏损，分公司先将项目部管理人员缴纳的项目责任股份制风险抵押金抵充亏损额，剩余部分予以返还；如项目责任股份制风险抵抵押金不足以弥补亏损额时，应继续追究项目管理人员的赔偿责任，按项目责任股份制比例分配赔偿额，可以收取现金赔偿，也可以用挂账方式收取赔偿，用以后的工资和奖金抵消。分公司兼职审计监督员将项目终结兑现分配的账务处理会计凭证进行复印，并将复印件及时上报公司审计监察部备案。

为了保证项目终结兑现按时履行，山西三建公司审计监察部进行跟踪审计监察，督促分公司及时返还项目风险抵押金和项目成本降低额的兑现。并且在每年的年初下发上年度的项目终结兑现情况的通报，对落实项目终结兑现工作好的单位进行表扬鼓励，对延缓开展项目终结兑现工作的单位进行通报批评，使项目终结兑现工作形成制度化、常态化的流程，保证项目终结兑现工作落地生根。

三、项目终结兑现的案例

山西三建公司的第九分公司是以第十项目部为基础，与第七项目部和第五工程处合并组建而来，第九分公司的司保元经理面对人员复杂、管理方法多样化，没有知难而退，而是专心致志地研究推行项目成本精细化核算模式。以项目部为作业核算单位，将资金收支进行分户核算，将项目责任成本收入进行反复测算标后预算，明确项目成本控制基数，在施工过程中分公司对项目部进行检查监督，指导项目部规范开展施工管理工作，保证项目成本不发生亏损现象。

山西三建公司在 2008 年推行项目终结兑现工作伊始，全年申报项目都是由第九分公司率先申报的，当年申报项目终结兑现报告 2 项，竣工结算额 1951.18 万元，项目成本降低额 1951.18 万元，施工产值降低率 6.26%。第九分公司在职代会上履约项目终结兑现，不仅增进了企业文化底蕴，更加调动起广大项目管理人员的积极性。第九分公司连续 5 年来兑现工程项目 9 个，累计竣工结算额 8818.74 万元，项目成本降低额 236.81 万元，施工产值降低率 2.69%，超过了公司项目成本平均降低率的两倍。而且经过几年的总结推广，完善建立了南耀煤矿集团系列工程项目部、城市市政系列工程项目部等，形成了产业资源化的固化项目部，不仅节约了开发建筑市场的精力和资金，还减少了临时设施费用支出，提高了周转材料及工具的使用率，大大降低了项目成本费用。

第三篇

工程项目作业责任成本管理经验分享

第十章　管理经验分享

第一节　中国铁建"123456"责任成本管理模式

一、中国铁建对作业责任成本管理内涵的诠释

实施作业责任成本管理，首先是对作业责任成本管理内涵的深刻定义：责任、科学、有序。

1. 责任

指在成本管理过程中强调"责任"，以责任合同为依据，分清各自的责权利，以具体的责任单位（部门、单位或个人）为对象，以其承担的责任为范围归集成本，也就是特定责任中心的全部可控成本。责任成本管理主要是通过过程管控，促进单位相应环节运作的规范化、标准化。责任成本管理把责任和成本有机结合起来，有效地解决了成本管理与项目管理的对接，有效地实现了成本管理与各级责任者的利益对接，将成本管理贯穿于生产经营全过程、全环节、全方位和全员化的管理，提高劳动生产率，实现降本增效，实现价值最大化。简单来说，就是成本管理需要一个规范透明、一心为公的内部环境，分清各自的责任。但在一个争名夺利、损公肥私的氛围下不可能实施成本管理。

2. 科学

在科学、准确的分析基础上，充分发掘成本管理空间，在有效的成本控制中，使成本支出能提升企业价值、带来经济收益，控制、减少无效成本的发生。强调合理地配置资源，强调开源节流、杜绝浪费的思想。

3. 有序

指通过精细化的成本管理，用准确的数据提供决策依据，使责任预算成

本、二次分解目标成本与实际成本相互关联并有效控制，分清经营效益（一次经营）、管理效益（三次经营）、结算效益（二次经营）、税务效益（四次经营），公司对成本的发生具有较强的事前控制能力。按"双预控"管理，即方案预控和成本预控。阐述成本管理的最基本职责是对项目成本的有效把控与准确反馈。责任成本管理是"一把手工程"，是企业全员管理、全过程管理、全环节管理和全方位管理，是一项持之以恒的工程，要长期不懈地抓。

4. 组织架构

有什么样的组织架构，就有什么样的作业流程，就会产生什么样的管理效果。中国铁建各级都成立了责任成本管理领导小组和责任成本管理部门。对成本管理部的职能定位是：成本管理部是综合管理部门，是牵头部门。一是全员成本意识的推动者，公司生产经营的保证者，贯穿项目始终，规范所有部门工作的隐形管理者；二是项目成本总体控制的组织者和最终成效的责任者，这样的职能定位，直接决定成本业务的工作方式与思考方法；三是股份公司是责任成本管理的指导层，集团公司是责任成本的监管层，工程公司是责任成本管理的控制层，项目部是责任预算的执行层。

二、中国铁建的"123456"责任成本管理模式

"123456"责任成本管理模式是：一套体系、两个分离和两个挂钩、三化保障、四个阶段22个重点、五个理念和六个机制。

1. 一套体系

一套体系是指一套价值创造型管理体系，简称"六体系"，即组织体系、制度体系、责任体系、责任预算体系、监控体系和考评体系。

组织体系是指各级都成立了责任成立管理领导小组和具体的成本管理部门，分为三级管理四控制，即股份公司、集团公司、工程公司和项目部。

制度体系是指一套完整的管理制度，主要制度包括责任预算管理、方案预控和优化、工程量控制、劳务管理、物资设备管理、间接费管理、变更索赔管理、计量支付、合同管理、报表管理、责任成本核算、分析和考核兑现、项目收尾管理和督查管理等。

责任体系是指与责任人签订责任合同，明确双方的责、权、利。首先是

建立责任体系的基本原则,一是可控性原则、二是预控性原则、三是全方位控制原则。其次是明确责任成本管理责任制的要素构成,分别为责任主体、责任范围、责任目标和奖罚措施。

责任预算体系是指上级对项目部编制责任预算的管理、项目部进行二次分解的管理,即如何编制责任预算、如何调整责任预算。

监控体系是指上级对项目如何监督检查,通过监督检查保证项目实现责任目标。

考评体系是指上级对项目开展责任成本管理效益进行考核和评价,一般分年度考核和项目整体考核。

2. 两个分离和两个挂钩

"两个分离"是指管理层与作业层进行分离,以"价量分控、两量控制"为核心的项目成本管理操作模式。按照"谁能控制什么、就让他负责什么"的原则,将外包单价、材料采购单价交由项目管理层进行控制;将工程数量、材料消耗数量交由项目作业层进行控制,从而使责任界定清晰、责任目标明确。

"两挂钩"第一个挂钩是工程公司向项目部收取上交款与编制项目部的责任预算挂钩;第二个挂钩是职工收入与责任预算执行效果挂钩。

"两不准"是指工程公司没有向项目部下达责任预算,不准收取上交款;项目部没有开展责任成本管理、没有实现责任利润不准发放效益工资。

3. 三化保障

"三化"保障是责任成本管理标准化、责任成本管理日常化、责任成本管理信息化。

4. 四个阶段22个重点

责任成本管理的流程主要包括四阶段22个环节:一是标前阶段,包括项目选择、标前测算、投标策略三项控制三个环节,坚持"五不投",即不符合企业发展战略和规划的不投、资金来源难以落实的项目不投、不符合自身承受能力的不投、无法全程控制风险的项目不投、预期亏损的项目不投;二是开工前阶段,包括工程量预控、单价预控、方案预控、责任预算编制控制、效益策划控制三项预控两项控制五个环节,通过盘活自有资源、优化设计方案,降低施工成本;三是施工阶段,包括二次分解控制、临建成本控制、工程数量控制、劳务成本控制、材料消耗控制、机械成本控制、管理费用控制、变更补差索赔、成本核算与分析、考核兑现七个控制三项措施10个环节。通过成本分析纠偏扶正、抓好过程控制；四是竣工收尾阶段，包括竣工决算、销户并账、余款清收、终期考评一个控制三项措施4个环节。指定责任人抓好竣工决算、清收清欠，及时销户并账压减各项开支。

5. 五个理念

"五个理念"是指以收益率论英雄理念，工期决定规模、规模决定效益的理念，经济管理以工资管理为主线理念，以预控为主的效益管理理念和集中管理理念。

6. 六个机制

一是施工方案逐级优化机制。施工方案是逐级编制责任预算的主要依据，施工方案逐级优化实行各级总工程师负责制，施工方案逐级优化的成果与各级经济利益挂钩，形成激励机制。

二是工程数量逐级控制机制。逐级核定的工程量是编制逐级责任预算的重要依据，工程数量的逐级核定、控制实行各级总工程师负责制，工程数量的逐级成果与各级经济利益挂钩，形成激励机制。

三是价格逐级控制机制。材料、机械台班、外部劳务价格是逐级编制责任预算的重要依据，价格的确定与各级经济利益挂钩。

四是利润承包机制。零利润承包也可以称为零亏损承包，即各责任中心实现的责任利润全部作为效益工资来发放，亏损则全部由责任人的岗位工资来弥补，条件是责任预算编制应切合实际，并实行动态管理；责任交叉的问题可以及时调整。

五是项目长基金调控机制。基金的组成及来源：项目长基金是工程公司批复确认的责任预算总额与项目部向各中心确认批复的责任预算总额的差额。凡是不能明确具体责任人的责任预算或责任利润，均纳入项目长基金管理；基金的意义与作用：解决项目长的权利问题；解决项目长的利益问题；体现项目长的成本管理水平。基金节余的分配：用于发放项目长的效益工资；用于调节各中心的效益工资。

六是责任预算动态调整机制。施工现场的具体情况变化频繁，如果责任预算一直不变，不能根据实际情况适时、适当地进行调整，预算与实际必然脱节,一个严重脱离实际的责任预算是毫无意义的,所以制定了责任预算调整的范围、条件及程序,对符合调整条件的责任预算,必须进行相应的调整,以确保责任预算的合理性与可操作性,使企业和职工两方面的利益都不会因为客观情况的变化而受到侵害。

中国铁建推行的责任成本管理是以项目成本控制为核心,以成本预控、过程管控和绩效考核为手段,以实现企业增效、职工增收为目标,实现全程、全员的成本控制方法。经过多年的推广,企业的经济效益逐年提高,职工的收入逐年增长。

第二节 裕达建工"五四三二一"责任成本管理体系

房地产企业的成败在项目管理:"项目强,企业强,项目兴,企业兴"。而要做到这一点,成本责任落实是关键。但要抓好责任成本管理,必须建立责任成本管理长效机制,必须坚持"法人管项目"的管理理念,以成本预控、过程管控和绩效考核为手段,才能实现企业增效,员工增收,推动企业持续、健康、和谐、快速发展的战略目标。

一、建立五大机制

五大机制是经营承揽质量评价机制、项目经理选拔任用机制、劳务队伍选用及管理机制、建立项目动态监控机制和项目薪酬与效益挂钩激励机制。

1. 经营承揽质量评价机制

施工企业要注重经营承揽质量,提高经营水平,从源头上杜绝亏损项目。首先要建立成本测算制度,与投标报价成本进行复核,完善报价决策程序,杜绝低于成本价投标,减少恶性竞争带来的亏损风险。其次承揽工程项目必须坚持"五不揽"原则,即:不揽不符合企业发展战略规划的项目、不揽与管理能力及规模扩张不匹配的项目、不揽垫资或资金不到位的项目、不揽预期亏损的项目、不揽风险不受控的项目。第三,经营承揽质量与数量并重,将经营承揽质量与经营人员业绩挂钩,促进经营承揽由追求规模数量型向规模质量型的转变。

2. 项目经理选拔任用机制

企业要推行项目经理竞聘上岗、持证上岗和禁入淘汰制度，逐步实行项目经理职业化。首先建立全公司的项目经理业绩档案，完善以终期考核为主、过程考核为辅的项目经理业绩考核机制，对发生安全质量事故、责任性亏损及群体斗殴等恶劣影响事件的项目经理实行内部禁入淘汰。其次对于因管理原因造成项目发生最终亏损（或重大过程亏损）的项目经理，要给予就地降职或免职处理，并同时进行经济处罚。第三，树立正确的用人导向，切实做到凭政绩用人、凭效益用人。第四建立项目经理培养培训制度，逐步提高项目经理管理水平。

3. 劳务队伍选用及管理机制

劳务队伍管理是工程项目管理的基石。建立健全劳务队伍选择、准入制度，加强劳务队伍评审及录用环节管理，建立公开透明的劳务队伍招标、评价及"黑名单"等制度。劳务队伍要坚持"5个环节、17个步骤"工程项目劳务分包控制流程，即第一环节，队伍选择环节，包括：分包策划、队伍审查、队伍考察；第二环节，价格控制环节，包括：编写标函、编制标底、集体开标、评标定标；第三环节，合同签订环节，包括：合同准备、合同评审、合同签订、合同交底；第四环节，分包实施环节，包括：队伍进场、中间计量、合同变更、过程评价；第五环节，分包结算环节，包括：竣工结算、完工评价。每一环节都需要严格控制，做到选择优秀队伍，合理控制成本，降低合同风险，规范分包实施，强化分包结算。对于劳务队伍管理混乱、失控，出现超计价、超拨款、超合同、清退损失以及内外串通、利益输送等给企业造成效益流失的，要对劳务队伍的选用决策者进行责任追究。

4. 建立项目动态监控机制

企业要充分利用信息化手段开发项目成本管理软件，对工程项目实施动态监控。动态监控的内容主要包括：收益率、资金回收率、成本偏差率、材料损耗率、平均进度完成偏差率、缺陷质量成本率、安全损率等指标。对工程项目实行月（季）报制度，由各级成本部门按时填报、相关部门把关、主管领导负责。上级单位根据项目上报的有关数据进行分析，建立不同级别的风险预警值，对超预警值的项目进行重点监控。

5. 项目薪酬与效益挂钩激励机制

企业要建立薪酬与效益挂钩的激励机制，探索公司对项目的承包模式，如模拟股份制等激励措施。企业要完善项目薪酬管理制度，推行"效益计量，贡献优先"的分配原则。坚决打破大锅饭和平均主义思想，公平、合理、透明地拉开收入分配档次，激励项目管理团队积极开展责任成本管理、开源创效、降本增效工作，实现企业与员工的双赢，从内在利益驱动机制上减少项目亏损的风险。

二、建立四支队伍

责任成本管理工作必须要建立四支队伍，才能保证责任成本管理工作的顺利开展，即工程技术人员队伍、造价计划人员队伍、财务会计人员队伍、物资设备人员队伍。责任成本管理部门要配备上述四类专业人员。工程项目部的责任成本管理主要靠工程部门、计划部门（商务部门）、财务部门和物资设备部门四个部门人员的共同努力才能保证项目顺利实现。

三、做好三项重点工作

三项重点工作是加大宣传力度、做好重点问题研究和抓好落实。

1. 加大宣传力度

企业要通过会议、培训、报纸等形式加强责任成本管理的宣贯力度，首先从思想上重视责任成本管理工作，在指导思想上必须进行重大转变，企业存在和发展的目的就是为了盈利，必须坚持和强化以经济效益为中心，改变过去"重规模、轻效益，重承揽、轻管理"的经营理念，加快推进企业管理方式由粗放型向集约型、精细化方向转变，切实提高企业的经营效益和发展质量，推动企业在加强成本管理中创新发展。其次，责任成本管理不仅是一种管理方法，更是一种管理理念，是一种企业文化，需要贯彻到企业的每一个细节，对项目管理水平进行全面升级。如果有了这种责任成本管理的理念，各项管理工作就没有止境。企业真正在精细管理上下功夫、做到家，把成本分解到每个责任中心，把责任分解到每个责任主体，就能应对和战胜各种困难和挑战，企业发展质量和效益就会不断提高。这是责任成本管理的核心所在！

2. 做好重点问题研究

企业应对在开展责任成本管理工作中遇到的重点问题开展研究,首先"422"操作流程要制定作业指导书,细化分包管理、物资管理等;其次研究施工企业"营改增"对责任成本管理的影响及应对措施;第三,搞好课题研究,对有普遍性的重点问题开展课题研究。把责任成本管理研究与创新成果列入本单位科研课题计划;第四,建立责任成本管理调研室。目前部分工程项目部已建立了工地学校,各单位要利用好工地学校,建立责任成本管理实验室,对责任成本管理中的难点问题、重点问题进行研究。

3. 抓好落实

(1) 强化"422"。工程项目从信息跟踪到最终竣工验交,根据项目进展历程和不同时期成本控制的重点,将其分为4个阶段,分别是标前阶段、开工前阶段、施工阶段、竣工收尾阶段。每个阶段有不同的管理重点环节,共计22个环节,简称"422"。即,第一阶段:标前阶段。包括:项目选择、标前测算和报价策略等3个环节。第二阶段:开工前阶段。包括:工程量预控、方案预控、单价预控、责任预算编制和效益策划等5个环节。第三阶段:施工阶段。包括:施工阶段的责任成本管理是项目责任成本管理的重点,包括:二次分解、临建成本控制、工程数量控制、劳务成本控制、材料消耗控制、机械成本控制、管理费用控制、变更补差索赔、成本核算与分析、考核兑现等10个环节。第四阶段:竣工收尾阶段。包括竣工决算、销户并账、余款清收和终期考评等4个环节。

(2) 强化"三项考核"。在规范项目前期评估的基础上,把项目经营目标细化分解为3个阶段,按季度、年度、项目结束3项内容进行考核兑现,逐次推进,最终确保项目责任目标的实现。

(3) 强化"四项监督"。通过"四项监督",确保项目经济运行受控,发挥公司机关对项目的监管作用,建立四大监管体系,分层次立体化规范管理程序。各业务部门要加强业务监管,及时发现管理制度中的不足。项目实施督察监管,及时发现项目管理中的问题,全面分析效益情况,督促整改及时纠偏。公司及时做好项目重点时期、阶段和关键环节的审计,发现问题及时处理,跟踪整改,纳入项目考核,加大查处力度,发现问题及时向纪检监察部门移交。纪检监察部门针对审计中发现的问题进行甄别,对违规违纪和渎职责任等问题移交纪委立案调查，发现违法行为交司法机关处理。

（4）坚持八个原则。建立健全责任成本管理长效机制，推动工程项目管理常态化、制度化、规范化必须坚持八项原则，即领导者推动原则；以人为本，全员参与原则；全面及动态的管理原则；过程控制与系统控制原则；"责""权""利"相结合的成本责任制原则；目标分解、责任明确原则；科学性原则；统一领导、分级负责、归口管理原则。

四、把握两大体系

两大体系是指组织体系和制度体系。

1. 组织体系

各单位都应成立以主管领导为组长的领导小组，并设置成本管理部门，制定全面细致的责任成本管理工作职责，明确成本控制目标和实施计划。

2. 制度体系

各单位应根据"四个阶、22个环节"工程项目流程化责任成本管理的要求，将制度建设作为精细化管理的切入点，梳理、整合、完善，形成系统化责任成本管理制度体系。制度主要包括：责任预算管理、方案预控和优化管理、工程量控制管理、劳务管理、物资设备管理、间接费用管理、变更索赔管理、计量支付管理、合同管理、报表管理、责任成本核算管理、分析和考核兑现管理、项目收尾管理和督查管理等。

五、实施一个绩效考评办法

企业应制定《工程项目责任成本管理考评办法》，并定期进行考评。公司应每一年或半年对工程项目开展情况进行考评，通过考评提升工程项目责任成本管理水平。

第三节 成本分级责任管控——异地项目管控新模式

成本分级管控模式可综合表现基于企业组织分级结构和项目内部分工两大维度的"四级纵横"管控模式，即成本分级管控的"四级纵向管控"——

集团级、公司级、项目级、业务经办人；和成本分工协作的"四级横向管控"——项目负责人、项目成本经理、项目营销经理、项目财务经理。

在追求规模化和看好房地产高速增长趋势的理念下，国内地产商纷纷走出大本营，打响了全国市场"南攻、北伐"的扩张战役，一时间，抢占中原、进军长三角、布局珠三角成为地产人士高谈阔论的"热词"。可就在这个"多项目并进、跨区域经营"的扩张进程中，地产商忽然发现，以前规范有序的"大本营"管理方法与模式，在面临新的异地区域项目时，显得有些力不从心。因此，伴随企业管理半径、管理幅度的迅速扩大，如何实现集团对区域公司和项目的高效管控？如何在收权和放权之间寻找到最佳平衡点？如何实现集团、公司、项目权责分明却又高效协同？如何实现各级高效成本管控？就成为摆在当前地产商面前的首要难题。为此，明源地产研究院立足全国4000多家客户各种管控理念和经验，提炼归纳出房地产异地项目成本管控的新模式——成本分级管控模式。

一、责任成本分级管控的核心模式

成本分级管控的核心模式表现为"纵向分级、横向分工"的立体管控框架。具体而言，纵向分级是指从房企组织架构维度界定"集团级、公司级、项目级、业务经办人"四级管控模式，它强调的是纵向的分级和确定各层级权责，其管控更多表现为"下级的汇报和上级的监控"；而横向分工是指在具体项目内部层面，对项目负责人、项目成本经理、项目营销经理、项目财务经理内部各自权责的明确分工与相互协作，它强调的是在成本科目、费用科目同一层次上的横向分工，其管控更多地表现为项目内部的"合作与协同"。

1. "集团、公司、项目"纵向分级管控模型

第一级：集团运营中心的项目总成本管控

万事抓重点，集团要抓大放小，对关键指标进行严格管控。基于这一点，我们认为"项目总成本和二级科目成本"这两个宏观指标就是集团关注的层级，这一点也正是基于集团从自身投资角度，达到项目目标收益保障的管控要求所在。

管控项目总成本自是理所当然，但问题是为什么还要管控成本二级科目而非三、四级？这其实也是"抓大放小"，集团没必要去层层管控成本科目树，

操作可行性也不太现实，但集团对二级科目的有效管控以及二级名称的标准化设置却需要严格落实。在项目实践中，我们经常发现由于二级科目监控失效而导致的总成本增加的大量案例。比如说由于集团对建安部分监管失效，导致建安成本占用下游装修或园林的成本，项目公司为确保总成本不变自然收缩园林建设开支或降低标准，最终导致项目品质改变、客户投诉。分级管理模型如表 10.1 所示。

表 10.1 分级管理模型表

级别	定义	责任人	要点
一级	项目总成本	集团运营中心	项目总成本、二级科目控制 满足收益目标 管理手段：预警与强拉
二级	目标成本	公司/项目负责人	总额合理、每个费项合理 管理手段：项目、公司、集团审批
三级	合约规划	项目成本经理	合约预估金额合理 成本经理牵头编制、集中管理、定期修正 管理手段：动态成本月度回顾、预警、合同审批
四级	合同管理	业务经办人	合同签订、变更、预估变更、付款申请、规划修订申请 管理手段：合同审批、付款审批

集团对公司、项目的管控必须要有高效的管控手段，集团运营中心作为集团级的具体管控部门，需要对项目公司主要成本设置"预警"和"强控"两个监控手段。预警是对项目成本超标在一定范围内（比如 2%，不同公司该数值设置不同），信息化系统就自动进行预警报告，我们一般采用绝对值和相对值两种维度对成本超额进行双重"数字化"监控。比如当园林费用超过 500 万元了，信息化系统会马上预警并同步将此预警自动反映到集团层面，单个成本费项如果碰到"预警"，项目业务部门可依旧照常运行并审批，但"此超额"已经受到集团关注，后续如果成本继续超量，一旦超过"强控指标"（比如 3%，各公司管控数值不同），那么系统就会自动"跳闸"，即强行对此项成本背后的合同停止签约和付款，该项目业务部门就必须对该成本进行原因分析、总结过失和寻找对策。通过这个管控系统，项目各项成本管控就有了一道"高压线"，谁碰线，谁就会接受集团的"审查"和"整顿"。

第二级：公司项目负责人层级的目标成本管控

公司项目负责人这一层级的管控应该起到承上启下的作用。启下主要是指针对下级成本经理递交的目标成本总额和目标成本的份额合理性进行审核和批示。承上是指将审批后的目标成本总额和按集团科目要求的目标成本各级控制树数额上报给集团运营中心。整个管控的重心就在于对项目目标成本总额和各分项成本合理性的审批。

第三级：项目成本经理层级的合约规划管控

一般来说对于基于合约规划的目标成本编制来说，项目负责人会牵头组织各职能部门实施，而项目成本经理则具体实操、汇总各职能线的各自目标成本，最后系统整合为项目基于合约规划的目标成本，而后提交给项目负责人以及地区公司和集团的后续审批，最终确定项目的目标成本，目标成本一经确定就不得随意修改。

作为成本经理的权责，还要对合约预估金额的合理性进行分析，除此之外，成本经理需要做动态月度成本回顾，通过本月动态成本与目标成本对比、上月动态成本对比以及与预估成本对比，针对超额部分进行深入分析，最终实现对合同的具体审批管控。而且对于各职能线的合约规划中的余量进行调配和管控。

第四级：业务经办人层级的具体合同管理

合同和成本的具体经办人是成本分级管控的最末端层级，也是所有分级管控的基础和根本。业务经办人的职责主要在于合同签订与变更，以及预估变更，并具体执行付款申请手续，以及对项目实施过程中合约规划变更提出修订申请。

2. 项目团队内部的"横向分工"体系

项目团队内部的横向分工强调各职能线的分工与配合，一般说来项目负责人对项目的全成本进行整体管控，对整个目标成本和合约规划制定进行检查、督促和初步审批；项目成本经理主要针对项目的开发成本（比如土地、前期、建安、配套、装修、园林、开发间接费用）进行管控，并且具体执行目标成本和合约规划的编制，并在每月进行一次成本管控过程中的动态成本月度回顾；项目营销经理主要负责营销费用的控制；而项目财务经理则针对管理费用和财务费用进行费用分摊，并编制项目预算，以及对项目收益进行分析和跟踪（表10.2）。

表 10.2　岗位及主要职责说明

岗　　位	主责科目	主要职责说明
项目负责人	项目全成本	• 项目全成本的责任人 • 检票、督促：目标成本与合约规划制订、动态成本月度回顾
项目成本经理	开发成本	• 开发成本的责任人 • 牵头、负责：目标成本与合约规划的编制、动态或本月度回顾 • 营销费用的统计与预警
项目营销经理	营销费用	• 营销费用的责任人
项目财务经理	部门费用分摊	• 负责"部门费用"分摊 • 项目预算编制 • 项目收益分析与跟踪

二、责任成本分级管控的组织体系

科学的组织体系是成本分级管控的基础，对于集团、公司、项目基本分成三级管理层次。最高级集团运营中心更多从集团层面对区域公司及其下属项目进行纵向层级管理。而区域公司一般组建相应拓展、研发、造价、工程、营销以及人力资源和财务几大业务及职能部门。项目组则以矩阵管理模式，以成本、工程、营销和研发组成项目"四人帮"，他们是对项目成本、合约规划执行、调整和总结的执行者。整个组织体系的三级管控权责分明，形成"纵向分级、横向分工"的立体组织体系（图 10.1）。

三、责任成本分级管控的流程体系

没有流程体系的规范建设，成本分级管控的时效性及其效率会大大降低。流程的建设带来成本分级管控的规范和标准。具体而言，地产商需要在四个主要成本管控环节——即对目标成本制定和调整环节、动态成本执行监控环节、合同执行的审批环节、合同付款的审批环节进行流程规范。这四个环节基本针对成本的提前编制、过程调整、关键审批和资金支出进行了重点关注（具体环节与流程对应参见图 10.2）。

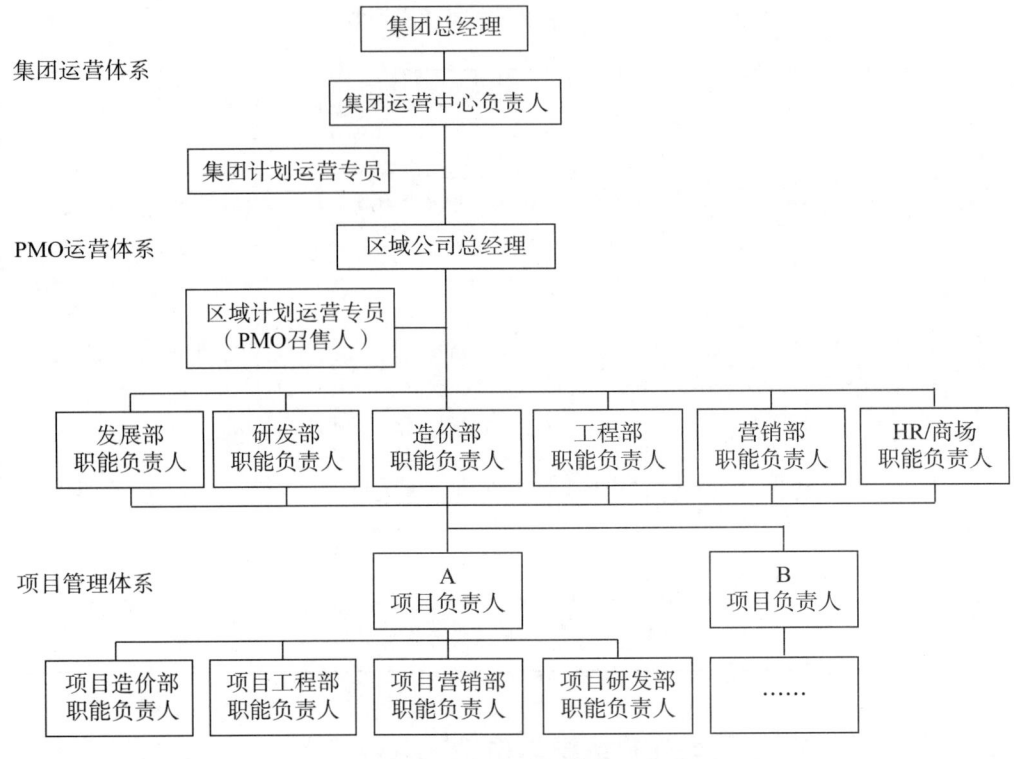

图 10.1　责任成本分级管理组织体系

主要业务环节	关键审批流程
目标成本的制定与调整	目标成本审批流程 目标成本调整审批流程
动态成本的执行与监控	《动态成本月度回顾报告》审批流程 动态成本预警、强迫流程
合同执行	合同审批流程 合同变更审批流程 合同结算审批流程
合同付款	合同付款审批流程 月度资金计划审批流程

图 10.2　责任成本分级管理流程体系

流程体系建设主要在于对各关键环节和操作进行规范，最终实现管理标准化。以"目标成本、合约规划编制和审批"为例，首先是项目负责人会牵头组织各职能部门，而成本经理则具体汇总各职能线的目标成本，系统整合、汇总为项目基于合约规划的目标成本，而后按标准流程提交给项目负责人会签，然后经过公司层级的地区公司成本经理会签、地产公司总经理审批，最终送达集团运营中心经理、集团总经理审批，完成整个目标成本编制和审批的"审批标准流"，实现成本的业务式管理与行政式管理的统一（具体参见图10.3）。

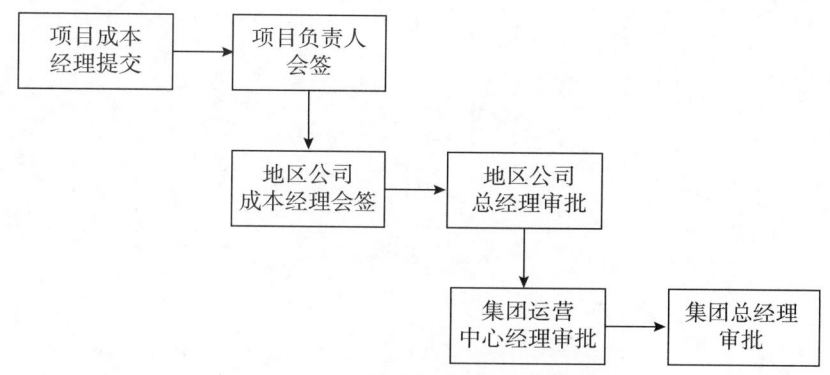

图 10.3　责任成本分级管理流程

总之，责任成本分级管控模式可综合表现基于企业组织分级结构和项目内部分工两大维度的"四级纵横"管控模式，即成本分级管控的"四级纵向管控"——集团级、公司级、项目级、业务经办人；和成本分工协作的"四级横向管控"——项目负责人、项目成本经理、项目营销经理、项目财务经理。"四级纵横"的分级管控模式最终实现了异地项目外部与内部的管理统一，更重要的是它通过权责划分和不同的各级管控手段，牢牢地实现了对异地项目的远程管控和项目自身管控的高效协同，成为异地项目成本管控的新模式。

第四篇

工程项目责任成本管理工具

第十一章　工程项目责任成本管理操作手册

（中铁二十二局集团有限公司）

第一节　责任成本管理体制及流程

一、关于责任成本管理

责任成本管理是现代成本管理的一个重要组成部分，是把"责任"和"成本"这两个主题巧妙地结合起来的一种科学的管理模式，宗旨是达到在保证合理工期、设计经济、质量安全的前提下，以最少的投入换取最大的经济利益，实现业主增值、企业增效、员工增收的目的。它是一项贯穿房地产建筑施工全过程管理的工作，须由全员参加、全方位、全过程实施。

二、责任成本管理的主要特点

1. 综合性：责任成本管理集预算管理、定额管理、财务管理、成本管理、责任管理、成本核算等管理办法于一体，具有很强的综合管理职能。

2. 全员性：责任成本管理涉及部门多、人员广，需各业务部门的紧密协同配合。

3. 可控性：责任成本管理以成本的可控性来划分责任，以责任的范围来确定职权，以完成的责任预算总额和责任盈亏来兑现经济利益，使责任主体（责任中心）的责任、职权和利益紧密结合。

4. 双向性：责任成本管理的基础是责任预算，而责任预算是由单位工程量中数量和单价组成，因此责任成本管理更多的是数量和价格的双向管理。

三、责任成本管理的管理体制

要形成完整的责任成本管理体系，首先须建立健全组织机构，完善管理体制，明确责任分工。根据全员管理体制，责任成本管理体制一般可分为三级：

1. 集团公司：既为责任成本的宏观管理层又为公司直属项目责任成本管理的控制管理层。组织拟定集团公司责任成本管理办法，编制公司内部定额及取费标准并定期进行修订，检查指导所属各责任中心责任成本管理工作的开展情况，并对各责任中心主要项目的责任成本情况按季度汇总上报集团公司，同时定期对各责任中心责任成本管理工作的开展情况在集团公司内进行通报。对公司直属项目进行项目评估并负责对项目部责任成本管理工作进行考评和兑现奖惩。

2. 各子（分）公司：为责任成本管理的控制管理层。制定详细的责任成本管理办法，指导下属责任中心责任成本工作，进行项目评估，根据需要，帮助下属责任中心责任成本预算编制、制定适应责任成本管理需要的内部计件工资单价、台班单价、间接费取费标准等，指导下属责任中心签订责任预算承包合同，按照集团公司的要求定期上报责任成本管理执行报表。

3. 项目部：为责任成本管理的操作层、执行层。负责本项目责任成本管理工作的组织实施。在公司的具体指导下制定本项目部责任成本管理实施细则，健全各种规章制度，制定实施性施工组织设计，优化施工方案，划分责任中心，编制责任中心预算，与责任中心签订责任预算承包合同，及时办理验工计价，正确归集作业成本费用，定期考核责任中心责任预算的执行结果并进行考评兑现，按照公司的要求定期上报各种责任成本管理报表。

以上三个层次的责任管理均应设相应的责任成本管理职能部门，同时必须加强集团公司对子（分）公司、子（分）公司对项目部责任成本管理工作的监督、检查及指导。

四、责任成本管理运行流程

在实际操作过程中，责任成本管理运行的基本流程为：

1. 由公司成本核算职能部门对项目进行工程成本测算评估，评估包括工程直接成本测算和间接成本测算。

2. 公司根据测算的结果确定该项目目标应收利润并据此与项目部签订施工承包合同书，确定上缴利润指标。

3. 项目部为责任成本管理的操作层、执行层，项目经理是责任成本管理第一责任人，并指定专人牵头负责成本核算管理的具体实施，划分各职能部门的责任。

4. 项目部根据与公司签订的施工承包合同对总价二次分解到各责任中心和基层单位，并与各级责任人签订责任合同。

5. 项目部在施工过程中对责任单位与责任人根据各自的责任范围进行全程动态控制。

6. 动态调整责任预算。

7. 责任利润奖罚兑现。

8. 公司根据项目部上交情况对项目部进行考评并兑现奖惩。

第二节　建筑工程成本评估

工程中标后，由公司成本核算职能部门到施工现场，根据工程的实际情况，对建筑工程的直接成本和间接成本分别进行测算评估，以此确定项目上交公司的管理费比例。

一、建筑工程直接成本测算评估

建筑工程直接成本是按照实施性施工组织设计和工程所在地的价格水平，应用公司内部定额和费用计算标准计算的直接用于建筑工程主体的费用。测算的依据主要是：

1. 现场调查。评估前首先应进行现场调查，将影响成本的各种因素，包括建筑工程规模、合同条件、工程难易程度、技术含量高低和建筑施工地域的地理、自然、气候、人文及周边环境因素等都纳入现场调查范围。

2. 市场调查。通过市场调查，获取相关信息数据资料是准确分析预测目标成本的重要环节，主要包括：工程材料、设备的价格、当地人工价格、当地运杂费市场的物价走势及对成本的影响；对采用新技术、新工艺、新材料的可能性和对成本的影响；对建设投资资金来源及构成、资金到位情况及外币汇率风险对成本的影响等。

3. 实施性建筑施工组织设计。根据现场实际情况和制定合理的有利于降低建筑工程成本的实施性施工组织设计，在保证工期、质量、安全的前提下，使建筑成本造价最小化。

4. 公司核定的施工图纸。

5. 公司制定的计量支付的有关规定。

6. 与第三方达成的相关协议。

7. 公司内部定额和取费标准。公司内部定额作为集团公司实行责任成本管理的内部统一定额，是核算的依据。适用于建筑工程项目的新建和改、扩建工程的核算。

8. 上交的各种税金比例。

根据以上的编制依据，按照预算编制原则，测算出建筑工程的直接成本。

二、间接费的测算

间接费包括各项目部为组织和管理建筑工程施工发生的全部支出，包括管理人员工资、工资附加费、劳动保险费、失业保险费、住房公积金、劳动保护费、办公费、差旅费、业务招待费、检验试验费、监理费、工程前期投入费、利息支出以及其他费用等。

间接费的测算可分以下几部分进行：

1. 与人员编制、薪资总额相关的项目，由人力资源部门提供的上一年平均职工薪资和薪资附加费、社会保险基金缴纳标准计算。包括管理人员薪资、薪资附加费、劳动保险费、失业保险费、住房公积金、工伤保险费等。

2. 与固定资产规模相关的项目，由固定资产管理部门协助测算。包括行政用固定资产折旧费、修理费、燃料费、过路费、财产保险费、水电费、低值易耗品摊销等。

3. 与本行业规定有关的项目，按行业制度实行包干总量测算。包括业务招待费、办公费、差旅费、劳动保护费等。

4. 与地区政策、当地情况相关项目，由有关部门根据实际情况测算。包括土地使用费、房租费、环保费、排污费等。

5. 与工程项目相关的项目，按预计发生额测算。包括监理费、前期投入费、检验试验费、利息支出等。

对建筑工程直接费和间接费的测算结果按照项目评估附表的形式填报。

进行建筑工程成本测算评估人员必须坚持实事求是的原则，对项目的评估力求做到全面、客观。评估的结果及时上报公司成本管理领导，经公司成本管理领导小组讨论通过后，确定出该项工程的合理利润指标，据此与项目部签订建筑施工承包合同，确立责任主体，明确责权利关系，并制订相应的奖罚激励措施，以鼓励项目部超额上交管理费，实现利润目标。

第三节 项目部责任预算的分解

一、责任中心与责任中心层次的确定

明确责任中心是搞好责任成本管理的关键。责任成本是责任和成本两个主体的有机统一，实现责任和成本有效链接的是责任主体。"谁签合同谁负责，谁负责谁承担"。各单位行政主管是责任中心负责成本的主要责任人。项目部与公司签订建筑施工承包合同后，项目经理即对责任成本工作负全责，是责任成本管理的第一责任人。即：项目经理首先要同公司签订内部承包合同，同时还必须组织项目相关人员根据工程实际，编制项目责任预算并逐级向下分解细化。由此构成项目部的责任成本控制体系。每个项目部必须建立以项目经理为首的，各分管领导分工负责，全员参与，全过程进行控制的责任成本管理体系。

由于每个项目的情况不同，责任中心的划分方式可有所区别。一般情况下：项目经理为第一责任层，项目部费用中心（由项目部职能部门组建而成）和成本中心为第二责任层，具体的各成本中心和费用分中心为第三责任层。

所谓成本中心是指直接控制工程数量的中心，其费用直接构成构造物成本。费用中心是指为考核某一单项经济技术指标的完成情况而设立的过渡性费用归集中心，其归集的费用随着项目部供求关系的发生和内部责任转账结算的完成最终都要按照一定的方法转移分摊到各成本中心去。

各责任中心的责任范围为：

1. 成本责任中心的责任范围为各工程队在一定期间内为完成一定工程量而实际发生的成本，包括所属各施工队发生的责任成本之和与工程队实际发生的间接费用。即：工程队责任成本 = 工程队间接费用 + $\sum$各施工队责任成

本。各施工队的责任成本由施工班组和责任个人在一定时期为完成一定工作量所消耗的各种材料费、人工费、机械费用之和组成。项目经理可指定项目部副经理或其他指定人员担任责任成本中心负责人。

2. 费用责任中心可根据项目大小和组织机构设置，可指定项目总工或项目部计划人员担任费用责任中心负责人。

费用责任中心一般分为：

（1）技术责任中心：负责落实优化建筑施工组织设计，合理组织各责任中心的施工，并进行技术指导；积极采用新技术、新工艺、新材料、新设备，提高劳动生产率，加快工程进度，降低工程成本；对全区段施工图工程量实施考核；牵头变更设计并实施；根据各成本责任中心完成的工程量提供真实可靠的验工计价依据；参与对各责任中心的责任成果评价和经济利益兑现。

（2）计划责任中心：负责责任预算编制，监控责任预算执行情况；编制外包预算，组织外部劳务招标；签订对内及外部施工承包合同；负责办理验工计价，办理各成本责任中心的计价；负责对各责任中心的责任成果进行考核评价并参与经济利益兑现；定期上报责任成本报表。

（3）机械设备责任中心：负责提供编制责任预算所需的机械设备资料；合理配置机械设备，编制机械设备运转、维修和保养计划，保证机械设备正常运转；组织机械设备配件的采购、供应；制订设备租赁管理办法及具体的收费标准，回收出租设备及租赁费用；参与对机械单位所完工程量的计量、验收；参与对各机械设备责任中心的责任成果评价和经济利益兑现。

（4）物资责任中心：负责材料的采购、供应和管理，组织材料的比价招标；按照技术部门和计划部门提供的材料计划进行物资采购；按照各成本责任中心的定额计划量进行限额发料；参与对各责任中心的责任成果评价和经济利益兑现。

（5）财务资金中心：负责项目部现场经费的控制；监控责任成本的执行情况，及时准确地归集各责任中心的成本费用；协助计划部门编制责任预算；参与责任承包合同和其他经济合同的签订；负责计算、汇总各责任中心的责任成本并与责任预算进行对比；参与对各责任中心的责任成果评价并负责考核兑现。

以上费用责任中心可根据项目部的实际情况合并或拆分，其他费用责任中心的设置依据"责任中心划分的原则"进行灵活设置。

3. 第一责任层对整个工程的进度、质量、收益等负全责，同时设项目部动态调控基金中心。项目部动态调控基金中心由项目经理负责，经项目部责任成本管理领导小组批准，可以用于对责任中心责任预算的调整，对项目部本级管理费进行控制，负责材料涨价因素的支出，控制责任中心责任外的支出，对项目部本级的亏损弥补并分析原因，负责项目部责任利润的兑现。

二、项目部责任预算的编制

责任预算是项目部核定给施工生产单位和各责任中心的责任成本的最高限额，是对各施工生产单位和各责任中心进行绩效考核与衡量的依据，也是各施工生产单位和各责任中心可以预测与规划、计量与统计、调节与控制的目标成本。

项目部责任预算是在与公司签订了施工承包合同后，在项目开工之前编制。责任成本预算编制得是否合理，决定了责任成本核算工作的成败，是责任成本核算的关键。

1. 责任预算编制的分工

责任预算的编制由项目部成本合约部门（或成本管理部门）负责，财务、技术、物资、设备部门协同配合。

2. 责任预算编制的内容

责任成本预算编制包括自工程投标到工程竣工结算所发生的全部成本费用。其中工程预算部分应按照责任预算的编制原则，编制项目总责任预算和分项工程责任预算，同时生成责任预算汇总表，分项工程预算表，单价组成表，工、料、机汇总表及工程数量清单等报表；间接费开支按照核算的开支费用内容及标准列出明细。

3. 责任预算编制的原则

（1）及时性：项目部对各责任中心的责任预算必须在工程开工前编制完成。到一部分图纸编制一部分责任预算，做到责任预算必须在每部分工程开工前完成。

（2）可控性：责任预算的编制以各责任中心对成本的控制能力为前提，凡责任中心能够控制的成本费用项目，均应列为责任预算的内容。对于该责任中心不可控制的成本，应作为另一责任中心或上一责任层责任预算的内容。对于责任中心非人力因素可以控制而实际发生的成本以及不需要成本支出的项目,上一层次责任中心应当把预算费用留在本责任中心,不可把这些费用的发生作为责任中心的责任范围。

(3)一致性:在确定各责任中心的定额数量和责任单价时,要公平合理地明确定额数量和单价所包括和不包括的内容,必须保证责任预算的内容与其承担的责任相一致。

(4)动态性:责任成本一经确定,除非发生设计变更,一般不再变动;但对国家和上级调整员工工资、增加各种政策性的补贴等,由于涉及基层职工的切身经济利益,因此上一层责任中心应对所属各责任中心的责任预算及时进行调整。

4.责任预算编制办法

责任预算的编制是在项目部优化了工程各部位的施工方案后,参照第二章工程成本测算评估的依据详细编制的。

责任预算编制的主要做法:

(1)施工方法的确定。施工方法是施工方案的核心内容。施工方法一经确定,生产要素的配置只能满足他的需要。项目部应由总工程师和技术部门牵头,计划、物资、设备部门配合,在满足工期、质量的前提下,比照多种施工方法,根据相应的单价,计算出每种方法的经济投入,作出经济比较,最终确定出最低成本造价的施工方法。

(2)劳、材、机等各种单价的确定

①物资材料

物资材料直接构成工程实体,是建筑成本的主要组成部分,降低材料成本是节约成本的重要手段。除由招标确定的主要材料外,其他材料在选用之前首先要进行市场调查。调查的重点是所需材料在本地区的供货地点、供货价格、运输方式、供货地至工地的道路状况、各种材料的运输单价及材料运至工地料场前的运杂费等。根据调查结果,本着公开、公平、公正的原则进行公开招标。做到集体确定材料的采购价格,严禁在材料采购中的暗箱操作,在保证原材料质量、保证工程进度的前提下,确保物资价格的市场最低价。调查要做好原始记录、并分类归集整理,建立台账。物资材料的调查可由项目部材料部门主要负责,计划部门协助。

②电力价格的确定

对电力情况的调查，重点是地方的电力资源、供电能力、供电地距施工地点的距离，电力输送途中的损耗，供电地电价，损耗费用等。根据调查的情况确定有功电价，与采用项目部自发电价格进行对比，在满足施工条件的情况下，确保电价最低。电力价格的调查可由项目部计划或物资部门负责。

③机械费的确定

机械台班预算价格执行集团、公司企业定额附录《施工机械台班定额》，按调查价进行燃料、动力调查。

④人力资源及薪资的确定

人力资源和薪资情况的调查重点是施工地区的产业结构，即建筑施工地区产业结构的劳动力来源，有无剩余劳动力，能否在用工高峰期为公司或项目部提供用工，在结合公司定额分析的基础上结合当地的薪资水平，通过多方比较，确定最合理、最经济的劳务单价。人力资源和薪资情况可由项目部人力资源部门负责，计划部门配合。

⑤运杂费的确定

材料按工程所在地的最低运费标准和调查的实际运距里程计算运杂费单价，列入材料预算单价中，不单独计列。

（3）工程数量的确定

工程数量的增减直接影响工程成本的增减，因此，必须准确计算工程数量。工程施工图纸到达后，项目部首先要组织技术部门人员对施工图进行复核，计算出理论工程数量，然后组织技术及测量人员对项目工程量进行实测，依据责任中心的划分确定各责任中心实际的工程数量，工程数量的节余量归项目部动态调控基金。工程数量的计算可由项目部技术部门负责，计划部门配合。核算的工程数量需报项目经理审批。

（4）定额的选用

公司定额说明

①公司内部定额作为集团公司实行成本管理的内部统一定额，是编制责任预算的依据。

②公司定额按照合理的施工组织和正常的施工条件编制，定额中所采用的施工方法和工程质量标准，根据国家现行建设工程施工技术及验收规范、质量评定标准及安全操作规程取定，除定额中规定允许换算者外，均不得自行变更定额。定额中的工程内容，均包含定额项目的全部施工过程。定额

内除扼要说明施工的主要操作工序外,均包括准备与结束、场内操作范围内的水平与垂直运输、材料工地小搬运、辅助和零星用工、工具及机械小修、场地清理等工作内容。

③公司定额中的材料、成品、半成品消耗量均按合格产品编制并已包括场内运输及操作损耗,编制责任成本预算时不得另行增加。其场外运输损耗、仓库保管损耗以及由于材料供应规格和质量不符合定额规定而发生的加工损耗,应在材料预算价格内考虑。

④公司定额中各项目的施工机械种类、规格、型号按现行标准做了部分调整,当实际施工采用的规格、种类与定额不同时,除定额另有说明外,均不得换算。同时定额中的施工机械台班消耗,已考虑了工地的合理停置、空转和必要的备用量等因素。

⑤公司定额中商品混凝土、钢筋混凝土、砂浆中的水泥用量,均按中粗砂编制,当采用细砂时,每 1 立方米混凝土的水泥用量增加 4% 或按实验室配合比调整。当设计采用的混凝土、砂浆强度等级与定额所列强度等级不同时,可按配合比表进行换算。当实际施工配合比材料用量与定额配合比用量不同时,一般不得调整。

⑥公司定额中仅列主要材料和主要机械台班用量,零星材料和小型机具列入"其他材料费"和"小型机具使用费",以元表示,使用时不得调整。

⑦公司定额中的摊销和周转性材料均按部颁标准计入,但考虑在实际施工中有些摊销及周转材料为外部租赁,在附后的表中将模板及脚手架子目进行了分解。

(5)其他直接费的计取

使用公司内部定额原则上不计取其他直接费。如有些特殊情况必须计取其他直接费,按下列方法计列:

①冬季施工增加费:按实施性施工组织设计安排在冬季施工的工程项目,以划定的工程所在地区的气温区类别及取费标准计列。冬季施工增加费费率表及冬季施工气温区划分表可参照部颁定额预算编制办法并按下列近似公式计算:

$$冬季施工增加费 = 某项工程定额直接费 \times (冬季施工的工程量 / 该工程的总工程量) \times 冬季施工增加费率$$

②雨季施工增加费:按照施工组织设计,安排在雨季施工的工程项目,

以划定的雨量区类别及取费标准计取雨季施工增加费。雨季施工增加费率表及雨季施工雨量区及雨季区划分表可参照部颁定额预算编制办法执行。计算方法同雨季施工增加费。

③夜间施工增加费：夜间施工增加费系根据施工组织设计安排和合理的施工进度要求，必须在夜间连续施工而发生的工效降低、夜班津贴以及有关照明设施而增加的费用。其费用按夜间施工工程项目的定额直接费之和的0.5%计取。

④高原地区施工增加费：指在海拔2000m以上的高原地区施工时，因受气候、气压影响，致使人工、机械效率降低而增加的费用，以定额工费、机械费之和乘以表11.1～表11.3所列系数计算。

⑤原始森林地区施工增加费：指在原始森林地区施工，由于受气候影响，其路基土石方工程应增加的费用，按其定额工天和机械台班量分别增加30%计算。

⑥沿海地区工程施工增加费：指工程项目在沿海地区施工受海风、海浪和潮汐的影响，使人工、机械效率降低等所需要的费用。按构造物Ⅱ、技术复杂工程的定额直接费之和按0.15%计取。

表11.1 高原地区施工增加费

海拔高度（m）	定额增加幅度	
	工天定额	机械台班定额
2000～3000	10	17
3001～4000	20	32
4001～5000	30	50

表11.2 铁路工程行车干扰施工增加费

每昼夜行车对数（对）	工天、机械台班定额增加幅度（%）
6及以下	0
7～18	13
19～36	29
37～60	42
61～80	55
81以上	65

表 11.3　公路工程行车干扰工程施工增加费费率表（%）

工程类别	施工期间平均每昼夜双向行车次数（汽车兽力车合计）			
	51~100	101~500	501~1000	1001 以上
人工土方	5.52	8.29	11.05	13.81
机械土方	2.45	4.89	7.34	9.78
汽车运土	2.63	5.26	7.89	10.53
人工石方	5.24	7.57	10.5	12.8
机械石方	2.45	4.81	7.49	9.63
高级路面	1.31	1.97	2.63	3.28
构造物Ⅰ	1.29	1.93	2.58	3.22
构造物Ⅱ	1.24	1.87	2.49	3.11

⑦行车干扰工程施工增加费：系指由于边施工边维持通车，受行车干扰的影响造成局部停工或妨碍施工而使人工、机械效率降低而增加的费用。该项费用应分别按铁路工程、公路工程受行车影响部分工程的定额工天、机械台班量和表列费率计算。

（6）责任预算的编制

责任预算的编制根据费用可控原则，按照费用的组成分成本中心责任预算编制和费用中心预算编制两部分，以工点或分部、分项工程作为编制单元。成本责任中心和费用责任中心之和与公司评估总额的差额放入项目动态调控基金中心。

①成本责任中心责任预算编制

成本责任中心责任预算以由项目部经过施工方案优化与实测后的细目工作量和项目部调查确认的材料采购价格为依据编制，由外部施工队责任预算和内部施工队责任预算组成。

②外部施工队责任预算

按照费用组成划分，分为直接费用、间接费用和其他费用。

相关构成如图 11.1 所示。

外部施工队责任预算中主要材料（钢材、水泥、商品混凝土等）如果不包含在承包单价中，相应的材料费由物资中心负责控制。

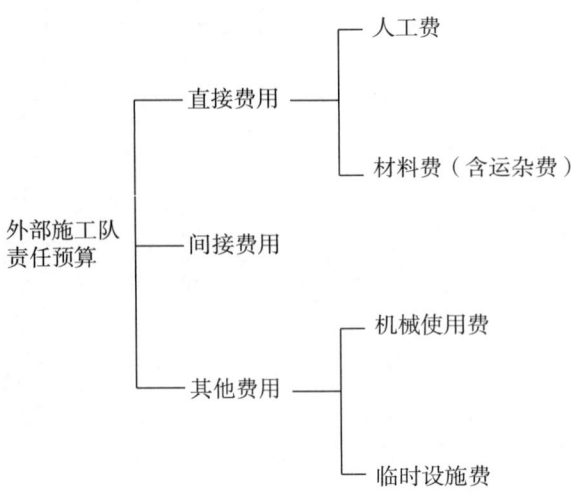

图 11.1　大型施工机械进出场费

外部施工队如果实行清包工费的承包形式时，其预算人工费、其他间接费由外部劳务承包，材料费、机械费从单价中分出来，作为物资责任中心和机械设备责任中心的承包内容。

③内部施工队责任预算编制

内部施工队责任预算编制基本视同外部施工队伍，分内部成建制队和自带劳务队两种形式。与外部施工队的区别如下：

a. 薪资：成建制队按内部实际定员的生产人员的责任薪资平均水平、施工期平均人数以及承担各工序施工任务的总体工期安排计算责任薪资控制总额。责任薪资控制总额与预算定额人工费的差额部分增列责任预算的生产人员薪资差。

属自带劳务的承包形式，按参与自带劳务的内部职工数和承担各施工任务的总体安排，给予一定的薪资补贴，由内部承包责任人自主分配，项目部不再负担此部分人员的薪资。

b. 材料及运杂费：同外部施工队相同。

c. 机械使用费：成建制队施工机械使用费中大修、折旧费由设备和财务部门按照规定确定指标，可划入机械设备费用责任中心的责任范围。其余同外部施工队。

d. 其他间接费：成建制内部队按管理人员定编单独编制其他间接费预算，以单独一笔费用计入内部责任预算总额，不反映在单价中。

自带劳务仅对内部职工考虑薪资补贴，不再另取其他间接费。

成本责任中心只对预算范围内的工、料、机数量和工程数量负责，按工、料、机预算价格实现的数量节超费用，为成本责任中心绩效，对因价格因素实现的成本节超不负责。

编制内部机械队责任预算时，因大修量、折旧费为成本责任中心不可控费用，因此可将此部分费用从责任预算中分解出来，由项目动态调整基金中心负责提取上交。

④费用责任中心责任预算编制

费用责任中心按该中心承担的工作内容和项目部的规定编制责任预算。一般情况下：

a. 技术中心：对外计量数量节超、变更设计引起的数量变化或由于技术交底失误造成的损失等负责，责任预算总额基数为零。

b. 计划中心：对责任预算单价与对外计价的单价差形成的价差额、索赔费用等负责，责任预算总额基数为零。

c. 物资中心：对材料的实际购入价与责任预算单价形成的材料成本差异负责，一般责任预算总额基数为零。但对于项目部统供材料（未包含在施工预算中的材料费），由物资中心负责，限额供料。

d. 机械设备中心：由项目部直接使用的机械设备费用（自有和租赁）、项目部对外租赁机械设备的预算收入之和形成的总值为该中心的责任预算总额，对实际收支的差异负责。

e. 财务中心：对可控的项目部管理费开支负责。

f. 项目部动态调控资金：施工承包合同总额与项目部各成本责任中心和费用中心责任预算的总额形成的预算差额可命名为项目动态调控基金，主要由优化施工方案及工程量节余、各种单价节余和其他不可控费用（包括间接费、临时工程费、折旧费、大修费、税金）组成，由项目经理及各职能部门（责任成本管理领导小组）共同掌握，用于责任预算调整及其他支出等。

⑤待分配责任预算：由于施工图纸未到或其他不确定因素造成暂不能分配的责任预算，不属于调控范围，不作为项目调控资金的组成部分，应单独计列。

（7）责任承包合同的签订

责任预算编制完成后，项目部要依据集团公司对合同签订的有关规定及时与各成本中心签订《内部施工承包合同》，为了避免争议和便于成本管理，

《内部施工承包合同》必须为单价承包。同时根据费用中心的责任范围,与费用责任中心签订责任合同。

第四节 责任成本管理过程控制

一、施工组织设计方案预控

把握施工方案控制的要点,抓住成本控制的重点,是项目管理始终处于受控状态的关键。有了一个好的方案预控才能实现一个好的成本预控。方案预控要以成本预控为前提,成本预控要以方案预控为基础。项目部要重视施工组织方案、技术方案的编制与审查工作,建立施工方案的逐级优化和审查制度,从节约成本的角度做好多方案优化比对。

施工组织方案的编制原则:

1. 本着在保证质量、工期、安全、环保的前提下,以最少的投入换取最大的经济利益为目标。

2. 根据承建工程项目内容,分清主次,突出重(难)点,因地制宜,合理安排施工顺序和工艺流程,统筹安排各单项工程进度。

3. 充分利用现有设备,做到配套、实用。

4. 合理安排冬、雨、夜施工。

5. 尽量采用国内、外先进成熟的施工技术和科学的管理方法。

二、工程数量的控制管理

工程数量的增减与工程成本费用的增减成正比,对工程成本的控制起着决定性的作用。

1. 工程数量的逐级确定与经济关系

项目部以实施性施工组织设计为前提,由总工程师牵头,组织技术人员对施工图进行会审,计算出理论工程数量后,对现场进行实测,确定实际的工程数量,分解到各责任中心。二者之间的差额归集到项目部动态调控基金中心。

各责任中心根据各自的实施性施工组织设计施工,以实际完成的工程数量确定本中心工程数量。批准的各责任中心工程数量与实际完成的工程数量之间的差额形成各中心利润。

项目部和责任中心的工程数量必须由相应的工程技术主管审核批准。

2. 工程数量的动态管理

项目部按照责任预算动态管理的原则，对责任范围之外的工程数量的变化要及时地调增或调减责任中心的实际工程量，并相应地增加或减少责任预算。对责任范围之内工程数量的变化或由于自身责任增加的工程数量不予调整责任预算。由于变更设计造成工程数量的增加，项目部不论集团公司是否批准，都要及时对责任中心的工程数量进行调整并且及时地向建设单位提出变更。

技术部门是工程数量控制的关键部门，控制的工程数量的节余形成项目动态调控基金，最终转化为责成本节约额，按照规定兑现技术人员的奖励。

成本中心对工程数量的控制，主要就是在发生工程量变更增加时，从自身利益出发要求项目部追加本中心的责任预算，同时及时为项目部技术部门向建设单位申请变更提供准确的信息。因此，成本中心在施工过程中，当工程数量发生变化时要及时报告并做好基础资料的整理签认，为变更责任预算提供依据。

3. 工程数量台账的建立

设工程数量总台账和各成本中心分台账，总台账和分台账之间数量是平衡的。设立的台账要反映出工程数量的变更情况。工程数量台账要定期提交计划部门以便进行验工计价，同时提交财务部门并根据台账的设置定期对责任盈亏进行分析。

三、物资材料的控制管理

物资材料直接构成建筑工程实体，是建筑成本的主要组成部分，搞好物资管理是节约成本的有效途径。为保证材料质量及降低材料成本，项目部应对材料实行统一管理。

1. 物资材料管理的环节

项目部物资材料的管理控制环节主要有三个：采购、保管、发料。对于物资采购环节来说，主要对材料价格和运杂费的控制。对于物资保管环节来说，主要是保管费用的控制。对于发料环节来说，主要是对物资的数量进行控制。

2. 物资材料采购过程中价格的控制

（1）制定采购计划

由技术部门和根据实施性施工组织设计、工程细目工程量、工程预算计算出各部位所需物资材料的用量以及结合施工进度安排编制出物资使用计划提交给物资部门，由物资部门据此制定物资采购及加工计划。

（2）成立招标小组

项目部物资材料招标小组应由项目部物资部门牵头，项目部领导、技术、计划、安质等多部门参加，形成集体确定材料价格，严禁物资材料在招标采购中的暗箱操作，在保质保量的前提下，确保材料最低价。

（3）组织材料招标

按照第二章第一条中的要求，物资部门首先要对市场进行调查，收集各厂的资质证书、生产许可证、权威部门近期对该产品的检测证明，向招标采购小组领导进行汇报，确定几家信誉较好、能够满足施工生产需要的厂家。发出招标邀请，同时要求竞标单位提供必备的资料及对招标产品的价格、供货能力、运输能力、售后服务等作出书面承诺。最终确定出在满足质量前提下，价格、运杂费及售后服务最优的厂家。

（4）签订供货合同

合同的签订要严格执行合同法中的有关部门规定，做到条理清楚、文字严密，要对市场价格的浮动、质量要求、供货能力等方面作出明确规定，制定违约责任。

（5）材料的采购验收及付款

现场材料员和质检人员，要加强材料验收程序，核对材料数量，检查材料质量，点验后及时入账，做到账物相符。

材料经现场材料员、质检员验收合格后，由项目部物资材料部门申请，工程质检人员、预算人员签字后提交财务审核，报项目经理审核签字，按规定付款。

（6）需注意的问题

对价格处于激烈波动的物资材料及需用量大、使用时间长的物资材料在做好市场预测的前提下,根据市场的变化情况分阶段进行招标采购。

3. 物资材料采购、保管费的管理

物资材料采购、库存的费用包括采购人员薪资、差旅费、招待费、各种手续费及保管人员薪资、防护费及保管费等。为尽量降低采购、保管费用,必须做到科学安排进货计划,并结合材料市场前景的分析,在保证用料的前提下实施经济批量采购。

4. 物资材料消耗数量的控制

对物资材料的控制,可采用以下两种办法进行控制。

(1)对于类别、型号较少、用量较大的材料

由项目部物资部门根据各成本中心责任预算中材料的消耗量,按材料类别、型号分责任中心建立材料消耗量控制台账,在各类材料总量控制的前提下按工程进度和供料计划进行限额供料。

限额供料的前提是技术部门或计划部门确定供料数量,由物资部门按计划供料,超额消耗部分由相应成本责任中心负担。

采用限额供料方法,责任预算中的材料费由物资部门负责。预算材料费和物资部门实耗材料费的金额差异形成物资部门的工作绩效。

(2)对于类别、型号较多、用量较少的材料

项目部物资部门只负责材料的采购单价,成本责任中心负责材料数量的控制,责任预算中的材料费全额转入各成本中心负担。如果物资中心不按成本责任中心的计划供料,超采部分由物资中心负担,由于物资中心不能按时供料影响工期的损失由物资部门承担。物资部门建立各成本中心实际领用材料数量台账,材料消耗量变为各成本中心控制。各成本责任中心材料费用利润为项目责任预算消耗量与实际消耗量之间形成。物资部门责任成本材料预算单价与实际购买材料单价间的金额差异形成物资部门的工作绩效。

四、机械设备的控制管理

机械设备的现代化水平是项目生产力水平的重要标志,做好项目机械设备管理,提高机械使用效率,降低设备使用成本是项目责任成本管理的一项重要内容。

1. 项目机械设备的选择

项目机械设备的来源分为自有机械设备和租赁机械设备两种,机械设备选择总的原则是技术先进、经济合理、生产适用。在满足项目施工的前提下,项目部要尽量选用自有设备,对于自有设备不能满足施工的,再考虑从外部租赁设备。

2. 项目机械台班数量和价格的控制

以节约项目机械设备成本为目标的项目机械设备管理,要从台班单价和数量两个方面进行控制。设备使用形式分为自有设备和外部租用部分两种:

(1)自有设备:项目部成立机械设备中心。责任预算的机械费部分由设备中心控制,责任预算的台班单价和数量与实际消耗的台班单价和数量之差形成设备中心利润(或亏损)。或:机械费划分到对应的成本中心。机械设备中心与各成本中心形成租赁关系,由项目部制定台班单价,设备中心和使用单位按照台班的使用数量和时间共同签认机械台班数量,机械设备中心按租赁台班和单价实现收入,发生的燃料费、折旧费、管理费、维修费、司机工费等形成成本,两者之间的差异形成机械设备中心责任利润。

(2)从外部租赁机械:对于项目部统一外部租赁的设备,按照谁使用谁承担的原则,由项目部制定对下租赁台班单价,设备中心和使用单位共同签认使用的台班数量,形成再次租赁关系。对下租赁的机械费与外租的机械费之间的差额形成收入或亏损,划入项目动态调控基金中心。

3. 机械设备配件的管理控制

项目部在施工过程中,机械设备配件的消耗是机械费中一项重要的内容。设备配件的采购实行厂商与经销商或代理商比价的采购制度,由经销商或代理商报价,在保证质量和售后服务的同时,保证价格最低。国产设备配件采购以向厂家采购为主,尽量省去中间环节。

五、外部劳务管理

1. 外部劳务的录用原则

(1)坚持先内后外的原则,首先安排内部员工,可根据单项工程特点组建内部管理的劳务队伍。

（2）成建制的外部劳务队伍，必须持有经建设行政主管部门年审合格且三级以上的资质证书，工商部门颁发的营业执照和法人委托书，以及建设部门颁发的安全许可证。

（3）成建制的外部劳务队伍须有承建国内类似工程的施工经验，懂得施工管理及工程技术的管理人员、技术工人，并有一定业绩。

（4）在资质审查合格的情况下，外部劳务必须承诺认可我方使用的定额标准、责任预算编制办法及定价原则。

（5）凡与集团公司各级单位发生过严重经济纠纷或被清理出场的外部劳务队伍，在本集团范围内不得再次使用。

2. 外部劳务的合同管理

凡经审批录用的外部劳务队伍，必须在开工前签订劳务合同，所有合同文本和附件、附表均要有外部劳务队伍持有法人委托书者签名，并在签订合同时，外部劳务队伍须以现金或银行汇款的方式缴纳合同履约保证金，保证金统一由项目部财务部门管理，待工程竣工后视履约情况返还。

六、验工计价管理

项目部验工计价的管理主要是内部验工计价管理，它是成本管理过程中的一个重要环节。项目部验工计价由计划部门负责。

1. 验工计价的依据

（1）双方签订的合同
（2）各中心责任预算、工程综合单价、责任工程数量。
（3）经批准的设计变更、补充合同中的工程项目及款额。
（4）质检部门提供的各种检查合格报告单。

2. 验工计价的办法及要求

（1）需验工计价单位必须填写《已完工程数量计价表》，报项目部计划部门，项目部领导和业务部门共同收方、共同签认后方可计价。

（2）项目计划部门根据确认的已完工程量计价表按项目部要求填制《验工计价表》，要根据预算章节体现出本次和累计完成的数量价值。并且应填写工程的形象进度，即已完工程量占合同数量的比例。

（3）凡当月完成的工程量，当月内应办理验工计价，不得因工程款不到位的原因推迟验工，未完成的工程量，不得提前计价。

（4）项目部内部验工计价中，工程数量不得突破责任成本预算核定的工程数量和甲方批复并完成的变更设计数量之和，原设计数量和变更设计数量要严格区分。

（5）对于建设方难以批复，但又必须进行变更的项目，须经项目经理、项目总工和技术管理部门同意并签证。

七、间接费控制管理

间接费用是建筑施工生产单位为组织和管理施工生产所发生的费用，涉及建筑工程项目的各个部门，需各有关部门协调管理。间接费用的控制直接影响到工程项目的管理水平，是责任预算控制的一项重要内容。

1. 间接费用应在公司测算的基础上，由项目部有关部门详细计算核定项目间接费开支标准，详细办法可参照间接费的测算办法，两者的差额计入项目经理基金。核算后的项目部间接费标准由项目部有关部门和财务部门共同制定降低成本措施、共同监控其发生情况。

2. 财务部门应严格审批签认报销制度，并按规定的程序操作，预算内的费用开支，单位领导可直接审批，对于预算外大额开支，须经单位领导集体审批。

3. 财务部门要严格遵守经费开支标准，维护财经纪律，对有关国家政策、上级规定的费用开支标准，应严格控制在标准之内，超标准不许列支。

4. 严格备用金管理审批制度，严格控制携带大量现金外出，严禁将备用金挪作个人或转借他人使用。借支备用金应提供经批准的办理业务的有关文件或出差报告申请书，并在规定的期限内报账还款。防止备用金坏账损失的发生。

5. 加强结算资金的管理，促进应收款项的及时回收，杜绝应收账款坏账损失的形成。

八、项目动态调控基金的控制管理

项目施工方案优化和工程数量、单价的节余形成项目动态调控基金。项目动态调控基金是项目部集体控制的一块机动费用，而且数额较大，是项目部经济关系和利益分配关系的集结点。加强项目动态调控基金，发挥好其经济杠杆作用，避免新的效益流失和分配中的不合理现象是责任成本管理中的一项重要工作内容。

1. 成立项目动态调控基金管理小组

由项目班子、各职能部门负责人组成项目动态调控基金管理小组，项目经理任组长，集体决定动态调控资金的使用。

2. 项目动态调控资金的用途

（1）责任中心责任预算调整支出。
（2）材料涨价因素支出。
（3）责任中心责任之外的损失支出。
（4）项目部本级的亏损弥补。
（5）项目部费用中心及其他人员的利润奖励兑现。

3. 支出程序

（1）由于项目部调整施工方案造成的工程量变化，由技术或计划部门提出，经项目动态调控基金管理小组批准、项目经理签字后做相应调整。

（2）由于变更设计引起的工程量变化，不论甲方是否批复，由技术部门提出，经项目动态调控基金管理小组批准后做相应调整。此部分成本先列入动态调整基金中心，待批准后冲减。

（3）成本中心可根据设计数量与实际施工数量之差提出内部变更，增加或减少的费用列入相关成本中心。经项目动态调控基金管理小组批准后做相应调整。

（4）因国家政策性调差引起的材料价格的波动，由物资部门提出，经项目动态调控基金管理小组批准后做相应调整。

（5）对于施工过程中责任范围不包括的内容由计划部门提出，经项目动态调控基金管理小组批准后做相应调整。

（6）对于项目部本级的亏损，由财务部门提出，经项目动态调控基金管理小组批准后做相应调整。

（7）对于责任中心的责任利润兑现，由项目部财务部门提出，经项目动态调控基金管理小组批准后做相应调整。

九、工程项目资金的管理控制

资金管理是责任成本管理的重要内容，工程项目的材料采购、工程价款的支付、工资的发放、企业费用的上交等都离不开资金这条纽带。资金管理要本着预算管理、过程控制的原则，其管理的效果直接影响到工程施工进度、公司的经济效益。搞好资金管理，必须注重以下两方面的工作：

1. 编制责任资金预算

（1）责任资金预算的编制，要以责任中心的责任成本（或费用）预算为基础，凡是列入责任成本（或费用）预算的内容均作为责任资金预算的范围。

（2）根据建筑施工进度和甲方计价拨款方式，了解公司资金的到位情况，制定资金收入计划。

（3）根据建筑项目的工程进度、材料采购计划、间接费开支计划、上交款计划、薪资发放计划等制定出月资金支出计划。

（4）根据资金收入计划和资金支出计划，可以预测资金的缺口或溢余，及时制定相应措施，保证项目资金的正常运转。

2. 资金预算的控制

（1）结算资金的控制

①应收账款的控制：

a. 对于工程价款收入，计划部门和财务部门要按照承发包合同规定，及时办理验工计价手续。

b. 应收账款发生后，应建立应收账款的控制机制，由专人负责，采取各种措施，确保工程价款的按期回收。

②应付账款的控制：外部劳务要严格遵循先计价后付款的原则。外部劳务计价结算单要有责任中心、现场技术和测量负责人签字，然后报技术主管、项目总工、计划部门负责人和项目领导审批签字。禁止超计价、超拨款现象发生。

（2）其他资金的控制

①物资设备管理部门应制定严格的采购计划，履行严格的招标采购的审批程序，控制物资设备的储备量，积极处理超储积压材料，盘活储备资金，加速资金周转，实现对材料储备资金的控制。

②财务部门应加强各项其他应收款、预付款项的管理，严格其支付审批程序，加强逾期各种应收预付款项的清理，必要时要运用清理应收账款的措施进行清收。

③财务部门要加强备用金的审批和管理。对于借支备用金，一定要限额使用，本着前清后借的原则，对备用金要定期清理，借款超过一个月的可在工资中扣回。调动人员的备用金未清理完毕，不准办理调动手续。

④施工技术和计划部门要合理组织工程投标和工程开工，合理组织施工生产，禁止盲目投标和盲目开工，尽量加快工程施工进度，缩短工程工期，减少在建工程占用资金。

第五节　责任成本会计核算办法

一、责任成本会计核算的职责

各层级财务会计部门负责对各责任成本中心的计价收入及其发生的成本、费用进行归集、整理、汇总和核算，考核责任成本的执行情况，并同时向责任成本核算小组提供各种数据。主要内容有：

1. 按月收集各责任成本控制管理部门提供的有关预算成本资料，包括各责任成本中心完成的任务量和验工计价收入。

2. 按照各责任成本中心的责任范围归集、整理实际发生的成本、费用，及时登记责任成本台账，并向有关责任中心发出入账通知书，按月形成责任成本核算业绩报告。

3. 配合责任成本核算领导小组做好责任成本核算的业绩考核，分析确定对各责任中心的奖惩，并实现奖惩兑现。

4. 按照规定的标准和方法及时上交公司的有关费用。

5. 按规定及时上报责任成本核算的各种报表。

二、责任成本核算的范围和办法

1. 凡是责任预算包括的成本费用，必须归集到有关责任中心进行核算，对于一时难以分清的成本费用应及时进行仲裁分解，不能出现无核算对象的非可控成本。

2. 实行责任成本核算管理后，原会计核算制度不变，有关会计科目、成本费用的归集摊销方法、会计报表的编制仍执行现行会计制度。各单位可设责任成本管理台账，以各责任中心为核算对象进行核算。

三、责任成本台账

1. 责任成本台账分为总账、明细账和辅助账三类。总账由财务部门设置和管理，明细账和辅助账由各责任中心负责设置和管理。

2. 台账的登记均以各责任中心实际成本支出为依据，凡是列入"工程施工""制造费用""管理费用"等科目的成本费用，财务部门在编制会计凭证、登记财务明细账的同时，登记责任成本总账，并根据责任成本发生的内容和归属，向各责任中心发送成本入账通知书，各责任中心据此登记责任成本明细账和相关的辅助账。

3. 实行责任成本台账管理后，应形成两个等式：

财务成本费用明细账总计＝责任成本总账＋应交上级费用

责任成本总账＝各责任中心明细账总计

四、责任成本核算的账务处理

1. 计价收入的核算

对于各责任中心完成的任务量，每月应以确定的方法和责任预算单价给予验工计价。财务部门应根据计价单登记责任成本总账的收入方，同时发出责任成本预算收入转账通知书，各责任中心接此通知后，登记各责任中心台账。

2. 材料费的核算

材料费的核算一律以计划成本法核算，材料计划价格按责任预算单价执行，材料的实际价格与计划价格的差额列入"材料成本差异"。

3. 材料领用的核算

（1）包工不包料（含内部施工队和外部施工队）施工领用材料，原则上材料费应全部在材料费责任中心核算，借记"工程施工—××工程"（同时转列材料费责任中心),贷记"原材料";但是对于超定额领料部分,应借记"工程施工—××工程"(同时转列内部施工队责任中心)或"预付账款—预付工程款(××施工队)",贷记"原材料""材料成本差异"(超定额部分应按实际价格负担材料成本),此方法必须与限额发料相配套。

(2)包工包料(含内部施工队和外部施工队)施工领用材料时,按责任预算价格,借记"工程施工—××工程"(同时转列内部施工队责任中心)或"预付账款—预付工程款(××施工队)",贷记"原材料"。

(3)因变更设计原因增减工程量而引起主材消耗的增减,应由技术部门提供,根据变更量与责任预算单价计算出材料成本,调整有关责任中心的责任成本。

(4)有关材料的其他科目按正常核算程序进行。

4. 机械使用费的核算

根据机械使用费的组成,机械设备在施工生产过程中发生的燃料费、电力费、配件和其他使用费,都应归集到机械使用费项目。

(1)自行施工使用自有机械用电、领用配件等,借记"机械作业"(同时列转机械费责任中心),贷记有关科目。

(2)自行施工从外单位或本企业内部独立核算单位租入机械设备,支付的租赁费借记"工程施工"(同时列转机械费责任中心),贷记有关科目。

(3)机械设备的进出厂费、折旧费、修理费等,发生时借记"机械作业"(同时列转机械费责任中心),贷记有关科目。

5. 间接费的核算

间接费是项目部为组织和管理工程施工发生的全部支出,包括管理人员工资、工资附加费、劳动保险费、差旅办公费、固定资产使用费、招待费、劳动保护费、检验试验费等。

间接费发生时,借记"制造费用""管理费用"等(同时列转间接费中心),贷记有关科目。其他处理按正常会计核算进行。

6. 薪资的核算

薪资的发放包括基本工资和奖金两部分,基本工资原则上仍按集团公司有关规定和标准发放,实行岗位技能工资制。奖金则根据责任预算执行情况确定奖罚,但本考核期罚款额度不能超过基本工资的20%,考核期奖罚未执行完毕的，可顺延至以后各期。薪资的发放可采取按月（或季度）结算。

实际发放时，按实发数借记"应付薪资"（同时列转人工费中心），贷记有关科目，月底按人员归属和承担的责任计入有关中心，借记"工程施工""制造费用"等科目，贷记"应付薪资"科目，同时列转各成本费用中心。

7. 上交费用的核算

项目上交款应包括两部分，一是经公司测算核定的上交款，二是项目应缴纳的固定资产折旧费、劳动保险费、资金占用费等应交费用。上交款应分次上交，在业主批复当期计价收入后，拨款的同时按上交比例计算足额上交。

项目上交费用只在项目财务部门进行核算，不向责任中心归集费用，收取时借记"管理费用"，贷记"内部往来"科目。

第六节 定期进行成本分析并进行经济利益的兑现

一、成本分析

责任成本管理的过程是如何将成本控制在责任预算之内的过程。但是，由于种种原因，施工过程中的实际成本往往与责任预算成本不符，因此项目部要定期进行分析，找出成本偏差的因素，分析产生的原因，制定相应的整改措施，以便指导下步施工成本控制。

1. 成本分析的时间：每月或季度末由成本核算部门负责写出分析报告。
2. 成本分析的内容：首先要针对成本差异的性质作出分析，如果出现成本节余，要找出降低成本的因素，总结出成功的经验，在项目部内部推广。出现成本亏损则要从中找出存在问题的原因，对出现的成本亏损提出整改措施。同时对于自身无法改正的因素，要分析出原因，以便及时对责任预算进行调整。其次要针对分析出的产生成本差异的原因和各责任中心的分工一一对应，确认最终的责任归属，对于责任人，要依据责任成本承包合同和责任成本管理的有关部门规定进行奖罚。

二、经济利益兑现

经济利益兑现是责任成本核算工作的最后一项工作,也是核算工作能否进行下去的关键。因此,项目管理层必须认真做好经济利益兑现工作,公平合理地给责任中心兑现经济利益。

1. 经济利益兑现的原则

根据承包合同,按照责、权、利相当,以及按劳分配的原则,为了调动广大职工的生产积极性,提高职工的责任心,凡已明确责任范围、管理权利及经济利益的责任中心,只要其完成责任范围的各项责任指标,上一级责任层次应根据其完成责任指标程度及时兑现经济利益,而不能以各种理由予以拒绝或推迟兑现。如果发现上期的责任预算有不合理因素,也应在兑现经济利益之后,经过认真的测算、计算和分析,向各责任中心进行解释,然后再进行责任预算调整。

2. 经济利益的兑现时间及来源

项目部责任成本管理小组按月或季进行经济利益兑现,兑现的经济来源是各责任中心实现的责任利润。

3. 各责任层次经济利益的兑现比例及时间

对于项目部来说,主要的责任层次经济利益兑现分为:

(1)各成本中心:按照所承包的工、料、机和工程量内容,对其所应负责的部分实行总承包,实现的责任利润100%兑现给主承包人,由主承包人对下一层次的人员进行奖罚。对于超支、延误工期、工程质量问题等造成的亏损,也由主承包人负担。

(2)各费用责任中心:

①技术部门:在责任预算的基础上对其再次优化施工方案形成的成本节约额按10%~20%兑现。

在责任预算的基础上由于向建设单位提出变更设计实现的成本节约额按15%~25%兑现。

由于责任预算工程数量与实际工程数量的差形成的成本降低额按20%~35%兑现。

②计划部门：对责任预算劳务单价与实际计价单价差实现的成本节约额按 25%～40% 兑现。

在责任预算的基础上对向建设单位进行额外索赔或通过计价实现的利润增加或减损按 5%～15% 兑现。

③物资部门：对责任预算材料单价与实际采购单价形成的成本节约额按 30%～40% 兑现。

对责任预算材料数量与实际控制数量差形成的成本节约额按 20%～25% 兑现。

（不含因工程数量变化产生的材料节余）

④机械设备部门：自有设备对施工队外租实现的收入与支出形成的成本节约额按 15%～20% 兑现。

统一租赁设备收入与支出差额实现的节约额按 35%～40% 兑现。

⑤其他人员：其他人员按照以上部门利润兑现的平均值从项目动态调控基金中兑现。

⑥项目经理：按职能部门奖金平均数的 2.5～3 倍兑现。

奖励的兑现分三次实现：既考核月或季末、下一个考核月或季末、工程竣工。比例为：40%、30%、30%。

如果出现由于部门人员失职造成经济损失，按造成经济损失的 20%～30% 对责任部门或责任人进行经济处罚。

第七节　责任成本报表制度

责任成本管理的实施情况，最终以报表的形式反映，因此建立责任成本报表制度成为责任成本管理中一项不可缺少的内容。

一、集团公司报表

由项目部填写报所属各子（分）公司，由各子（分）公司汇总后于季末 10 日内报集团公司成本核算管理部门。

1. 工程项目效益评估报表

填报内容为本季度内中标、施工至中期、竣工三种情况的所有工程项目评估情况,还未进行评估的项目要填写项目名称和基本情况。

2. 项目责任成本管理执行情况统计表

对工程合同额大于2000万元的工程项目和房建工程合同额大于1000万元的工程项目进行填报,完成的施工产值一栏数据要与各公司财务决算报表中的主营业务收入一致。

3. 亏损项目统计表

分为经营亏损和责任亏损两种情况,分别填报,并在附注中简要说明原因。

4. 项目资金管理情况表

对工程合同额大于2000万元的工程项目和房建工程合同额大于1000万元的工程项目的资金结算和上交款情况进行填写。

二、项目部上报子(分)公司的报表

由各子(分)公司成本管理部门自行规定填报要求和上报时间,具体表格如下:

(1)项目责任预算编制情况汇总表

按分项工程管理费、本级管理费、项目动态调控基金、税金等项计列。

(2)责任中心责任预算汇总表。

(3)责任预算执行情况统计表。

(4)责任中心责任预算执行情况考核表。

(5)间接费完成统计表。

(6)项目部验工计价情况汇总表。

(7)项目责任奖金计提表。

三、项目部内部责任成本管理基本账表

1. 台账的设置

(1)责任成本台账:项目部财务部门和各责任中心应设置责任成本台账,续时登记其发生的责任成本和责任收入。

（2）工程数量台账：项目部技术部门或计划部门和各成本中心应建立工程数量台账，用以登记预算数量、变更数量及对上对下计量情况。

（3）物资台账：项目部物资部门应设物资管理台账和责任中心领用材料台账，用来反映物资材料收入支出和结存情况。

（4）机械费台账：项目部机械使用费台账（不包括机械设备中心费用，机械设备中心费用台账同成本中心费用台账）由设备部门根据机械设备租赁情况定期填写《机械设备租赁情况统计表》报送到财务部门，财务部门据此登记机械设备租赁费用情况。

（5）施工队伍计价台账：计划部门应设置验工计价台账（包括内部施工队计价及外包施工队计价）。

2. 责任中心阶段考核表

责任中心阶段考核表按附表的格式由财务部门依据责任中心提交的资料填报，经责任成本管理小组批准后执行。

3. 其他表格

项目部财务部门应定期根据技术部门、计划部门、物资部门、设备部门的有关台账和报表，填制《责任成本预算执行情况汇总表》《工资兑现情况汇总表》等。

四、各子（分）公司项目工程成本测算表格

在项目评估时，各子（分）公司可参照《工程成本预测汇总表》及《项目间接费用测算表》格式进行，可根据项目实际情况及公司财务制度予以修改完善。

第十二章　万科地产责任成本管理体系指引

一、目的

为提高集团成本管理水平，形成分工负责、有机协调的成本管理体系，特制定本管理指引。

二、范围

本管理指引旨在为集团所属各地产公司建立责任成本体系，适用于万科集团所属各地产公司。

三、职责

（1）万科集团成本管理委员会负责本管理指引的制订、修改、指导、解释与检查落实，集团财务管理部成本组负责有关具体对接事宜。

（2）万科集团所属各地产公司负责贯彻实施本管理指引。

四、方法与过程控制

1. 责任成本体系释义

（1）房地产业务操作过程是程序性很强的专业合作过程，各个专业过程所确定、形成的经济支出的叠加构成了房地产成本。

（2）房地产成本管理效果依赖于各环节自身的良好运作，房地产成本管理依赖于各环节之间有机协调与配合。

（3）万科责任成本体系旨在明确专业职能部门的成本管理职责，并借助技术经济指标反馈、考核评价其职责履行情况。

（4）万科责任成本体系旨在加强不同专业、不同流程之间的合作和沟通，形成分工负责、有机协调的责任成本体系。

2. 责任成本体系组成要素

（1）责任主体：以公司设计、工程、项目经理部、销售等职能部门为责任主体，在各业务环节区分主导部门和配合部门。

（2）责任范围：建造成本按发生程序划分责任部门，建造成本以外按成本项目划分责任范围。

（3）责任目标：按公司成本管理宗旨：以经济合理性最大的成本提升产品的竞争力，并形成行业成本优势。各个责任范围内成本管理目标应以经济合理性、产品竞争力、行业成本优势为追求目标。

（4）反馈指标：以定量指标为主。反馈指标的系列数值反映项目成本特性，单一反馈指标高低并不能如实反映成本理性。

（5）评价部门：及时计算并提供反馈指标。在各部门发表自我评价的基础上，就各责任成本管理结果是否经济合理，是否符合成本管理宗旨，发表评价意见，并形成系统的项目责任成本分析报告。

（6）万科责任成本体系之要素概括表

责任范围		责任主体	配合部门	评价部门
土地、报批报建费		项目发展部		财务部
建造成本				
责任目标	1. 建造内容、建筑形式合理化	设计部	销售部	成本部
	2. 结构指标合理化及施工图质量	设计部\工程部		成本部
	3. 获取竞争性的合理低价	工程部\成本部	项目经理部	招标领导小组
	4. 现场成本管理、施工质量与效率	项目经理部	工程部	工程部
销售费用		销售部		财务部
管理费用		各职能部门		财务部

3. 责任成本体系的范例

万科集团房地产有限公司责任成本体系表

	主导部门	配合部门	反馈指标	考核部门
土地获得成本	项目发展部	销售部	每平方米地价 土地获得时间	财务管理部
开发前期准备费				

续表

成本项目	责任部门	配合部门	考核指标	考核部门
报批报建费	项目发展部	办公室	报建费用节减率	财务管理部
设计费	设计部	工程部	每平方米设计费	成本管理部
三通及临时设施费	工程部	设计部		
主体建造成本（主体建筑工程费、主体安装工程费）				
社区建造成本（社区管网工程费、园林环境费、配套设施费）：				
规划设计	设计部	销售部项目部	规划设计周期	成本管理部
结构、安装设计	工程部 设计部	每平方米含混凝土量	每平方米钢筋含量	成本管理部
			成本管理部	
招标及签约	工程部	成本部	招标比率	成本管理部
	项目经理部		最低价定标比率	成本管理部
材料采购	工程部	成本部	甲定材料占造价比率	成本管理部
	项目经理部		统购材料购买率	
设计变更	设计部	工程部	变更比率	成本管理部
工程签证	项目经理部	工程部	签证比率	成本管理部
工程结算	成本部	工程部 项目部	结算错漏率	工程管理部
开发间接费				
工程管理费	项目经理部	工程管理部	每平方米管理费	财务管理部
利息	财务管理部			
营销支持费用	销售部	客户事务部	每平方米营销费	
管理费用	各部门	每平方米管理费用 人均销售收入	人均行政费用	财务管理部
销售费用	销售部	客户事务部 每平方米广告费用 人均销售员面积	每平方米销售费用	财务管理部
税金	财务部		实际交纳税率	集团财务部
物业经营损益	物业管理公司		物业实际盈亏额	财务管理部

上表供各公司建立责任成本体系参考用,其中:责任成本范围至少应包括上述划分范围,但可作更明细的划分。

4. 责任成本体系建立程序

(1)由公司总经理牵头,成本管理部具体组织,按本指引划分责任成本范围,确定责任主体和配合部门,并进一步细分职责。

(2)各公司可根据本指引选择、调整具体反馈指标,可自行协商确定反馈指标的合理区间。

(3)经各部门讨论、总经理批准,整理形成适用于本公司的"责任成本管理办法",报总部备案;并在公司内作普及宣传和具体执行。

(4)根据本公司管理能力和项目情况,制定适用于本公司的阶段性目标,如下表。

项 目	数 据
招标金额定价比例	90% 以上
设计变更占造价的比例	3% 以下
钢筋含量的合理控制比率	90% 以上
每平方米质量维修成本	5 元 /m²
规模经济成本优势	50 元 /m²
每平方米售后物业净支出	0 元 /m²
销售费用占销售收入比率	2.50%

公司成本管理部会同财务管理部按项目定期公布"责任成本考核报告",并抄报集团成本管理委员会。

五、支持文件

VKCW03-23-F1《成本指标明细表》

	反馈指标	单位	计算公式	备注
土地获得成本	每平方米地价	元 /m²	土地获得成本 / 总建筑面积	与听证会通过时的指标相比较
	土地获得时间	天	从购地签约到土地按约定使用功能落实到万科名下时为止	与听证会通过时的指标相比较

续表

	反馈指标	单位	计算公式	备注开发前期准备
备注开发前期准备				
报批报建费	报建费用节减率	%	=（按政策应缴纳报批报建费 – 实际交纳报批报建费）/ 按政策应交纳费用	报批报建费可用广义概念，将土地出让金等包括在内
设计费	每平方米设计费	元/m²	设计费总额 / 总建筑面积	可分类计算每平方米规划设计费、施工图设计费、景观设计费
三通及临时设施费	每平方米三通费用	元/m²	三通费用总额 / 总面积数	
	每平方米临时设施费	元/m²	临时设施费用总额 / 总建筑面积	
主体建造成本（主体建筑工程费、主体安装工程费）				
社区建造成本（社区管网工程费、园林环境费、配套设施费）：				
规划设计	规划设计周期	天	自土地协议签署日（或上一期动工之日）至施工图完毕之日	可区分为规划方案周期和方案实施周期
结构安装设计	每平方米钢筋含量	kg/m²	钢筋总用量 / 总建筑面积	可分类计算基础、上部结构、屋面的钢含量
	每平方米含混凝土量	m³/m²	混凝土总用量 / 总建筑面积	可分类计算基础、上部结构、屋面的混凝土含量，注明混凝土强度等级
招标及签约	招标比率	%	通过招标定价的合约总额 / 造价总金额	也可按合同次数来统计
	最低价定标比率	%	最低价中标的招标合同总额 / 招标合同总金额	
材料采购	甲定材料占造价比率	%	甲供、甲限及三方合同材料总额 / 主体建筑工程成本总额	
	统购材料购买率	%	参与集团统购的材料金额 / 统购品种的材料总额	
设计变更	变更比率	%	设计变更造价总额 / 工程造价总额	可分类计算设计错漏、市场变更、客户要求的变更比率
工程签证	签证比率	%	现场签证的成本总额 / 工程造价总额	

续表

	反馈指标	单位	计算公式	
工程结算	结算错漏率	%	（甲乙方结算价格 – 审核后结算价格）/ 审核后结算价格	
开发间接费 工程管理费	每平方米管理费	元/m²	项目工程管理费总额 / 项目建设总面积	
利息				
营销 支持费用	每平方米营销费	元/m²	项目营销费用总额 / 项目建设总面积	
管理费用	人均行政费用	元/人	行政费用总额 / 当年加权总人数	
	每平方米管理费用	元/m²	管理费用总额 / 当年结算面积	
	人均销售收入	元/人	销售收入总额 / 当年加权总人数	
销售费用	每平方米销售费用	元/m²	销售费用总额 / 当年销售面积	
	每平方米广告费用	元/m²	广告费用总额 / 当年销售面积	
	人均销售面积	元/人	销售面积总数 / 当年加权销售人员数	
税金	实际交纳税率	%	实际交纳的税额 / 计税税基	分类计算所得税、契税、营业税率
物业经营损益	物业实际盈亏额	元/m²	当年售后物业总支出 – 当年物业总收入	

第十三章　建筑工程责任成本管理实施细则

第一节　总　　则

第一条　为全面推进责任成本管理工作，规范责任成本管理操作行为，提高企业经济效益和市场竞争力，结合多年来逐步形成的以项目经理竞聘为预控，以狠抓"三大效益""六项指标"和责任成本预算为重点，以推行项目"零利润管理"和"工序单价承包"为过程控制，以生产经营指标挂钩考核为主要手段的责任成本管理模式，制定本实施办法。

第二条　本办法所称责任成本，是指按照责任者的可控程度所归集的应由责任者负担的成本。它划清了企业成本管理中的经济责任，体现了责权利一体、分级控制的思想。

第三条　本办法所称责任成本管理，是指将直接发生成本和费用的各生产单位和业务部门，划分成若干个责任单元，然后根据各责任单元的责任范围，依据统一的编制办法编制各责任单元的责任预算，并采取合同的形式逐级进行承包的管理方法。

第四条　责任成本管理的基本任务是：通过在全集团强力推行责任成本管理，进一步规范企业内部管理行为，按照全面系统、自行运转、效益优先、员工与企业双赢、操作规范、执行有力、基础扎实、科学预控、责任量化、纪律严明、目标明确、考核严格的基本原则建立企业创利创誉的运行机制，努力促进企业集约经营、精细管理、稳健理财和经济实力的增强。

第五条　集团公司责任成本管理按照统一领导、分级管理、逐级负责、严格考核的原则，建立横向到边、纵向到底的全员、全过程、全方位的管理体系。各工程公司、分支机构和项目部应统一思想、提高认识，建立或完善本单位、本项目的责任成本管理体系，全力以赴、扎实深入地推进责任成本管理工作。

第六条 牢固树立责任成本管理是"一把手工程"的管理理念,各单位、项目部的主管领导为第一责任人,对本单位、本项目的责任成本管理工作负总责。

第二节 机构及职责

第七条 企业层,即指集团公司、工程公司、分支机构(下同)。

(一)企业层应成立由主管领导任组长、副职领导为副组长、机关相关部门负责人参加的责任成本管理领导小组,并明确分管领导,以确保责任成本管理工作有效开展。

(二)集团公司是责任成本管理的监管层,主要任务是:负责建立以体制、机制和操作模式为主要内容的责任成本管理体系,制定有关成本管理的办法和其他相关措施,有计划地对各单位、项目部开展责任成本管理工作的情况进行督察、指导。

集团公司责任成本管理领导小组下设办公室,成员由经管、"施技"、经营、"劳培"、财务、审计、设备物资、企管等部门和纪委派专人参加,具体负责本部门责任成本管理职责范围内的工作,办公室设在"经管计统"部。

责任成本相关部门的具体职责:

运营计划部:①参与经营部对中标项目进行预期收益分析、测算,掌握有关情况。②指导编制、审核项目责任成本预算及二次分解,并经集团公司有关会议审定后批复;③指导、推行工序单价承包;④牵头负责责任成本分析工作;⑤负责责任成本季度报表收集、汇总、上报工作;⑥负责变更索赔工作。

施工技术部:①负责编制、审核和优化项目实施性施工组织设计;②指导直管项目部清查核准工程数量;③负责工期控制的成本管理。

经营部:①负责对投标项目进行经济效益预评估;②对中标项目的预期收益进行分析、测算。

财务部:①负责责任成本的会计核算工作;②参与监督项目部的一切经济活动;③监督项目交付后的并账及销号工作;④督促项目部及时完成核准的上交款指标;⑤参与项目管理费开支预算并实施监控。

人力资源部：①指导、监督选择外部劳务队伍的招标工作；②负责核定并下达项目部人员的责任工资，参与效益工资的考核工作。

设备物运部：①负责大宗物资和大型设备的集中招标采购；②指导、规范项目部的设备、物资管理工作，降低机械设备和物资成本；③对机械设备和物资成本的节超进行分析。

企业管理部：①组织项目经理竞聘，签订责任书；②负责制定和完善生产经营指标挂钩考核办法；③负责与直管项目部、工程公司、分支机构的主管领导签订生产经营指标挂钩责任书，并按期进行考核，兑现奖罚。

（三）工程公司（分支机构）是责任成本管理的控制层，应成立专门的责任成本管理部门，负责人由"三总师"副职担任，并配备预算、财务、工程技术、物资、设备等专业人员，负责编制中标项目责任成本预算和分解预算，其他比照集团公司相关部门的具体职责，负责相应工作。

（四）企业层责任成本管理机构的工作职责：

1. 分析、测算中标项目的预期收益，组织项目经理竞聘工作，签订责任书。

2. 指导、编制项目责任成本预算，督促项目部进行责任预算的二次分解，以及责任成本管理体系、实施细则的建立和完善。

3. 抓好项目部物资、设备和劳务招标工作。

4. 收集、整理所属单位和项目部上报的责任成本报表，归集责任成本管理的相关资料，进行责任成本分析和考核。

5. 负责与所属单位、项目部签订生产经营指标挂钩责任书，搞好考核兑现工作，并督促其按时完成上交款指标。

6. 指导、帮助所属单位、项目部开展责任成本管理工作，总结推广先进经验，并对责任成本工作的开展情况进行检查、监督。

第八条 项目部，指项目经理部、项目指挥部，包括集团公司直管、托管和工程公司（分支机构）所属项目部。

项目部是责任预算的执行层，应建立以项目经理为第一责任人、项目副职领导（或"三总师"）具体分管、项目部各部门参加的责任成本管理领导小组（或专职成本管理机构），做到项目全员管理与控制。

项目部责任成本管理机构工作职责：

1. 建立健全项目责任成本管理体系，完善各项责任成本管理制度。

2. 做好责任成本预算编制工作。集团公司直管项目，在集团公司指导下，进行责任成本预算编制，并报集团公司审批；工程公司（分支机构）自揽及托管项目，由企业层编制，项目部执行落实。

3. 根据项目实际情况，做好责任成本预算的二次分解工作，编制责任成本分解预算；直接管理劳务队伍的项目部，还应编制劳务队伍施工成本控制预算，并与劳务队伍签订劳务承包合同。

4. 做好项目年度责任成本指标的分解落实，与责任单元和责任人签订指标责任书。

5. 做好各项责任成本管理的基础工作，按照本办法的要求建立和完善各项台账资料。

6. 参与项目物资、设备招标采购全过程，搞好现场管理控制，按月进行物资节超分析。

7. 做好变更索赔工作，并负责对业主、施工队的验工计价和竣工结算。

8. 检查监督相关责任部门、责任单元及其责任人的责任成本管理工作，并根据工作绩效落实考核与奖惩。

9. 建立月度责任成本分析例会制度，熟悉掌握项目责任成本管理工作情况，及时发现存在问题，制定整改措施，并搞好贯彻落实。

10. 按集团公司、工程公司（分支机构）要求，及时准确填报责任成本报表，并确保数据真实有效。

项目部应将责任成本管理机构的职责，进一步细化分解、落实到各相关职能部门和责任人。

第三节 工作流程

第九条 企业层责任成本管理工作流程。

（一）投标决策控制。

主要是坚持理性经营，慎选项目，精算投标报价，规避项目先天性亏损的风险，为责任成本管理打下良好基础。

（二）选聘项目经理。

1. 以投标报价为依据，测算项目综合收益率，以此作为项目经理竞聘承诺的上交款指标的基本标准。

2. 组织项目经理竞聘，公平选拔项目经理。

3. 与项目经理签订包括经济指标在内的责任书。

对没有实行项目经理竞聘的项目，其上交款指标按照企业其他有关规定和编制的责任成本预算综合确定，并与项目经理签订责任书。

（三）编制项目责任成本预算。

按第二章职责分工，指导编制或直接编制、审批。

（四）过程控制与监督。

1. 建立对工程项目责任成本的定期分析报告制度；

2. 强化过程审计；

3. 开展效能执法监察。

（五）考核与奖罚。

1. 过程考核，分阶段兑现奖罚；

2. 竣工考核并实施审计，进行末次兑现，做出评价结论。

（六）工程竣工控制。

1. 督促项目部做好工程技术资料的收集、归档和竣工决算，搞好项目收尾工作，催收工程尾款；

2. 撤销项目银行账户，资金和账务归集到企业集中管理。

第十条 项目部责任成本管理工作流程。

（一）编制项目责任成本分解预算。

在企业层关于责任成本预算指导原则下，结合现场实际进行方案优化后的施工组织设计、实测后的工程数量和工、料、机、运价格等进行编制。

（二）划分责任单元（中心），进行责任分解。

按照责任成本分解预算，将各项指标分解落实到各责任单元及其责任人，并签订承包合同或责任书。

（三）过程受控与监控。

1. 按规定编制上报责任成本报表及资料，接受企业层的监督；

2. 对各责任单元责任成本管理情况定期进行检查、监督，定期进行成本分析和核算。

（四）考核与奖罚。

按与各责任单元和责任人签订的责任书，搞好过程考核和末次考核，并兑现奖罚。

（五）工程竣工收尾。

1. 按照合同条款约定，搞好工程技术资料的收集、整理、汇总、归档工作，确保竣工决算资料的准确性和完整性；

2. 搞好收尾工作，把竣工扫尾时间缩短到最低；

3. 搞好工程结算，催收工程尾款，确保取得足额结算收入。

第十一条 操作层责任成本管理流程。操作层指施工作业层和项目部各业务部门，即责任单元。其工作流程是：按照项目部下达的分解预算，逐项细化分解到各作业工班和相关人员，签订合同或协议；项目部依据合同、协议和其他规定，对其进行考核，并实施奖罚。

第四节 责任成本预算的编制与分解

第十二条 责任成本预算的编制。

（一）责任成本最初宏观目标的确定。中标后，由投标报价人员进行报价交底，并在经管部门的参与下，尽快依据投标的工程数量和工序单价承包的经验数据，分析宏观的项目直接成本、大小临费用、项目部经费、上交款比例等，作为项目责任成本宏观控制的目标和项目经理竞聘应确定的上交款等各项主要指标的依据，没有实施项目经理竞聘的项目，以企业有关文件规定确定上交款指标。这是成本控制的红线，在施工图出来后，再详细编制责任成本预算，进行分解控制，都作为零利润管理的主要指标。

（二）责任成本预算编制主要程序和要点。

1. 设计、施工方案的优化。组织人员对设计文件进行审查，对工程现场全面、认真调查，对设计、施工方案进行全面分析比选优选，既考虑保证安全、质量、工期，又要考虑降低工程成本，并为编制责任预算成本提供施工方法、施工措施、工程数量等依据。

2. 核实工程数量。一是复核设计图纸数量与工程数量汇总表是否相符，如有出入应查找原因，确认正确的数量；二是复核现场的数量，如通过现场实测，重核断面，核定土石方和防护工程数量，必要时对工程结构的几何尺寸进行复核计算等；三是核算施工措施相应的工程量，如支架现浇梁、悬灌梁、安全防护措施等需要计算费用的数量；四是调查临时工程数量等。总之，需要施工作业的工程数量应全面核准、计算、复核，并经责任人签认，作为编制责任成本预算的依据。

施工图不能及时到位的项目,要按照招标图的数量,编制责任成本预算。施工图到位后,本着原责任成本单价不变、工程数量按照施工图计价的原则,进行控制。

3. 调查分析各种基础数据。主要包括编制责任成本预算所涉及的各种基础单价,如当地劳务单价、主材、地材、水、电、运等单价,进行汇总、分析、归纳,作为责任成本预算的基础依据。

4. 分析编制工序单价和劳务承包单价。根据施工方法、工序所含的施工内容,按照企业定额和以上所述的各种基础单价,或参照类似工程以往工序单价和劳务承包单价,反复分析比较。本着包到位、单价适度合理的原则,编制每个归集工序的劳务费单价、材料费(含运输费)单价、机械费单价、大小临工程单价等。

5. 归集编制责任成本预算。根据上述 1~4 项,本着按工程量清单且再细化到归集工序、劳务单价细目的原则,归集编制企业、项目部、劳务层各级的责任成本预算。该责任成本预算起码应划分为:主体工程直接费(工、料、机费)、大小临费用、现场管理经费、安全生产措施费、应急机动费、项目管理奖励基金、税费、上交企业管理费(收益、毛利)等。同时,计算出与工程量相对应的各种主要物资、主要机械台班总数量和各分部、分项的各种主要物资、机械台班数量。这些各项费用、各种物资、各种机械台班数量,即为现场责任成本管理的受控目标。

6. 最初收益率与责任成本预算分析的收益率差值的处理。责任成本预算分析收益率,如果高于项目经理竞聘或企业有关规定的项目收益率,高出部分由企业掌控调剂;反之,差额部分由项目部通过变更索赔、概算清理、方案优化等手段,增收减支,解决收益缺口。

第十三条 责任成本预算的分解。

为了将责任成本管理逐级落实到工程实施的最前沿操作层,责任成本预算必须逐级向下分解。总体原则:宏观管住微观、上一级管住下一级。通过微观和下一级管理目标的实现,保证上一级直至总目标的实现。按此原则,逐级进行责任成本预算的分解。

(一)企业层。工程中标后,项目经理竞聘前,由原投标报价人员和经管部门参与,完成责任成本最初收益率指标的测算。而后,责任成本管理办公室人员立即指导、协助项目部完成工序承包单价的确定,在队伍上场开工前完成，以指导劳务队伍招标选用，做到先签劳务合同后进场开工。接着按照第二章的职责分工，指导或协助项目部完成责任成本预算编制，或直接组织责任成本预算编制工作。

（二）项目部层面。项目部成立后，立即组织"施技"、预算、"物设"、财务等有关人员，按照责任成本预算的编制程序，首先审查图纸，核准工程数量，拟定施工方案，以最短的时间完成工序劳务承包单价的分析确定，以指导劳务招标工作。接着按照第二章的职责分工，编制完善的责任成本预算，根据工程项目大小，一般1~2个月内完成。如果施工图不能及时到位，可以先按招标图纸或设计概算采用的工程数量编制责任成本预算，经项目经理（指挥长）办公会审定后上报企业层审批。施工图到位后，再逐级核对、深化、完善。

（三）操作层，即管理最末端的施工队层次。项目部应将每个施工队承担任务的工程量、施工方法、劳务工序单价、各种物资消耗、机械台班数量等逐个细分交底清楚，并签订责任书，作为施工队完成任务验工计价和拨款的依据。

第五节　关键环节的管理

第十四条　设计、施工方案优化的经济技术论证。设计、施工方案论证，是责任成本管理的关键环节，要树立"方案决定成本"的观念，通过经济、技术比较，进行优化工作。

（一）设计方案优化。主要包含两个阶段的优化工作：一是指项目已中标未开工或已经局部开工，但正式设计文件滞后阶段的优化工作。在当前基本建设规模急剧扩大的形势下，这种情况比较普遍。这个阶段，要根据施工现场的条件环境，紧密结合施工能力、经验、人材机资源优势等自身因素，同时站在设计的角度，对工程的整体设计提出合理化建议，做好设计单位的沟通工作，把既有利于保证工程安全、质量，又便于现场组织施工管理、保证工期、降低工程成本的方案纳入设计文件，尽最大可能地把可以实现双赢的方案足额规划进蓝图。二是设计图纸已经到位的情况下，根据实际情况需要对施工图进行优化，即为变更设计。

（二）施工方案优化。主要包括两个方面的优化工作：一是实施性施工组织设计的优化。在开工前编制实施性施工组织时,要根据现场调查的情况,结合设计文件和资源配置方案,对施工组织进行比选优化;在施工过程中由于现场地质等情况发生变化,需要对实施性施工组织进行调整时,同样要比选优化。二是针对关键工序、重点工程制定的单项施工方案的优化。这些优化工作均需从以下一个或多个方面着手进行:生产资源投入的减少或替换、施工方法的确定、施工设备机具的选择、施工工序的安排、流水、平行、交叉作业的组织等。

第十五条 工程数量的控制与管理。

项目部应依据经审核无误的施工图数量建立工程数量总账,根据实测的数量建立工程数量明细账。设计、施工方案优化等引起的工程数量增减,应及时调整台账。项目竣工后计价总量不得突破台账的数量。原则上项目部总工程师控制项目的工程量,工点的技术干部控制单项工程数量,避免给施工队超设计没有施工作业的工程数量。

第十六条 物资设备招标采购与管理。

(一)物资、设备的集中招标采购。按照集团公司规定,达到一定数额的物资、设备的采购,必须集中招标采购,物资设备、纪委、财务等相关部门会同项目部一起进行。在合格供应方的范围内,采购的价格一般不得高于实地的调查最低市场价格。

(二)项目物资管理,主要是价格、数量、质量的控制。

1. 大宗物资的价格通过招标采购定价,不够招标条件的零星物资,应由2人以上共同调查与供方商谈、货比三家、比质比价、集体决策定价采购。

2. 物资数量的管理。一是依据中标报价相应的工程量,按预算定额计算汇总的各种物资数量为首次控制的数量。二是由技术干部按照施工图(包括方案优化)和现场施工设计的配合比,计算并汇总的各种物资数量为第二次修正的控制数量。三是物资的分解控制,将各种物资数量分解到各单项工程和各施工队,建立台账,进行总量控制。四是工程变更增加或减少的物资数量要及时调整数量控制;五是每月要进行一次物资消耗节超分析,发现问题及时整改。

3. 抓好物资管理。建立一套具体的操作流程和先进的管理方法。

(1)严格把好物资计划关、质量关、定价关、采购关、验收入库关、出库使用关、限额发料关、余料回收关、物资消耗关、盘点核算关等十大关口,加强全过程控制，有效堵塞漏洞。

（2）建立物资的"逐日登记"制度。项目部所有购入的物资（包括甲供料、劳务队自行采购的物资）以及发给每个工点和每个核算对象的每一笔物资，必须在发生业务的当天收齐发料单据并登记入账，做到日清月结。

4. 严格控制物资质量。工程所需物资必须满足设计的物资质量要求，一方面要禁止抬高材质超过设计标准而增加成本，另一方面要防止不合格或假冒伪劣产品进入施工现场用于工程主体发生质量事故，造成更大浪费。为此，物资验收必须凭供方合格证或材质书及相关的材质证明文件，否则，拒绝验收。发现供方提供的材质书或合格证与工程所需材质不符的物资，要立即通知供方退货并索赔损失。

（三）项目设备管理。

1. 按照施工组织，合理安排配套的机械设备的适时投入。

2. 新有机械设备都要归口到专业队统一使用管理。

3. 加强现场机械设备的维修保养，定人定机，明确责任。最大限度地提高设备的完好率和利用率。

4. 建立机械设备使用管理核算台账。适应于单机核算的，进行单机核算，逐日逐项进行登记、核算。

5. 合理安排完好机械设备转场。已经完成施工任务的机械设备，应维修完好，及时转场，避免造成停机浪费，加大成本。机械设备转场应由企业设备管理部门或交接双方对设备完好性进行评估验收。既能保证到新项目后马上投入使用，又要界定机械设备维修成本的归集与责任。

第十七条 劳务队伍管理。

（一）全面推行架子队模式。重（难）点项目、安全风险大的项目、控制工期的项目，必须按照经营型架子队的模式组织施工，一般工程在经营型架子队不足时可以按照管理型架子队的模式，以工序劳务单价承包施工。

（二）合理安排劳动力。按照施工组织设计，合理安排施工劳动力的投入，避免投入过多造成浪费；同时，也应避免投入不足，最后突击抢工，造成抬高单价和效益损失。

（三）搞好培训教育。队伍上场后，必须安排一定时间进行岗前培训，必要时组织对安全、质量方面知识的考试。同时，坚持每日工前点名教育，强调安全、质量注意事项，以提高队伍素质，增强战斗力。

（四）建立劳务用工核算"拨改代"制度。所谓"拨改代"就是避免在大包模式下打预付款、按综合单价核算的方式，取消与劳务队的往来账，所有费用一律通过代付形式核算。通过代付民工工资、代付物资款、代付小型机具费等方式，控制劳务队现金流；通过控制现金流达到控制成本，杜绝劳务纠纷，规避审计、税务、执法检查风险的目的。

第十八条 变更索赔管理。

主要应包括变更设计、概算清理，以及各种应该争取的合同价以外的费用。狠抓这项工作对于创效增收、增加效益非常重要。重点抓以下几个环节：

（一）吃透合同规定，把准变更索赔方向。项目经理、分管领导、业务人员必须认真研究，吃透合同条款规定。上场后，立即召开专题会议，分析研究合同条款，搞清合同规定哪些可以调差，哪些不可调差。在此基础上，研究把准变更索赔方向，据此制定正确的变更索赔策略，有针对性地开展工作，避免糊涂、盲目，走偏方向，误了最佳时间，造成效益损失。

（二）全面熟悉研究现场，制定变更索赔计划。依据合同，结合现场实际，制定变更索赔计划，定人定责，进行资料收集，编报有充分资料支撑的变更索赔资料。

（三）编报变更索赔资料，必须进行技术经济比较。提出的变更设计，必须以保证安全、质量为前提，同时进行方案的经济比较，避免盲目运作，越变越亏。编报的资料，必须有足够的支撑材料。

（四）变更索赔工作应形成制度化。建立变更索赔台账。项目部每月至少召开一次变更索赔的专题会议，集思广益寻找变更索赔理由，总结变更索赔情况，布置新的变更索赔计划。

第十九条 项目部管理费用控制。

（一）项目部管理费用主要包括：项目管理人员的工资及附加费，各种保险、奖金，固定资产、折旧、修理费，办公费用、交通费用、差旅费用、招待费、劳动保护费、住房公积金、投标及经营费用、房屋租赁费及临时房屋费、工程验交费、竣工资料费等。

（二）项目部经费的控制。编制责任成本预算时，核定的项目部经费总额，应按照工期要求，宏观分配到各年度，进行年度计划指标控制。管理人员的报酬，按照"联岗、联产、联效"的分配原则进行，项目部应按照管理经费指标、制度、管理规定，控制经费支出。

（三）项目部经费的调整。为了充分调动项目部积极性，本着不该花的钱一分也不多花，该花的钱保证有经费来源的思路，如果责任成本预算中的项目部经费在项目实施中有缺口，可通过变更索赔等在创效中提取一定比例，报企业审定后作为调整控制的目标。

第六节 责任成本会计核算

第二十条 责任成本会计核算的对象为各单项工程，同时建立辅助台账对各责任单元实施目标考核。责任单元按其责任范围可分为收入单元、成本单元、费用单元、混合单元、预算调节单元。对责任单元按上述责任范围标准分类，这是责任成本会计核算和建立各类辅助台账的前提。

第二十一条 进行责任会计核算，按照"谁负责、谁控制、谁承担"的原则，对责任单元进行责任会计核算。核算范围：责任预算范畴的所有成本费用，即各责任单元的可控成本费用。所有的成本费用都应分配到责任单元；按责任预算收入确认原则确认责任预算收入，并确认责任利润。责任会计核算的关键是成本费用的归集与分配。

第二十二条 责任成本的核算必须建立原始凭证体系和账簿体系，并且责任成本核算和会计核算应同步进行。

（一）原始凭证体系：以转账通知书作为登记责任会计账簿的依据。

1. 实际成本费用与会计记录相同，并由责任会计根据凭证记录的各责任单元发生的成本费用按凭证序号序时或按月汇总编制转账通知书，办理责任转账。

2. 责任预算收入由计划或财务部门通过内部责任计价确认。

（二）账簿体系。

责任成本核算独立于财务成本核算的，需要设置登记如下账簿：

1. 成本总账。由财务部门按划分的责任单元进行登记，包括记录和反映项目部责任成本收支情况，为考核兑现提供依据。

2. 成本明细账。按总账划分的责任单元设置并由各责任单元进行登记。

（1）成本单元明细账用以记录和反映各成本单元直接费项目的责任收入和成本支出情况，由各成本单元登记。根据实际核算需要，可对成本单元明细账按各子责任单元设置台账，用以记录和反映各子责任单元直接费项目的责任收入和成本支出情况。

（2）费用单元明细账用以记录和反映间接费项目的实际支出情况，由财务单元登记。根据实际核算需要，可对费用单元明细账按各子责任单元设置台账，用以记录和反映各子责任单元间接费项目的实际支出情况。

（3）项目经理单元的直接费项目在成本单元明细账中记录和反映，间接费项目在费用单元明细账中记录和反映，由责任会计登记。

3. 辅助台账。主要应包括：

（1）上述2款所述的（1）项成本单元台账，由各责任单元登记。

（2）上述2款所述的（2）项费用单元台账，由财务单元登记。

（3）单项（分部）工程架子队计价台账，由计划责任单元和技术责任单元登记。

（4）单项（分部）工程物资消耗台账，由物资责任单元和技术责任单元登记。

第二十三条 项目部责任成本会计核算坚持"三个统一原则"，即：统一以项目部为单元进行会计核算、统一按项目归集成本、统一由项目部发放民工工资。项目竣工进行内部财务决算，做到完工账清，不留后患。

1. 财务部门按照"权责发生制"的原则，对考核期内发生的成本费用及时、准确地按照考核对象进行归集，特别是对"待摊费用"应选用正确方法进行分摊，避免因分摊方法不正确导致责任成本不实。

2. 责任成本核算方法由集团公司统一制定，项目部不得随意变更。责任成本核算体系应与责任体系相一致，责任层次有几层，就要设几个核算层；责任单元有几个，就应核算出几个单元的责任成果。做到考核到哪一层就核算到哪一层，考核到谁就核算到谁。

3. 责任成本会计的主要职能是厘清责任单元与项目部之间及项目部与企业之间的经济关系。各单位应逐步建立一套完善的责任会计核算体系，从组织保证、制度保证、责任预算、会计信息和奖罚制度等方面，形成一个既独立成章，又与现行会计制度相统一的核算体系，保证责任成本管理工作的有效运行。

4. 通过设置责任成本核算台账，解决财务会计与责任会计的对接。一是规范台账设置，将项目责任成本管理台账分为三类，即总账、明细账和辅助账。总账由项目部财务部门设置，明细账由各成本单元设置，辅助账可以根据管理需要由各责任单元设置。台账登记以各成本单元成本支出为依据，凡列入成本费用科目的支出，财务部门在编制会计凭证、登记财务明细账的同时，登记责任成本总账，并根据责任成本发生的内容和归属，向责任单元发通知书，各责任单元根据通知书登记责任成本明细账和辅助账。二是建立三个账务平衡关系，即：财务相关明细账＝建安工程成本明细账；建安工程成本明细账＝责任成本总账；责任成本总账＝各责任单元成本明细账之和。

5. 责任成本核算台账应做到：一是精细成本核算，"纵向到底，横向到边"，既要按照成本对象（单项工程）和成本费用项目（工、料、机、施工措施费、间接费）进行明细核算，又要按责任区域进行成本费用归集；二是各责任层次发生的成本费用，应在各层次之间进行"双向核算"，平行登账，形成互相确认、互相牵制的核算体系，以此解决会计信息失真的问题。

第七节　责任成本分析

第二十四条　建立健全责任成本定期分析制度。

企业层每季度进行一次，项目部每月进行一次。责任成本分析应本着"真实性、及时性、责任落实到人和分析结果与考核兑现挂钩"的原则，搞好责任成本分析，防止成本失控，确保责任成本目标实现。

第二十五条　责任成本管理分析的主要内容。

1. 经营成果分析：主要以财务账面收支情况为基础，考虑已发生未入账的成本和应计未计的收入，进而分析出项目本月及截止当期的实际经营成果，并对项目责任预算总体执行情况进行分析。

2. 工程数量的节超分析和对上、对下计量差价分析。具体包括：合同数量（施工图设计量）与工程公司批复的责任预算数量的差额分析；工程公司批复的责任预算数量与项目部对下二次分解到责任中心数量的差额分析；责任单元控制数量与给架子队实际发生数量的差额分析和对上、对下计价数量及单价的变化情况的分析等。

3. 物资节超分析：重点分析物资计划编制、招标采购、准确计量、限额发料和物资消耗五道关口，以及当月每个施工队伍已完工程物资节超分析。对物资节超进行分析，不但要关注异常超耗，也要关注异常节余，应从技术部门提供数量，物资部门采购、入库、保管、发料、施工队伍使用等环节进行详细核对，进行分析，找出节超原因。机械设备消耗的油料、配件应结合机械台班、行程及完成工作量进行考核。

4. 施工方案优化执行情况分析：优化的施工方案在实施过程中，每月应跟踪考核，对优化的施工方案实施阶段性经济技术分析，检验优化方案论证时的经济技术分析指标完成情况，分析影响方案、成本的各种因素，对优化方案进行改进及再优化。

5. 预付工程款分析：主要分析月末财务账面预付工程款（含调拨物资款）形成的原因，有无物资款结转不及时、计价不到位或超计价现象，是否存在超拨款风险。应按架子队逐一分析，预付工程款分析由财务、技术、计划、物资部门共同完成。

6. 项目本级间接费用责任预算及执行情况分析：将总预算按工期（或者按产值）分摊到各月作为当期责任预算，与当期实际开支费用进行比较，分析执行效果。

7. 资金计划执行情况分析：着重就本月资金计划执行、周转情况、使用效果进行分析，查明资金开支节超的原因，统筹安排编制下月资金计划。

8. 变更索赔完成情况分析：根据招标文件有关条款重点分析当期可变更索赔三方签认手续实现情况，有关资料和手续是否齐全，未实现变更原因，下一步需做的工作；前期变更索赔批复情况，以及以后变更索赔的工作计划，确保总体目标实现的具体措施。

9. 实现收益与上交款差异性分析：主要分析对上应计未计的收入与对下应摊未摊的成本，业主拨款情况的分析和对上应交未交与对下应拨未拨款项的分析。

10. 上期整改措施落实情况分析：着重对整改措施的落实程度进行分析，找出未落实整改目标的具体原因，制定相应的工作措施。

在责任成本管理分析会的基础上，项目部形成系统的分析报告，报告应对分析的内容逐一说明，并就存在的薄弱环节制定相应的整改措施和今后工作重点，明确具体目标，落实责任人。

第二十六条 责任成本管理分析活动的组织实施。

责任成本管理分析活动以项目部为单位开展，项目经理（指挥长）是项目部责任成本管理的直接组织者和领导者，对责任成本管理分析的真实性和及时性负责。应落实责任，明确分工，确保按月召开分析会议，上报分析报告，制定整改方案。

工程公司（分支机构）、集团公司直管项目部负责监督指导管辖内项目责任成本管理分析报告制度的落实情况，并按月进行情况汇总和总结，同时对在责任成本管理中存在的问题负有监督整改的责任。

集团公司按季汇总所属单位责任成本管理分析情况，并进行责任成本管理分析，定期发布情况通报，集中力量解决在责任成本管理中存在的突出问题。

第八节　项目竣工清算与决算

第二十七条　相关资料的准备。工程进入收尾阶段，项目部应将有关决算资料进行全面清理、整理，提交给企业对项目竣工进行清算和决算的有关部门，确保工程竣工清算、决算的准确性与完整性。

第二十八条　做好结算工作，加大对工程款的催收力度。工程竣工决算阶段，项目部预算和财务人员应对应计应收的工程款作一次全面清理，把该要的钱要回来，同时加大工程款的催收力度，保障企业利益。

第二十九条　做好项目"销号"工作，与业主厘清合同责任。竣工决算工作完成后，工程项目应及时进行"销号"，即撤销项目所在地的银行账户，资金和财务归集到上级公司实行集中管理，同时做好项目财产移交。

第三十条　总结一套完整的责任成本管理资料，指导今后责任成本管理工作的开展。

第九节　责任成本考核兑现

第三十一条　本着公平、合理的原则，有多少责任层次就考核多少责任层次，有多少责任单元就考核多少责任单元。依据签订的责任书，采取从上到下的方式，逐级实施考核和兑现奖罚。

第三十二条　考核体系和分工。集团公司对工程公司、分支机构、直管项目部主管领导，按照指标挂钩考核体系进行考核；对于其他人员的考核，由工程公司、分支机构、项目部自行制定考核办法，实施考核并兑现奖惩。

第三十三条　集团公司对工程公司（分支机构）、项目部的考核，每半年进行一次，并在半年工作会议上，按照预留一定比例、竣工审计后总评兑现的原则，阶段性兑现奖罚；项目部对施工作业层的考核每月进行一次，按月兑现奖罚。

第三十四条　实行责任成本管理效果与工资收入挂钩的政策，推行岗位工资＋效益工资模式，岗位工资按照责任人的岗位进行核定并按月发放，效益工资密切与责任成本考核结果挂钩，严格考核审批制度和发放手续。

第十节　基础工作与台账管理

第三十五条　企业定额和工序劳务承包单价归集。

（一）企业定额。是指在国家和地方概预算定额的前提下，企业制定的反映行业平均先进水平的内部定额。企业定额是编制责任成本预算和进行责任成本控制的基础。集团公司在原有部分企业定额指标的基础上，着手采取渐进的方法，以项目管理为依托，在施工生产过程中收集现场真实有效的相关成本数据，建立项目成本信息基础数据库，归集、分析并在实践过程中总结、调整、逐步完善，最终形成自己的定额。

（二）劳务工序承包单价收集。企业层应将劳务工序承包单价按照同类同项建立单价数据库，并在实践过程中不断反思、总结、调整。在企业定额未完善之前，作为核实劳务工序承包单价的参考依据，也作为完善企业定额的重要参考。

第三十六条　开发责任成本管理软件。为简化责任成本核算，提高工作效率，规范业务工作，有计划地开发与责任成本管理规定相符、与企业内部定额配套使用的计算机软件，内容可包括定额管理、责任成本预算编制、工程数量管理、计价管理和会计核算管理等。

第三十七条　各类台账管理。为保证责任成本管理工作的程序化、规范化和连续性，必须建立各类业务管理台账。按照企业层、项目部、操作层逐级细化。

第三十八条　业务队伍建设。为了保证责任成本管理工作良好地进行，必须有一支爱企敬业、责任心强、业务精通的人才队伍。企业应根据实际情况开展业务培训，从事相关工作的领导和业务人员，要主动学习，不断提高业务素质和工作能力，促进责任成本管理工作上新水平。

第十一节 责任成本管理工作督察与奖惩

第三十九条 集团公司成立责任成本管理督察组，组长由分管领导担任，成员为责任成本管理办公室人员，审计、纪委派人参加。原则上，工程开工后，三个月内进行首次督察工作，以保证项目运行起步的规范性；以后，集团公司直管项目半年督察一次，其他项目每季度督察一次。工程公司成立责任成本检查小组，成员为经管、财务、设备物资、审计等部门，每季度对所管项目的责任成本进行现场检查，检查内容同第四十条。

第四十条 责任成本督察与检查主要采取检查验收、评比的方式进行。根据股份公司《关于开展责任成本管理检查的通知》（中国铁建财〔2008〕88号文件），结合我们单位的实际，检查主要内容为：各项挂钩指标的完成和真实性，以及成本预算编制、成本核算、成本台账、关键环节的管理与控制等；检查方式：各级自查、上级检查，集团公司重点检查工程公司（分支机构）、直管项目部，抽查工程公司（分支机构）项目部；检查时间：分定期或不定期，定期检查每半年一次，不定期检查以抽查为主，年终根据定期、不定期检查得分情况，评出优秀、达标、不达标三个档次。

第四十一条 责任成本管理优秀、达标、不达标的标准。

（一）项目部：

1. 优秀：综合得分95分以上，且项目不出现责任亏损、当期上交款完成率达100%；

2. 达标：综合得分70分以上，且项目不出现责任亏损、当期上交款完成率达70%以上；

3. 不达标：出现下列情形之一的，即综合得分69分及以下、项目出现责任亏损、当期上交款完成率在69%及以下。

（二）工程公司（分支机构）：

1. 优秀：所有项目综合得分都在90分以上，且无责任亏损项目，当期所有项目上交款完成率平均达90%以上；

2. 达标：所有项目综合得分都在70分以上，且责任亏损项目不超过项目总数的5%，当期所有项目上交款完成率平均达70%及以上；

3. 不达标：出现下列情形之一的，即所有项目综合得分都在69分及以下、责任亏损项目超过项目总数的 5%、当期所有项目上交款完成率平均在 69% 及以下。

第四十二条 对被评为优秀的单位和项目部，集团公司予以通报表彰奖励；对不达标的单位和项目部，给予通报批评，同时影响其他先进的评比。

第十二节 附 则

第四十三条 本办法自下发之日起施行。

第四十四条 如以往有关责任成本管理的规章制度与本办法相抵触的，以本办法为准。

第四十五条 各单位、项目部可结合自身实际，制定实施细则。

第四十六条 本办法由集团公司责任成本管理办公室负责解释。

第十四章 工程项目目标责任成本管理办法

中建五局总承包公司

第一节 总 则

第一条 为进一步规范公司施工项目的成本管理行为，强化各层级的项目成本管理责任，提升项目精细化管理水平，推进施工项目从投标至竣工结算的全过程成本管理，保障项目的预期经济效益，根据《中建五局项目成本管理办法》（中建五〔2010〕112号文）及其他相关管理制度并结合我公司实际情况，制定本办法。

第二条 施工项目成本管理应遵循以下四条基本原则：

（一）坚持法人管项目的原则；

（二）坚持价本分离、目标责任的原则；

（三）坚持全过程管理、过程精细化的原则；

（四）坚持动态管理、持续改进的原则。

第三条 本办法适用于公司范围内所有自营项目管理，其他管理模式项目可参照本办法执行。

第二节 术语和定义

第四条 利润（率）

（一）投标预期利润（率）：是指在项目招投标阶段，施工单位组织相关专业人员，根据招标文件要求、预计项目生命周期中的市场环境、生产要素组织等全部条件，对项目进行收入与成本测算后，得到的项目完成时应该形成的合理利润（率）预期值。该指标计算时不包括劳保基金。

（二）项目实际利润（率）：是指项目在某个实际施工阶段或项目实际完成后，该时点形成的项目利润（率）实际值。该指标计算不包括劳保基金。

第五条 成本

（一）标前预测成本：即指在投标预期利润（率）计算时进行的项目预期成本计算值。该成本计算应充分考虑未来项目生命周期内可能产生的市场、生产要素变化因素，内容应包括项目所有直接费、间接费、措施费及税费。

（二）项目责任成本：是指施工单位以标前预测成本为依据，以企业内部定额为基础，综合项目既定合同条件、项目特点、企业现有管理水平等因素，由公司成本主管部门组织测算的项目成本的责任额。是以"项目管理目标责任书"的形式向项目经理部下达的该项目成本管理责任目标。通常以项目上缴利润（率）的形式体现，并辅以相关主要费用目标和主要材料耗量目标。

（三）项目目标成本：指公司对项目经理部的责任成本确定后，项目依据公司下达的责任成本指标，计划利用各种资源优势，通过成本策划等一系列挖潜手段，计算出完成项目全部合同义务应支出的各项成本费用的内控计划目标。

（四）项目成本降低率：是指项目部通过进一步优化生产要素组织、优化施工技术方案、节约预期措施与管理费用，形成的对项目责任成本的降低比率。其计算式是：（项目责任成本 - 项目实际成本）÷ 项目责任成本 × 100%。

（五）项目岗位成本责任制：是指成本管理的两级责任制中的第二级责任制，即项目部明确项目各不同生产经营岗位人员的岗位成本责任，以"项目成本策划"中的目标责任成本分解或单独的岗位成本责任书的形式体现。

第六条 风险抵押：指为完成项目管理目标责任书规定的内容和要求，强化和落实项目经理部的责任，公司与项目经理部约定，由项目各管理人员提供履约保证金（以下称"风险抵押金"）作为履行担保的行为。

第七条 根据中建五总〔2011〕32号文《中建五局经营活动授权管理办法》，工程类别划分如下：

A类工程：合同额 ≥ 3亿元（专业工程 ≥ 1亿元）的工程。

B类工程：5000万元 ≤ 合同额 < 3亿元，其中专业工程 1000万元 ≤ 合

同额＜1亿元的工程。

C类工程：合同额＜5000万元，其中专业工程合同额＜1000万元。

第三节　管理模式与流程

第八条　工程施工项目的成本管理模式一般为利润率比例上缴、利润总额上缴、项目管理费预算包干、模拟股份合作分成等形式，以上目标责任成本管理模式均按照本办法执行。

第九条　不论采用何种成本管理模式，均应遵循"公司对目标责任成本控制，项目经理或项目管理班子对目标责任成本承担责任、管理风险抵押、确保预期利润上缴、成本降奖超罚"的原则。

第十条　不论采用何种成本管理模式，目标责任成本应包括重点单项成本费用指标控制和重点单项耗量指标控制。同时还必须确保工程质量、安全、进度、环境保护、标准化管理、技术进步、文明施工与CI创优、经济技术资料管理、工程结算、工程款回收及相关方服务等其他项目管理目标指标的完成。

第十一条　施工项目成本管理流程应形成：投标成本测算→责任成本下达→目标成本编制→目标成本分解→过程成本管控→"三算"统计分析→公司成本数据库建立→下一次投标成本测算参考的循环。

（一）所有自营项目成本管理包括标前成本测算、责任成本测算（价本分离）、责任目标下达（目标责任书）、项目目标成本编制、过程成本控制（岗位成本责任制）、阶段成本分析与考核预兑现、竣工成本考核与最终兑现等贯穿三次经营全过程的相关成本管理规范与要求。

（二）所有自营项目实行工程项目从投标承接到过程施工、竣工交付、办完工程结算、回收工程款全过程的目标责任承包和管理，公司重点通过落实风险抵押、季度（或节点）考核预兑、竣工考核奖罚兑现的方式确保各责任主体的权责利益。

第四节　管理权责划分

第十二条　总经理全面领导公司成本管理工作，财务总监是项目成本管理分管领导，合约部是项目成本管理主管部门，项目经理是项目成本管理的第一责任人。合约部是项目成本管理组织与实施的牵头岗位。

各分管领导及相关部门根据管理责任分别承担相关成本管理责任，详见表13.1。

第十三条 公司成立成本预算与控制委员会和项目成本检查小组，成本控制委员会负责解决重大争议问题，项目成本检查小组负责成本管理的日常工作。

项目成本检查小组负责项目每月/季度/节点对项目进行成本综合管理检查、过程考核兑现及项目最终考核兑现进行审核。成本检查小组根据工长算量及分析深度、准确性、技术措施创效等情况评选出亮点员工，实行单项或单独奖励。

第十四条 公司的管理责权

（一）依据本办法及公司的实际情况，建立健全与改进修订公司的项目成本管理制度及相关细则、流程，并报局合约法务部备案。

（二）领导和组织项目的成本管理工作，授权、指导、检查和考核评价项目的成本管理工作并执行相关奖罚措施。

（三）定期或不定期以参加项目成本分析会的形式监督、检查项目成本管理工作，公司参加成本分析会的次数应确保每季度覆盖到所有自营项目。

（四）负责价本分离，执行风险抵押，直接下达项目经理与公司总经理签订的《项目管理目标责任书》，审核批准各项目的最终成本清算与兑现，并应对项目的过程成本考核与兑现进行审批或备案管理。

（五）审批责任成本及决定责任成本的调整；负责公司项目现场管理费、施工措施费等成本费用的定期测定、修改、发布。

（六）对项目的成本资料进行分析与收集，充分利用项目综合管理信息化系统，建立公司项目成本数据库，总结推广优秀管理经验，并为投标成本预测提供有效支撑，使项目成本管理流程形成有效循环链。

第十五条 项目经理部的责权

（一）项目经理代表项目经理部与公司签订《项目管理目标责任书》，项目经理与项目各岗位管理人员签订《项目岗位成本管理目标责任状》。

表 14.1　各条线各层面项目成本管理责任分解

序号	责任指标		公司责任领导	公司责任部门	项目责任人	奖罚原则
一	成本指标					
1	合同外人工费（主要包括合同外零星用工、劳务分包合同外安全文明施工用工等）		生产副总 10%、总经济师 5%	项目管理部 10%、商务合约部 5%	项目经理 15%、商务经理 10%、生产经理 20%、工长 25%	零星用工、合同外用工总金额以建筑面积 2.5 元/m² 为控制标准，按超过控制标准额度的 1%～5% 给予罚款；按低于控制标准额度的 20% 给予奖励。
2	材料费		生产副总 5%、总经济师 5%	项目管理部 10%、物资设备部 10%	项目经理 10%、生产经理 15%、材料主管 20%、分管工长 20%、办公室主任 5%	材料节约奖罚标准参照《项目管理目标责任书》和项目各岗位成本责任状的约定执行
3	机械费		生产副总 10%	项目管理部 10%	项目经理 30%、生产经理 20%、技术总工 15%、设备主管 15%	因工期提前（延长）造成机械费成本节约（增加），给予机械设备成本降低（增加）额的 1%～5% 的奖罚
4	间接费	管理人员工资	分管领导 10%	综合办公室 20%	项目经理 40%、项目办公室主任 30%	按节约（超过）《项目管理目标责任书》约定的额度的 1%～5% 给予奖罚
		业务招待费	总会计师 10%	财务资金部 10%	项目经理 80%	按节约（超过）《项目管理目标责任书》约定的额度的 1%～5% 给予奖罚
		备用金管理	总会计师 10%	财务资金部 20%	项目经理 50%、财务代表 20%	因备用金玩账造成成本增加，按增加额的 1%～5% 处罚
		农民工工资管理（造表发放）	生产副总 5%、总会计师 5%、分管领导 5%	项目管理部 10%、财务资金部 15%、综合办公室 10%	项目经理 20%、财务代表 20%、办公室主任 10%	因农民工工资发放引起经济纠纷，给予纠纷损失额的 1%～5% 处罚
		办公差旅费	分管领导 10%	综合办公室 20%	项目经理 40%、办公室主任 30%	按节约（超过）《项目管理目标责任书》约定的额度的 1%～5% 给予奖罚

续表

序号	责任指标		公司责任领导	公司责任部门	项目责任人	奖罚原则
5	其他	技术成本（科技研发、技术创新等）	总工程师 10%	项目管理部 20%	项目经理 30%、技术总工 40%	通过技术手段降本增效，视增加项目净收益的情况，给予 1000 元～1 万元的奖励
		质量、安全、工期、现场文明施工管理	总工程师 10%、生产副总 10%	项目管理部 10%	项目经理 15%、生产经理 15%、质安主管 10%、技术总工 15%、分管工长 15%	1. 质量、安全、后期维修费用等按节约度的《项目管理目标责任书》约定额度（超过）的1%～5%给予奖罚。 2. 工期延迟，但未按合同约定的签认时间提交工期延报告，或未及时提交工期顺延得到签认的，按项目刚性成本支出额度的1%～5%给予罚款
		前期营销费用（营销中介费用、营销奖励费用等）	营销主管领导 20%	市场营销部 50%	营销经理 30%	按工程总造价的1%为控制标准，按节约（超过）控制标准的1%～5%给予奖罚
二	其他指标					
1	工程结算		总经济师 10%	商务合约部 20%	项目经理 40%、商务经理 30%	按结算责任状执行
2	资金回收		总会计师 20%	财务资金部 20%	项目经理 40%、项目会计 20%	按公司财务管理办法执行
3	工程竣工资料		总工程师 10%	项目管理部 20%	项目经理 20%、技术总工 30%、资料员 20%	按《项目管理目标责任书》约定期限内完成，否则视损失情况给予2000元～1万元的处罚

说明：各指标奖罚金额由公司责任领导负责分配。公司通过考察招标的方式确定人工、材料、设备等分包单价，公司侧重对价负责，项目侧重对量负责。此成本管理分解责任权重主要侧重对工程量的控制。

（二）以《项目管理目标责任书》明确的目标责任成本为依据，组织项目成本策划，编制和实施项目目标成本，有效将目标成本责任进行分解，编制合理的项目总目标成本及分段/分项目标成本，并合理分配到各成本岗位，落实"工长算量"要求，通过优化生产要素组织、优化技术施工方案、科学组织现场施工降本增效，确保本项目的《项目管理目标责任书》各项目标按预期实现。

（三）定期召开项目月度/季度/节点成本分析会，落实"认真盘点、内部分析、做好整改"的要求，积极接受公司对项目的成本管理过程监督、检查和指导，持续改进项目成本管理方法。

（四）组织和实施项目签证、索赔、结算、收款工作，按时、真实、准确编制成本考核资料，配合公司进行《项目管理目标责任书》确定的过程成本考核与最终项目成本考核。

（五）项目经考核后的兑现分配权归项目经理部所有，但必须执行公司关于项目兑现分配的原则及员工岗位绩效工资管理办法等相关规定。

第五节 标前成本测算

第十六条 所有工程项目投标前（非投标项目为签约前）均应组织专业人员进行标前成本测算。在做相应合同评审，需查看项目投标预期利润率测算与审批文件时，则应按要求作为合同签订前评审的附件资料。

第十七条 公司应逐步建立健全投标成本快测体系，标前成本测算应力求详细准确。

第十八条 公司应将标前成本测算明细资料作为基础经济档案保存，标前成本测算值的最终审批人为本单位总经济师或总经理。

第十九条 项目责任成本管理目标确认方法：根据项目投标预期利润率确定上缴管理费比例或金额（即责任成本管理目标上缴管理费比例＝投标预期利润率），如公司对项目有特殊战略定位考虑，上缴管理费可下浮1%~2%作为对项目的政策鼓励。

第六节 项目管理风险抵押制度

第二十条 公司所有施工项目应实施"项目管理风险抵押"制度，并在

《项目管理目标责任书》中明确缴纳岗位范围、时限及额度。风险抵押金交纳标准如表 14.2：

表 14.2 风险抵押金交纳标准　　　单位：万元

项目承包班子 \ 工程类型	A 类工程 自营	A 类工程 联营	B 类工程 自营	B 类工程 联营	C 类工程 自营	C 类工程 联营
项目经理	5	2	4	1	3	0.5
项目副经理	2	1	1.5	0.5	1	0.2

备注：项目经理在竞聘时承诺的缴纳额度必须按其承诺缴纳，项目班子其他成员原则上按以上标准缴纳。若项目经理竞聘承诺不能兑现，在过程考核及最终考核兑现时奖金减半，扣减的项目经理奖金按比例分配给项目其他人员。

（一）项目经理及承包班子应于《项目管理目标责任书》签订之日起 10 日内如数用现金缴纳风险抵押金，抵押金原则上应一次全额缴纳。凡逾期未缴纳的项目，在过程考核及最终考核兑现时奖金减半。

（二）对于一次性缴足规定风险抵押金确实有困难的人员，由所属项目部申请，经公司总经理批准，可采取对其部分收入逐月转抵、直到缴足的方式，但转抵期限原则上不得超过 6 个月，逾期仍未全额缴纳的项目及人员，在过程考核及最终考核兑现时奖金减半（6 个月内不影响奖励发放）。

（三）项目经理部缴纳的风险抵押金的总额由公司成本主管部门核定，在责任状里明确，由公司财务部门负责收取和催办及保管并出具收据。

第二十一条 项目风险抵押采取项目承包班子抵押的方式。项目承包班子成员：原则上要求由项目经理、商务经理、技术总工、生产经理组成，各项目经理部也可根据项目实际情况适当调整，具体人员名单由项目经理部申报，公司商务合约部及主管领导审核。名单及风险抵押金数额在《项目管理目标责任书》中明确。

第二十二条 风险抵押金的返还：项目竣工结算、分包与分供结算已完成；项目实际成本费用已核准、债权债务已明确；竣工资料已归档；经审计完成了《项目管理目标责任书》的约定目标，风险金退还本人，并按银行同期存款年利率增加两个百分点支付利息。若项目经审计后，不能满足责任书明确的上缴指标，则用风险抵押金抵扣，直至抵扣完。

第二十三条 风险抵押金的转抵：员工在甲项目缴纳的风险抵押金尚未具备返还条件时，进入乙项目工作，可将其在甲项目缴纳的风险抵押金的不超过50%部分转入乙项目（此时其在甲项目的风险抵押金权重不作改变），但转抵额度不大于乙项目应缴金额；甲项目明显亏损时不得转抵风险抵押金。

第七节 项目目标责任成本与项目经营策划

第二十四条 公司对施工项目必须以《项目管理目标责任书》的形式进行项目目标责任成本管理。项目经理应以《项目岗位成本管理目标责任状》对项目各岗位员工进行岗位目标责任成本管理。

（一）项目责任成本实施以"价本分离"的方式进行，落实责任目标与实际成果间的对比与考核。

（二）项目的目标责任成本管理分二级具体实施，一级是以《项目管理目标责任书》形式明确的公司对项目的目标责任成本管理实施；第二级是以项目岗位成本责任状或以在项目成本策划中的成本责任分解形式明确的项目经理部对各岗位责任人的项目岗位成本责任制实施。

第二十五条 施工项目必须由公司下达书面的《项目管理目标责任书》，明确项目总体、主要分项的成本管理目标。

（一）《项目管理目标责任书》由项目经理与公司总经理在项目开工后30天内签订。项目的《项目管理目标责任书》由局合约法务部备案生效后交局审计部留存（责任书的变更同前述审批流程），项目最终兑现审计时，局审计部以备案生效版本进行相关审计，未经备案的责任书或责任书变更不作为审计依据。

第二十六条 在项目实施条件发生较大变化时，应对项目目标责任成本根据实际条件变化进行必要的调整。

（一）原则上项目施工过程中对其目标责任成本指标不调整，而是在项目竣工结算后的最终兑现时进行一次性调整，过程中确因变化重大而需立即调整的，须得到公司总经济师提议，公司总经理批准。

（二）项目目标责任成本的调整要求由项目经理部提出书面报告，经公司成本管理委员会审批后按责任书签订审批或备案程序进行审批或备案。

第二十七条 项目商务策划是项目策划的重要组成部分，各项目应在项目开工后规定时间内编制项目商务策划书，报公司审批；一般自营项目成本策划书编制时间为开工后 30 天内。

第二十八条 项目正常水平成本费用包括：项目实体费、措施项目费、间接费用、其他、税金。成本费用组成详见表 14.3。

表 14.3 项目成本费用构成表

一、项目实体费	1. 劳务费	①完成工程量清单分部分项工程实体所需劳务费	人工费、含在劳务费中的辅材及小型机具
		②辅助用工	门卫、现场保安、水电工人用工、食堂人员等辅助人工费
		③零星用工	合同外清扫、装卸、文明施工、场内二次转运费等
	2. 实体材料费	①完成工程量清单分部分项工程实体所需材料费（含采保、运输、损耗、包装等）	钢材、水泥、砂石、砌体、商品混凝土（砂浆）、石灰、结构件、装饰材料等
		②辅材费	指未含在劳务费中的辅材费
		③水电费	生活用水电费
			生活用水电费
	3. 机械费	①机械设备的租赁费等	租赁费、维修费、保养费、油料费、燃料动力费等
		②"机操"人员工资	
		③小型机具配置费	指未含在劳务费中的小型机具配置费
		④大型机械进出场及安拆费（含设备基础）	
	4. 分包工程费	①项目分包	指项目自行发包的包工包料专业分包工程（如：土石方、桩基、防水、铝合金门窗、防火门窗、幕墙、人防工程、涂料、栏杆扶手、厨卫排气道等）
		②公司分包	指公司发包的包工包料专业分包工程（如：水电安装、钢结构等）
		③甲方分包	甲方指定分包项目列收入则进成本，若不列收入则不进成本，只将总包管理费及配合费列收入

续表

二、措施项目费	1.施工措施项目费	①模板支撑系统费用	①自行采购模式：模板、木枋摊销费；架管、扣件、早拆头等租赁费（包括损耗、运输等费用）
			②按建筑面积包工包料给劳务分包队伍：由商务人员按主体完成建筑面积计取相应费用
		②外架系统费用	①自行采购模式：架管、扣件租赁费（包括损耗、运输等费用）
			②按面积包工包料给劳务分包队伍：由商务人员按相应面积计取相应费用
		③检验实验费	1.对建筑材料、构件进行的一般鉴定与检查，如混凝土、钢筋、砂浆及砌块的检验实验费、钢筋保护层检验等； 2.对新材料、新结构的试验费，对构件做破坏性实验及其他特殊的试验费，如试桩费、幕墙抗风试验费等
	2.安全防护与文明施工措施项目费	①临时设施费	指为进行工程施工所必须搭设的生活和生产用的临时建筑物、构筑物和其他临时设施费用。包括：项目办公、生活用房、临时道路、围墙、加工棚、临时用水（水管、阀门等）、临时用电（电线、电缆、开关箱、配电箱、接电保护等）设施费、绿化等
		②安全、文明施工费	脚手架安全防护、临边洞口交叉高处作业防护（如竹架板、竹篱笆、安全网、槽钢摊销、防护栏杆、防护门、高空操作平台等） 安全标志标语及规程； 安全教育宣传培训、安全评优；个人安全防护用品、用具（如安全帽、手套等劳保用品）； 季节性安全费用； 施工现场急救器材及药品； 机械设备安全防护措施； 消防设施、器材； 项目意外伤害保险费； 其他安全专项活动费用
		③CI费用等	

续表

三、间接费用	1. 现场管理费	①管理人员工资等	指管理人员的工资、职工福利、劳动保护费、劳动保险费。（含安全人员的工资）
		②办公费	因现场管理办公所需发生的费用，如文具、纸张、书报、会议等费用及办公用品的摊销费用
		③社保（五险一金）、工会经费、职工教育经费按局规定	
		④差旅交通费	
		⑤业务招待费	
		⑥财务费	为筹集资金而发生的各种费用
		⑦财产保险费	施工管理用财产、车辆保险
		⑧科技研发、诉讼费等其他	
	2. 规费	①定额测编费、中标服务费、招投标代理费、价格调整基金、安全服务费、环保及排污费	
		②工程保险费等	
四、其他	1. 维修费	工程维修费、已完工程及设备保护费	
	2. 专项奖励	营销、质量、安全、进度、结算等专项奖励	
	3. 前期营销费用	项目前期的营销成本	营销业务费及其他费用
五、税金	工程税金		

第二十九条 项目正常水平成本计算方法

（一）项目实体费

1. 劳务费

（1）清单分部分项实体工程劳务费（该部分劳务费一般包括部分辅材和小型机具使用费等），具体可采取以下方法之一：

A. 参考投标阶段分析的定额工日，结合本单位同类子项工作经验积累数据调整后的工日数乘以经公司批准的市场价或合同价。

B. 分项实物量单价包干的分包模式，按经公司批准的市场价或合同价乘以工程量计算。

C. 工程建筑面积每平方米包干单价大清包的分包模式，按经公司批准的市场价或合同价乘以建筑面积计算。

（2）辅助用工：包括维护水电工、现场保卫人员、食堂人员等。

辅助用工配置如表14.4所示。

表14.4　辅助用工配置控制表

工程类型	A类工程	B类工程	C类工程
维护水电工人数	4	3	2
食堂人员	2	2	1
现场保卫人数	按施工现场每门配置2人		

（3）零星用工（合同外的清扫、装卸、文明施工等零星用工）：房建项目按建筑面积以3元/m²包干计取，公建项目按造价的0.5%包干，但不高于劳务成本的2.5%。

（4）已含在劳务单价中的辅助用工和零星用工不再另外计取。

2. 实体材料费

（1）主材价格按现行市场价格确定；甲供材以发包人确认价格为准，材料数量包括材料的损耗。材料损耗率的确定原则如下（供参考）：商品混凝土按图示尺寸计算不计损耗；现场自拌混凝土用砂、石、水泥根据实验室的实际配合比情况乘以1.6%的损耗系数计取；钢筋按预算量下浮4%计取（不含钢材本身的负工差，过磅另加3%）；砌体、砂浆按定额消耗量计取；外墙块料的损耗系数按5.0%计取；其他块料、屋面瓦等大宗材料按定额损耗计取；次材用量除特殊规定外按定额消耗量下浮8%（或按照主材成本1%～2%的比例）计取。

（2）工程用水电费一般可按预算造价的0.8%～1.5%计取。

（3）已含在劳务单价中的或包工包料中已包含的辅材不再另外计取。

3. 机械费

（1）机械租赁费：根据施工组织设计中的机械设备需用计划，进出场时间及公司确定的市场租赁价格计算。

（2）非租赁的主要小型机具购置费：根据施工组织设计明确配置数量，按市场价格计入。

（3）塔式起重机按经审批的施工组织设计配置（明确规格型号），租赁时间 18 层以下按建筑结构主体工期另加有人货电梯 3 个月，无人货电梯 4 个月计入成本；18 层以上按建筑结构主体工期另加有人货电梯 4 个月，无人货电梯 5 个月计入成本。人货电梯从 8 层主体完工开始计算，到外架拆完加一个月为止。

（4）机操工配置：塔式起重机 6 人 / 台（含随机、指挥人员）、人货电梯 4 人 / 台（含随机人员），搅拌机 2 人 / 台，物料提升机 2 人 / 台，机操工的使用时间同设备进出场时间，机操工人工费按公司确定的工资标准计算。

（5）已计入劳务单价的或包工包料工程已包含的小型机具不再另外计取。

4. 分包工程费

项目自行包工包料分包工程按公司确定的市场价进入成本；甲方指定分包项目列收入则进成本，若不列收入则不进成本，只将总包管理费及配合费列收入。

（二）措施项目费：包括技术措施费和综合措施费

1. 技术措施费

（1）模板支撑系统费用
①模板支撑架费用计算
架管扣件数量：根据建筑层高和建筑面积配置如下（供参考，可根据各项目策划和施工方案调整计算，如表 14.5 所示）：

表 14.5

序号	层高（m）	架管（t/100m^2）	扣件（套/100m^2）
1	2.7 以下（含 2.7）	4.612	966
2	2.7～3.6（含 3.6）	4.999	966
3	3.6～4.5（含 4.5）	6.536	1287
4	4.5～5.4（含 5.4）	6.920	1287
5	5.4～6.3（含 6.3）	8.459	1610
6	6.3－7.2（含 7.2）	8.842	1610

架管扣件租赁费用的确定，一般情况下数量按上述规定计算的工程总使用量，租赁时间按平均每层搭拆时间为20天考虑，地下室和裙房按25天/层；转换层按30天/层单独考虑；特殊情况下，按施工组织设计中明确的施工方案和工期计算。租赁单价按公司下达的市场指导价计算。

架管扣件损耗：按架管损耗≤2.5%、扣件损耗≤6%计算。

架管扣件运输费按进出场量和市场运输价格计算。

②模板木枋费用计算

模板数量根据施工组织设计配置计算；模板单价按16mm厚木胶合板（材质要求：至少能周转8次以上）的市场价考虑。

模板木枋：按60×80规格，框架综合楼1m²模板的摊销面积配6m，即$S/35$；高层住宅1m²模板的摊销面积配7m，即$S/30$计算；其中S为按施工组织设计模板配置面积。

模板木枋周转次数：根据工程施工组织设计和施工方案确定周转次数。

残值的确定见表14.6：

表 14.6

周转次数＼名称	4次以下（含4次）	4~6次（含6次）	7次以上（含7次）
模板	20%	10%	0
木枋	60%	50%	35%

（2）外架费用

架管扣件数量：按双排钢管扣件脚手架计算，每100m²外墙投影面积配置钢管（$\phi 48$）1728kg，扣件用量325套。

$$租赁时间（日历天）T=T_1/2+T_2+2T_3/3$$

式中　T_1——正负零以上主体工期；

　　　T_2——主体封顶至外装饰开始时间（根据施工方案确定，高层建筑为30日历天，多层建筑为15日历天）；

　　　T_3——外装饰时间。

架管扣件运输费按进出场量和市场运输价格计算。

架管扣件损耗：按架管损耗≤2.5%、扣件损耗≤6%计算。

安全网和竹架板：按方案配置面积×市场单价×0.7计算。

外架使用槽钢摊销、洞口、临边及人行坡道、卸料平台费用按施工方案确定的数量及市场单价计入。

若采用爬架，按公司确定的市场价计入。

（3）检验试验费

房屋常规检验试验费为 1 元 /m^2 建筑面积。

（4）机械进出场及安拆费：按经批准的施工组织设计中明确的机械台班数量和公司的机械进出场及安拆费用台班指导价进行计算（含地脚螺栓费用）。设备基础费用按批准的施工方案计算。

2. 综合措施费

（1）临时设施费用

方法一：按工程造价乘系数 1.5% ~ 1.8% 计算。

方法二：依据施工方案计算（但不得超过工程造价的 1.8%）。

办公及宿舍临建：按活动板房公司租赁单价及公司批准的施工方案确定的面积计算，（包括基础工程）。

附属用房（包括库房、养护室、机修、门卫室等）：按附属用房规格用途及公司批准的施工方案确定的面积计算（包括基础工程）。

临时水电设施、施工围挡、临时道路、场地硬化：按公司批准的施工方案确定的数量及市场单价确定。

（2）文明施工及 CI 覆盖费：以表 13.7、表 13.8 所列标准为上限，可以根据项目特征与工程是否创优等具体情况，在上限控制范围内进行调整。

文明施工费用标准（表 13.7）：

表 13.7　文明施工费用控制标准

工程类型	A 类	B 类	C 类
文明施工费	5 万元	4 万元	3 万元

表 13.8　CI 费用标准

工程类型	公司定位看点项目	CI 创优项目	CI 达标项目
CI 包干费	12 万元	9 万元	6 万元

（三）间接费

1. 现场管理费

（1）现场管理人员工资、办公差旅费、通信费、业务招待费等按公司建五总〔2010〕66 号、建五总〔2009〕99 号、建五总〔2010〕98 号文件执行。

2. 规费

参照当地政府部门有关规定计取，一般按不超过自营造价部分的 0.8% 计算。

（四）维修及营销、质量、安全等奖励费用

维修成本：房建项目按工程造价的 3‰ 计算，公建、市政、安装项目按工程造价的 1‰ 计算。

第八节　项目过程成本动态管控

第三十条　项目必须有效实施项目岗位成本责任制。由项目经理组织牵头，依据下达的目标责任成本按项目分段、分项目标成本分解到项目各相关岗位、个人，明确岗位具体应控制的最大支出额度或应节余指标。

（一）每月/季/节点末，项目经理将下月/季/节点施工控制目标依据岗位责任下达给相关责任人，明确每项施工内容的工程量、要素消耗控制指标。

（二）施工过程中，各具体岗位人员必须针对责任指标、过程控制消耗量支出。

（三）每月/季/节点完结时，项目经理应组织相关管理人员，根据实际消耗量，对比岗位责任成本和消耗控制指标，计算和确定节超量和节超额，分析改进现场施工措施和管理，其结果报项目经理审核后作为项目岗位人员考核兑现依据。

（四）项目经理应每月组织并主持召开项目人员参加的经济活动分析会，由项目工长、成本会计、办公室人员、材料员、设备员等人员介绍、分析上月的费用发生情况，总结经验，找出问题，并提出改进措施。

（五）项目部的月/季/节点成本分析时，对项目后续未完工程的盈亏预测是当期成本分析所必须的内容之一，即项目每次成本分析应对项目总体盈亏状况进行评价。

第三十一条　必须坚持落实和推进"工长算量"的要求，项目生产一线的管理人员必须根据项目成本责任分解的目标考察自己的控制管理效果，

"工长算量"的基本资料应作为项目成本分析的基础资料管理。

第九节 项目成本核算

第三十二条 成本核算科目设置应符合以下要求：项目成本按项目人工费、材料费、机械使用费、其他直接费、分包工程费、间接费等核算科目，每个科目下设辅助科目，真实记录成本费用发生的组成；核算内容应与计划成本口径一致。

第三十三条 成本核算制度与原则：成本核算应执行《会计法》《企业会计准则》《中建股份会计制度》等国家财经法规及内部规章制度。项目成本核算应严格坚持施工形象进度、施工产值统计、实际成本归集"三同步"的原则。

第三十四条 施工过程中项目的核算，应以每月为一核算期，统一按上月的26日至当月的25日，则每月25日为自营项目工程量盘点、分包结算、材料盘点、租赁费等月成本计算截止日。

第三十五条 项目成本核算方法：项目成本核算应按实际成本核算的原则进行。项目目标（计划）成本减去项目实际成本后的数额，为项目部的成本降低额（负数为超支），是项目核算成本的主要指标。

第三十六条 项目商务经理组织项目预算员、成本会计员、材料员及时并准确计算和反映自营工程每月计划成本、实际成本和成本降低额，办理工程内外结算，并向项目成本会计提供相应成本核算基础资料。

第三十七条 项目实体工程费核算一般规定。

（一）人工费核算

人工费核算包括核算分包纯人工费（含辅助材料及机具）、自有工人工资、文明施工CI实施用工费、场内材料搬运清理用工费及零星点工等费用。

1. 清包工成本中如包含其他费用时，商务经理应根据合同予以区分，会计核算人员应正确归集相关成本明细对象。

2. 分包纯人工费根据分包合同和本项目用工情况，由工长按期开具施工任务书，项目商务合约部办理劳务结算，经项目商务经理审核、项目经理批准，报公司复审后，计入工程成本，作为支付过程分包款项的依据。

（二）材料费核算

1. 材料计价原则：材料验收入库时按当批材料的实际成本计价核算，材料出库领用时，按会计制度规定的先进先出法进行核算。

2. 材料计量原则：材料验收、发料、盘点，可按点数、过磅、尺量等方法和各种方法相结合计量，计量时项目部至少两人以上参加，并全过程参与。材料验收、发料、盘点要做原始计量记录，据此计算填制材料验收单、发料单和盘点表，并作为其附件由材料部门装订保管，作为核算原始依据。

3. 材料盘点：库存材料每月盘点，盘点时间与工程盘点同日，即为上月26日到当月25日，并依据材料物资盘点表调整库存材料账面余额和月材料消耗成本，即以盘定耗。某品种或规格材料月消耗成本＝上月库存＋本月购买－月底盘点库存。

4. 直接消耗材料采购价差收入核算：工程消耗材料无论是公司采购还是项目部采购，材料实际采购单价与计划成本单价之差形成的采购价差收入或超支归项目所得，由项目部直接反映核算。公司集中采购的材料，如商品混凝土、钢材、地材、大宗装饰材料等，项目部参与。当采购单价超过计划成本单价时，应征得项目同意后才可采购。

5. 低值易耗品摊销核算：使用时间较长的在用工程小型工具、机具、劳保用品、办公用品等低值易耗品时，按会计制度规定的一次摊销法进行核算。

6. 剩余材料核算：工程完工后，项目部回收的剩余材料，按项目部使用双方协商价计价核算；协商不一的，由公司物资主管部门按照充分利用现有资源的原则，结合项目部双方意见，按均衡价或市场价确认价值，通知项目部双方计价核算。

7. 分包单位包清工中包含材料费用时，商务经理应予区分并进行预估及时归集。分包结算时，按实际发生额计入，同时冲销原相应的预估。分包商在施工过程中领取本项目的材料或其他物资时，应通过合同约定或补充约定，实际领用时应由分包商法人授权领取，项目商务经理审核、项目经理批准、会计核算时比照债权管理进行会计处理。

（三）机械费核算

1. 包括项目自有机械设备（非租赁小型机具购置费）、机械进出场及安拆费、承租机械设备费用核算，机械设备操作工工资和奖金的分配、机械设备燃料动力电费等。

2. 承租机械设备费用支出。按核算期由机械管理岗位人员提供，经项目经理批准后，成本会计计入项目成本。

3. 租赁设备自带操作工或外聘操作工的，按合同由办公室管理员办理结算，经项目经理审批后报送项目成本会计计入项目成本。

4. 项目自有非租赁小型机具购置费一次性进成本，完工后按回收价值冲抵项目成本。

第三十八条 分包工程（包工包料分包）费核算

（一）核算分包成本支出时，应由分包商提出当期完成额，经项目责任工程师（工长）、商务经理、项目经理审核批准后，作为成本预估支出的主要依据，同时也作为支付款项的条件之一。待办理最终结算后调整预估成本。

（二）公司分包（消防、水电安装、钢结构等）、业主自行指定分包（我方总包，收取管理费、配合费）划归项目的管理费、配合费可冲销项目分包成本，或计列项目收入进行核算。

第三十九条 施工措施项目费核算

（一）周转材料费用

1. 自行采购或租赁模式：模板、木枋采用工作量法按月摊销计算成本，不考虑残值。模板（木枋）月摊销量 = 累计投入总价值 * 本月主体产值 / 主体总产值。工程完工后，根据实际盘存回收价值或调拨价调整摊销成本；安全网、竹木挡板月摊销成本 = 累计需用价值 * 本月主体产值 / 主体工程预算产值；项目部租赁的架管、扣件、吊料平台、型钢挑梁等周转料具，按月计算租赁成本。根据总需用量预估总损耗，按月主体工作量分摊。

2. 按建筑面积包工包料给劳务分包队伍：由商务人员按主体完成建筑面积计取相应费用。

（二）检验试验费按核算月当月实际发生计入项目成本

（三）临时设施费核算

1. 项目部临时设施分别按"办公临建""其他"单独归集核算。办公临建包括办公及宿舍临建、附属用房、加工棚、临时道路、施工围墙（围墙）及围墙大门、垃圾废料坑、场地硬化等。

2.临时设施费依据主体产值进行摊销，完工后按实际回收价值冲抵项目成本。

（四）安全防护与文明施工费：文明施工费、安全施工费、环境保护费等安全文明施工及CI费用按实际发生计入项目成本。

（五）凡涉及周转材料费、临建设施费等需进行分期摊销措施费用时，项目商务合约部门为摊销额确定的发起责任人，相应的物资设备等部门为摊销额确定的会签人。

第四十条　间接费核算：包括规费和现场管理费等。按项目管理人员职工费用、办公费（包括物料消耗及办公用品、电话、差旅、车辆使用费、会议、网络使用费等）、业务招待费、物业费、折旧及摊销费、税费、劳动保护费、财产保险费、上交管理费、工程保修费、其他现场管理费等明细科目核算，计入当月成本。

第四十一条　收入确认：按照建造合同准则的要求确认项目收入，进行会计核算。其中签证部分甲方未确认的，收入暂按预估成本价且不超过预计签证额的50%计，待甲方确认后按实际签证额计取。

第四十二条　未完施工成本核算：月成本核算期内，项目完成的工程量中按合同或规定不能向甲方报量部分，月成本应扣除已完成未报量部分的实际成本，作为未完施工成本，反映企业尚未完工的建造合同成本和合同毛利。

第十节　项目成本分析和考核兑现

第四十三条　项目施工过程中应按月进行项目成本分析，公司按季度或节点对各项目进行项目成本考核兑现，确保每季度覆盖到所有自营项目。

（一）项目自行组织的过程成本分析分的时点一般按月度。

（二）要求项目的季度、主体封顶及竣工节点成本分析必须以专题会议的形式进行，且必须编制正式的"三算对比"成本分析资料，项目全体管理人员应在会议上针对本岗位的目标成本责任进行对比分析发言。

"三算对比"是指同期的工程"预算收入""目标成本""实际成本"三项数据的对比分析。该"预算收入"的概念应有别于"工程建造合同收入"，应以月底工程盘点实际完成量计算的合同预算收入为基础编制。

（三）项目应于次月10日前由项目经理组织商务经理、预算员、材料员、项目会计等编制月度成本分析报表，在15日前由项目经理主持召开项目月度成本分析会，项目关键岗位人员应针对本岗位目标成本责任进行对比分析，对存在的问题提出改进意见。

第四十四条 公司按季度、竣工节点及最终进行考核。

项目成本考核程序（季度/节点考核范表参照月成本分析表格，另增加编制说明、奖金审批表、现金流量表）：

1. 季度考核：季度末的24日至25日，由项目部相关人员共同对在建工程和库存物资进行盘点，并形成签字认可的盘点表（公司统一安排参与重点项目、问题项目的季度盘点工作）。由项目部负责在季度的次月10日前按公司制定的统一成本考核表格真实填写成本考核资料报公司审核，公司于30日左右完成季度考核资料的审核工作，作为项目季度兑现的依据。

2. 竣工节点考核：项目完工时（当天或第二天），由项目部上报公司商务合约部和物资设备部到项目部与项目相关人员共同对库存物资进行盘点，并形成签字认可的盘点表。项目部15日内按公司制定的统一成本考核表格真实填写竣工节点成本考核资料报公司审核，公司收到考核资料后30日内完成考核资料的审核工作，作为竣工节点兑现的依据。

3. 最终考核：项目完工，工程余料已退库或按规定处置，各类分包结算已完成，工程竣工结算办理完毕，资料归档完成，由项目部报公司申请最终兑现审计，公司同意申请后确认符合条件且资料齐全后移交局审计部进行项目最终兑现审计并提出项目最终兑现审计报告，最后由公司成本管理委员会审会签确定项目最终兑现奖金额。

第四十五条 项目过程预兑现的一般原则。

（一）项目过程考核兑现应坚持谨慎性原则。一般按季度、年度为过程预兑现发放期。

（二）项目进行过程兑现一般应符合下列要求：

1. 经考核保证公司上缴费用后确认当期（累计）有成本降低额（率）且净现金流为正；

2. 经审核的后期利润预测仍能满足责任上缴；

3.《项目管理目标责任书》的当期目标均已完成（未完成的指标应进行

相应抵扣兑现处罚）；

4. 过程兑现奖金额一般不超过保证公司上缴费用后当期成本降低额的 20%（主体阶段不得超过 15%，装饰阶段不得超过 20%）；

5. 该过程预兑现奖发放时要求项目管理班子出具书面预借奖金承诺。

（三）对于不能满足正净现金流条件，但情况特殊的项目可经公司总经济师、总经理审批后预兑现。该种情况下可采用过程预兑现奖金预借制，即项目班子应出具"过程预借奖金承诺书"。

（四）项目过程兑现分配一般应遵循下列原则：

1. 项目班子分配比例不超过应兑现额的 55%；其中项目经理的分配比例为应兑现额的 25%~30%，副经理的分配比例为应兑现额的 10%~15%。当期未缴纳或未缴足风险抵押金的员工（不包括经批准以部分工资收入逐月转抵的员工）最高只得发放当期名义应得奖金全额的 50%；奖金分配方案由项目部领导班子签字确认后分别报公司商务合约部、综合办公室备案，由公司人力资源管理员统一造表发放。

2. 公司在年终时，可从项目成本降低额中提取不超过应由企业所得部分的 10%，发放项目成本节余奖金，重点奖励给参与成本管理的部门，由公司总经济师分配，总经理审批。公司在年终时，根据成本检查小组业绩考核情况，从项目成本降低额中拿出 3~10 万元，对公司成本检查小组成员发放项目成本节余奖金，由公司总经济师分配，总经理审批。

第四十六条 项目结算完成后 30 日内，项目经理应组织编制本项目的最终成本分析报告，相关实际成本数据由公司统计分析后录入相应数据库，作为公司投标报价的参考依据。

第四十七条 项目完工结算后，公司均应对项目进行最终成本考核；公司在项目工程余料已退库或按规定处置，各类分包采购结算已完成，工程竣工结算办理完毕，资料归档完成后及时进行管理审计。

第四十八条 项目最终考核兑现的一般原则。

（一）项目的最终考核兑现的前提条件

1. 项目已交竣工，总包与分包结算已审定，实际成本已核定，债权债务已确认（含清场后的工程余料及临时设施、办公、生活等所有公有财物均已按规定进行了清理、处置）。

2. 项目的应收、应付账款必须核实无误。

3. 项目其他应收款（含备用金）必须清理完毕，不留余额。

4. 按要求整理归档的各类工程技术资料和与之相关的各类经济资料（如工程资料、结算审计资料、竣工成本分析资料等）全部移交公司有关职能部门。

5. 项目最终考核、审计已完成且审计报告已经审批通过。

6. 项目应收款项已全额收回（一般不含质量保修金）；项目无任何纠纷与诉讼等遗留问题；有后续工程的项目未影响后续工程的承接。

（二）最终考核审计规定

先由公司商务合约部组织物资设备部、财务部等相关部门，对达到最终考核兑现项目的《项目承包管理责任书》进行考评与审计，并在《项目承包管理责任书》履行情况考评报告书签署审核意见，出具审查报告。同时将所有考核资料报局合约法务部进行审查，审查核实后报局审计部，在报送考核资料15天后，审计部根据审核情况组织审计小组进行就地审计，出具审计报告。

（三）项目最终考核兑现分配的标准：项目班子分配比例不超过应兑现额的55%；其中项目经理的分配比例为应兑现额的25%~30%，副经理的分配比例为应兑现额的10%~15%。奖金分配方案由项目部领导班子签字确认后分别报公司商务合约部、综合办公室备案，由公司人力资源管理员统一造表发放。

（四）项目最终兑现审计报告已经通过公司审批，其他条件均已具备，但应收款项中的保修金暂未回收时，可依据审定项目名义应兑现额的70%暂发，剩余部分待项目款项全额收回后补充兑现。

第十一节 项目成本管理综合检查奖罚

第四十九条 成本管理综合检查每季度评比一次，根据成本检查小组的评分汇总（详附表七）确定排名，第一名奖励5000元，第二名奖励3000元，第三名奖励1000元；倒数第一名罚款1000元；对在成本管理综合检查评比中进步比较大的项目，设置进步奖一名，奖励2000元；对于在成本管理综合检查排名前三名的项目，成本分析可根据项目实际情况两个月或每季末做一次，对于排名倒数的项目必须每月坚持做成本分析。

第五十条 对在成本分析、成本控制或项目开源节流中成绩突出的亮点员工（需提供书面成本分析及经验总结材料），设置单项奖励。每季度单项奖设置 5～10 名，奖励 1000 元/名，并在公司商务季报和网站上进行宣传。对在成本分析和成本控制中敷衍了事、玩忽职守或管理失职，给项目造成不必要损失的个人，给予 200～1000 元/名的罚款。

第五十一条 对于在成本管理中取得突出成绩的优秀个人（包括各施工工长、预算员、材料员、办公室管理员等），在主体封顶和竣工结算完成后可将自己开源节流的措施及已取得成绩进行分析并形成书面汇报材料，报公司成本检查小组审核。成本检查小组根据审核结果，并报公司总经理批准，可给予优秀个人 1000～5000 元的单项奖励。

第十二节　附　　则

第五十二条 本办法由公司商务合约部负责解释。本办法自颁布之日起施行，并报局合约法务部备案。

第十五章　工程作业责任成本考核办法

（中铁二十三局集团有限公司）

第一节　总　　则

第一条　为了促进项目责任成本管理机制的有效运行，进一步强化各级管理者和全体员工的责任成本意识，建立长效的项目责任成本管理考核、追究和奖惩制度，根据股份公司和集团公司相关管理办法和规定，制定本办法。

第二条　责任成本考核是责任成本管理工作的一个重要程序，通过考核摸清企业责任成本管理工作现状，揭露企业责任成本管理方面存在的问题与不足，对企业开展责任成本管理工作情况进行客观、公正的评价，以促进企业高度重视和改进责任成本管理体系、方法，扎实有序地推进责任成本管理工作。考核结论是检验责任成本管理工作开展好坏的重要标准之一，也是兑现奖罚的基本依据，因此，所有单位必须按照集团公司有关文件精神和本办法的规定，结合各自实际情况制定考核细则并认真加以落实。

第三条　责任成本管理考核原则：
1. 公平、公正、公开的原则。
2. 及时、准确、可追溯的原则。
3. 以资料为依据、数据为重点的原则
4. 总结经验、促进工作的原则。

第四条　本办法适用于集团公司、工程公司、局直属指挥（项目）部（简称：指挥部）、工程公司所属指挥（项目）部（简称：项目部）。

第二节　考核机构和职责

第五条　根据集团公司《责任成本管理办法》的规定，各级必须成立责任成本考核领导小组（以下简称：考核小组），考核小组在董事长、总经理（或党委书记）领导下开展工作。

1. 集团公司考核小组由总会计师负责，由成本管理部、发展规划部、工程部、财务部、人力资源部等部门负责人组成。对工程公司、指挥部实施考核；对项目部实施抽查考核。

2. 工程公司考核小组由总经理负责，由分管责任成本的公司领导和相关职能部门负责人组成。对所属项目部实施考核；对项目部责任中心实施抽查考核。

3. 指挥（项目）部考核小组由指挥（项目）长、书记负责，由班子其他成员和所有职能部门负责人组成。指挥部对所属项目部实施考核；对项目部责任中心实施抽查考核；项目部对所属责任中心实施考核。

第六条 考核小组的主要职责是：负责对所属单位责任成本管理工作的执行情况进行监督、指导、考核并提出考核结论。总结经验教训和指导下一步工作，最大限度地提高项目收益，促使责任成本管理不断上台阶。

第三节 考核内容、方法和时间

第七条 考核包括组织机构及人员配置、规章制度建设、物资设备招标采购和合同及对下结算情况、劳务单价、劳务合同和验工计价、变更索赔、完成年初下达的各项指标情况、制度落实等与责任成本管理有关的所有内容。各级责任成本考核领导小组根据职能的不同，按公司规定的评价标准和形式进行考核。

项目部每月对项目各责任中心，按公司（或指挥部）制定的考核表进行一次考核；工程公司（或指挥部）每季度在对项目部考核的同时，对项目部的责任中心进行一次抽查考核。

第八条 考核的方法是考核组根据考核表所列内容、标准、记分原则逐项对照、检查、核实、计算、考评实际完成情况。包括完成时间、完成程度、工作质量、产生的效果和成果。

第九条 考核内容设有标准分和加减分的内容。考核时，首先由被考核单位按照考核组的要求，根据实际情况自行评分；考核组根据被考核单位提供的各种资料（包括：账目、报表、合同、过程记录、辅助台账、报告、批复、情况分析等），按照记分办法进行客观、公正的评价，计算出考核得分。自评和考评都必须坚持以资料为准、实事求是的原则。

第十条 各考核期（也称报告期）数据统计时段，以及完成考核（即：出具定稿的考核报告）的时间：

1. 月度考核：数据统计时段为上月 26 日～本月 25 日；考核完成时间为本月月底以前。

2. 季度考核：数据统计时段为上季度最后一个月 26 日～本季度最后一个月 25 日；考核完成时间为下季度第一个月的 10 日以前。

3. 半年考核：上半年数据统计时段为上年 12 月 26 日～本年 6 月 25 日，下半年数据统计时段为本年 6 月 26 日～本年 12 月 25 日；考核完成时间上半年为 9 月 30 日，下半年为次年 3 月 31 日以前，下半年考核与年度综合考核同时进行。

4. 年度考核：数据统计时段为上年 12 月 26 日～本年 12 月 25 日；考核完成时间为次年 3 月 31 日以前。

第十一条 考核表的每一页，必须由考核组组长、被考核单位第一责任人签字确认。

第四节　考核结果与奖惩

第十二条 考核综合得分采用加权平均的方法计算。

（1）表 1、表 2 权重分别为 0.5；

（2）指挥部、子公司自评得分：本级得分权重 0.6+ 对所属全部项目部考核平均得分权重 0.4 计算；

（3）集团公司对指挥部、子公司考核得分：对本级考核得分权重 0.6+ 对所属项目部抽查考核平均得分权重 0.4 计算；

（4）集团公司对指挥部、子公司考核，未抽查项目时，考核得分按本级考核得分计算。

根据综合得分，考核结论分为优秀、良好、合格、不合格四个档别，按以下标准界定：

1. 综合考评得分在 95（含）分以上，为优秀；
2. 综合考评得分在 90（含）～ 95（不含）分，为良好；
3. 综合考评得分在 80（含）～ 90（不含）分，为合格；

4. 综合考评得分在 80（不含）分以下，为不合格。

第十三条 考核结论用于报告期分配、兑现各级创造的、按相关规定（或责任成本承包合同）可供本级分配的效益；可供本级分配的效益预留 15% 作为调剂基金，85% 按规定进行分配。

第十四条 可供本级当期分配的效益，项目长可分配 10%～20%，项目班子其他成员可分配 15%～30%，剩余部分由项目长根据贡献大小按相关规定和程序分配给其他人员，并根据考核结论按以下规定执行：

1. 考核结论为"优秀"的，兑现正常可供本级当期分配的效益工资乘以 1.1 的系数。

2. 考核结论为"良好"的，兑现正常可供本级当期分配的效益工资乘以 1.05 的系数。

3. 考核结论为"合格"的，兑现正常可供本级当期分配的效益工资乘以 0.90 的系数。

4. 考核结论为"不合格"的不允许发放任何性质的效益工资，当期创造的可供本级分配效益全部作为项目长基金按规定使用；同时，当期所有人员按 60% 发放岗位工资（但发放的实得数不应低于所在地的最低生活费标准）作为经济处罚，连续二次考核不合格者，责任人调离岗位；对工作失职，给单位造成经济损失或信誉损失的，追究相应责任；奖罚节余的工资全部作为项目长基金按规定使用。

第十五条 预留的 15% 可供本级分配的效益（调剂基金），按以下规定执行：

1. 各期考核为"优秀"或"良好"时，用于调剂超出正常兑现的部分。

2. 调剂后的剩余部分，作为奖励基金单独列入"其他应付款——待分配效益工资"科目，在工程结束考核后，根据考核结论按岗位和出勤天数全部分配给所有人员；或直接作为项目长基金，项目结束时按规定使用。

第十六条 上级单位对所属单位、项目部、责任中心，有权按本办法第七条规定进行抽查考核；其结论是当期所抽查单位的最终考核结论，按本章规定实施兑现。

第十七条 各级与所属单位签订《年度责任成本承包合同》时，责任成本管理必须作为一项重要内容，并且纳入年终综合考核，按集团和各单位相关规定与年终奖惩挂钩。

第十八条 由于各级责任成本管理部门的业务工作能力和经验存在差异，编制的责任成本预算指标和各责任中心的责任指标可能不精确，各单位应结合实际情况不断探索和积累经验，科学、合理、按程序经研究和论证后调整创造的效益分配比例并逐期严格兑现。分配比例应逐步从单位与责任人分成过渡到全部由责任人分配的机制上来。

第五节 考核资料上报与存档

第十九条 现场考核结束后，考核组根据情况形成初步考核意见，向被考核单位通报基本情况；所有考核单位考核结束后5日内将资料整理汇总形成考核报告，经考核领导小组研究后报主管领导阅批。

第二十条 经主管领导阅批后10日内，将完善所有签字、盖章等手续后的资料，以正式文件和电子文档两种方式向上一级责任成本考核领导小组呈报，由成本管理部门存档。

第二十一条 各级上报的考核资料，由本级和上一级成本管理部门分别存入项目责任成本管理档案。存档的考核资料，是对项目经营者和管理者业绩和能力的记载，作为内部人力资源方面的重要信息。

第六节 附 则

第二十二条 本办法应根据集团公司责任成本管理执行情况的需要进行修订。所属各工程公司应根据本办法并结合本单位的实际，制定、修订适合本公司特点的实施细则，并以正式文件和电子文档两种方式上报集团公司成本管理部。

第二十三条 本办法由集团公司成本管理领导小组负责解释。